湛庐CHEERS

与最聪明的人共同进化

HERE COMES EVERYBODY

网络时代最权威的
社会心理学家
雪莉·特克尔
sherry
turkle

# 信息技术领域的“弗洛伊德”

30年前，雪莉·特克尔在哈佛大学获得社会学和人格心理学博士学位后，进入麻省理工学院开始研究计算机文化，并成为人与技术关系领域首屈一指的社会心理学家。她通过研究发现，信息技术在给人们带来沟通便利的同时，也使人与人之间的关系弱化，有些人甚至因此丧失了面对面交流的能力。特克尔说，人们发短信、发邮件，上社交网站，玩电子游戏，从形式上看人们的联系似乎更轻松、更密切，但实际上却更焦虑、更孤单。

特克尔认为，在互联网时代，如果我们既要享受信息

技术带来的便利，又要摆脱信息技术导致的孤独，必须找到一个两全其美的好办法。一方面，我们要学会独处，体会独处带给人们的好处；另一方面，朋友、亲人要更多地坐在一起，面对面谈话、讨论。

没有人比特克尔更懂得人类是如何利用有形技术改变无形“自我”的。凯文·凯利说，特克尔就是我们技术领域的“弗洛伊德”。

## 网络文化领域的“玛格丽特·米德”

雪莉·特克尔采用“实地研究”和“临床诊断”两种方法，对人与信息技术的关系进行长达15年的系统研究。她的研究对象包括计算机专家和电脑爱好者，但主要是大学生和中学生。有时，她会在咖啡桌上或者是教室里近距离观察人们依靠信息技术手段进行互动时的行为特征，询问并详细记录笔记。有时，她又会在办公室或其他安静的环境中，以研究者的身份进行许多深入细致的访谈。

ALONE TOGETHER

为了研究人与机器人之间的互动，她深入两家养老院，对200多人进行了实地采访和考察；为研究人们的网上互动，她与7家中学合作，收集了450名中学生的第一手研究资料。此外，她还对一些研究对象跟踪数年，这些人小时候伴随着电子宠物长大，长大后则沉浸在网络文化中，他们 iPhone 不离手，又是 Twitter 和 Facebook 上的常客。一位研究者能够对一个主题进行长达 15 年之久的“实地研究”，实属不易。美国《商业周刊》说，雪莉·特克尔是网络文化领域的“玛格丽特·米德”。

ALONE TOGETHER

## 研究人与技术关系的世界权威

特克尔是麻省理工学院的科学社会学教授，执业临床心理学家，科技与自我创新中心（MIT Initiative on Technology and Self）主任。她已成为移动技术、社交网络、社交机器人领域的著名学者。《纽约时报》、《科学美国人》和《连线》等都曾报道过她和她的研究成果。

她被《女性》杂志评选为“年度女性”，被《时尚先生》杂志（*Esquire*）评选为改变国家的“40 岁以下的 40 人”之一。由于她在信息技术对心理影响方面的杰出成就，她成为 CBS、NBC、ABC、CNN、BBC 和 NPR 等众多极富号召力媒体的嘉宾。

雪莉·特克尔是广受欢迎的 TED 演讲嘉宾。2012 年，她第二次作为 TED 演讲嘉宾时的演讲题目是《保持联系，却依旧孤独》（*Connected, But Alone*），她对信息技术给人们的社会心理带来的负面影响，表现出极大的忧虑。她是信息技术狂热时代的冷静思考者，在人与信息技术相互关系的研究领域，她是当之无愧的世界权威。

# 群体性孤独

[美] 雪莉 · 特克尔 著
( Sherry Turkle )
周逵 刘菁荆 译

为什么我们对科技期待更多，
对彼此却不能更亲密？

# Alone Together

Why We Expect More
from Technology and Less
from Each Other

浙江人民出版社
ZHEJIANG PEOPLE'S PUBLISHING HOUSE

## 各方赞誉

雪莉·特克尔是一位平和、睿智、富有穿透力的女性。在众多被互联网裹挟着、踉跄前行的人们当中，生理年龄超过40岁，就会慨叹“老了”。雪莉·特克尔是少有的依然保持睿思和洞察的思想者、演说家和著作家。她用她可以做祖母的岁月记忆、人生体验，透过对孩子们玩耍、学习、交往行为的观察和分析，透过对电子玩具、机器人、虚拟现实的追问和思考，牢牢抓住“孤独”这一人类掩藏颇深的情感脉络，点中了网络时代人与机器关系中，焦灼多变、令人遐想的“命门”。文笔出彩、引人入胜。

**段永朝**

财讯传媒集团首席战略官

特克尔认为，我们为了连接而牺牲了对话。大家都熟悉这样的场景：家人在一起，不是交心，而是各自看电脑和手机；朋友聚会，不是叙旧，而是拼命刷新微博、微信；课堂上，老师在讲，学生在网上聊天；会议中，别人在报告，听众在收发信息。所有这些现象都可以归结为“群体性孤独”——我们似乎在一起，但实际上活在自己的“气泡”中。我们期待他人少，期待技术多。

本书虽有将连接与对话过度对立之嫌，但特克尔还是提出了一个充满挑战性的问题：不间断的联系，是否让人类陷入了更深的孤独？

**胡泳**

北京大学新闻与传播学院副教授，洞察中国社会数字化进程第一人

《群体性孤独》一书将人与计算机、人与互联网互动时产生的心理变化和行为变化的最新发展，以及特克尔教授的最新研究成果深入浅出地呈现给了读者。可以说，要了解人类的未来，就必须要了解人与计算机和互联网的关系，尤其是情感关系。这一切，可以从这本著作开始！

**王煜全**

海银资本合伙创始人，
互联时代未来趋势专家

有一天，我们将习惯用文字而非声音，用数据而非抚摸，来传递感情。有一天，我们将依赖技术，超过依赖彼此。这就是真正的"机器人时代"。对于这种所谓的"机器的美好和技术的美好"，我有一种由衷的恐惧与憎恶。

**周 涛**

电子科技大学教授，互联网科学中心主任

关于我们是如何利用技术手段创造虚拟"自我"的，雪莉·特克尔说得最清楚。她是我们技术界的"弗洛伊德"，远在我们洞察自己的内心之前，她就阐明了我们内心的转变。《群体性孤独》是一本令人回味的书，是洞悉未来自我的一次深度之旅。

**凯文·凯利**

《连线》创始主编，
畅销书《失控》、《科技想要什么》作者

对于人类与计算机的关系，相对于其他学者，雪莉·特克尔有着更广阔的观察和更深入的思考。

**霍华德·加德纳**

哈佛大学教育研究生院认知和教育学教授，
多元智能理论创始人，畅销书《智能的结构》作者

雪莉·特克尔是网络文化领域的"玛格丽特·米德"。无论为人父母，还是老师，当你的孩子在当今科技世界的感情暗流中只身航行时，如果你想理解和支持他们，这将是一本必读之书。它的每一章都富有洞见、精彩纷呈。

**米切尔·雷斯尼克**

麻省理工学院媒体实验室教授，"终身幼儿园团队"负责人

《群体性孤独》是一本才华横溢、见解深刻、令人兴奋，有时却也让人不安的好书。在这本美国最顶尖的学者写作的未来之书里，可以看到计算机是如何影响我们人类的。她披露了"瓦尔登湖 2.0"的奥秘，并告知我们更应去拥抱比关怀型机器人更好的东西。现在就关上你的智能手机，拿起这本好书，汲取雪莉·特克尔这些富有力量的启示吧。

**罗莎贝斯·莫斯·坎特**

哈佛商学院教授，《进化！自信和超级公司》作者

这本书的写作基于庞大的实验项目，文字一针见血，引人入胜。它能同时吸引学者和普通读者的兴趣，也将成为社会媒体影响力研究中的经典之作。

**吉尔·克尔·康威**

史密斯女子学院荣誉退休教授，《库伦来时路》作者

《群体性孤独》是一本深入浅出的书，文字既大胆

又委婉，观点既振聋发聩又令人欣慰，描述了人们如何在一个日益调和的环境里试图找到彼此。如果互联网和人性可以有治疗专家，那一定是雪莉·特克尔。

**道格拉斯·洛西科夫**

《程序还是程序化》作者

ALONE TOGETHER

推荐序

# 要了解人类的未来，就必须了解人与技术的关系

我们生活在一个跨界的年代：乔布斯跨了科学和艺术的界，把苹果电脑和苹果手机变成了艺术品；社会网络研究跨了自然科学和社会科学的界，把属于传统的定性研究的社会学变成了纯粹的数据科学；扩展现实（Augmented Reality）更是跨了真实和虚拟的界，人们越来越难以分清，从谷歌眼镜里看到的哪些是真实的外部世界，哪些是虚拟的数据……

今天，对大众而言，最重要的跨界是：计算机、互联网正在跨进原来只属于人类的世界。IBM 的超级计算机沃森在智力问答游戏中战胜所有人类取得了冠军；谷歌无人驾驶汽车已经在美国加州获得了上路驾驶的实验牌照；微软正式推出了计算机全自动同声传译系统……一夜之间，我们最引以为豪的发明、我们最重要的帮手，摇身一变成了我们最大的敌人，电影《终结者》也似乎已经从虚幻变成了预言。

面对这样的跨界，悲观者有之，尼古拉斯·卡尔（Nicholas G. Carr）的《浅薄》（*The Shallows*）一书认为，互联网正在使我们变得肤浅；麻省理工学院（MIT）数字经济

中心的教授埃里克·布林约尔松（Eric Brynjolfsson）和安德鲁·麦卡菲（Andrew McAfee）合著的《与机器赛跑》（*Race Against The Machine*）进一步描述了大量职业被机器替代的惨淡前景。不过，在他们的新书《第二个机器时代》（*The Second Machine Age*）中，他们重新变得乐观起来。乐观者也有之，《纽约时报》的专栏作家克莱夫·汤普森（Clive Thompson）在《比你想象的更聪明》（*Smarter Than You Think*）一书中认为，机器不是人的对手，而是人的伙伴，因为人的创造力、模糊判断能力等技能仍然是机器人所不具备的。进而，哈佛大学法学教授罗伯托·曼戈拉·昂格尔（Roberto Mangabeira Unger）响亮地喊出了："人类就不该做机器能做的事情。"他认为，机器智能的提升恰恰是促进人类进一步激发潜能、发挥创造力的最大动力。

不管乐观还是悲观，我们都应该承认，计算机和互联网越来越深入人类的生活已经成了不争的事实。

哈佛大学心理学教授霍华德·加德纳在30年前提出了著名的多元智能理论，认为人的智能不是简单的一种，而是由8种相互独立的智能构成的。它们分别是：语言智能、音乐智能、逻辑智能、空间智能、身体智能、自省智能、交流智能和自然智能。其中，其他7种智能对于现代社会中的人类仍然非常重要，只有自然智能已经变得像盲肠一样，成了对人类而言可有可无的东西。"会不会在森林里迷路"再也不是自然选择的条件之一了。

与森林等自然环境的境遇相反，计算机和互联网正在成为人类赖以生存的新环境。和与自然接触会产生自然智能相同，我们与计算机和互联网接触会产生机器智能（不是传统意义上的能思考的机器，而是人们如何更好地驾驭机器的智能）、网络智能（不是网络里产生的群体智能，而是人们如何更好地利用网络解决问题的智能）。机器智能、网络智能的智商高低，未来在很大程度上会决定一个人的命运。

就像深入了解自然才能提高自然智能一样，深入了解我们与计算机和互联网的关系，不仅仅简单地把对方当成冷冰冰的机器，才能提高我们的机器智能和网络智能。因为，机器和网络也像人一样，有很多复杂的特性需要了解，更重要的，我们在与机器和网络互动的过程中，会产生大量细微的、和别处完全不同的感情，这些感情会进而影响我们的判断、我们的决策、我们的智能。

雪莉·特克尔教授是麻省理工学院社会学教授，麻省理工学院科技与自我创新中心主任，哈佛大学社会学和人格心理学博士。她从 20 世纪 80 年代就开始关注人与计算机、人与互联网互动时产生的心理变化和行为变化等前沿问题，相继出版了探讨人与机器的互动与心智融合的《第二个自我》（*The Second Self*）和探讨人类的网络虚拟身份的《虚拟化身》（*Life On the Screen*）等一系列书籍。

今天，这本《群体性孤独》更是把这两大领域内的最新发展以及特克尔教授的最新研究成果深入浅出地呈现给了读者。

可以说，要了解人类的未来，就必须要了解人与计算机和互联网的关系，尤其是情感关系。这一切，可以从这本著作开始！

测一测

# 技术让我们更孤独还是更亲密？

扫码加入书架
领取阅读激励

- 承认局限性，然后停下来修正，再折回原路——这些是精神分析理论的核心。对于科技的研究是否也应该采取相同的路径？

  A. 是

  B. 否

扫码获取全部测试题及答案，一起了解我们如何通过机器重新定义自己和与他人的关系

- “通过电报线路发送人类，在概念上是完全可能的”，这个观点来自：（单选题）

  A. 控制论之父，诺伯特·维纳

  B. 人工智能先驱，马文·明斯基

  C. 多元智能理论创始人，霍华德·加德纳

  D. 英国著名小说家，乔治·奥威尔

- 以下哪项是机器人无法帮助孩子做到的？（单选题）

  A. 引发孩子的强烈情感

  B. 帮助孩子了解自己在想什么

  C. 帮助孩子获得想要获得的信息

  D. 帮助孩子了解自己情感背后的原因

扫描左侧二维码查看本书更多测试题

ALONE TOGETHER

作者序

# 转折点

30 年前，当我刚刚进入麻省理工学院担任教职、开始从事计算机文化的研究时，彼时的世界还是一派稚气的景象。孩子们在电子设备上玩三连棋游戏，电子游戏中的火箭发射击碎入侵地球的小行星，“有智慧”的计算机程序已经可以在一场正式的国际象棋比赛中和真人选手一决高下。第一代家用电脑的购买者主要是一群发烧友，他们尝试自己编写简单的小游戏。没有人知道家用电脑在未来还会发挥怎样的作用。在这个人工智能还很年轻的新领域，学者们在讨论可以识别简单形状、操控图块的程序。人工智能科学家在辩论未来的机器获得“智慧”的方式。一些人认为可以通过外部植入程序的方法获得；而另一些人则认为未来的机器可以通过被写入简单的程序自行进化为复杂的智慧体，正如当今的神经生物学家发现人类的智慧和自我意识，是通过相对简单的人脑结构和活动产生的。

我成为了他们中的一员，如同人类学家一样，是这片崭新世界中的陌生人。那时我在巴黎生活了数年，研究心理分析的思维如何进入法国人的日常生活——人们如何用这一新语言进行自我反思。我之所以加入麻省理工学院，是因为我感觉到在计算机语言中，类似的情况也正在发生。

“调试”、“编程”这样的计算机词汇，开始在政治、教育、社会生活，以及心理分析学最重要的中心——关于自我等多方面被使用。当从事计算机科学研究的同事们沉浸于如何让计算机完成各种精巧、复杂的任务时，我的关注点却在其他方面。计算机正在怎样改变作为“人类”的我们？我的同事们通常反对我的这个说法，他们坚持认为计算机“只是工具”。但我依然认为“工具论”具有一定欺骗性。人类自古就是由工具所塑造。而如今，正处于机器和大脑界限边缘的计算机，正在改变和塑造我们。

作为一名精神分析师，我试图探索“设备的内在历史”（inner history of devices），这需要大量的倾听——通常不是那些正式采访中的故事，而是正式访谈结束后的、边角料般的评论和对话。为了完成我的工作，我采用了“实地研究”（也称作民族志研究）和“临床诊断”两种方法。人类学家通常的做法是花费数百小时在单一的环境中探访本地的知识。我并没有这么做，而是“潜伏”在计算机科学学院、家用电脑发烧友俱乐部以及初中生的计算机实验室中。我向计算机科学家、发烧友和孩子们提问，但通常情况下，我会倾听他们在新的“智慧”机器附近如何交谈，并且观察他们的行为特征。

我常常听到由计算机话题引发的深刻而博学的对话。也许在一些人看来，人类的大脑和计算机非常相似，都是被编程的“机器”。如果大脑是由程序控制，那么也许自由意志（free will）就只是幻觉。最奇特的是，类似上面这样的对话常常不只发生在研讨会会议室里，还发生在厨房、饭桌以及游戏活动室中。计算机将哲学讨论带入了日常生活中，特别是将孩子们变成了哲学家。电子设备陪伴孩子们玩三连棋游戏、进行单词拼写测试，孩子们则开始思考：计算机是活的吗？它们的思维方式和人类有所不同吗？在“智慧”机器的时代，人和机器的区别是什么？

20 世纪 70 年代末 80 年代初，我见证了人类历史上的独特时刻：机器让我们用不同的方式重新思考人类思维、记忆和理解力的含义。计算机激发我们进行自我反思。对于我来说，在 20 世纪 80 年代初期，与当时才 13 岁的德博拉的一段对话让我记忆犹新。在学习了一年计算机编程后，德博拉说当他用计算机工作时，“自己的一部分心智成为了计算机心智的一部分”，你开始用“不同”的方式看待自己。与计算机面对面，人们在机器这面镜子中反思自我。受到德博拉这段话的启发——也是向西蒙娜·德波伏娃（Simone de Beauvoir）[①] 致敬，在 1984 年，我将自己出版的第一本书命名为《第二个自我》。

1984 年。这个特殊的日期由于和乔治·奥威尔（George Orwell）的小说同名，而在西方知识界成为一个标志性的年份。在书中，奥威尔描绘了这样一个未来的社会景象：人们受到政府全天候的监控，公开的头脑控制，个人权利丧失殆尽。讽刺的是，尽管当时许多科幻小说都将未来科技的社会影响描绘成上述这种反乌托邦式的情景，但我自己在 1984 年出版的书中却是乐观而充满希望的。诚然，我也有所担忧。我担心新技术具有强烈的“黏性”，让人们无法与其分离；我也担心沉迷于计算机的世界，会让我们逃避面对真实世界中的个人问题和宏观政治问题。但是，在我的第一本书中，我主要将注意力集中在论述计算机如何启发我们进行新的自我反思。

在《第二个自我》这本书发表后的数十年中，人们与计算机的关系发生了剧烈的变化。在 20 世纪 80 年代，人机关系主要是指人与计算机一对一，但到了 20 世纪 90 年代以后，情况就不再如此。计算机成为通往虚拟世界的门户，在那里人们可以过着与现实世界平行的生活。人们加入美国在线（American Online）的网络，发现了新的“空间感”。这是一个令人陶醉的时代：我们不再拘泥于那有限的、只有数十个朋友的社交圈子，而可以有数百个、甚至数千个朋友，从而开拓了前所未有的社交广度。我的研究焦点也从一对一的人机关系转移到以计算机为中介的人际关系中。

我在波士顿的家中每周末都举办比萨派对，邀请各路朋友参加，请他们讲述各自在虚拟世界中的新生活。他们讲述自己在屏幕内外的生活，描绘了虚拟和现实的

① 西蒙娜·德波伏娃（Simone de Beauvoir，1908.1.9—1986.4.14），20 世纪法国最具影响力的女性之一，存在主义作家、文学家。1949 年出版了被后人奉为女权运动“圣经”的《第二性》（*The Second Sex*）。——译者注

界限如何被侵蚀。人们的自我角色不再是单一的，而是伴随着线上线下、虚拟现实的转换形成了多元的身份认同。通过技术的棱镜，我再一次感受到人类自我身份创造和体验的转变。

我将研究结论写成了 1995 年的第二本书《虚拟化身》。这本书从积极的视角对网络身份探索进行了研究。但是，我在 1984 年时的乐观态度已经受到了挑战。在访谈中，许多人认为他们的在线生活要比他们嘲弄地称为 “RL”（Real Life）的现实生活更舒心。比如，一位来自中西部的大学生道格，他在 3 个不同的网络虚拟世界中拥有 4 个虚拟化身（avatar）。他总是同时打开这几个虚拟世界的窗口，家庭作业和电子邮件的页面，以及最爱的游戏界面。他很轻松地在不同的虚拟世界中穿越，他告诉我，现实生活 “只是多打开一个窗口而已”，并且他补充道：“甚至通常不是我最喜欢的那个。” 这将我们的未来引向何处?

到了 20 世纪 90 年代中期，两大趋势已经非常明显。第一大趋势是生活的完全网络化。我们无须明确的目的地就可以上网。通过网络浏览器和搜索引擎——Mosaic、Netscape、IE、Google，人们仿佛在一个无尽的处女地进行探索。同时，由于无线互联网的发展，人们不再需要通过传统意义上的 “电脑” 设备、桌面、网线连接才能登录。由于网络随时随地、无处不在，因而我们才能随时与彼此同在。第二大趋势是机器人的进化。如今的机器人不仅可以帮助人类完成困难和危险的工作，而且逐渐成为我们日常生活中的朋友。这一领域的成果于 20 世纪 90 年代末进入了孩子们的游戏活动室：孩子们开始有了电子“生物”的陪伴。它们的要求被关注，同时也似乎可以反过来关注孩子们。

《群体性孤独》一书对上述电子文化的两大趋势在过去 15 年中的新变化、新发展进行了新的阐释，将焦点集中在年轻的 “电子土著”（digital native）身上。这一代人的成长伴随着手机、智能电子玩具。如果说在《虚拟化身》一书的结尾，我曾表达了自己对于模拟化生存所要付出代价的忧虑，那么在这本书中，这种忧虑则更加严重。如今的我们缺乏安全感、却又渴望亲密关系，因此才求助于科技，以寻找一种既可以让我们处于某种人际关系中、又可以自我保护的方法。我们发短信，我们和机器人交互。我感觉我们正在见证人和技术关系第三次变革的转折点。我们屈服于无生命的挂念，又害怕与人交往的风险和失望。我们更依赖于技术而非彼此。

在本书中，我集中论述过去 15 年中的观察和思考，同时也用历史的眼光看待这些新问题。为了讲述人造生物是如何促进人际关系的故事，我从 20 世纪 70 年代的 ELIZA 计划开始讲起，一直讲到人类形状的社交机器人，如 21 世纪初期由麻省理工学院研发的“多莫”（Domo）和“梅茨”（Mertz）。在这个发展过程中，出现了许多其他的电子“生物”，包括电子宠物蛋“拓麻歌子”（Tamagotchi）[①]，机器人“菲比”（Furby）、“爱宝”（AIBO）、“真宝”（My Real Baby）、“凯斯麦特”（Kismet）、“卡格”（Cog），以及一种专门为老年人提供陪伴的机器人——海豹医生“帕罗”（Paro）。我要感谢参与到我机器人研究的 250 多人。一些人来到麻省理工学院参观机器人，另一些则是我将机器人带到学校、课后活动中心和养老院中。当和孩子们一起研究的时候，我总是尽可能地让他们把机器人带回家几个礼拜，请他们和家人撰写“机器人日志”，记录家里有了“菲比”、“爱宝”、“真宝”这些机器人后的日常生活。

在这个关于计算机中介传播的故事中，我于 20 世纪 80 年代末 90 年代初，就开始通过电子邮件、BBS、网上聊天（Internet Relay Chat）和美国在线进行研究，并且加入了第一个虚拟社区和多人在线角色扮演游戏。在过去的 10 年中，网络形态发生了剧烈的改变，我也将研究对象扩展到无线通信设备、短信、即时信息、社交网络、Twitter 和大规模多人在线网络游戏。我的研究同时也包括由三维环境和虚拟化身组成的虚拟现实社区。

我的研究对象是年轻人，因此我的研究观察大多数是在高中和大学校园完成的。但同时我也和成年人进行访谈对话，以了解网络如何改变父母之道，以及建筑、管

① 电子宠物蛋（Tamagotchi），日语是たまごっち。又译作拓麻歌子、塔麻可吉。是万代公司（Bandai）于 1996 年 11 月推出的电子宠物系列，由于其引入的、新颖的模拟饲养系统及其可爱到没边的外形，一经推出就引发了世界性的热潮。——译者注

理咨询等行业的传播格局。参与我关于连接性研究的总人数超过 450 人，其中大约 300 人为儿童、150 人为成年人。对于在过去的 15 年中参与这项研究中的所有人们，我对他们的慷慨和善良心怀感激。

我的研究成果来自“实地研究”和“临床诊断”。在“实地研究”的过程中，研究者通常前往人们和技术交会之处观察、互动、提问，并记录现场笔记。根据场地设定的性质不同，非正式的访谈可能在咖啡桌上、牛奶及饼干小吃旁边完成。我在学校开设了计算机文化和计算机心理学的课程，因此一些内容也来自教学相长的课堂之中。在“临床诊断”的过程中，我在办公室或其他安静的环境中进行了许多细致深入的访谈。我将这些访谈称为“临床诊断”，当然我自己在这个过程中的角色是研究者，而非临床医学家。我研究的兴趣在于技术的“内在历史”，这意味着我试图将实地研究者和临床医师的敏感性结合起来。一个敏感的实地研究者总是可以用开放的态度观察研究对象的失言、眼泪和意外的联想。

在我对计算机的研究中，我提供了各种机器人（从早期的电子宠物蛋“拓麻歌子”、机器人“菲比”，到比较发达的机器人“凯斯麦特”和“卡格”）。这意味着我可以研究来自不同经济和社会背景中的孩子和老年人。在我对网络化生活的研究中，我没有使用任何新技术。我只是对已经在使用网络和手机的青少年及成年人进行访谈。有必要指出的是，我关于连接性设备和自我关系的研究结论适用于那些有能力购买这些设备的人群。而这个人群的范围要比我想象得大得多。比如，在 2008 年春天，我在某高中进行调查研究，所有的学生——无论来自怎样的经济和文化背景，都拥有一部可以发短信的手机，并且大多数学生的手机可以上网。我研究的是一个变化中的群体。2010 年 1 月，尼尔森公司（Nielson）发布的一个报告指出，年轻人平均每月发送的短信数量是 3 000 条。我自己的研究数据则显示这个数量还在稳定增长中。因此，可以预见未来的情形会远远大于我在这里所描述的数字。

我的调查研究还在继续。最近，家长们都在排队给他们的孩子购买一个叫作“猪猪鼠”的机器宠物仓鼠，广告词是“为爱而生”（living to feel the love）。网络上最火的一个程序叫作“聊天轮盘”（Chatroulette），这个拥有150万用户的程序的功能是随机地将你和世界上任意地点使用该程序的陌生网友连接到一起。你们可以通过视频窗口见面，你们可以语音聊天或打字。人们通常会在见到对方仅仅2秒钟后就单击程序中的“下一位”按钮，然后下一位陌生人就会出现在屏幕中。似乎“猪猪鼠”和“聊天轮盘”正是本书研究的最终对象：前者设计出来就是为了获得人们的宠爱；而后者则将人们物化并迅速抛弃。我将我的故事暂时停在一个让人困扰的均衡点上：我们似乎一直致力于赋予物体以人性特质，同时却满足于用物化的方法看待彼此。

我对研究对象的个人信息都做了匿名处理，除了那些要求实名或引用自公开报道或记录的科学家和研究者的话。我在不一一提及姓名和地点的情况下，在这里要向接受我访谈的所有人，包括学校的管理者、校长、教师，以及养老院的主管、职员，表示我最诚挚的谢意，没有你们的帮助我就无法完成本书的研究工作。我在两家养老院中研究机器人，从7所高中获得研究数据（两家是公立并且是男女混校的；5家是私立的，其中一家是女校，两家是男校，一家是男女混校，还有一家是天主教男女混合高中）。我也跟踪了一些案例研究的对象，他们小时候伴随着电子宠物蛋和“菲比”机器人长大，进入青少年、成年之后则沉浸在网络文化中，熟练地使用短信、Twitter、MySpace、Facebook以及iPhone的应用。我对他们的长期参与，以及对我和研究项目的耐心表示感谢。

我的研究受到麻省理工学院技术与自我研究计划（MIT Initiative on Technology and Self）的资助。感谢所有参与该计划的同事和“科学、技术与社会”课程的同学们的参与。我从他们的支持和优秀的想法中获益匪浅。

麻省理工学院的学术纽带也丰富了我的研究，并给我提供了许多实质性的支持。罗德尼·布鲁克斯（Rodney Brooks）给我在麻省理工学院的人工智能实验室安排了一间办公室，成为了我研究最好的起点。辛西娅·布雷齐尔（Cynthia Breazeal）和布莱恩·斯卡塞拉蒂（Brain Scassellati）和我一起向60位小孩子介绍了他们主要负责研发的机器人“凯斯麦特”和“卡格”，并就此进行了“第一次接触研究”（first-encounters study），也帮我想清楚了本书中讨论的许多问题。在此项研究中，我还与研究助理 Anita Say Chan、Rebecca Hurwitz 和 Tamara Knutsen，以及晚些时候加入的 Robert Briscoe、Olivia Dasté 等人合作。“凯斯麦特”和“卡格”支持团队的 Lijin Aryananda、Aaron Edsinger、Paul Fitzpatrick、Matthew Marjanavic 和 Paulina Varchavskaia 也都给我提供了巨大的帮助。在我研究虚拟世界之初，和 Amy Bruckman 的合作堪称试金石。Jennifer Audley、Joanna Barnes、Robert Briscoe、Olivia Dasté、Alice Driscoll、Cory Kidd、Anne Pollack、Rachel Prentice、Jocelyn Scheirer、T.L.Taylo 和 William Taggart 都在我为期数年与儿童、家庭和老人的访谈过程中给予了极大的支持。同时，我与 Federico Castelegno 在麻省理工学院的一项网络游戏的研究中合作，我感谢他的真知灼见。

在这个多元化且富有才华的团队中，我需要特别介绍 4 位同事：Jennifer Audley 从最早研究电子宠物蛋和“菲比”的时候就加入了研究计划，并一直持续到“凯斯麦特”和“卡格”机器人；Olivia Dasté 于 2001 年加入我的研究团队，主要负责养老院和学校中“凯斯麦特”和“卡格”的“第一次接触研究”；William Taggart 和 Cory Kidd 主要负责养老院中“帕罗”机器人的研究。我向他们致以我最诚挚的谢意。

同时，我要向 Caroline Jones、Seymour Papert、Mitchel Resnick、William Mitchell、Rosalind Picard 和 William Porter 这几位教授表示感谢。与他们的对话带给我许多新的灵感和想法。在“多莫”和“梅茨”问题的研究上，我要感谢麻省理工学院计算机科学和人工智能实验室（前文所述人工智能实验室的后身）的 Pia Lindman、Aaron Edsinger、Lijin Aryananda。他们与我分享机器人的研究经验和成果。针对儿童、网络仿真、机器人仿真文化的研究话题，5 位心理分析研究的同行给了我很大启发，他们分别是：Ellen Dolnansky 博士、James Frosch 博士、Monica Horovitz 博士、David Mann 博士和 Patrick Miller 博士。

我在麻省理工学院的同事 Hal Abelson 于 1997 年给我发来一封电子邮件，建议我“研究这些玩具”，我总是听从他的意见。在 20 世纪 70 年代末，他是第一个向我介绍个人电脑拥有者试图了解机器内部结构原理的特殊诉求。20 世纪 80 年代末，又是他向我介绍了第一代虚拟社区 MUDs。他的指引总是开拓着我的研究生涯，唯有追随他的指引进行研究才能回报于他。我感谢他，希望我的研究成果可以让他感到骄傲。

哈佛大学的同行以及那里举办的演讲总是不断地开阔着我的视野。我特别要感谢 Homi Baba、Mario Biagioli、Svetlana Bohm、Vanessa Conley、Peter Galison、Howard Gardner、Sheila Jasonoff、Nancy Rosenblum、Michael Sandel 和 Susan Sulieman 这几位教授，感谢他们提供了私下交谈和小组访谈的机会。

此外我还需要向以下诸位表达谢意：Thad Kull 不知疲倦地追寻消息源；Ada Brustein、William Friedberg、Katie Hafner、Roger Lewin、David McIntosh、Katinka Matson、Margaret Morris、Clifford Nass、Susan Pollak、Ellen Poss、Catherine Rea 和 Meredith Traquina 在关键时刻给了我重要的建议；Jill Ker Conway 是我第一版手稿的第一位读者，他给了我极大的鼓励并且为我指明了方向；Basic Books 出版社的 Thomas Kelleher 对文章架构和编辑倾注了大量的心血，Jennifer Kelland Fagan 小心谨慎地编辑了我的手稿。文章若有勘误那一定是我未能接受他们的修改建议。Grace Costa 和 Judith Spitzer 给我提供了巨大的行政支持，才能使我从繁杂的工作中脱身，全力投入到访谈、思考和写作上。

我已经和凯莉·格雷（Kelly Gray）合作了 6 本书。每次合作中，她的投入、智慧和对于文字的热诚都丝毫未变。在本书中，是她帮助我理清在长达 30 年的搜集中关于计算机文化的数据，并找到我写作所希望的叙事方式。此外，本书中有一些我最爱的措辞是凯莉和我在交谈中提到的。我原本打算一一列出，但凯莉谦虚地婉拒了我的提议。但我想还是有必要让广大读者知道她的巨大贡献。

我关于机器人的研究受到英特尔公司、Mitchell Kapor 基金会、Kurzweil 基金会和国家科学基金会（NSF 资助号 SES–0 115 668，“关系性人造物”）的资助。“帕罗”

的发明者 Takanori Shibata 慷慨地向我提供了研究用的机器小海豹。索尼公司捐献了他们早期的“爱宝”。我关于青少年的研究受到了英特尔公司、Mitchell Kapor 基金会和 Spencer 基金会的资助。在所有的慷慨支持中，我必须特别提到米切尔·卡普尔（Mitchell Kapor）。他理解我在科技与自我研究计划方面的目标，并给予我全力的支持。本文中的观点仅代表本人，而资助和支持我的机构与个人的立场无关。

我已经对本书的主题进行了数十年的研究。在这个过程中，有无数人为我提供了支持和帮助。在这里，我对你们表示深深的谢意。

最后，我要特别感谢我的女儿丽贝卡（Rebecca）。从她 6 岁开始，我就常常带一些或简单、或复杂的机器人回家，也是从那个时候开始，她非常有耐心地与这些“会说话”的机器交上了朋友。我让她照顾电子宠物蛋，与“凯斯麦特”和“卡格”玩耍，和有点宅的“帕罗”交朋友。“真宝”有点吓到她了，但她还是努力地讲出了缘由。丽贝卡将我家的地下室称为“机器人坟场”，她很少下去那里。我感谢丽贝卡的忍耐，以及有洞见的、果断的编辑建议，并允许我引用她的话。她拒绝在 Facebook 上加我为好友，但她教我如何发短信。电子文化的故事已经成为了她生活中的故事。这本书也是给她的一封信，表达了她的母亲如何看待她未来生活的对话。

如今丽贝卡已经 19 岁了，我知道她已经过了亲密母女关系的年龄。对于我完成了这本书她感到很高兴。然而，我却并不那么确定。正如我书中所说的那样，思考机器人，是思考人类本质的一种方法；而思考连接性，则是为了理解我们对彼此意味着什么。本书的写作已经结束，但我对这个问题的思索还远远没有结束。

雪莉·特克尔
于波士顿，马萨诸塞州

ALONE TOGETHER

目录

世界中，重新塑造一个比现实世界更为完美的“第二人生”。

## 10 有打电话的必要吗？ /199

### 声音传递情感，短信给你安全

发短信让人有一种安全感，并且可以通过细心斟酌而展现出一个期望的自我。但虚拟空间对“道歉”等现实问题是无能为力的。打电话意味着你在全神贯注地做一件事，也意味着一种“交谈”能力。声音传递情感，我们却巴不得让声音在生活中消失。

## 11 削弱与背叛 /221

### 亦真亦幻的《第二人生》

通过“演练”和“实践”，《第二人生》也可以与现实的人生相差无几。如果游戏里的角色跟现实中的人完全不同，也不能称之为“背叛”。虚拟人生也许能让人们在现实生活中更有自信、更勇敢地去改变自我。有些在现实生活中失意的人，可以从游戏中获得满足。

## 12 真情告白 /241

### 网上告白只是用“分享”避开“孤独”

有些人会选择去“告白网站”排解孤独。人们宁愿在网上对着陌生人忏悔和释放情感，也不愿意直接面对你所伤害的人给他一个真正的道歉。实际上，网上告白没有想象的那么好，人们只是为了感觉良好而用“分享”避开“孤独”。

WHY WE EXPECT MORE FROM TECHNOLOGY
AND LESS FROM EACH OTHER

ALONE
TOGETHER

# 引 言
# 技术让我们的关系更亲密了吗？

当我们和机器人谈情说爱、与智能手机难舍难分时，我们通过机器重新定义了自己，也重新定义了我们与他人的关系。出于对亲密关系的渴望，我们与机器人的关系正在升温；我们在网络上与他人的联系越来越紧密，却变得越来越孤独。

技术，作为人类亲密关系的纽带，如今已经成为人们从现实关系中解脱的工具。在诸如《第二人生》（*Second Life*）这样的网络虚拟世界中，你可以创建自己的虚拟化身、虚拟住房、虚拟家庭和社会生活。它的广告大意是这样的：“终于有这么一片天地，让你热爱自己、热爱朋友、热爱人生。”在这个虚拟的世界里，许多人以虚拟化身的方式生存着。在这里，他们比在现实生活中更富有、更年轻、更苗条、穿着更体面。同时，我们也深深迷恋着诸如机器宠物这样的社交机器人。2009—2010 年最受欢迎的节日礼物是一款名叫“猪猪鼠”的机器宠物，它比真实宠物更完美：可爱、反应灵敏、不需要清理排泄物，而且长生不老。

技术是极具诱惑力的，因为它能弥补人性中脆弱的一面。而我们的确是非常脆弱、敏感的物种。我们时常感到孤独，却又害怕被亲密关系所束缚。数字化的社交关系和机器人恰恰为我们制造了一种幻觉：我们有人陪伴，却无须付出友谊。在网络世界中我们彼此连接，同时也可以互相隐身。比起面对面交谈，我们更习惯于发短信交流。一位年近五旬、忧心不已的母亲讲述的这个故事，就能很好地说明这一点：

> 我当时正在寻找一个新保姆。通常，我都希望在应聘者自己的住所面试她们，因为我认为这样就能够在她们自己的生活环境中更好地考察她们，而不是在我的家中。所以，当一个叫罗尼的人来应聘时，我立刻和她约定了面试时间。我来到她的公寓，她的室友为我开了门。室友是个年轻女孩，21 岁左右，很专注地在她的黑莓手机上打字。她的两个大拇指被绷带严严实实地

包扎着，小拇指上还夹着夹板，让人看着都心疼。我觉得应该安慰一下她，就说："那一定很疼吧？"但她只是耸了耸肩膀，说："没事儿，我还能打字。"我告诉她我是来面试罗尼的，能否帮我敲敲罗尼的门告诉她我来了。这个女孩看上去非常惊讶："噢，不行。我从不敲门，那样太冒昧了，我会给她发短信。"于是，她发了一条短信给离她不到5米的罗尼。

这本书是我关于"计算机和人际关系研究"三部曲的最后一部。我在本书中试图回答这样一个问题：我们的生活为何变成如今的模样，我们是否满意这样的生活？

在我的第一本书《第二个自我》中，我探究了个人电脑的主体性问题：不要问电脑能"为"我们做些什么，而要问电脑"对"我们干了些什么，对我们看待自我的方式、我们的社交关系、作为人的自我知觉有什么影响。人们很早就开始借助互动式、反应式的计算机反思自我，思考人与机器之间的区别。智能机器是活物吗？如果不是，那原因何在？在研究过程中，我发现儿童最可能将这类计算机物品视为某种"活物"——一个还在不断进化中的故事。在三部曲的第二部《虚拟化身》中，我将关注点从人类如何看待计算机，转移到了人类如何在网络空间塑造新的身份认同。而在本书中，我试图展示技术将如何把上述两本书中的观点推上一个新台阶。

计算机不再等着人类来赋予它们意义。如今的社交机器人能与我们眼神交流、侃侃而谈，并学着识别我们。它们向我们卖萌求收养，我们也想象着有一天它们能给我们回馈。如今机器人设计领域讨论最多的话题正是关于陪护功能的研发。2010年夏天，《纽约时报》和《华盛顿邮报》大幅报道了有关机器人教师、机器人伴侣、机器人医师的新闻。微软公司也演示了他们研发的虚拟人"麦洛"（Milo）。"麦洛"能识别那些与它互动的人，它的性格也在这样的互动中逐渐形成。更给力的是，在向公众介绍"麦洛"的宣传片里，一个年轻人在一个虚拟花园里与"麦洛"玩游戏，而在片子末尾，更让人兴奋的事情出现了：他在被父母斥责后选择向"麦洛"大倒苦水。

我们不得不问，这些新兴技术预示着什么。一些人希望未来机器人能帮忙打扫地毯、洗衣服；另一些人甚至希望发明机器新娘。社交机器人是真实人际关系的一种替代，而网络终端设备提供的计算机中介式社交，则是真实人际关系的另一种替代。当我们和机器人谈情说爱、和智能手机难舍难分时，我们通过机器重新定义了自己，也重新定义了我们与他人的关系。人们将黑莓手机的上网功能视为生活中“希望的田野”，在这里再也没有寂寞和孤独。一位年近七旬的女士这么描述她的苹果手机：“就像袖珍书上有一个小型时代广场，灯光闪耀，人潮汇聚，尽在其中。”当人类寂寞难耐时，网络正散发着迷人的魅力。但倘若我们沉迷于此，则会错失独处的快乐。

## 机器人时代

2005年11月末，我带着14岁的女儿丽贝卡来到坐落在纽约的美国自然历史博物馆，参观达尔文主题展。从博物馆门口那个巨大的恐龙骨架标本开始，我们就开启了一场地球生命礼赞之旅，观赏达尔文所说的“无限形体美丽至极”（endless forms most beautiful）。这些不计其数的生物标本如今已经寂然无声，但它们却是大自然进化在全世界每一个角落里的印证。这里是记录达尔文的一生和他的思想的最佳场所，他的物种进化论是当代生物学的核心理论。这次达尔文展的目的正是想取悦和说服观众，同时给那些攻击进化论的行为一个小小的回击。

展览入口处陈列着两只巨大的海龟。它们来自厄瓜多尔西部的加拉帕戈斯群岛，也正是在那里，达尔文展开了声名远播的进化论研究。博物馆将这两只海龟视为奇珍异宝。在充斥着各种塑料模型的博物馆里，只有它们是活的，而且和达尔文在150多年前看到的加拉帕戈斯海龟一模一样。有一只海龟藏了起来，另一只则蜷缩在笼子里，纹丝不动。丽贝卡仔细地观察着这只海龟，若有所思，过了一会儿，她一本正经地说：“他们完全可以用一只机器龟的！”我大吃一惊，问她什么意思。她说，如果海龟只是在博物馆里无所事事、一动不动的话，完全没有必要费尽千辛万苦，把它从太平洋的小岛运到纽约。她十分同情这只海龟过着监禁一般的生活，却对它的真实性无动于衷。

这一天是感恩节周末，观摩的人们排了很长的队，每个人都冻得瑟瑟发抖。我开始与其他父母和孩子交谈。我的问题是：“你会在意这是不是一只真的海龟吗？”这个问题马上在无聊等待的人群中引发了热烈讨论。一个10岁的小女孩说，她更愿意看到一只机器海龟，因为活的实在不怎么好看：“这些养海龟的水看起来脏兮兮的，好恶心。”许多支持采用机器海龟的观点进一步呼应了我女儿的想法：活海龟经不起折腾。一个12岁的女孩坚定不移地说：“看看这些海龟，它们什么也不用干，没必要用活的。”她的父亲看着她，困惑地说：“但是最关键的是，它们是真实的、活生生的，这才是最重要的。”

达尔文主题展把生物的真实性问题放在了醒目位置，不仅展出了达尔文当年野外研究用的放大镜，而且还有他用过的笔记本，上面记录着他第一次阐述进化论时的名言妙句。但是，孩子们面对迟钝的、会呼吸的加拉帕戈斯海龟时的漠然态度，使这次主办方关于“真实性”的卖点几乎没有什么立足之地。这次在博物馆的见闻，让我想起丽贝卡7岁时的另一件事。那次我们乘船游览地中海，海水碧波荡漾，美得如同明信片上的画。那段时间丽贝卡正热衷于电脑上的模拟鱼缸软件。因此，当她发现地中海水里有什么东西在动时，兴奋地指着喊道：“噢，妈妈快看，这是个水母！它看起来像真的一样！”后来我把这件事告诉迪士尼公司的一位副总裁，他说他一点都不惊讶。因为当年迪士尼“动物王国”主题公园在奥兰多市开张的时候，主要的卖点就是里面养了各种“真的”动物——都是活体动物。然而，来到公园的第一批游客却对此怨声载道，他们抱怨这些动物看起来不如其他迪士尼公园里的电子动物那么“真实”：机器鳄鱼拍打着尾巴，眨巴着眼睛，总之，它们能把鳄鱼典型的活动展示得活灵活现。而真实的鳄鱼，就像加拉帕戈斯海龟一样，反而不愿意和人接触。

我相信，在我们的仿真文化里，我们如何看待事物的真实性，就像维多利亚时期的人如何看待性爱一样——是危险的、令人困扰的，是禁忌、也是魅力。很多年来，我一直坚持这个观点。但是在博物馆，我却发现孩子们的立场令人不安。在这种情况下，他们认为真实性没有内在价值，只有在实现特殊目的时才有意义。达尔文眼中的“无限形体美丽至极”对他们来说，已经不再是必须的。我又追问了孩子们另一个问题：“如果你在展览上把一只真海龟换成了机器海龟，你觉得有必要告诉观众吗？”结果许多孩子告诉我没有这个必要。对于是否告诉观众动物的真假，取决于“观众是否需要知道”，即是不是为了实现某一特殊目的。但是，这些动物活着的目的又是什么呢？

仅仅在一年之后，我遇到了另一件出乎我意料的事。我接到《科学美国人》杂志（*Scientific American*）的一位记者打来的电话，采访主题围绕着机器人和人类的未来。在这场对话中，这位记者竟然指责我的观点暗含了反对同性恋婚姻的立场。我对这样的指责感到非常震惊。我从来没有过这样的想法，也从未反对过任何同性交往或结婚，他对我的指责完全是无中生有。而这位记者之所以找茬，只是因为我曾经表示过不赞同人类和机器人谈情说爱、谈婚论嫁。

这次采访的起因是英国的企业家、计算机科学家戴维·利维（David Levy）的一本关于机器人的新书。1968 年，身为国际象棋高手的利维曾和 4 位人工智能科学家打赌，说 10 年之内不会有计算机应用程序能赢过他。利维赢得了这场技术赌局。虽然赌注只有区区 1 250 英镑，但是整个智能科学界都因此而灰头土脸。这次的失败是由于他们对不成熟的科技预言过于自信。直到下一个 10 年，利维才被象棋计算机程序打败。打败他的是一个叫作“深思”的程序。众所周知，20 世纪 90 年代，一个叫作“深蓝”的程序击败了当年的国际象棋冠军加里·卡斯帕罗夫。而“深思”正是“深蓝”的早期版本。现如今,利维是一家“智能”儿童玩具公司的首席执行官。2009 年，他和他的团队又赢了，但这次赢得的是极富盛名的勒布纳人工智能奖。在一场谈话类软件的世界锦标赛中，利维团队开发的“聊天机器人”（chat bot）程序脱颖而出，成功地让测试者们相信，他们正在和一个人而非机器对话。

虽然我对利维的创造性十分欣赏，但是对他的新书《和机器人的爱与性》（*Love and Sex With Robots*）中的观点却并不认同。一位《纽约时报》的记者对此书评价颇高，认为里面的科学幻想一点也不滑稽。这名记者刚刚在麻省理工学院进行了两周的采访，在文章中对麻省理工学院的机器人文化大加赞赏，认为它正在创造“新的生命形式”。这本书预言人类与机器的性爱将在半个世纪后成为一个严肃而认真的议题，也就是说，“人和机器人坠入爱河，将和人类之间迸发爱情一样平常。同时，人类性行为的次数和做爱的体位都将得到扩展，因为机器人能教给你更多，超过世界上所有已出版的性爱指南”。利维认为，机器人能教会我们如何成为更棒的朋友和情人，因为我们能拿它们做练习。甚至当人类无法完成的时候，机器人还能代替。利维由此提议，和机器人结婚真是美事一桩。他认为，机器人虽然算是某种程度上的“异类”，但是在很多方面比人类更好。它们从不欺骗，也不会伤心。在利维看来，即使是在人类最私密的领域里，对机器人价值的评价也只存在一种标准：和机器人在一起你觉得舒服吗？这位计算机语言大师用机器人行为的影响来评判未来的机器人。而且他还打赌说，过不了几年，这就会成为我们唯一的标准。

我是一名接受过心理分析训练的心理学家。无论从感性还是专业理性出发，我都认为，人与人之间的亲密关系和这种关系的“真实性”才是重中之重。假定人工智能可以发展出一套自有的做爱体位模式，我仍然为一种观点感到担忧——这种观点认为，和一台机器卿卿我我是不需要感觉的。实际上，这只是一系列“仿佛”行为的集合，你得认为它“仿佛”关怀备至、“仿佛”善解人意。在我看来，“真实性”意味着设身处地为他人着想的能力，因经历相似而与他人产生情感共鸣的能力，因为人类以相同的方式出生、拥有家人、品味失去家人的痛苦和死亡的真义。而机器人，即使再精密复杂，显然也难以企及。

因此我对利维的新书冷眼旁观。如果机器人不是“新的生命形式”而是某种“表演艺术”呢？倘若和机器人发生关系让我们“感觉很好”或“更好”，仅仅是因为我们感觉更加有掌控感呢？“感觉很好”本身不是黄金法则。一个人可以因为糟糕的原因而“感觉很好”。倘若机器人的陪伴让我感觉很好，却使我们更加弱势了呢？利维大胆观点的益处在于它迫使我们反思：和机器人建立怎样的关系是可能的、有必要的、合乎道德的？恋上机器人意味着什么？当我读他的这本书时，我的观点非常明确。爱情意味着从对方的视角品尝人世间的惊喜与艰辛，由双方共同的经历、体验、悲伤和喜悦而形成。当我们把目光投向大众媒体的时候，常常担心我们的文化正在走向“低智商化”。而这本书则表现出“低情商化”：固执地背离人性中伴侣关系的复杂面，将虚假的情感关系视为新美学。

当我读到《和机器人的爱与性》这本书时感到更不舒服，因为利维将我关于计算机“潜在力量”的论点变成了他的论据。利维将此书特别献给一位叫作安东尼[①]的麻省理工学院计算机黑客。我在20世纪80年代早期曾经采访过他，那时安东尼才19岁。这位腼腆的年轻人发现，他在险象环生、阴云密布的人类情感世界里无法找到安全感，而计算机恰恰能抚慰人心。计算机程序里的一切活动和互动令安东

① 本书中我所使用的采访或观察对象的姓名皆是化名。为保护研究对象的匿名性，我也对地理信息和职业信息进行了保护。我所使用的科学家或公共人物的观点都得到了本人允许，这些信息都来源于公开的记录。

尼这个孤单的、恐惧亲密的年轻人，感到不是一个人在自说自话。在《和机器人的爱与性》这本书里，利维高估了安东尼的自我调适能力，他甚至建议，对于许多像安东尼这样的人来说，和一个机器人相爱将是最合情合理的选择。利维给我寄了一份新书样本，并问我能不能复印一份给安东尼，好让他高兴高兴。我却对此并不太确定。我不确定安东尼在退缩到那个他称之为"机器世界"的地方以后是否得到了安宁的生活。我只记得他是忧郁的，是人类世界的旁观者，就像一个把鼻子贴在糖果店橱窗玻璃上的小孩一样。当我们想象机器人成为我们未来伴侣的时候，我们也和安东尼一样。

在和《科学美国人》杂志电话连线采访的时候，我因为把郁郁寡欢的安东尼视为亲机器人人群的典型角色而受到了冷嘲热讽。我坦言自己不能苟同利维的想法，我认为讨论机器人婚姻正是对人类关系失望的认同：我们在爱与性方面无法互相满足。我不认为嫁给一台机器就是彻底解决人类亲密关系的灵丹妙药。因此，当这位记者抨击我是一名反对同性婚姻权利的偏执狂时，我大吃一惊。我试着解释，因为我不赞成人类与机器结婚，并不意味着我认为任何人类之间的婚姻组合都是不光彩的。他指责我怀有"物种沙文主义"：我这不是在剥夺机器人"真实存在"的权利吗？为什么我假定一段和机器人的关系是缺乏真实性的呢？对于我来说，这段关于计算机和生命的故事已经发展到新的阶段。

就在那个节骨眼上，我告诉这位记者，我也对这场谈话做了记录。这位记者的观点已经成了我的研究资料，被收进这本关于技术的文化期待变迁的书中。他能从机器和人类推论到同性恋，这足以证明，对于他来说，未来与机器人的亲密关系肯定是替代真人恋爱的第一理想选择。与此同时，这名记者还振振有词地说，机器人也能把它们的特殊性带到一段亲密关系里去，而且引以为豪。在他看来，能恋爱、能做爱、能结婚的机器人绝不仅仅是替代品，甚至已经成为了一位相当理想的伴侣。处在这样一个时而肮脏、让人泄气，而且总让人难以捉摸的世界里，有无数条理由可以说明，机器是更适合我们的。

和《科学美国人》杂志记者的这段小插曲令我震惊。因为我从小一直认为这是一本含金量很高的科学出版物，但是这名记者对机器人的狂妄期待，使我对这本杂志近 10 年的好印象大大减分。关于《和机器人的爱与性》这本书的观点交锋，让我回忆起两年前的另一件事。当时我在新奥尔良举办的一个大型心理学会议上遇到了一位女研究生安妮，她把我请到一边悄悄问我，关于把机器人设计成人类伴侣的研究进展如何。在这次会议上，我做了一个关于“拟人论”（anthropomorphism）的主题发言，即如果机器人能与人进行眼神接触、跟踪人的行动、做出朋友般的手势，我们在多大程度上会认为它近似于人。信奉达尔文基本观点的人会把机器人视为“异类”，但是在这个场合，通俗地说，它们就是我们“家中的一员”。

在开会间隙，这位可爱的、头发乌黑的、25岁左右的女研究生，想要听我介绍更多细节。她向我吐露说，如果机器人能够提供她所谓的“关怀行为”（caring behavior）的话，自己可以考虑把现在的男朋友换成一个“精制的日本机器人”。她说她依赖一种“居家礼仪的感觉”，不想孤单一人：“如果这个机器人能够提供环境，我也乐意哄自己开心，告诉自己这里有个真人和我在一起。”她想要的是既可以避免孤单、又“没有风险”的男女关系。对她来说，一个具有交互功能的机器人，即使只是依照程序表演人类的动作，都比一个苛刻的男朋友更好。我轻轻地问她是不是在开玩笑，她说绝没有开半点玩笑。

另一个给我留下深刻印象的，是居住在波士顿城郊养老院中的一位72岁的老妇人米丽娅姆。她是在我关于机器人与老年人的研究中的一位参与者。在访谈室里，我见到了她。她身材瘦小，穿着一件宝蓝丝绸上衣和修长的黑裤子，灰白的长发一部分垂着，一部分低低地挽成一个小圆发髻。虽然她表现得既优雅又镇静，但仍然流露出难以抑制的伤感情绪。这一方面是因为她的处境：对于一个曾是波士顿最有名的设计师来说，护理之家却是一个荒凉又孤单的地方；另一方面，也有一些让她伤感的事：米丽娅姆的儿子最近和她断绝了母子关系。他在西海岸有自己的工作和家庭，每次他探望母亲的时候，都会与她发生争执——他觉得她想要的太多，超出了他的承受范围。现在，米丽娅姆安静地坐着，轻抚着“帕罗”，一个格陵兰小海豹形状的社会型机器人。“帕罗”，日本制造，由于对病人、老人和情绪障碍人士具有表面上的积极效果，因此被广告称为首个“治疗型机器人”。“帕罗”能通过传感器识别人的声音方向，从而做出眼神交流的动作；它触觉灵敏，而且有一小部分英语词汇量来“理解”它的用户（它的日语词汇量更大一些）。最重要的是，它能根据用户对它的态度设定自己的“心灵状态”。例如，它能识别自己是正在被轻柔抚摸，还是受到了侵犯。现在，有了“帕罗”，米丽娅姆正沉醉在自己的白日梦里，小心翼翼地轻拍着机器人的皮毛。这一天，她特别消沉，而且她相信她的机器人也正感同身受。她转向“帕罗”，再次轻拍着它，然后说：“是的，你也伤心了，不是吗？外面的生活太难了，是的，太难了。”米丽娅姆温柔的拍打触动了“帕罗”的温暖回应：它把头转向她，喉咙里发出赞同的咕噜声。米丽娅姆也因此受到鼓舞，对这个小机器人更加温柔有加。她相信机器人需要抚慰，她抚慰了它，同时也抚慰了自己。

多年临床医生的实践训练使我相信，人与人之间如果发生类似这样的情景，可能会起到深度治疗身心的效果。通过为他人提供我们最需要的支持，我们能修复自身的心灵创伤。但是换作一个悲伤的女人和一台机器人之间应该怎么处理呢？当我和同事及朋友们讨论米丽娅姆这种比较离谱的遭遇时，他们往往首先联想到自己的宠物和宠物带来的慰藉。我听到很多类似的故事，比如当主人不开心和需要安慰时，宠物是如何“心领神会”的。通过与宠物进行对照，下面这个问题就更尖锐了：和一个机器人拥有亲密关系意味着什么？我不知道一只宠物能不能感知米丽娅姆的沮丧和失望。我只知道在米丽娅姆和她的机器人“帕罗”之间，在某个时刻的确发生了一种显而易见的联系，在这个时刻，她得到了宽慰，但机器人其实对此一无所知。虽然米丽娅姆貌似经历着某种与他人的亲密联系，但她其实还是孤身一人。她的儿子离开了她，所以她寻求机器人的安慰，在我看来，这同样是我们对她的一种抛弃。

以上所有的这些经历——认为生命是建立在“需要知道”的基础之上，主张或反对与机器人结婚，一位希望与机器人恋爱的年轻女人，米丽娅姆和她的机器人“帕罗”，所有这些都使我认识到，我们已经进入了一个“机器人时代”。但这并不意味着我们周围伙伴似的机器人已经比比皆是；这涉及我们的感情状态，而且我想说哲学上已然成熟。我发现人们不仅十分认真地把机器人视为宠物，还视为潜在的朋友、知己，甚至是虚拟的情人。我们并不关心机器人对人类与他们“分享”的情感能“知道”或“理解”多少。在机器人时代，只要人与机器连接的表演看起来足够多就行了。我们毫无偏见地、泰然自若地与毫无生命的机器连接在一起。这让我想起了一个短语：“技术滥交”。

当我正想对这一现象后面的原因一探究竟的时候，我听到了一种关于人类生活十分艰难的软弱无力之说。在每一个关于人类脆弱的故事里，我们都加进了机器人的角色。现在的人们要求太多，机器人的要求可能更容易满足。人会失望，而机器人不会。当人们谈论和机器人的关系时，他们也在谈论那些伪装性高潮的丈夫、妻子们和那些吸毒的孩子们。他们也在谈论理解家人和朋友是多么困难。我起初对这些评论感到非常惊讶。他们显然是想把人类贬得体无完肤。一个 44 岁的女人说："毕竟，我们从未了解另一个人真实的感受。人类会文过饰非，机器人比人类可靠得多。"一个 30 岁的男人评论说："我更愿意和一个机器人说话。和朋友们交往太累，使我筋疲力尽。机器人会一直陪伴着我，而且任何时候只要我想好了，我都可以脱离这段关系。"

社交机器人的发明说明人类兜了一个大圈子，还是无法摆脱对亲密关系的渴望。人们看起来很心甘情愿地相信：如果我们疏远或是忽视了彼此，机器人会补偿我们，程序早就设定好了，他们会带来虚拟的爱。当我们逐渐衰老，机器人会伺候我们；当我们的孩子无人照看，机器人会照料他们；当我们在逆境中精疲力竭而不能互相支撑时，机器人会给予我们能量。机器人不会对我们评头论足，我们得到前所未有的接纳和包容。另一个老妇人说起她的机器犬："它比一头真犬好多了。它不会干危险的事，不会背叛你……而且，不会突然死去、留下你孤零零一个人黯然伤悲。"

在激烈的推销攻势下，第一批伙伴型机器人的拥有者往往是老年人，但是年轻人也看到了机器人伙伴的种种优点。如今，十几岁的年轻人在他们准备好迎接一段复杂的亲密关系以前，就会被成年人的性行为所虏获。他们沉醉于这种连接所带来的舒适里，而且这种连接不受任何亲密关系的束缚。这也许会让他们联想到——发生性行为是不需要承诺、甚至不需要关怀的。或者可能联想到一段在线浪漫——伙伴关系是随时可以中止的。这并不奇怪，有些年轻人相信，缔结一段全情投入的亲密关系，这样的爱情故事是不存在的。这让我想起了时下人们对高校吸血鬼电影和小说的热捧，这些吸血鬼因为害怕伤害他们所爱的人，所以不会和爱人发生性关系。而且年轻人赞同"技术交融"的观点。在谈到机器人时，他们轻松随意，把它们视为安全和可预见行为的伙伴。

这些年轻人是和友善的机器宠物一起长大的，机器宠物是他们游戏室里的好伙伴，能够描述他们的心情，说他们在乎的话，也会卖萌求关爱。我们在心理上一直认为，不仅要养我所爱，而且要爱我所养。因此，即使是简单的人造机器也能激发我们发自内心的依恋之情。许多青少年预言，他们童年的机器玩具将来会被更先进的机器伙伴所取代。从精神分析学的传统观点来看，症状反映了冲突，但是也分散了我们试图去理解和解决问题的注意力；梦境表达的是人的意愿。社会型机器人的功能既是一种症状，又是一种梦境。作为症状，他们提供了一类途径，能够回避亲密关系中的冲突；作为梦境，他们表达了一种希望，希望突破现有的人际关系局限，使得人与人之间既能亲密无间，又能回归自我。

有些人甚至认为机器人是一种缓冲，使人们不至于被技术压得喘不过气来。在日本，伙伴型机器人的推广者有意识地宣称，这是一种诱使人们戒除网瘾的手段；可以看出，机器人在现实世界里又插上了一面新旗帜。如果问题是太多技术已经使我们忙碌奔波和紧张不已，那么解决之道就是让另一种技术来安排、取悦和放松我们的生活。因此，虽然历史上机器人曾经由于技术失控引起过人们的不安，但是现在它们好像打消了这份疑虑，并使我们相信，在一个问题丛生的世界里，科学会提供解决之道。机器人已经成为 21 世纪的大救星。对机器人心怀期望表明了人们持久的科技乐观主义态度，人们相信即使其他事情都错了，科学也会向着正确的方向前进。在一个复杂多变的世界里，机器人就是救世主，调兵遣将、解救众生。

然而，这不是一本关于机器人的书。更确切地说，这本书是在讨论以下问题：当技术的出现替代了人们面对面的交流时，我们发生了哪些变化？我们生活在一个机器人和机器中介关系所构成的世界。当我们发送短信、电子邮件、文本和使用 Twitter 时，技术也刷新了亲密和孤独之间的边界。我们谈论着如何摆脱电子邮件，好像太多邮件已经成了额外的包袱。青少年避免使用电话，害怕他们在电话里“暴露得太多”。相比谈话，他们热衷于通过文本交流。成年人也一样，他们选择使用键盘打字，而不是直接说话。他们说这样效率更高，发生在“真实时间”里的事情占用了太多时间。有了技术，我们惊讶于世界之“苍白”，无事表达，无人取悦。当一个化身在网络游戏里与另一个化身整晚交谈之后，在某个时刻，我们感到完全拥有一份真实的社会生活，然后接下来，在与陌生人牵强而脆弱的联系里，莫名地感到孤独无援。我们在 Facebook 或 MySpace 上制造了一批粉丝，而且想弄明白这些支持者在多大程度上能称为朋友。我们通过在线角色重新塑造了自己，赋予自己新的身体、家庭、工作和爱情。然而，在虚拟世界的暗处，我们突然感到了彻头彻尾的孤独。当我们期待出名的时候，也放纵了自己。有时人们聊了好几个小时,却感觉不到任何意义。当他们对这种关系根本心不在焉的时候，却口口声声地说感受到了亲密无间。总而言之，我还是唠叨那个问题：虚拟的亲密关系是不是削弱了我们对另一种方式的体验，或者进一步说，是不是包括所有的场合，每一种方式都被削弱。

当机器人被作为一名虚拟伴侣时，亲密与孤单之间的混淆可能表现得最明显。但是对大多数人而言，它开始于一个人在社会网络站点上建立一份个人简介或者为网络游戏和虚拟世界塑造一个人物角色和虚拟化身。久而久之，这种虚拟身份好像就是身份本身。而这是机器人技术和网络生活第一次交汇的地方。所有机器人，不管有多么社会化，都知道如何去进行这样一场关怀表演。

一个叫作“身份工坊”（identity workshops）的在线世界首次出现，引起了我的强烈兴趣，而且他们所说的可能性依然存在。创造一个虚拟化身——也许与你的年龄不同、性别不同、性格不同，是一种自我探索的方法。但是如果你一天花上 3 ~ 5 个小时泡在在线游戏或虚拟世界里（这被认为是不正常的时间投入），结果可能会适得其反。由于你不经常和你的家人、朋友团坐在一起，面对面地玩 Scrabble[①] 文字图版游戏，一起散步，用最传统的方式一起看个电影，缺少这些行为会使人感到无所适从，出于补偿的心理，你可能开始了你的在线生活。如果你感到孤独和脱离人群，这样做多少有点好处。但是在线时，你是苗条、富有、强壮的，而且你感到自己比在现实世界里拥有更多机会。因此，在这里，多少有点好处成了十分有好处，或者比任何其他选择都棒。毫不惊奇，当人们从虚拟世界回到现实世界时，他们的情绪会低落不少。因此，你会看到有些人为他们的智能手机坐立不安，这是很正常的。因为他们正在渴望回到虚拟世界，这样他们就又能成为更好的自己了。

社交机器人和在线生活都让人联想到我们实现理想人际关系的可能性。正是因为我们能为自己量身定制一个机器人程序，我们才能把自己彻底改造成英俊潇洒的虚拟化身（阿凡达）。我们会在 Facebook 上写能够取悦自己的个人简介；我们会修改短信直到它们能反映我们理想中的个人形象。而且，我们能让短信看起来又简短

① Scrabble 是西方流行的英语文字图版游戏，在一块 15 × 15 方格的图版上，2 ~ 4 名参与者拼出词汇从而得分。——译者注

又甜蜜。我们的新媒体对于修复这种不完美十分在行。而且因为这是技术为我们提供的服务，我们降低了对彼此的期望值。一个不耐烦的高三学生说："如果你真的想找到我，只要给我发条短信就行了。"他的这些话和我一个在做咨询工作的同事很相似，那个同事告诉我，他们更愿意用"即时"短信进行沟通。

我们对社交机器人的首次拥抱（包括它的理念和它的首个模型样品）就像一扇窗户，从中可以看到我们想从技术那里得到什么，以及我们愿意怎样去适应它。从我们机器人之梦的角度来看，网络人生呈现出全新特性。我们想象它是扩张的，但是我们恰恰喜欢它的束缚。我们赞扬它的"弱连接功能"，连接那些我们可能永远不会遇到的泛泛之交，但是那并不说明我们在这些连接上很成功。我们经常发现自己在宣传炒作上黔驴技穷。当人们谈论这些连接性弱的、"无摩擦"的社会关系所带来的愉悦时，他们通常指的是一种你不需要离开自己的桌子就能获得的社会关系。当技术宣称要解放我们时，反而绑架了我们。连接技术曾经许诺多给我们一点时间，但是随着移动电话和智能手机侵蚀了工作和休闲之间的界线，时间变得不够用了。甚至当我们不在"工作"时，都感到自己是在"随时待命"；时间如此紧张，我们想脱离这些复杂难缠的事情，不用再拼命追逐。

## 连接性及其缺陷

当面对面的交往由于某些原因不能实现时，网络连接被认为是一种可能的替代品：没有时间打电话吗？发条文字短信吧。但是很快地，文字短信成了选择的连接。我们发现网络连接与超工作量和超日程负荷的人生相当匹配。现在，一方面我们用网络来控制我们交往的强度，另一方面我们也指望它保护我们免于孤独。当我们需要开始或停止交流时，技术让这一切变得轻而易举。

几年前，在巴黎举行的一场晚宴上，我认识了艾伦，一位有抱负的、优雅的年轻女人。她 30 岁出头，从事着她梦想的广告工作。她每周都会使用 Skype（一种能够提供视频通话的互联网服务）给她在费城的祖母打电话。在 Skype 出现之前，艾伦给她祖母打电话很费钱，也简短。有了 Skype 以后，通话是免费的，而且给你以另一个人就在眼前的强烈感觉——Skype 几乎就是一种实时的视频联系。艾伦现在可以更勤地打电话了："一周两次，每次通话一小时。"这一切本该是令人满意的，然而，当我看到她时，她并不开心。她意识到她的祖母并不知道用户在打 Skype 电话的同时，可以偷偷处理其他事务。祖母能在屏幕上看到艾伦的脸，但却看不到她的手。艾伦对我承认："我在打电话期间也发邮件，其实我并不太在意我们的谈话。"

艾伦的多任务处理把她转移到了另一个空间里。她感到她的祖母正在和一个实际上并不在那里的人说话。在她们的 Skype 交谈过程中，艾伦和她的祖母比过去任何时候都联系得更紧密，但是与此同时，她们两个人都是孤单的。艾伦感到内疚和自责：她知道祖母很高兴，即便她们之间的亲密谈话对自己来说，不过是正在处理的众多任务中的一项而已。

我经常观察这种独特的混淆现象：不论是否在线，人们在结束交流时总有一种不确定感，不确定他们走得更近还是更疏远了。我想起自己第一次有这种迷惑的感觉是在日本。那时我刚经历了 36 个小时、令人筋疲力尽的旅行，去日本参加一个有关机器人前沿技术的会议。拥挤的大会场里覆盖了 Wi–Fi 信号：演讲者在演示中使用互联网，所有观众也打开手提电脑，指尖上下飞舞，给人以全神贯注和热烈紧张的感觉。但是很多观众并不是在关注演讲者，大部分人看上去正在做自己的事：收发邮件、下载文件、浏览网页。坐在我旁边的一个人正在搜索一部《纽约客》（*New Yorker*）动画片，为他即将到来的演讲做案例说明。偶尔，观众会注意一下演讲者，出于礼貌把他们的电脑屏幕放下来一点。

在会场外面的走廊里，那些在我周围走来走去的人目光都越过我，好像在望着什么。他们抱着手提电脑，打着电话，与同在会场周围的同行们或是地球上的什么人联系得热火朝天。在那里，当然也不仅仅在那里，人们聚成一群，彼此交谈、约会吃饭。"网络"这个词的旧义是指一起喝咖啡或一起用餐。但是在这次会议上，很明显，人们最想从公共空间里得到的是与个人网络独处的权利。物理意义上的聚会固然很好，但更重要的是与自己的小世界拴在一起。我想起西格蒙德·弗洛伊德，他认为社群的力量既可以塑造我们，也能够颠覆我们。另一个精神分析的双关语跳进我的脑海："连接性及其缺陷"。

几个月后，当我访谈一些管理顾问时，再次想起了这个说法。他们似乎失去了使他们具有竞争力的本能。他们抱怨黑莓革命，既承认它是不可避免的，也抨击它是有破坏力的。他们曾经利用等着上台演讲、等着打出租车、等着乘飞机的间隙使用黑莓手机互相交谈，现在他们用这个时间来收发电子邮件。有些人告诉我他们正在充分利用他们的“停工时间”，但他们讲的没有说服力。他们曾经在等待约会或开车去机场的途中用来交谈的这些时间并不是“停工时间”，而是人们用来巩固人际关系和提炼观点的时间。

在公司里，在大学校园里，在朋友之间，人们欣然承认他们更愿意在语音信箱里留言或发一封电子邮件而不是面对面地交谈。有些人说“我的生活依赖黑莓手机”，他们直接避免了打电话必须面对的、需要“即时处理”的承诺。新技术允许我们与人“挂断”联系。我前不久在一家餐馆里偶然听到两个女人间的对话。第一个女人有些担忧地说：“在我们家没人接听电话了，以前孩子们都会争着去接电话，现在他们明知没人接电话，还是窝在房间里发短信、上 Facebook 什么的。”家里有十几岁孩子的家长一定也有类似经历，当他们还在惊叹这一切来得太快时，孩子们只是漫不经心地说：“噢，你想说什么？”

一名 13 岁的女孩告诉我，她“讨厌电话，而且从来不听语音信箱”。短信交流提供了恰到好处的渠道和恰到好处的控制。她是一名现代版的“金发姑娘”（Goldilocks）[①]，对她来说，短信交流让人们之间的距离不是太近，也不是太远，而是刚刚好。现在满世界都是现代版的“金发姑娘”，当人们与其他人联系但仍然保持一定距离时，他们感到舒适。一名 21 岁的大学生反映了这种全新的平衡：“我再也不打电话了。我没时间在电话里啰啰嗦嗦。我喜欢发短信、Twitter，看别人的 Facebook 墙。我得到了我需要知道的东西。”

27 岁的小伙兰迪有一个妹妹—— 一名搞错了距离的“金发姑娘”。兰迪现在是一名美国律师，在加利福尼亚工作。他的家人住在纽约，他每年会飞到东海岸去看望他们 3～4 次。当我遇到兰迪时，他 24 岁的妹妹诺拉恰好通过电子邮件向一长串朋友和家人宣布她已经订婚和婚礼的日期。“这就是我得到消息的方式。”兰迪苦涩地说。他不知道自己是生气多一点，还是受伤多一点。“她不打电话来让人感觉糟糕，我已经在为旅行回家做准备了。她就不能打电话告诉我吗？她是我妹妹，但是我却

① 源于童话《金发姑娘和三只熊》（*Goldilocks and the Three Bears*），作者乔安妮·斯旺（Joanne Swan），2004 年由 New Editions 出版社出版。——译者注

没有得到一个她私下告诉我消息的机会，哪怕打一个只属于我们两个人的电话。当我告诉她我很沮丧时，她好像能理解，但她笑着说她和她的未婚夫只是想简单地处理这件事，越简单越好。我觉得我跟她的距离非常遥远。”

诺拉不是存心冒犯她的哥哥。她只不过认为邮件通知是最有效率的，并没有考虑那么多。长久以来，我们利用技术使工作变得更高效。现在诺拉的例子说明了在私人生活里，我们是怎么希望技术也能达到同样的效果的。但是用技术来处理亲密关系，人际关系会被弱化成仅仅是联系而已。而在此之后，简单的联系会被重新定义为亲密。换句话说，网络亲密（cyberintimacies）滑向了网络疏离（cybersolitudes）。

然而，持续的联系也带来了关于失去联系的焦虑，这是一种恐慌。即使兰迪一方面希望接到妹妹诺拉的电话通知终身大事，一方面也离不开他的黑莓手机。在我与他的整个谈话过程中，他始终握着手机。有一次，他把它放进衣服口袋里，过了一会儿就又拿出来，好像这是个护身符。在与人们的谈话中，我发现，不管是年轻的还是年长的，他们都害怕从网络系统中掉线。人们说掉了手机以后感觉“像死了一样”。一个 45 岁左右的电视制片人告诉我，如果没了智能手机，她“感觉好像失去理智了似的”。不论我们是不是在用这些设备，没有它们我们就会感到与一切失去了联系，漂流不定。哪怕对我们自己是危险的，我们也坚持开车时发短信的权利，并反对那些限制开车发短信的法律。

仅仅 10 年前，如果我邻居家 15 岁的孩子每个月携电子设备接发 6 000 条信息，并且他的朋友会常常造访他 Facebook 上的虚拟房产而不是真实的家时，我肯定会无法理解。如果我的手机可以告诉我在 10 公里半径之内所有熟人的方位，即使不违法，也是令人反感的。但是这些年来，我们已经对这一切习以为常。曾经是媒体虚构的生活如今已经成为了现实。社会礼节也到了某种底线：在街上，我们通过移动电话对着看不见的麦克风讲话，看起来就像是自言自语。我们与空气分享亲密，好像不在乎被谁听到，也不在乎我们周围的任何细节。

我曾经把计算机形容为“第二个自我”、“心灵的一面镜子”。现在这个隐喻几乎已经成真。我们的新设备为新形式自我的出现提供了空间，而它本身分割了屏幕和物理现实的界线，通过技术连接着生活。

十几岁的少年们告诉我，他们和手机一起睡觉。即便他们没有携带手机的时候，比如当手机存放在学校的储物柜时，他们似乎还是能知道自己的手机在振动。技术已经像是一种幻肢痛（phantomlimb）[①]，仿佛它也成为人体重要的一部分。这一代年轻人的成长伴随着随时在线的网络连接，这一代人认为虚拟世界不一定比现实世界要差。他们对技术运用自如，但依然感到一种新的不安全感。他们在社交网站上培育友谊，同时又怀疑他们是不是真的朋友。他们整天联系但并不确定他们是不是真的在交流。他们对友谊感到迷茫。他们能从虚拟的生活里找到友谊吗？他们能从机器人身上找到友谊吗？数字化的友谊发生在表情符号引起的情感里，经常建立在快速回复而不是思考的基础之上，这可能使他们变得肤浅。对于无生命的人际关系，这种肤浅则会造成更大的问题。他们对人际联系的期望值开始降低，最终会满足于机器人的友谊之中不可自拔。

千头万绪和飞速前进的人生压得我们透不过气来，于是我们向技术寻求帮助，帮助我们找到时间。但是技术使我们比从前更忙碌，更想从现实中退缩。渐渐地，我们开始把在线生活看成是生活本身，我们开始认为机器人提供的是关系。简化后的关系不再是矛盾和抱怨的来源。它成了我们想要的。就像是为了一场完美的暴雨而聚集起来的云团。

技术重塑了我们的情感生活，但它提供了我们想要的生活吗？比如，许多机器人专家热衷于让机器人来照顾我们的小孩和我们年迈的双亲。这种观点在心理上、社会上、道德上可以被接受吗？我们的责任在哪里呢？我们在虚拟环境里——一个不仅是游戏场所，而且是一个可以居住的新世界，会感到舒适吗？既然我们有了我们想要的东西，既然技术让这一切实现起来更加容易，那么我们又拥有什么呢？现在是时候开始这些对话了，我们已经来不及离开未来主义者鼓吹的未来。

## 虚拟机器：两个故事

我在《群体性孤独》这本书里讲了两个故事：一个是今日之网络世界的故事，讲的是它如何赋予人们更多操控人际关系的能力；另一个是未来社交机器人的故

① 幻肢痛（phantomlimb），医学术语，又称肢幻觉痛，指患者感到被切断的肢体仍在，且在该处发生疼痛。——译者注

事，它承诺一种我们能控制的关系，即使这意味着我们根本不在关系之中。我所描绘的这个关于未来的故事，并不是为了预言一个奇异的未来，而是一个正在发展、实现中的梦想。社交机器人为我们当前的环境投下了一束新的光芒。我们愿意考虑他们的陪伴，这就足以说明我们对今天的网络生活有许多不满。

第一部分“机器人时代”，从儿童游乐室里的社交机器人讲到实验室里更先进的机器人，以及正在研发中的进行老年人护理的机器人。当机器人变得越来越复杂精密，我们与它们关系的密切程度也在升温。我的讲述从某些早期的故事开始，回到 20 世纪 70 年代末 80 年代初，并对那时进入儿童生活的第一批有生命的、会互动的计算机玩具做了介绍。这是一个对机器人的本质充满好奇的年代。游戏室里的第一批计算机玩具驱使儿童对真实性问题的思考方式发生变化。当他们考虑某些东西是不是活的时候，不再看它是不是能移动，而是看它知道什么：物理让步给了心理。这为 20 世纪 90 年代末发生的事情打下了基础，当儿童遇到会卖萌求关爱的机器人时，这一原则再次发生变化。与传统的玩具娃娃不同，这些机器人得不到关注就不能茁壮成长，而且会让你知道他在做什么。但即便是最原始的这类玩具——电子宠物蛋（“拓麻歌子”）和猫头鹰玩具“菲比”，儿童们在判断其真实性时，很少根据认知过程，而更多地是根据它看起来是不是能与人感情相通。如果它向你求关爱，你不会想到去分析它，而是将它视为一种“交流价值”。人与机器的关系开始变得“足够真实”。

在这种情况下，人们的期望值也更高了。现在无论是对成年人还是儿童来说，机器人都被认为是“生物”而不是机器，而后，对大多数人来说，这个引号已经去掉了。好奇心让步给了对关怀和养育他人的渴望。从此，我们期待伙伴关系和更多东西。举个例子，当老人们得到社会型机器人时，也得到这样的暗示，即机器人会治愈他们的人生烦恼。我们从好奇心转移到了渴望心灵交融。在机器人的陪伴下，人们是孤单的，但也感到与他人连接在一起。在这种孤单的环境中，出现了一种新型的亲密关系。

第二部分“网络化生存”转向了探讨在线生活。网络生活可以重塑自我，它提供了许多积极的东西——加强了友谊、家人联系、教育、商业往来，以及娱乐。“网络必胜主义”是一个令人欣慰的故事，人们愿意听，技术家也愿意讲。但是英雄的故事并不能说明所有问题。在虚拟语句和计算机游戏里，人们被压缩成了角色。在社会网络里，人们被弱化成了人物简介。通过移动设备，我们在移动中彼此交谈，可自由支配的时间是如此之少，几乎没有。事实上，我们用一种新的缩写语言进行交流，字母代表了词语，表情符号代表了情感。我们不再问开口闭口问“你好吗”而是问一个更狭隘的问题：“你在哪儿”和“最近发生了什么”。一些好问题能让你马上知道某人所在的地理位置并制定一个简单计划，但它们并不适用于开展一场复杂的情感对话。我们彼此联系得更加紧密，但奇怪的是，也变得更加孤单。在这种亲密关系中，出现了一种新型的孤独感。

结尾，我将这两个故事结合在一起。人们与机器人的关系正在升温；人与人之间的关系正在削弱。我们正在走向何方？技术看起来像是一条单行线；我们可能并不理会对技术发展方向的不满，因为我们把它看成是源自怀旧、或是反对技术进步的冲动，或者什么也不是。但当我们自问“失去”了什么时，我们可能会发现什么是我们真正在乎的东西，什么是我们相信并值得守护的东西。我们并不一定要反对技术，但要以一种尊重我们自身的方式去塑造技术。温斯顿·丘吉尔说过：“我们虽然在塑造建筑，但建筑也会重新塑造我们。”我们发明了技术，技术也反过来塑造了我们。因此，对于任何一项技术我们都要问，它是为人类目标服务的吗？这个问题让我们重新思考人类的目标是什么。在任何时代，技术都是反映我们价值取向和未来走向的机会。我希望本书能够记录一个充满机会的时代。

我现在马上要讲的是关于“机器人时代”的故事。它必然是从游戏室里的玩具开始的，因为正是在游戏室里有一代人被引入了这种新观念：机器可能是与人情感相通的伙伴。但我的故事并不是关于孩子们如何玩耍。我们倾向于寻找这种机器人的陪伴和建议，从而作为自然生活的一部分。在我们跨越这个门槛之前，我们应当问我们自己为什么要这么做。我们或者出于工具性的目的去设计机器人：搜寻战争区域里的爆炸物；或者出于居家的目的：擦地板和洗碗碟。但这本书里谈到的机器人是被设计出来“陪伴”我们的。就像一些孩子们在问的，我们也有必要问，为什么人没有能力做这些事情？

当我们思考机器人时，我们是怎样思考自身的？我们在思考活着的意义，思考人类有依赖的天性，思考是什么让我们生而为人。而在此之后，更主要的是，我们在反思，什么是一段关系？我们重新思考有关亲密感和真实性的问题。当我们选择机器人而不是人的时候，我们愿意放弃的是什么？提出这些问题不是为了贬低机器人或者否认它们是工程奇迹，而只是为了还原它们的角色。

从 20 世纪 60 年代到 80 年代，关于人工智能的争论集中到了以下这个问题上：机器是否“真的”能够实现智能。这一讨论有关机器自身，它们能做和不能做什么。我们与社会型机器人的全新邂逅开始于过去 10 年里，随着简单的机器人玩具被引入儿童游戏室，从而激发了不是关于机器的能力，而是关于我们的脆弱的回应。正如即将看到的，当我们向一个机器玩具寻求关怀时，当一个机器玩具在我们的关爱下茁壮成长时，我们感到这个玩具是有智能的。但是更重要的是，我们感到自己和它建立了一种关系。我描述的这种依恋并不取决于计算机玩具是否真的有感情或者智能，因为它们没有。这种依恋取决于它们在使用者身上唤起了什么。新的机器玩具并不怎么“愚弄我们”，让我们认为它们是在与我们交流；而机器人专家学会了一些诱使我们愚弄自己的方法。我们不需要太多。我们已经做好了进入虚拟世界的准备。

ALONE
TOGETHER

| 第一部分 |

# **机器人时代**
# 孤独中的新型亲密关系

WHY WE
EXPECT MORE FROM
TECHNOLOGY
AND
LESS FROM
EACH
OTHER

WHY WE EXPECT MORE FROM TECHNOLOGY
AND LESS FROM EACH OTHER

ALONE
TOGETHER

# 01

## 最亲密的伙伴“拓麻歌子”
有生命的电子宠物

电子宠物改变了孩子们对“生命”的理解。他们在养育“拓麻歌子”的过程中，付出过爱，也感受到爱的回报。当这些电子宠物“死去”时，孩子们会体验到失去亲人般的悲伤。在他们心里，这些电子宠物也是值得怀念的“生命”。

20世纪70年代，我第一次接触具备陪伴功能的计算机程序。当时在我周围，有很多学生都在使用麻省理工学院教授约瑟夫·魏岑鲍姆（Joseph Weizenbaum）开发的计算机程序ELIZA。ELIZA是一款能模仿心理医生与病人进行谈话的程序。使用者通过键盘输入一个想法，ELIZA就可以给予答复从而提供帮助，或者要求提问者进一步澄清问题。比如，使用者说“我妈妈让我很恼火”，程序可能会说“再和我多谈谈你妈妈”，或者“为什么你对你妈妈的感觉这么消极”。作为一个计算机程序，ELIZA并不知道“母亲”二字的含义，更不知道生气这种情绪意味着什么。它能做的就是捕获一串串文字然后变成提问，或者重申对方的意思作为解读。

魏岑鲍姆的学生其实明白，这个程序不知道、也不懂他们在说什么；但他们仍然希望和它交谈。而且，他们希望能和它单独待在一起，因为他们想对它说出自己的秘密。面对一个通过最简单的举止表明它能与你产生共鸣的程序，人们都想说点心里话。我看到成百上千的人对早期的ELIZA程序输入第一句话，通常大多数开头都是“你今天过得好吗”或者“你好”。但是4~5个来回之后，许多人会说“我女朋友离开了我”，“我担心有机化学考试搞砸”，或者“我的姐妹去世了”。

此后不久，魏岑鲍姆和我在麻省理工学院共同开设了计算机和社会课程。课堂气氛相当热烈。在课堂讨论期间，他反对说自己的程序具有欺骗性，而我认为他是多虑了。在我看来，ELIZA就像心理医生所做的某种罗夏（Rorschach）墨迹测验。人们将程序看作一个表达自我的投射屏幕。没错，这正是我想说的，表面上他们和 ELIZA 进行了一场私人谈话，但却是在“好像”的假象中进行的。他们明知这是自说自话，但却表现得“好像”有人在倾听。他们被牵扯进这场测验里。他们想，我得像和真人说话一样和这个程序交谈。我得排解压力，发泄愤怒，一吐胸臆。这还不止，当有些人进一步知道这个程序也会失误以后，就更有可能用相同的内在逻辑来回应 ELIZA 的回答，使这程序看起来更生动、更真切。在和这个程序互动的游戏中，他们表现得相当积极。

魏岑鲍姆教授感到有些不安，因为他的学生上了程序的当，他们竟然能违背常识，相信自己正在面对一台智能机器。他甚至为创造了一台骗人的机器而感到内疚。但他那些世故老成的学生们其实是不会被蒙骗的。他们完全清楚 ELIZA 的局限性，但是他们仍然迫不及待地要“逢场作戏”。我开始把这种人类在虚拟游戏中的串通行为称之为“ELIZA 效应”。整个 20 世纪 70 年代，我并不认为这种人类与机器的串通行为是一种威胁，而认为是为了改进互动日志的工作质量。正如它所表现的，我低估了这种串通的发展势头。进入机器人时代后，人类与非生命物体结合的意愿前所未有的强烈，这并不表明我们想被骗，却表明了我们想“逢场作戏”。

如今，距离魏岑鲍姆教授第一次撰文描述 ELIZA 已经过去了 40 多年。以“机器人爬虫程序”为代表的人工智能，正为无数互联网在线游戏者充当同甘共苦的伙伴。在游戏世界里，与自动程序就多个话题展开“交谈”似乎已经成为一件十分平常的事。而且，正如它最终证明的，一旦你用虚拟世界里的自动程序保存你的“人生”，你就很容易迷恋上它。而且，不管你对立体音响或者汽车有多么喜爱，都绝对比不上这种迷恋。与此同时，在真实的自然世界里，事情正在飞速发展着。备受欢迎的机器宠物“猪猪鼠”起初来源于一种“养育模式”。“猪猪鼠”的官方传记作者查克说：“它活着的意义就是为了感受到爱。”对老年人来说，逗人喜爱的机器小海豹正在热卖。再看看日本，它现在瞄准美国的家庭护理市场。机器人专家提出理由证明：由于人力资源短缺，老年人需要一名伙伴机器人。他们几乎肯定地说，机器人会改善老年人的状况。

当一些机器人专家梦想着置换爱情的时候，其他专家正在考虑置换性爱。在 2010 年 2 月，我使用 Google 搜索引擎精确搜索“性爱机器人”这一短语时，得到了 313 000 条结果。第一条结果链接到一篇文章，题目为《发明者披露价值 7 000

美元的交谈式性爱机器人》(*Inventor Unveils $7 000 Talking Sex Robot*)。于是我得知，这台名叫 Roxxxy 的机器人“可能是世界上最精密、复杂的谈话式性爱机器人”。令人惊叹的机器人军团正身穿内衣睡袍，以出人意料的速度向我们靠近。究其原因，正如我之前提到的 ELIZA 效应，与其说是因为机器人技术已经很成熟了，不如说是因为我们已经准备好迎接机器人时代了。

在一期电视新闻节目中，我看到一台有着性感女人外表的日本机器人。一名记者解释说，虽然目前它仅仅像个机器服务员，但它的设计者希望有朝一日它能成为机器老师或伙伴。记者对机器人未来的发展趋势毫不怀疑，提出了“奇点”(singularity)的概念，用以联系眼前这个略显尴尬的机器人和未来的机器人妻子之间的鸿沟。他问发明者：“当‘奇点’到来的时候，没有人能够猜想出她（机器人）在未来会变成什么样子，对吗？……‘奇点’之后的机器人会是什么样呢？未来机器人世界的情景是否会让我们大吃一惊呢？”

“奇点”这个概念来源于有关设计制造的科幻小说。“奇点”是当机械智能超越某一个临界点的神话般的时刻。据那些对此深信不疑的人讲，过了这个临界点之后，人工智能将完全超越我们目前的想象。不管今天的机器人技术是否可以胜任黄金时段的服务员功能，一旦超越“奇点”，从技术上讲任何事情都是可能的，机器人也将懂得如何去爱。的确如此，当“奇点”发生之时，我们可能与机器人融为一体并因此永垂不朽。“奇点”，意味着技术领域的纵情狂欢。

至于魏岑鲍姆教授，他认为人们对计算机心理治疗是持开放态度的，并准确地预感到更大的发展还在后面。在 20 世纪 70 年代末，很多人对计算机心理治疗一直保持沉默，但是很快，舆论就转向了。事态表明，机器在理解人类的能力上并没有什么新进步，但是人们对心理治疗和自己心灵运转的认识正在发生变化，变得更加机械化了。30 年前，随着心理治疗更加贴近文化交谈，大多数人将治疗过程视为一种情境。在这一情境下，我们能以新的方式解读自己的人生经历。要实现治疗，你必须获得洞察力，与治疗师建立起一种关系，他会为你的种种纠结提供一个安全的着陆场所。如今，许多人不再认为心理治疗是一种关于我们生命意义的调查追问，他们更多地认为它是一种能够改变行为的训练，或是对大脑化学反应的探索。在这种模式下，计算机在很多方面变得意义重大，比如，它可以协助诊断，为认知行为治疗建立程序，以及为替代性药物治疗提供信息。

先前对计算机作为心理治疗师有颇多微词，是因为许多人对于计算机的存在有某种“浪漫主义的反应”，认为有些领域是计算机无法涉足、也不应该涉足的。简单地说，这种“浪漫主义的反应”认为：“模仿思考可能是思考，但是模仿感觉一定不是感觉，模仿爱情也绝对不是爱情。”现在，这种“浪漫主义的反应”已经被新的实用主义观点所取代。后者认为，计算机能够“理解”任何细微的人类体验，比如，它们知道嫉妒兄弟姐妹、或者怀念已故的父母是什么含义。不过，他们的理解能力的确比过去好多了，而且，我们乐于扮演配合的角色。毕竟，人们的在线生活就是一场表演。我们经营社会关系网络，指挥我们的虚拟化身在虚拟世界里的行为表现。对表演行为进行额外奖励是机器人时代的一大基础。之所以说我们已经进入机器人时代，并不是因为我们的生活有机器人陪伴，而是因为我们看待机器人的方式已经完全表明了我们是谁、我们想成为谁。

我们怎样到达理想之地？问题的答案就隐藏在“平地风云”里，隐藏在粗糙混乱的游戏室里，隐藏在儿童们对机器人玩具的反应里。作为成年人，我们能够轻易改变观点。在童年，我们确立的是自己内心最真实的一面。

我已经观察儿童，以及陪伴他们的那些层出不穷的越来越精密的机器人玩具 30 年了。我发现，这些玩具已经从“有点像真的”发展到了“足够逼真”，这是和电子宠物、电子娃娃之类的机器人一同长大的这一代人的专属语言。达到“足够逼真”意味着一个转折点。在 20 世纪 70 年代末 80 年代初，儿童们对真实性和计算机之间的区别有着哲学般的思考。而现在，当孩子们为了“特定的目的”说起机器人是多么栩栩如生时，他们不再去考虑那些抽象的问题。他们的态度非常实用：不同的机器人要做不同的背景分析。比如，如果作为朋友、一个保姆，或者祖父母来说，它足够逼真吗？有时这个问题变得更加微妙：如果机器人能够让你爱上它，你觉得它逼真吗？

## 电子玩具改变了儿童对生命的理解

在 20 世纪 70 年代末 80 年代初，儿童们有了第一批计算机玩具：比如“梅林”（Merlin）、“西蒙”（Simon）和 Speak&Spell。游戏室里的第一代计算机对孩子们的记忆和拼写能力提出了挑战，使他们在三连棋和猜英文单词这样的小游戏上经常落败。互动型玩具把孩子们变成了哲学家。体验过这些玩具以后，孩子们问自己，这些经过编程的东西有生命吗？

儿童的出发点是他们对世界的认知渴望。他们通过理解自己（这是他们最了解的方式）来理解世界。为什么石头会滚下山坡呢？年幼的孩子说："为了滚到坡底"，仿佛石头有自己的意愿似的。但是，万物有灵的观点迟早会让位于物理学。孩子们学习后知道，石头下落是因为万有引力，和意愿无关。于是，他们确立起一种一分为二的观点：物理特性和心理特性是截然对立的两大系统。但是计算机是一个新例外：它有心理特征，同时也遵从物理特性。像计算机这种横跨两个种类的临界物体，促使人们关注以下问题：我们怎么区分物理和心理特性呢？

20 世纪 20 年代，瑞士心理学家让·皮亚杰（Jean Piaget）[①]通过对儿童的访谈发现：儿童通过对象的物理运动来确定其生命状况。最小的孩子认为，所有能动的东西都是活的；稍大一些的孩子认为，只有那些不需要外力推拉就能动的物体才是活的。他们很容易区分人和动物，但是像云这种看起来好像自由移动的物体也被认为是活的。直到孩子们认识了风，一种外在的但是看不见的力量，助推着云的方向。当孩子们理解发动机是一种"外在"推动力时，他们把汽车重新划分为没有生命的物体。最后，关于自主运动的认识集中到了呼吸作用和新陈代谢上，这才是生命最典型的特征。

到了 20 世纪 80 年代，在回答"计算机对象是不是活的"这个问题时，儿童们放弃了从物理到心理的划分，又有了新的思路。当他们注意到一个能在拼写游戏中击败他们的玩具时，他们不再好奇这个对象能不能动，而是关心它能不能自主思考。孩子们问，这个游戏是不是能"知道"？它是在骗人吗？"知道"是否也是骗局的一部分呢？他们十分着迷，想知道这些电子游戏和玩具是怎么实现自主的。当发音拼写游戏机 Speak&Spell 的早期版本出现程序失灵，而且没法在"朗读"环节关机时，为了"弄死"这台机器，孩子们会激动地尖叫着拔出电池，然后把电池装回去，这样它就又复活了。

---

① 让·皮亚杰（Jean Piaget），1896—1980 年，瑞士人，著名儿童心理学家。他的认知发展理论成为了这个学科的典范。——译者注

在他们关于“计算机的生与死”的热烈交谈中可以看出，20 世纪 80 年代的儿童为新的物质世界设定了新的概念准则。到了 20 世纪 90 年代，这一准则被发挥到了极致。在如《模拟人生》（*The Sim*）这样的虚拟世界中，生命形式进一步进化，网络世界因此焕发出勃勃生机。与此同时，儿童文化也受到了电影、动画片、仿真玩具人中会变形的虚拟形象（从终结者到电子病毒）的影响。儿童把计算机里的东西等同于现实生活中的东西。一个 8 岁的小女孩认为，机械生命和人类生命是“同一个东西”，只不过机器生物更加令人生厌。这引起了新一轮对真实性问题的讨论。当讨论起计算机一类的玩意时，孩子们既说到演变，也会说到认知，而且还会谈到流动性。1993 年，一个 10 岁的小孩在回答《模拟人生》游戏里的虚拟人物是不是活着这个问题时，她说：“如果他们能从电脑里出来，并且上美国在线的话，他们就是活的。”

在这里，皮亚杰关于运动的叙事研究以新的形式再次得到体现。儿童通常会把这种渴望倾注在模拟游戏里的人物身上：我想逃出禁锢，进入到一个更宽广的电子世界。于是，从 20 世纪 90 年代开始，让孩子们更着迷的电子生物出现了。他们不仅仅以“智能”著称，更因具备“社交能力”而受人瞩目。从那时起，我也展开了有关儿童与新机器互动情况的漫长研究。孩子们认为机器人的运动能力和智慧是他们生命存在的信号和证据。但是即使是在关于真实性的专门谈话里，儿童更在乎的却是这些新机器人能感觉到什么。按照生命的标准来看，任何东西与机器人的关怀能力相比都会黯然失色。

让我们从 3 名小学生的讨论来看看，想法怎样变成了感觉。他们讨论的是“菲比”，一种猫头鹰模样的机器玩具。它会玩游戏，还能在儿童的指挥下学英文。首先，一个 5 岁的小女孩拿它和电子宠物蛋“拓麻歌子”相比。电子宠物蛋是一个在 LED 屏幕上显示的小小电子生物，会卖萌求得主人的关爱和挑逗。小女孩自言自语：“‘菲比’是活着的吗？”然后回答：“噢，我很喜欢它，它比电子宠物蛋更像真的，因为它和我一起睡觉，而且它喜欢和我一起睡。”一个 6 岁的小男孩认为，像“菲比”那么真实的机器人就得有胳膊，他说：“它也许想捡起什么东西或者和我拥抱。”一个 9 岁的小女孩这么说：“我非常喜欢照顾它……除了不能吃东西，它几乎和你一样……它是活的，但不是动物的那种活法。”

20 世纪 70 年代末，自从我开展研究儿童与计算机方面的研究以后，我发现儿童经常说，一只“像动物那样的活的东西”和一只“像计算机那样的活的东西”。而现在，我常听到儿童说，一种“像人一样的爱”和一种“像机器人一样的爱”。社交机器人使儿童形成了某些习惯用语，比如机器是能提供关怀、也需要关怀的活物。在谈到社交机器人时，儿童们既不用“生物性是否齐备”、也不用“关系是否齐备”进行考量，而是使用了“足够真实”这个短语。儿童们认为，机器人是足够真实的，值得去爱，也值得怀念。与此同时，正如我们在美国自然历史博物馆看到的那样，在某些环境下机器人可能是足够真实的，并且可以用来替代生物。那天在博物馆里，孩子们觉得用机器龟来代替活海龟是一件特别正常的事，其中有一个原因是：儿童们很自然地认为，机器龟既是机器也是生物。

从一个名叫威尔逊的 7 岁男孩身上，我也见到了这种变通。威尔逊很聪明，是波士顿公立小学的一名学生。有一次，在放学后的游戏时间里，我给他一只机器玩具“菲比”，让他带回家。几周后，威尔逊给了我反馈，他对“菲比”的感受是这样的：“‘菲比’会说话，而且看起来像一只猫头鹰，虽然我仍然听到了它身体里面的机器声音。”他同样也认为，尽管“菲比”是一名“足够真实的朋友”，但不能将它与真的动物放在一起，因为“一只真的猫头鹰会把他的头咬下来”。对于威尔逊来说，承认“菲比”的机器特征和把它看作好朋友或是向它寻求帮助，是不矛盾的。现在，“菲比”已经成了他的知己。威尔逊对“菲比”双重属性的认识，对于我来说，似乎是多重任务处理的一个哲学版本，是 20 世纪注意力生态学的核心。他的态度是实用主义的。如果他面前有一个物体并且有自我意识，他会与最贴近环境的那一部分自我打交道。

这种实用主义已然成为我们心理文化的标志。在 20 世纪 90 年代中期，我曾在文章中这样描述，对人们来说，经常把人类头脑中的不同想法，比如机能、精神、化学、灵魂的化身等，进行“重复循环”，是一件很平常的事。现在，这种“重复循环”进一步加剧。我们与头脑中偏机器的那一面走得更近了。人们在身上安装一个电脑芯片来帮助治疗帕金森综合征。他们学着将自己的大脑看成是程序或硬件。他们服用精神治疗医师开出的抗抑郁剂，并确信生物化学意义上的自我和心理意义上的自我可以同时接受治疗。他们在脑部扫描里寻找情绪的信号。那些关于情人之间需要

“化学反应”的笑话也被证明不再是笑话了。有催化爱情功能的复合药物也即将被研发出来。从两性吸引力产生的生物化学反应来看，这与坠入爱河的兴奋感是一样的。而且可以看到，一个受虐待的孩子脑部扫描结果正常，并不意味着他对虐待行为感觉不到愤怒。对于自我，我们的态度是多元化的，我们把这种务实的情感用在了某些必须面对的事物上，比如，社会型机器人。我们像威尔逊那样走近它们：它们是机器，但它们不仅仅是机器。

1832 年，拉尔夫·沃尔多·爱默生（Ralph Waldo Emerson）[①] 在他的日记里这样写道：“梦想和野兽是两把钥匙，借助它们，我们得以发现有关人类本能的秘密……它们是我们的实验对象。”如果爱默生可以活到今天，他会看到社交机器人已经成为我们新的实验对象。我们对无生命的程序和有生命的生物的观点是平衡的，机器人这一新的种类促使我们去探索连接与关系的区别，与研究对象建立起深厚感情和与研究对象投入的区别。这些机器人能够引起情感共鸣：理解人们怎么看待他们，有利于看清我们怎么看待自己。当儿童们谈论这些机器人时，他们放弃了早期认为的、计算机是用来刺激好奇心的看法，并认为机器人有可能是能够与人类牵手到老的伙伴。这种观点的改变，始于儿童遇到了电子宠物蛋“拓麻歌子”和猫头鹰玩具“菲比”，即第一代会卖萌的计算机。

## “拓麻歌子”：被爱，也回报以爱

20 世纪 70 年代末，当活跃的、会互动的计算机玩具刚开始推出时，儿童认为他们不是玩具，不是人，也不是动物。它们看起来也不像是机器。计算机在电子玩具和电子游戏的外包装下，把儿童变成了哲学家，掀起了关于“这些东西是什么”的自发讨论。在某些情况下，这些讨论使人们意识到，这些健谈的、聪明的计算机很像他们的同类。当儿童被问到人有什么特点时，他们会把自己和他们“最亲密的邻居”作比较。按照传统，儿童通常把他们的小狗、小猫、马作为“最亲密的邻居”。动物是有感情的，人类的特点在于他们有思考能力。因此，亚里士多德学派这样来定义人：他们认为人是有理性的动物，即使是年纪最小的孩子也能理解这种定义的

① 拉尔夫·沃尔多·爱默生（Ralph Waldo Emerson, 1803—1882），出生于波士顿。美国思想家、文学家，诗人，是确立美国文化精神的代表人物。——译者注

含义。但是到了20世纪80年代中期，会思考的计算机成了人类“最亲密的邻居”，儿童认为人类之所以特别仅仅是因为他们能够“感觉”。计算机是有智慧的机器，与之相反，人类成了感性的机器。

然而，到了20世纪90年代末期，儿童们接触到的玩具似乎有感情、有需求。作为感性的机器，人类不再形单影只。更多的电子宠物蛋“拓麻歌子”和更多的猫头鹰玩具“菲比”（两者的销量都是上千万只），它们想告诉你它们是饿了还是不高兴。一只猫头鹰玩具“菲比”可以上下晃动着对你说“我害怕”，而且是煞有介事地悄悄说。现在，这些新玩意找到表达它们感情的办法了。

“菲比”系列玩具于1998年投放市场，有着合适的机器宠物“身体”；它们很小，是有羽毛、大眼睛和大耳朵的“动物”。然而，1997年上市的电子宠物蛋“拓麻歌子”则是一个藏身在塑料蛋壳里的虚拟生物，在社交机器人中属于可靠的入门级玩具。它非常有用，因为主要部件都被简化了，因此看上去非常朴实。儿童认为宠物蛋似乎有生命，是因为它如其他动物一样，需要持续的关爱而且永远处于开启的状态。宠物蛋栩栩如生，以至于孩子们可以想象它的死亡。为了活下去，一只宠物蛋必须有人喂食、逗乐，清扫脏污。如果养育得当，它会从小婴儿长成健康的成年人。宠物蛋还可以在有限的范围内发展出不同的性格，这一切取决于它们是如何被抚养的。当宠物蛋把儿童们变成护理员的时候，它们还告诉人们，电子生活也可以是一个需要感情投入、有义务也有遗憾的地方。30年前，最早一批儿童电子玩具，如“梅林”、“西蒙”和Speak&Spell之类的游戏机，促使儿童们思考这个观点：聪明的东西有可能是“某种活物”。每当宠物蛋可怜兮兮地要求施舍时，儿童们表现得比过去更积极。

就像对待更早一代的、难以分类的计算机物品一样，好奇的儿童们经历了这样一个阶段：他们试着把新的社交对象从中区分出来。但是很快孩子们就把交互界面作为依据，认为他们不是智力游戏而是一个玩伴。早期计算机玩具引发出的哲学式的追问（它们是活的吗？它们能知道吗？）已经迅速换了新形式。儿童们可以好好照料它们，但不想理解得那么深。他们的基本立场是：“我和这个新生物生活在一起。它和像它这样的玩具就在这里安家了。”当一个虚拟“生物”或机器人请求帮助时，儿童们提供帮助。当它们表现出色时，儿童们会兴高采烈地带它出去逛街。

在经典儿童故事《绒布小兔子》(*The Velveteen Rabbit*)中，一只毛绒玩具兔子因为得到了一个小朋友的爱，最后居然变成了真兔子。同样，电子宠物蛋也不消极等待，而是要求被关注，并声称失去了主人的爱和关注，它们就没法存活。和积极主动地要求被照料相比，对生物真实性的追问被逐渐削弱。我们钟爱我们一手抚养长大的东西。如果一只电子宠物蛋让你爱上它，你就会感到它反过来也在爱着你，它是足够真实的，可以称为生物；它是足够真实的，可以与你分享人生中的点点滴滴。儿童对待社会型机器的态度和他们对待社会型宠物或人的态度是相似的——希望以朋友的方式对待他们。接触一个人（或一只宠物），并不是接触他或她的生物化学特征；熟悉一台社会型机器也不是解读它的程序。在早些时候，儿童们可能会问："什么是电子宠物蛋？"现在他们的问题是："电子宠物蛋想要什么？"

当一只电子"生物"向儿童索求抚养和教育时，它看起来足够真实，值得让人照顾；而恰恰当它受到照顾时，它看起来更真实了。一个名叫尼尔的 7 岁小朋友说他的电子宠物蛋"就像一个小婴儿，你不能仅仅给他换尿布。你还得，比如说，给婴儿擦乳霜。这样小宝贝才知道你爱着它"。他 8 岁的姐姐补充道："当我的电子宠物蛋把大便拉得到处都是的时候，我非常讨厌它。我就像是它的妈妈。这是我的工作。我实际上不太喜欢这份工作，但是如果你任由它脏兮兮的，它就会生病。"3 个 9 岁的孩子这样看待他们的电子宠物蛋。其中一个非常兴奋，因为他的宠物要求他盖一个城堡给它做窝。"我能这么做。我可不想它着凉、生病和死掉。"另一个十分期待她的电子宠物蛋提出请求："我喜欢听它说'我饿了'或是'陪我玩吧'。"第三个小朋友把她与一只"已经死了的"电子宠物蛋的关系，浓缩为最关键的一句话："她被爱，也回报以爱。"

这样的电子幻想源于何处？最重要的一点，源自需要关怀。养育游戏是"杀手程序"。随着惹人怜爱的电子宠物蛋的出现，儿童们变成了负责任的父母：请求转化成了关怀，以及受到关怀的感觉。孩子们让家长在他们上学期间照看电子宠物蛋。在 20 世纪 90 年代末，有一大批"听话"的母亲为她们孩子的电子宠物蛋做清洁、喂食并且逗它们开心；在商务会议期间，电子宠物蛋发出的"嘟嘟响"成为了熟悉的背景噪音。

这种家长式的沉浸是不可避免的，因为电子宠物蛋一直在运转。而机器对象应该是能够关掉的。儿童们明白，身体需要一直运转，无论是动物还是人，当他们“关掉”时也就代表了死亡。因此，无法关掉一只电子宠物蛋也成了它拥有生命的证据。7 岁的小朋友凯瑟琳这样解释：“当某个身体‘关掉’的时候，它也死去了。”有电子宠物蛋可以被要求去“睡觉”，但是 9 岁的小朋友帕瓦缇分得很清楚，让她的电子宠物蛋去睡觉与按下游戏中的暂停键是不同的。生命在继续，当它们睡觉时，它们没有死。它们仍然会生病和不高兴，甚至当它们睡觉时，还能做噩梦。

20 世纪 70 年代末，计算机，这种界于有生命和无生命之间的物体，开始让儿童们有了幸灾乐祸的体验，当他们想“杀死”计算机时，他们就猛摔它。而在那之后，当孩子们又想让机器复活了，一定有关于重启的复杂程序。经过这些戏剧般的重生之后，在儿童们眼中，机器还是原来的机器。而 20 年后，当电子宠物蛋死去，即使重新设置一个新生命，儿童们也并不觉得回来的还是以前的它们。儿童们期待着这些他们摔过的电脑能重新复活，但他们害怕电子宠物蛋的死亡和重生。这引起了真正的自责，因为正如一个 9 岁的小朋友说的，“它不是必须死的，是我没有照顾好它”。

## 值得怀念的“生命”

当我照顾我的第一个电子宠物蛋时，我 7 岁大的女儿也在养育她自己的电子宠物蛋。因为有时我也会照料她的宠物蛋，所以我能够比较它们各自的行为。我说服自己，我的宠物蛋个性独特，与女儿养的那只不同。它喜欢按特定的间隔吃饭。我想它只需要很少量的娱乐就能茁壮成长。我用尽办法让它高兴，结果它却死了。我没有预料到自己会那么难过。我立刻按下重启键。出乎意料的是，我对出现在屏幕上的那个全新的电子宠物蛋小婴儿，失去了关怀欲望。

许多儿童并不渴望去按下重启键。他们不希望在相同的蛋壳里养育一只新生物，因为他们的虚拟宠物正是死在这个蛋壳里。对他们来说，虚拟宠物的死与他们所谓的“普通宠物”的死没有什么不同。当你触动电子宠物蛋的重启键时会发生什么？一群 8 岁的小朋友是这样说的，一个小朋友说：“它回来了，但它并不完全是你养的那只电子宠物蛋……你和它没有共同的经历。它的性格也有很大的不同。”另一个小朋友说：“它在骗你。你的电子宠物蛋其实已经死了。你的那只其实已经死了。他们说它又回到你的怀抱，但它并不是同一只。它和之前那只经历完全不同，这就像他们给了你一只新的。它记不起过去发生的事情。”还有一个小朋友说：“当我的电子宠物蛋死了，我不想和突然冒出来的那只新的玩。它让我想起那只真的（之前的那只）。我想要另一个宠物蛋（新的蛋壳）……如果你让它死了，你也应该有个新的开始。”父母们试着说服他们的孩子按下重启键。他们的观点合乎常理：电子宠物蛋还没有“用完”；重启电子宠物蛋就可以少跑一次玩具商店。但孩子们对这种观点无动于衷。

8 岁的萨莉已经有了 3 只电子宠物蛋。每只死去的电子宠物蛋都会得到一个小仪式，“葬”在她衣橱最高的那一节抽屉里。萨莉 3 次拒绝按下重启键，而且说服她妈妈去买新的电子宠物蛋玩具作为替代。萨莉这样描述当时的场面，“我妈妈说我的电子宠物蛋还能玩，但是我告诉她一只电子宠物蛋很便宜，而且她不用给我买别的玩具，所以她就买了只新的给我。我不想重启那只旧的。它已经死了，它需要安息”。

从萨莉“它已经死了，它需要安息”这句话里，我们可以看到机器人时代的扩张。人们常说，无独有偶。而现在，一套程序和对一个令人厌倦的玩具的同情，碰到了一起。按下重启键，会产生一种难以分类的东西：一种生物，它看起来是新的，但实际上并不新，它代表已经失去的某样东西。这种新生物，是一个冒名顶替的家伙，是西格蒙德·弗洛伊德的经典案例。它类似恐惑[①]，但又不完全是。恐惑通常是引人入胜、扣人心弦的。儿童们问：“一只虚拟生物死了说明什么？”然而，早期使用者在哲学层面上为“计算机是不是有生命”这个问题争论不休，而现在，面对电子宠物蛋，儿童们已经快速转向了日复一日的实践。他们用令人流泪的经历调和着哲学的高深。他们认为，电子宠物蛋是足够真实的，值得悼念。

① 日本机器人工程师森政弘在 1970 年提出一个“恐惑谷”假说，他指出，如果机器人与真人的形象过于接近，那么它就会滑入“恐惑谷”（The Uncanny Valley），造成令人毛骨悚然的心理反应。这一假说的理论来源，就是弗洛伊德 1919 年的那篇经典论文。近 20 多年来，好莱坞高科技电影在数码影像合成方面的实践，使得森政弘的“恐惑谷”假说得到了一次又一次的印证，成为好莱坞赢得高票房的利器，也构成今天好莱坞数码影像不可或缺的心理学原理。请参考哥伦比亚大学刘禾的《新媒体与弗洛伊德的恐惑论》。——译者注

弗洛伊德告诉我们，关于失去的体验是我们自我塑造的一部分。从隐喻的角度来看，悼念行为至少能让一个已经失去的人再出现。儿童文化在故事记叙方面的成果颇丰，这有助于年轻人顺利度过不同的成长阶段。因此，在《彼得·潘》（*Peter Pan*）这部小说里，为了快点度过青春期，长成一个成年女人，能够谈恋爱和做父母，温迪失去了彼得。但是在她顽皮而宽容的照顾下，彼得又重新出现。路易莎·梅·奥尔科特（Louisa May Alcott）的小说中，主人公乔失去了她温柔的妹妹贝丝。在悼念贝丝的过程中，乔成为了一位严肃的作家，而且获得了全新的爱的能力。我们拉近一点看看现在，年轻的巫师哈利·波特失去了他的导师邓布利多，但邓布利多一直在哈利的心里出现，使他找到自我，并实现其人生目标。从宠物蛋的身上，我们看到人们已经开始悼念人造生命。这种悼念与怀念一个洋娃娃玩具不同。宠物蛋已经跨过了一个门槛。儿童为他们的玩具赋予了生命。从宠物蛋身上可以看到，我们身处在人造生命的王国里，儿童认为它们有自己的日程、需要和意愿。儿童们悼念的是会生活的宠物蛋。

儿童对宠物蛋的悼念并不总是独自进行的。当一只宠物蛋死后，它可以被安葬在一个在线的宠物蛋墓园里。墓碑也五花八门。儿童们通过写墓碑来体现他们的宠物蛋是多么与众不同。一只名叫“土星”的宠物蛋活了12个“宠物蛋年”。它的主人写了一首怀念它的诗：“我的宝贝在睡梦中死了，我会永远为它流泪。然后它的电池也死了。现在它活在我的记忆里。”还有一个小朋友这样悼念一只名叫“南瓜”的16岁的宠物蛋：“南瓜，大家都说你很胖，所以我让你减肥，害得你把命都丢了。对不起。”儿童们对虚拟宠物的死负起了责任。这种在线的悼念场所的意义，不仅仅是为孩子们提供一个表达感情的渠道，这相当于承认，悼念电子生命是合适的，人们觉得“那里”确实有什么东西值得悼念。

# 02

## 栩栩如生的“菲比”
## 涉足情感地带

人们可以与机器人建立亲密关系。“倒拎测试”告诉我们，人们可以随意地倒拎着“芭比”，但却不会这样对待真正的小动物，而倒拎“菲比”机器人超过 30 秒，人们就会有负罪感。我们本以为只有人才能涉足情感地带，实际上，机器人对此也很在行。

在20世纪90年代，孩子们都在谈论如何才能让虚拟生物逃离计算机屏幕，从而看起来更加栩栩如生。“菲比”，1998年年度假日热销礼物，就让这个梦想成真。如果有孩子希望他的电子宠物蛋能够跳出屏幕，那么它看上去也许会像一只毛茸茸的、有点像猫头鹰的“菲比”，并且这两者在其他方面也有着不少共性。和电子宠物蛋一样，“菲比”的性格在其与人的交互中形成，两者都将自己描述为来自其他世界的访客。但是关于“菲比”在为什么来到地球的解释则更加具体：为了向人类学习。因此，每一个“菲比”某种程度上来说都是人类学家，想要和人们建立联系。它请求孩子们的照料，向他们学习英语，并且知恩图报。它们提出要求，但它们也会说“我爱你”。

“菲比”和电子宠物蛋“拓麻歌子”一样，总是处于开启状态。但和宠物蛋不同的是，“菲比”常常会显得过于恼人的喋喋不休。如果想让它安静下来，你需要找一把螺丝刀卸下它的电池，但这么做会让它失去之前的所有记忆和经验——它学了哪些东西，如何与人交互等。对于那些花费了许多时间将它“养育”大的孩子们来说，拿掉电池并不是一个可行的方法。在1999年春天的一个晴朗的下午，我带着8个“菲比”来到马萨诸塞州西部一个小学的午后游戏小组中。房间里共有15个孩子，年龄在5～8岁，从幼儿园到小学三年级不等。我打开录音机，开始向他们分发“菲比”。孩子们开始兴奋起来，模仿“菲比”的声音打招呼。在嘈杂的教室中，录音机记录下了这段“机器人时间”：

它是个机器宝宝！它说："好吃！"我的是个机器宝宝吗？它正在睡觉吗？它打嗝了！它说"比啪"，这是什么意思？让它们一起玩吧。"a-lee-koo-wah"是什么意思？"菲比"，和我说会话吧！太棒了！大家静一静！哦，看那,它爱上了另一个！让它们一起玩吧！它累了,它睡了。我要试着喂它吃饭。它们怎么会没有手臂？看，它陷入爱河了！它叫你"妈妈"。它说"我爱你"。我得喂它了。我也要喂我自己的了。我们爱你，"菲比"。你是怎么让它睡觉的呢？它的眼睛闭上了。它在闭着眼睛睡觉。它在说梦话。它在做梦。它在打呼噜。我得帮它遮遮亮光。

快点，"菲比"，快睡觉吧。"菲比"，"菲比"，嘘，别碰它。我可以让它安静下来。它是个机器人。它是个机器人吗？这皮毛是什么？我对它过敏。它看上去像是活的。它有一个身子，一个机器马达，它是个怪物。它看上去像真的是因为它有身体。它之前是活的。它是活的。它不是。它是机器人。

从最初开始，孩子们就弄清楚了"菲比"是个机器人，但它却栩栩如生，需要照料。他们试图用自己已有的知识理解"菲比"。噩梦和恐怖电影让一个孩子把"菲比"看作"一个怪兽"，他们有自己理解孤单的方式，这激发一个孩子提出建议："让我们一起玩！"他们使用逻辑和质疑："生物有这样的皮毛吗？真的生物有马达吗？"也许这需要对马达进行重新的、更广意义上的界定。他们用这个新玩意的模糊度来挑战自己已有的知识。他们对一些新想法更加开放，如机器可以视作生物，生物也可以视作机器。8岁的珀尔认为，从"菲比"体内卸下电池会导致其死去，而人类的死亡也和"卸下电池"类似。

"菲比"不断强调着自身的生物性：它们彼此之间相貌不一，在皮毛处有着不同的装饰；他们都有活物一样的生理需求。比如"菲比"需要常规的喂食，完成喂养的方法是用指头按下它的舌尖。如果"菲比"没有被喂食，它就会生病。而照料生病的"菲比"需要更多的食物。孩子给"菲比"的功能故障起了不同的名字，所以就有了"菲比癌症"、"菲比流感"、"菲比头疼"等词汇。

8岁的杰茜卡认为她自己和"菲比"在"身体的事情"上有着许多共同点，比如头皮会痛。杰茜卡的家里有一个"菲比"，当她的妹妹拽"菲比"的头发时，杰茜卡总是担心"菲比"会很痛："当我拔自己的头发时真的很疼，就像我妈妈帮我梳理打结的头发的时候。因此，我觉得（拽“菲比”的头发）一样很疼。”接着，她又开始研究自己的肚子。“我的肚脐眼里有个螺钉，如果把螺钉拧下来，那么血就会流出来。”杰茜卡觉得人和“菲比”一样要安装电池。“肚子里有心、肺和一个大电池。”人和机器人的区别在于，我们的电池“像太阳一样永远工作”。当孩子们像谈论家庭成员一样谈论“菲比”的时候，他们也在尝试这样的想法，即人可能也是一台机器。关于“人是机器、或者可以和机器连接的想法”成为教室游戏的主题。玩具机器人用其独特的方式完成了仿生感知。毕竟，的确有一些人的体内植入了螺丝、针钉、芯片和金属板。比如一个最近刚接受过耳蜗助听器植入手术的病人，就将这一经历形容为他自己身体的“再造”。

前文中提到的 7 岁的威尔逊，则非常愉快地认同他的“菲比”既是机器也是生物的观点。因为他总是能听到“菲比”体内“机器的声音”，他也找到自己身体内的机器部件。他一边哼唱着“机器人是最好的朋友”的即兴歌曲，一边在自己的身体上假装用螺丝刀，唱着“我就是‘菲比’”。在针对二年级的、通过分解以修复“菲比”机器人的课堂实验中，威尔逊因为“菲比”具有生物特性而玩得很开心，“我要给它接生宝宝”。接着，他开始假装自己具有机器特性：他将螺丝刀放在自己的踝关节上，边拧边说：“我要拆下我的脚踝！”

威尔逊很开心地将自己和“菲比”分为一类。对他来说最重要的是，他和“菲比”都会打嗝。他说：“‘菲比’和我一样喜欢打饱嗝。”威尔逊双手向前举着“菲比”，用手轻轻地触摸着它的肚子，紧紧地注视着它的眼睛，并且近乎同时地打了一个饱嗝，这一幕很像电影《外星人》（*E.T.:The Extraterrestrial*）中的埃利奥特和外星访客之间的经典镜头。当威尔逊描述他的打嗝游戏时，他先说是自己让“菲比”打嗝，最后却推翻说是“菲比”让自己打嗝。他喜欢和“菲比”之间的同步感，他可以很开心地和“菲比”交替着进行。

## “菲比”想要什么？

当威尔逊把自己和“菲比”视为同类的时候，有生理的原因（打嗝），也有心理的原因。和许多孩子一样，他认为由于“菲比”有语言功能，因此比起“一般”的宠物来说，更加像人类。“菲比”内置了自己的语言库，许多孩子们都想要记住这些单词。使用指南也在教孩子们如何与“菲比”相处：“听你说话，我可以学习英语。你越常和我玩，我越能多说英语。”事实上，“菲比”的英语词汇量是随着使用时间的累积而增加的，而并非真正通过“听”孩子们说话而学习来的（“菲比”并没有真正的听力或者语言学习功能）。但8岁以下的儿童都会认为是自己教会了“菲比”说话。对于他们来说，“菲比”已经足够栩栩如生了。

孩子们喜欢做“菲比”的老师。从第一次见面开始，他们就发现自己和“菲比”之间有许多共性，并且暗示自己“菲比”可以长大、可以更好地理解他们。“我原来也不会说英语，”一个6岁的孩子说，“但现在我会。因此我知道‘菲比’也在经历这个过程。”在和“菲比”一起的课堂上，孩子们大声地争相称赞自己的“菲比”：“我的‘菲比’会说的英语比你的多！我的‘菲比’会说话！”

在研究中，我曾有几次要求学校的孩子们把“菲比”带回家，让他们（和他们的家长）记“菲比日记”。在我对幼儿园到三年级孩子们的第一次研究中，我把“菲比”出借了两周。这不是一个好主意。我没有想到到期时，孩子们要归还“菲比”时的失落感。因此，在家长们的要求下我延长了借期。孩子们已经和机器人建立了深刻的感情联系以至于难以分开，即使家长们承诺给他们买一个属于自己的“菲比”也无济于事。这种感情比养电子宠物蛋时强烈，孩子们与那一个特定的“菲比”建立了深厚的感情，他们教它学习英语的那一个，他们抚养长大的那一个。

在过去的30年里，我常常使用罗夏墨迹测验的比喻来描述人和计算机的关系。罗夏测验是由经过精心制作的墨迹图构成，而被测试者在解释这些图片的时候，会投射自己的主观感情和思维方式。然而在孩子们与诸如“菲比”这样的社交机器人的互动中，这种人机关系已经超越了罗夏墨迹测验中的“投射”关系，是一种新的参与心理。他们尝试用与人或宠物交往的方式与机器人交往。9岁的利娅在课后兴趣小组中承认：“当它和我说话的时候，我很难关掉它。”孩子们很快就认识到，要想让“菲比”发挥全部的功能，就必须仔细听它说话。当你和“菲比”在一起时，你不能只是简单地玩“心理投射”的扮家家游戏。你必须持续不断地评判“菲比”的“感情”和“身体”状况。孩子们笃信：给予“菲比”最多的爱，“菲比”也会以最多的爱来回报你。

这种互动的亲密关系，正是“菲比”这样一个典型的初级社交机器人与其他传统玩偶的区别。正如我们在研究中所发现的，孩子们玩这样的社交机器人和玩皱巴巴的洋娃娃（Raggedy Ann）以及“泰迪熊”不一样，不需要通过主观幻想来赋予它们“生命”，而是认为它们已经是活生生的，可以与它们立刻建立亲密关系。这种关系是双向的、互惠的，和传统的玩偶不同，它们不是被动的。它们提出要求。它们也有自己的需求和内在生命。它们教会我们使之茁壮成长的爱的仪式。在过去的几十年里，计算机已经教会了我们如何与机器一起思考；如今，计算机与善于社交、情感和交互的机器人，教我们如何与它们同呼吸、共命运，与它们一起感受生命和生活。

孩子们可以依据自己的需要和想象塑造传统的玩偶。比如，一个 8 岁的小姑娘由于打碎了妈妈最喜欢的水晶花瓶而后悔不迭，她有可能转而惩罚自己的“芭比娃娃”。她有可能把“芭比娃娃”从下午茶聚会的装饰背景中拿开，把它关禁闭，把自己有可能遭到的惩罚转嫁到“芭比娃娃”身上。而相反的，由于社交机器人看上去似乎有着自己的心智和意愿，因此不能轻易地由于其他人的过失而被充当替罪羊。两个 8 岁的女孩是这样评价“传统玩偶”与“菲比”的区别的。第一个女孩认为，“‘传统玩偶’，比如我的玛德琳，你可以让它睡觉，但是它的眼睛却是一直张开的，所以，嗯，你不能让它闭眼。它也不会说‘你好，早安’。”而这恰恰是“菲比”的长项，正如第二个女孩所说：“‘菲比’会告诉你它想要什么。”

的确，“菲比”附带的操作指南有详细的说明。它们需要语言训练、食物、休息和爱的宣言。因此，你会听到类似这样的指示：一定要常常说出“你好，‘菲比’，我爱你”，这样“我”就会感到很高兴，感到被爱。孩子们普遍同意“菲比”和“传统玩偶”的区别在于它会给出指令。一个 7 岁的小姑娘说：“普通的娃娃得由你告诉它需要什么。而‘菲比’有自己的主张。”一个 9 岁的男孩则这样总结“菲比”和他的仿真玩具人的区别：“你不是和‘菲比’玩，而是和它闲待着。你总是试图控制它，可它同样也能控制你。”

孩子们说，玩“传统玩偶”可能会很“辛苦”，因为你要负责赋予它们各种想法；而玩“菲比”也很辛苦，原因却恰恰相反。它们自己就有太多的想法，你需要在它们需要的时候给它们提供所需要的东西。当孩子们通过“心理投射”对玩偶产生心理依附时，他们决定了玩偶在想什么。但孩子们却需要适应“菲比”的需要。这样的付出和回报为孩子们和机器的互动期望进行了准备。这也是机器人时代的关键。

6岁的黛西拥有一个“菲比”,她相信每一位“菲比”的主人都必须帮助“菲比”完成了解人类的任务。“你需要教它，既然你买了它，这就是你的义务。”黛西说她已经教了“菲比”许多知识,包括布朗尼女童子军、幼儿园和鲸鱼。“它是有生命的。我教了它鲸鱼，它爱我。”8岁的帕德玛说，她很喜欢满足“‘菲比’提的要求”，并认为它“有点像人”，因为“它会说话”。她继续说道：“它和我有点像，因为我也是个小唠叨。”两周后，帕德玛按照要求归还了“菲比”，但她开始后悔：“我很想念它说话，如今家里太安静了……我没有机会为它铺床了。”

比安卡和“菲比”相处了一个月的时间，她对自己与“菲比”之间建立起来的友情非常有信心：“我爱我的‘菲比’，因为它也爱我……感觉它好像懂我。”她认为自己对“菲比”的心理了如指掌，甚至知道它“不想错过派对的美妙时光”。有的时候，父母的派对开到深夜，为了让她的“交际达人”（菲比）不受打扰，能够得到休息，比安卡用衣服别针将“菲比”的耳朵夹着合上，以骗它“什么事情都没有发生”。实际上这么做并没有任何效果，而且会使人精疲力竭，但比安卡很淡定地这么总结她的义务：“照顾它需要付出很大的努力。”

前文说到的那个喜欢和自己的“菲比”一起打嗝的威尔逊，他在哄“菲比”睡觉这件事情上遇到了很大的麻烦，因为他知道如果直接取下电池，“菲比”会忘记他们之前的交流，这是不可以接受的。因此必须要使“菲比”自然入睡。威尔逊尝试让“菲比”看电视到很晚，以让它筋疲力尽。他还尝试用毯子在积木塔上面搭建起一个“卧室”。当说到“菲比”睡觉的时候，他开始想到“菲比”做梦的问题。他确信“当‘菲比’闭上眼睛后，它会做梦”。那么“菲比”会梦到什么呢？二年级和三年级的小朋友们认为，它们会梦到“在自己的飞碟上的生活”，也会梦到“自己学习语言，和它们所喜爱的孩子们一起玩耍”。

8岁的戴维和扎克正在学习希伯来语。“我的‘菲比’也在学习希伯来语，”戴维说，“它已经学会怎么说 Eloheinu 了……我甚至都没有教它，它是在我做希伯来语作业的时候自己学会的。”扎克也同意：“我的‘菲比’在做梦的时候说了 Dayeinu。”扎克和威尔逊一样，对于自己能够营造安静的氛围让“菲比”安然入睡感到很自豪，并会给它盖上小毯子。他努力地教“菲比”说英语，自己也努力地学习“菲比”的语言。他已经熟练地掌握了随机附送的“英语—菲比语”词典。然而，在扎克收到“菲比”一周后，他的母亲焦虑地给我的办公室打了电话。扎克的“菲比”坏了。它一直发出“可怕”的噪音，听起来好像正在受病痛的折磨。这种情况让扎克非常烦恼。在扎克一家从费城回波士顿的旅途中，这个情况到了最糟糕的地步。坏掉了的“菲比”一路痛苦地呻吟，而他们手头又没有螺丝刀可以卸下电池，因此只能把它放在毯子里试图让它入睡。但由于一路颠簸，“菲比”不停地被吵醒，继而发出巨大的噪声。我收回了那个坏的“菲比”，给了他一个新的。但扎克对新的“菲比”一点也提不起兴趣，他不想和它说话，也不想试着教它什么。他说：“我之前的那个‘菲比’会说‘再一次’，也会说‘饿’。”扎克认为自己教原来的“菲比”说西班牙语和法语正在取得进步。第一个“菲比”从没有“让人厌烦”，但第二个却是。因为他的“菲比”是不可替代的。

几周后，扎克的妈妈又打来电话，问我是否可以把给扎克的那个“菲比替代品”送给他的一个朋友。当我同意了这个请求后，扎克冷静地盘算了失去“菲比 2 号”的损失。他付出过自己的爱心，如今丢失了，他也不打算再次投资感情。同样的情况也发生在 9 岁的霍莉身上，她因为妈妈拿下了“菲比”的电池而沮丧之极。她的家人正要准备出门旅行，“菲比”实用手册建议如果长期不使用最好拿出电池。妈妈并不了解实用手册上的这则说明会造成怎样的后果。她辩护说：“自己只是按照说明书办事。”霍莉瞪大了眼睛，试图让她的妈妈明白这意味着什么。“当电池拿下来后，”霍莉说，“‘菲比’会忘记它这辈子的记忆。”

“菲比”设计的目的就是让用户在教它的过程中感受到成就感，从而随着时间的推移，成为不可替代的知识库和其主人关爱的证明。机器人和孩子们共同走过一段生活的旅程。当“菲比”遗忘了记忆时，就好像一个得了失忆症的朋友。一个新的“菲比”好像一个陌生人。霍莉和扎克无法接受和一个新的“菲比”重新开始，因为新的“菲比”永远不能替代那个、他们倾注了时间和精力的老朋友。

## “菲比”手术时孩子们的感受

20 世纪 80 年代，电脑玩具机器人“梅林”能够和孩子们玩声光游戏，并且根据游戏胜负的结果发出开心或悲伤的声音。孩子们认为从某种程度上来说，“梅林”是“活的”，因为它非常擅长记忆类游戏；但同时，孩子们并不觉得“梅林”的情感流露是真实的。因此当“梅林”坏掉了，孩子们只会遗憾失去了一个玩伴；但当“菲比”发生故障的时候，孩子们则仿佛看到了一个饱受病痛折磨的生命体。

10 岁的莉莉很担心她那个发生故障的“菲比”会感到疼痛。但她并不想关掉它的电源，因为“这意味着你没有能够好好照料它”。她担心如果自己关掉一个处于病痛中的“菲比”，只会让情况变得更糟。另外两位 8 岁的小朋友则为自己的“菲比”一直打喷嚏而担心。他们中的一个担心“菲比”打喷嚏是因为对自己过敏；另一个则担心由于“自己照顾不周而让‘菲比’感冒”。还有好几位小朋友听到自己的“菲比”发出奇怪的声响后都很紧张，因为这个声响有可能是痛苦的表现。我也观察到，当这些孩子与他们的洋娃娃 、玩具士兵、仿真玩具人等其他玩具在一起时，倘若这些玩具坏了或发生故障，孩子们通常就会厌倦地把它们丢弃在一旁。但当“菲比”遭遇同样的情况时，孩子们会问：“它累了吗？”“它不开心吗？”“我弄疼它了吗？”“它生病了吗？”“我该怎么办？”

照顾机器人是高风险的游戏。事情有可能出错，也的确出过错。在一个幼儿园里，当一台“菲比”发生故障后，孩子们决定要治疗它。10 个小朋友志愿当起了急救室里的医生。他们觉得得先把“菲比”拆开。

整个过程还是在比较镇静的情况下进行的。当说起他们坏了的“菲比”时，孩子们坚持认为，故障并不意味着寿终正寝：人也会生病，也会康复。可当真正拿出剪刀和钳子的时候，孩子们开始紧张起来。艾丽西亚开始大喊：“‘菲比’会死的！”斯文则说出了让他的同学们更为恐惧的事情，他说“菲比”死的那一刻也就是它的皮肤被剥下的那一刻。斯文把“菲比”看作动物。刮掉动物的毛发，它还可以继续活下去。但万万不能剥了它的皮肤。随着手术的继续，斯文重新考虑了自己之前的观点。也许没有了皮肤“菲比”还能活，但“它会觉得很冷”。他没有完全悖离自己的生物知识（“菲比”可以感知冷暖），但他重建了已有的知识。对于斯文来说，“生物”如今包括“菲比”这样的物体，当外表的皮肤被剥下，它们的“内部”还可以保持“在原来的位置”。调整了观点后，他也冷静了下来。如果“菲比”兼具生物性和机械性，那么手术要进行的剥皮过程，不一定是破坏性的。当孩子们感到不解和紧张的时候，他们就会编造理论。好的理论可以减轻他们的焦虑感。

然而，随着手术的进行，孩子们变得越来越紧张。一个孩子说，如果“菲比”死了，也许会变成鬼骚扰他们。它生前活灵活现的，死后肯定能够变成鬼魂。的确，有一组孩子们开始将空的“菲比皮囊”称为“菲比的鬼魂”，将裸露的“菲比躯干”称为“妖精”。他们不愿意由于手术而制造出游荡的“菲比鬼魂”和“妖精”。一个小姑娘提议，如果把“菲比”的躯干分拆开，也许它的鬼魂就不会那么吓人。她建议是否应该“每个人都拿一部分‘菲比’的皮肤回家”。有人告诉她没有关系，不要太害怕。但是这并没有缓解她的恐惧，于是她又问了相同的问题两次。最后，孩子们带着一些“菲比”的皮毛离开了。一些孩子说回家后会把它埋了。他们离开教室，举行了一个小的告别仪式以抚慰“菲比”的亡灵，和它说再见。

在教室里，大多数孩子们觉得自己已经对这个生病的宠物尽了全力，但从教室外面旁观者的角度看，这场手术看上去很惊悚。有路过的孩子大叫道：“你们杀了它。”“你们怎么敢杀死‘菲比’？”“你们会被抓进‘菲比监狱’的。”8 岁的丹尼丝从监控录像中看到了这个手术的过程。她自己家里也有一个“菲比”，但她不愿意把故障称为“疾病”，因为“菲比不是动物”。她用“仿造”（fake）这个词来描述“菲比”是非生物体，“‘菲比’是仿造的，它们不会生病”。但不久以后，她改变了自己的说法。她的“菲比”电池用光了，因而不再那么健谈，且变得内向沉默。丹尼丝慌了：“它死了，它快死了……它的眼睛闭上了。”接着，她宣布“自己的‘菲比’既是仿造的，也是死的”。丹尼丝总结道：“用完的电池和水可以杀死‘菲比’。它是机器，但同时又栩栩如生足以死亡。”

6 岁的琳达一家是志愿看护“菲比”两周的家庭之一。琳达非常期待和“菲比”说话。她坚信“菲比”和自己其他的玩偶不同，非常值得与之交谈。但就在她把“菲比”带回家的第一天晚上，“菲比”就发生了故障：“是的，我刚刚习惯，它就停止工作了，就在我得到它的那个晚上。我感到自己也坏了……我哭了很长时间……我非常伤心，因为它会说话，它看上去像是真的，就像是真人一样。”琳达责备自己没能照顾好“菲比”，她感到自己好像也坏掉了。

当我给琳达一个新的“菲比”后，事情变得越发复杂起来。前文中扎克由于对自己的第一个"菲比"投入了许多时间和精力，因此不愿意接受新的替代品。但琳达的情况与扎克不同，因为她和第一个"菲比"只相处了几个小时，因此她很喜欢自己的"菲比 2 号"："它和我玩躲猫猫。和我玩红灯、绿灯游戏，就像操作指南里说的那样。"琳达给它喂食，确保它得到充分的休息。她报告说自己的"菲比"很感激，对她充满深情。她认为这和她关于"'菲比'仅仅是玩具"的观点并不矛盾，因为她认为感激、对话和情感是玩具同样可以拥有的东西。但现在她不会再给"菲比"起名或者说她是活生生的，因为这么做会有风险：她不想再次经历"菲比"死去时的内疚和痛苦。

就像儿童外科医生一样，琳达最终做出了妥协："菲比"既有生物性，也有机械性。她告诉自己的朋友们："'菲比'有些方面很真实，但依然只是个玩具。"她解释道："（菲比）感觉很真，是因为它会说话、会行动、会睡觉，有点像是一个人或宠物；但它依然是玩具，因为你必须要安装电池，否则它就会停止说话。"

因此，"混杂性"（hybridity）可以提供合理性。如果你聚焦于"菲比"的机械性，你可以享受它的陪伴而不必担心对于人或宠物的感情依附所造成的风险。在实际操作中，9 岁的拉拉评价自己的"菲比"时说："你可以让它喜欢你。但它不会死去或逃跑。这很好。"但同时，"混杂性"也会带来焦虑感。如果你赋予了"菲比"以生命，那么你该怎么做才不会伤害它或杀死它？正如我们所见，处在生命 / 非生命体的边缘，意味着受到真实痛苦的可能性。

## 关乎情感与道德的"倒拎测试"

当机器发生故障时，我们会感到遗憾、不便或生气。我们会讨论是否还值得去修理。当一个玩具哭泣的时候，孩子们知道是他们自己制造了眼泪。但正如我们在前文的"菲比手术室"里所见到的那样，一个有身体的机器人会"感到疼痛"。社交机器人改变了人们对于机器躯体的看法，人们更愿意视之为主体、生命体，而非坏了的物品。

即使是最初级的电子宠物蛋也一样会激发人们以人格化的方法来看待它，因此人们的这种态度并非完全是由于技术原因，而是因为情感依赖。比电子宠物蛋更先进的“菲比”，栩栩如生到模仿处于病痛中的身体，以及处于困惑中的心灵。“菲比”的呜咽、呻吟激发人们去发现背后的原因以及解决的办法。而当一个“首足倒立的菲比”说“我害怕”的时候，用户该怎么做？

麻省理工学院媒体实验室的研究生弗里德姆·贝尔德（Freedom Baird）最近正在严肃地研究这个问题。她认为自己与“菲比”的关系既是人与机器的，也是人与生物的。但究竟自己多么认真地把“菲比”看成生物体呢？为了回答这个问题，她以图灵测试的方法进行了试验。

英国数学家、第一代通用计算机的发明者艾伦·图灵于1950年提出了一个测试标准,来判断电脑能否被认为是“有智慧”。这个测试被称为图灵测试。最终他提出，如果一台计算机能够让人们相信它不是机器，那么就可以视之为“有智慧”。图灵使用的是由真空管和电传打字终端组成的计算机。他提出，如果参与者在通过电传打字终端进行的互动中，无法识别出终端的另一端是机器还是人，那么这台计算机就可以被认为是智慧体。

半个世纪后，贝尔德提出了新的问题：在什么条件下，一台栩栩如生的机器人倘若遭遇痛苦，能让人们感受到伦理困境？她设计了一项旨在测试情感而非智力的图灵测试，她称之为“首足倒立测试”。测试者被要求倒拎着三件东西：一个芭比、一个“菲比”，以及一只真的沙鼠。贝尔德的问题很简单：“在你感到不忍心前，你能倒拎着它多久？”贝尔德的实验假设,社交机器人提出了新的伦理要求。为什么呢？机器人表现得有心智，一般会被视为有内在生命的证据，而无论技术多么粗糙。即使大多数人在意识中并不认为“菲比”有心智，但当倒立的“菲比”呜咽着说它自己很害怕的时候，人们还是会感到自己处于全新的道德境地中。尽管自己也觉得很蹊跷,但潜意识中还是会唤起道德要求。这种情况发生在他们认识到这是个“生物”之时，尽管他们一直都知道它“仅仅是个机器”。

这种双重性使得贝尔德的“首足倒立测试”的结果完全在意料之中。如贝尔德所说：“测试者可以倒拎着芭比，揪着它的头发拎着它……这都没有问题……但测试者却不会用这种方法去虐待小沙鼠。”至于“菲比”，人们会倒拎着它30几秒，当它开始哭闹并说自己很害怕时，多数人都会感到内疚因而将它正立过来。

神经科学家安东尼奥·达马西奥（Antonio Damasio）的研究成果可以解释这种负罪感的来源。达马西奥认为，痛苦的感受有两种层次。第一层是由某种刺激引起的身体痛苦；而第二层则是这种生理感受所引发的伴随性情绪，是生理痛苦的内在表现。当"菲比"说"我很害怕"时，这表明它已经跨越了生理反应和内在感情表现的界限。当人们倒拎着"菲比"时，就像对待一只动物般让其感受到痛苦。"菲比"哭叫出来，好似动物；并随后说话"我很害怕"，好似一个人。

人们会很惊讶于自己在这个模拟痛苦的现场，能够感受到真实的不快。他们继而因为自己感受到了真实的不快而不快。他们通常会安慰自己，说道："冷静、冷静，这仅仅是一个玩具而已！"他们体会到一种新的感受：你为自己对电脑程序信以为真而感到不爽。参与"首足倒立测试"的人们有两点基本常识："菲比"是一台机器，他们并不是虐待者。但最终，只是因为"菲比"发出了拟人化的哀吟，试验参与者就置身于全新的道德领域。

如今，我们正以生物和机器的双重性来看待电子物品。宠物、语音、机器、朋友，一系列碎片化的现象共同营造了这样一种经验：我们知道"菲比"是机器，但同时也相信我们可以造成它的痛苦。卡拉是一位年过五旬的妇女，她认为拿着一个在痛苦呻吟的"菲比"的经历很不愉快，"并非因为我真的相信'菲比'会害怕，而是我不愿意在听到那样的声音后还继续我的行为。这会让我感到如果继续这么做，自己有可能受伤"。对于卡拉而言，"那一刻已经与我具体怎么做无关了，如何对待'菲比'代表着我平常是如何对待动物的"。

当玩具生产商孩之宝（Hasbro）于2000年推出机器玩偶"真宝"时，就试图尽量远离这些道德困境。凡是真实情况下，婴儿有可能感到疼痛的情景，"真宝"都会关闭。而它的原型机，由麻省理工学院的机器人科学家罗德尼·布鲁克斯发明的机器人IT恰好相反。IT后来进化成新版本BIT（Baby IT的缩写）。它由"真实智慧"、面部肌肉系统和仿真皮肤组成。如果有人用可能会弄哭一个真实婴儿的方式触摸它，它就会哭泣。布鲁克斯用"内在状态"来描述BIT：

> 如果一个婴儿不高兴，他会一直不高兴下去，直到有人来安慰他，或者他在大哭大闹了一段时间后累得睡着了。倘若BIT受到任何形式的虐待——

> 比如被拎着脚甩动，那么它同样也会非常不高兴。如果还有人拎着它撞到自己的膝盖上，那么它的不快会加剧。但如果是在它高兴的时候，有人做同样的事情，它反而会更加兴奋，会咯咯地傻笑、哈哈大笑，直到累了为止，然后它才会开始感到不快。如果它饿了，那么它会一直如此，直到有人喂它吃东西。它的行为举止就好像一个真的婴儿。

BIT 会对虐待的行为产生反应，因此成为了人们围绕其喜怒哀乐所建立的道德坐标的中心。但当孩之宝将其变成产品“真宝”并投入大规模的生产时，公司决定取消其可能对痛苦产生反应的功能。原因是这样的功能可能“激励”玩家对机器婴儿实施残酷的虐待行为。倘若玩家以可能伤害到真实婴儿的强度来触摸、抓住或撞击“真宝”，那么“真宝”就会自动关闭。

孩之宝的广告文案里是这么描述“真宝”的:“它是最真实、最动感的婴儿玩具，适合小姑娘照顾它、养育它。公司将其呈现为一款伴侣玩具，可以教导、鼓励孩子们的交往行为，孩子们学会回应它的各种需求，比如嬉戏、吃奶、睡觉、换尿布等。的确，它在各方面都主打“真实性”，除非你试图伤害它，它就会关闭。当孩子们玩“真宝”的时候,他们的确会尝试各种攻击性的行为。如果打它的屁股,它会关机；如果使劲儿晃动它、让它首足倒立、揪它的耳朵，它都会关机。

孩之宝选择最大化的真实性，却取消对虐待行为的反馈，这引发了很大的争议，特别是在孩子家长中间。一组家长认为，最重要的是避免孩子们的攻击性反应。一些家长认为，如果厂家用“真实”的概念进行营销，而产品却没有对痛苦的反应，那么孩子们就会受到鼓励去粗暴地对待玩具婴儿，而不必付出任何代价。另一些家长的观点则正相反，他们认为如果机器人可以模拟痛苦，才会引发粗暴对待。

第一组家长希望“真宝”应该保留对虐待、攻击行为的反应。这与禁止孩子玩暴力内容的电子游戏的理由一样：他们将这样的经历视为“宣泄”。他们认为孩子们（也包括大人）应该在貌似“真实”、却不会导致任何“真实”伤害的情景里表达自己的攻击性（或悲哀、或好奇心）。但即使是这组家长有时也会对“真宝”不真实的“拒绝”感到欣慰，毕竟没有家长希望看到自己的孩子在虐待一个哭泣的玩具。

无论我们站在哪种立场上，社交机器人已经教会我们在伤害虚拟现实的生命时不再退缩。这当然也是我们训练人们作战的基本方法。首先，我们学会如何杀死虚拟人；然后，当我们对杀戮不再那么敏感时，我们被送去学习如何杀死真人。此项研究的前景提出了可怕的问题。弗里德姆·贝尔德让人们拿着首足倒立的“菲比”，就会引发参与者的不适，那么我们要鼓励人们滥用这些真实性日益增加的机器玩偶吗？

我在课后兴趣小组中观察到，8 岁组的孩子们对“真宝”有着不同的反应。阿兰娜为了取悦自己的朋友们,将“真宝”抛到天空,随后又拽着它的一条腿甩来甩去。阿兰娜说机器人“没有感觉”。看着她，人们会疑问：为什么要“折磨”一个没有感觉的物体呢？她也并非用同样的方式对待游戏室内的其他玩偶。斯科特对阿兰娜的行为很沮丧，于是他把机器人偷偷藏了起来，他说：“‘真宝’既像婴儿，也像玩具……我不想让它受伤。”

当斯科特试着给机器婴儿换尿布的时候，站在一旁围观的几个孩子开始用手指戳机器人的眼睛并放到它的嘴巴里。一个孩子问：“你认为那样会弄疼它吗？”斯科特警告说：“宝贝会哭的！”正在这个时候，一个小女孩想要从斯科特手里夺走“真宝”,因为她觉得斯科特并没有很好地保护它：“你放开它！”斯科特反抗着说道：“我正在给它换尿布呢！”似乎是时候停止游戏了。当疲倦的研究团队正在收拾东西准备离开的时候，斯科特悄悄地带着机器人藏到桌子后面，亲了亲它，并和它说再见。这一幕其他的小朋友并没有看见。

在斯科特和阿兰娜所在兴趣小组的混乱情节中，“真宝”如此栩栩如生，以至于可以对其施暴，也值得为其充当保护神。一群成年人（由教师和我组成的研究团队）一直观察着这一切，他们发现自己处在一个不寻常的窘境中。如果孩子们乱扔的是碎布，那么或许我们中间没有人会感到不快，斯科特也同样不会。但换作“真宝”，我们就很难容忍这一幕的发生。无论是哭泣的“菲比”，还是不会哭泣的“真宝”，所有这一切都制造出一幅全新的伦理图景。20 世纪 80 年代，孩子们还只是在假想拼写训练玩具 Speak & Spell 有生命，卸掉它的电池好比“杀死”它。但如今，社交机器人更直接地提出了伦理的问题。

我的学生与机器人 Nexi 的一段小故事也可以印证新的伦理问题。Nexi 是由麻省理工学院研发的一款无臂人形机器人，它有一张表情丰富的脸，并且会说话。2009年的某一天，我的一个学生为了写论文和Nexi的研发团队预约进行访谈。但由于在时间安排上双方的误解，我的学生只能独自等待，而她正坐在离Nexi不远的地方。这段等待的时间让她非常沮丧，因为她发现：当不与人互动的时候，Nexi平常会被放在帘幕后面，并且被布完全遮住。

在此后我的一次研讨会中，这位学生与其他人分享了这段经历。"这非常令人沮丧，"她说，"帘幕——为什么它要被布遮住眼睛？我正是因此而沮丧。"被布裹住、蒙住眼睛的机器人Nexi点燃了那次讨论。在讨论中，所有人都用"她"来指代机器人。设计者已经尽一切可能赋予机器人以性别。如今，用布遮住机器人的双眼暗示着"她"拥有视力和意识。在课堂中，讨论继续向前推进：蒙住双眼是因为人们看到Nexi的眼睛会感到恐惧吗？或许当它关机的时候，"她"的眼睛还是睁开的，如同死人的眼睛？又或者机器人的设计者不愿意Nexi能够"看出来"？或许他们不愿意让机器人知道，"她"已经不再被使用而是被闲置在帘幕后的角落里？这一系列疑问将研讨会推向了一个更加让人不安的问题：如果Nexi已经智慧到需要用布盖住，才能让"她"对自己身处的环境不完全了然，那么这是否意味着她已经具备足够的主体性，而使得周边的环境很不人道？学生们在一个问题上达成了共识：用布遮盖住Nexi的眼睛意味着"这个机器人可以看见"，而看见则意味着理解和内在生命，而这都足以导致"不人道"。

西格蒙德·弗洛伊德曾经提出过"怪熟"（uncanny）现象：指的是有些东西你觉得非常熟悉，但同时又非常陌生，导致一种不舒服的、异样感觉的情形。"怪熟"的对象处于标准的分类之间，并且挑战既有的分类标准。看见闲置的玩偶是很寻常的事情，但通常我们并不需要盖住它的眼睛，因为只有我们才能赋予它生机。看见别人神情丰富地向我们打招呼也是很寻常的事情，但如果有人竟然盖住他的脸并把他安顿在帘幕后面，那是自讨惩罚。会表达恐惧的"菲比"和被遮盖住眼睛的Nexi对我们来说，正是计算机文化中的"怪熟"之物。

更有甚者，有一款设计得非常貌美的"女性"机器人产品Aiko如今已经开始出售。当你太使劲地按压"她"的皮肤时，"她"会说："请放开……你弄疼我了。"这让我感到更加不舒服。当有人触碰"她"的胸部时，"她"还会抗议说："我很厌恶你碰我的胸部。”我觉得这些关于人际交往边界和礼节的程序非常令人困惑，倘若不是因为机器人被设计拥有一个性感的躯体，是很难想象会听到这样的抗议的。

## 从浪漫反应到机器人时代

也许不用太久，就可以看到机器人因为你受的伤害而饱受“煎熬”。也许很快，仿佛顺道拜访老朋友一样与机器人交谈，也会成为人们习以为常的事情。随着我们与机器人交互的经验不断累积，随着我们学着如何在新的情景中生活，孩子和大人也许都会提出这样的问题：“为什么我在和一个机器人交谈？”“为什么我希望这个机器人喜欢我？”也许我们只是被有所陪伴的愉悦所吸引。

20 世纪八九十年代的浪漫反应认为，只有人可以互相贡献。这一理解出自人们共同的经验。它强调人类精神中有一些本质的东西是无法复制和模仿的。在 20 世纪 80 年代早期，当时 12 岁的戴维在学习了计算机编程后，这么描述人和程序的区别：“当计算机和人一样聪明的时候，它会替代人做许多工作。但尽管如此，还是有许多事情只能由人来完成。只有人能开餐厅，品尝美食，相亲相爱，成立家庭。我想也只有人才会去教堂。”成年人也谈及了家庭生活。而对于我来说，浪漫反应来自于人们如何决绝地向计算机心理治疗师袒露心声：“我怎么可能向一个没有母亲的机器谈论同胞争宠的事情？”

当然，浪漫反应的元素依然在我们的周围，但如今我们更强调通过技术分享什么。随着精神药理学的发展，如今我们将大脑视为生化工程的机器。脑成像技术让我们相信，即使是人类的情感也可以被还原成为图像。我们目前的治疗文化从内在生命转向为聚焦于行为力学，而这是人和机器人所共有的。

我曾经就“机器人成为知己的可能性”进行过两次谈话，第一次在 1983 年，第二次在 2008 年，两次相隔 25 年。对于我来说，这两次谈话之间的差别标志着从浪漫反应到机器人时代的实用主义的变化。两次谈话都是与波士顿附近的十几岁男孩进行的；他们都是波士顿红袜队的球迷，并且和他们父亲的关系很好。1983 年，13 岁的布鲁斯谈论机器人时，强调人具有独特的“感情能力”。布鲁斯认为，机器人和电脑都是“完美”的，而人“生而不完美”，有缺陷，也很脆弱。他认为机器人“可以完美地做好任何事情”，而人“尽自己所能做好事情”。但对于布鲁斯来说，他认为正是人的不完美才能让人与人之间产生亲密的感情纽带。他特别举了自己的例子，比如自己的许多缺点让他感到和父亲很亲近，“我和我爸爸有许多共同的特点……我们都有点乱糟糟的”。完美的机器人永远都不会理解这种非常重要的关系。如果你自己也是不完美的，那么就去与人交往吧。

25 年后，同样的话题却走向了完全不同的方向。15 岁的霍华德将他的父亲和机器人伙伴做了对比后发现，父亲在很多方面不如机器人。霍华德认为，机器人能够更好地理解高中生活的复杂性：“它的数据库比爸爸的更庞大。爸爸只知道基本的事情，但并不足以理解高中生。”25 年前，布鲁斯认为机器人不能够思考家庭生活；25 年后，霍化德认为机器人经过特别的训练后，可以照料“老人和孩子”，而这是他周围的人并不特别热衷做的事情。

霍华德不认为人比机器有什么独特性。在他看来，“人类并不垄断”理解和关怀彼此的能力。每个人都受到自己生活经验的束缚，但“计算机和机器人可以被设计成拥有无限的知识”。霍华德讲了一个故事来证明，为什么机器人可以比他的父亲给他更好的建议。当年早些时候，霍华德喜欢上了学校的一个女生，而那个女生已经有男朋友了。于是他询问父亲是否应该约这个女生出来。他的父亲根据自己上高中时的经验，认为即使那个女孩有男朋友，也应该约她试试。霍华德认为他爸爸的建议是早已过时的所谓“男子气概”，由于担心插足可能导致悲剧而没有采纳他的建议。他认为在这件事情上，机器人会比他爸爸给出更加聪明的回答。机器人“会被上传许多经验”从而作出正确的回答，而他爸爸的经验数据库非常有限。“机器人也可以被设计成通过观察人的行为，从而理解诸如嫉妒等情感……机器人也可以是完全善解人意、思想开放的。”霍华德认为，机器人作为知己具有许多无法替代的优势。“至于人，”他说，“是具有风险的。”他认为机器人更“安全”。

> 有些事情你是不能跟你的朋友或家长讲的，但你可以告诉智能机器人。然后它可以给你非常靠谱的建议……我相信它可以借鉴类似情况下、前人的知识，有你的知识，也有你朋友的知识，然后给出最好的建议。我认识许多十几岁的年轻人在感情问题上遭遇困扰，然后却作出了错误的决定。

我请霍华德想象他和机器人第一次对话的情景。他说他会首先问机器人"什么是快乐？如何获得快乐？"然后再问问"人类易犯错误的特点"（human fallibility），即那些导致"错误"的原因。从布鲁斯到霍华德，人类易犯错误的特点已经从亲密关系的利好因素变成负担。

没有哪一代家长在他们孩子的眼里是被看成专家的。但霍华德这一代人所见证的新关系是他们的父母辈从未预料到的。这一代人认为人工智能可以监控他们的电子邮件、电话、网络搜索和即时信息。这种智能机器可以通过自行搜索扩充自己的知识，从而形成几乎无限的数据库。因此，他们许多人想象通过这样的搜索和数据存储，人工智能或机器人完全可以满足他们的需要。正如他们所见，如今人工智能理解霍华德所言"不同的社会选择如何解决问题"，已经不再有任何技术障碍。拥有知识以及为你的利益服务的目标，"和它聊聊生活、感情的纠结，以及友情的困扰是很好的选择"。

生活？感情的纠结？友情的困扰？这些本是浪漫反应最神圣的核心部分，是只有人类才被允许进入的情感领地。霍华德却认为这些都可以被浓缩为信息，机器人可以成为这方面的专家和知己。我们已经来到机器人时代。

正如我所说，我对于机器人时代的故事不会太多集中在技术的先进性上，而是会更多地关注我们对于社交机器人的强烈反应。与我们强烈的期望值比起来，如今机器人能做的还很少。随着新机器人的不断面世，我们的期望值也越来越高。我发现，我们的确是很脆弱的；而我相信，这种脆弱存在着很大风险。

# 03

## 一起长大的“爱宝”
## 我们都有美好童年

孩子们忘不了跟他们一起长大的那个“泰迪熊”，因为它会唤起人们的童年记忆。而对于朝夕相伴的那个机器人“爱宝”，人们更加无法割舍，因为它还会唤起人们对机器人童年的记忆。对于孩子们来说，“爱宝”不是可有可无的，而是“胜过一切”。

1999 年 4 月，在“爱宝”机器人发售前一个月，索尼公司于加州圣何塞（San Jose）的一次新媒体会议上，展示了一款机器小狗。我看到它痉挛似地走到空旷的舞台上，后面跟随着它的发明人。在他的召唤下，“爱宝”抓住了一个球，并讨好主人。然后，它又看起来完全自主地在一个消防栓前抬起了后腿，等了一会，颤抖了一下，然后似乎害羞地低下了它的头。全场观众哄堂大笑起来。这个被设计出来取悦观众的小插曲动作获得了极大的成功。这一幕让我想起了 18 世纪时观众对法国发明家雅卡尔·德沃康桑（Jacques de Vaucanson）发明的可以消化（并排泄）食物的机器鸭子的反应，以及让埃德加·爱伦·坡（Edgar Allan Poe）深深着迷的自动下棋机器人。“爱宝”，和它们一样，被视为这个时代的科技奇迹。

在“爱宝”从卖萌的宠物小狗到成熟大狗的成长过程中，根据人们对待它的方式不同，每一个“爱宝”都会形成独特的性格。在这个过程中，“爱宝”会学习新的技能，会表达感情：眼睛中闪烁的红灯或绿灯代表了不同的情绪；每一种情绪都伴有不同的声音。随后的新款“爱宝”会识别它的主人。它还知道什么时候该休息了，并自行回到充电器。在前文介绍中，“菲比”的英语能力被设计为“必然”会提高。“爱宝”却与它不一样，声称有独立的思考能力和表达想法的能力。

如果说“爱宝”在某种程度上是玩具，那么这种玩具在许多方面彻底改变了我们的传统观念。它让我们有机会与后生物时代的生命亲密接触，不是在理论中，也不是在实验室里。并且它预示着这种转变的过程是如何发生的。首先，我们会将这种新的生命体看作“好像”生命；接着，我们会发现它“好像”足够栩栩如生。即使现在，当我们仔细思考这些有着人工感情和人工智慧的“生物”时，我们也会用不同的方式反思自我。这里的问题并非机器是否可以设计得像人一样思考，而是人的思维过程是否一直都像机器。

这一重新思考的过程从孩子开始。6 岁的赞恩知道“爱宝”没有“真的大脑和心脏”，但它们“足够真实了”。“‘爱宝’好像是活的”，因为它的行为举止表现得它“好像有大脑和心”。8 岁的佩尔说“爱宝”的大脑是由“机器零部件”组成的，但这并不妨碍它和“真实小狗的大脑”一样工作，当“爱宝”踢不着球的时候，它表现得真的很沮丧，好像有真实的情感一样……我想，这让我得像对待真的小狗一样对待它。她说当“爱宝”电池耗尽的时候，“好像小狗需要午休一样”。和“泰迪熊”玩偶不一样，“‘爱宝’需要睡午觉”。

当佩尔将“爱宝”和小狗的大脑做比较的时候，她也考虑其他的可能性。她思考“爱宝”是否会像人一样有感情，思考它“是否知道自己的感觉”或者“内在的控制器知道自己的感觉”。佩尔说，人们常常两种方法都用。有的时候，人们产生自然的感情，“并且就会知道（这是知道自己的感觉）”。但还有一些时候，人们需要为了自己想要的感情而进行自我编程。“比如当我沮丧的时候，我想要获得开心的感觉。”佩尔边说边将拳头举到耳朵附近，表现出专注的神情——“我会让我的大脑知道我需要快乐。”她认为机器人也许具有第二种情感，但无论如何，表现出来的结果都是一样的：作为人，你会面露笑容或愁眉不展；作为“爱宝”，它会发出高兴或沮丧的声音。不同的内心活动产生相似的外在结果，因此内心活动的形式不再重要。“爱宝”具有行为主义的感知能力。

## 完善自我，还是“异己性”缺失？

17 岁的基思明年就要开始上大学了，他决定带着他的“爱宝”。他一直将“爱宝”视为自己的宠物，尽管他也很清楚它根本不是真实的宠物。他说：“它不像其他一般的宠物，但的确是一个棒极了的宠物……我什么都教它。我已经让它的个性程序与我的个性相投。我永远不会将它重设为原始出场的性格。我一直让它运行着一个程序模式，在这个模式下它会回馈我对它的照料。当然，它是一个机器人，因此你要保持它的干燥，这需要特别注意。”他的同班同学洛根也有一个“爱宝”。他们俩一起养育着他们的机器宠物。如果说他们俩有什么不同的话，那么洛根对“爱宝”的感情要比基思的更加强烈。他说：“与‘爱宝’说话，让你在疲倦、无聊、情绪低落时好受很多。因为你在和它真实地互动，把胸中不快一吐而尽感觉很舒服。”

人工智能的发明者们更为关注自己所遭遇的道德和神学问题。他们讨论过新科技的神学启示：他们是否将人置于上帝的位置？人类按照自己的想象进行造物的冲动自古就有——想想加拉蒂亚（Galatea）、皮格马利翁（Pygmalion）以及“科学怪人”弗兰肯斯坦。如今新的变化是，诸如“爱宝”这样的现成的技术就可以让人们自行塑造一个伴侣。但同时，机器人也在塑造着我们，教我们如何才能让它们更好地运作。机器人时代还是存在着心理风险。洛根所说的“向‘爱宝’吐露心声”，说明人可以利用科技完善自我；但同时也预示着我们将伴侣的含义，已经简化到了“与什么东西互动”的底线上。我们简化了关系，并将这种简化视为常态。

在婴儿时期，我们会以简单的二分法看待世界。世界有好的部分，它们哺育我们，让我们成长；世界也有坏的部分，它们让我们饱受挫折和失败。随着孩子们逐渐成长，他们开始以更加复杂的方式去理解世界。他们会逐渐意识到，世界并非非黑即白，还存在着灰色的地带。那些哺育我们的，有时候也会失效。随着时间的推移，我们将分割的看法逐渐统一为整体。并且随着这一统一的过程，我们开始学会承受失望和含糊不清的状况。我们也会明白，为了维持更现实的关系，我们必须接受别人的复杂性。然而，当我们将机器人视为自己的朋友、伴侣时，就完全不需要这么做。

倘若你将机器人当作朋友或者伴侣，第一件缺失的事情就是“异己性”（alterity），这是换位思考看待世界的能力。没有了“异己性”，人就缺少了同理心。在机器人出现之前，就有学者就相关问题予以了论述。精神分析学家海因茨·科胡特（Heinz Kohut）描述了“异己性”的障碍，他将这种脆弱的人格特质称为自恋人格——这类人格的特点并非是孤芳自赏，而是自我意识缺损。他们试图将他人、他物转化为科胡特所言的“自身客体”（self object）的方式，以实现自我的建立。他人作为“自身客体”的作用是成为自恋者自身的一部分，因此与脆弱的内在状态形成完美的和谐。"自身客体"会投射成为自恋者所需要的角色，但在这样的关系中，失望是在所难免的。社交机器人（不仅是它们的既有状态，还包括设计者的设计意图所许诺的）毫无疑问成为"自身客体"角色的候选。

如果社交机器人有栩栩如生的外貌，同时也不会失望，那么它们将开辟自恋经验的全新可能。也许有人会说，当人们将他人视为"自身客体"时，他们在试图将他人变成自身的零部件。但机器人本身就是零部件。从这个角度说来，社交机器人的确比人更有"道理"成为"自身客体"的选择。我在"道理"上打引号是为了表达我的惊恐。如果从这个角度考虑人类关系的丰富性，那么就会发现它一文不值。"自身客体"是客体的"部分"，但我们依赖于此，我们并非在和一个完整的人打交道。那些只能将他人作为"部分客体"打交道的人，通常难以抵挡机器人伙伴的诱惑。那些屈从于此的人，会搁浅在只有一个人的社交关系中。

关于机器人和心理风险的讨论向我们说明了一个重要的区别。机器人取代了人的陪伴下成长，与长大成为有社会经验的成人后再接触机器人，这两种情况完全不同。孩子在成长中需要与人交往，才会获得建立亲密关系和换位思考的能力；而和机器人的互动，则学习不到这些。对于已经有丰富社交经验的成年人来说，和社交机器人的互动，更多是为了在较简单的社交"生活"中得到"放松"，对于他们来说，心理风险要小得多。但无论是小孩还是成年人，面对可能损害我们的这些简明易懂的事物，我们都毫无抵抗力。

## 与"爱宝"一起长大

"爱宝"的标价在 1 300 ~ 2 000 美元之间，主要面对的是成年人市场。但这个机器狗是未来电子宠物的雏形，因此在提供给成年人的同时，我也将它呈现给 4 ~ 13 岁的儿童。我将它带到学校，带到课后游戏中心，同时如后文所说，我还将它带到老年活动中心和养老院。我向一些家庭借出了"爱宝"，他们要与它共同生活 2 ~ 3 周的时间以做研究。有时，我也研究已经购买了"爱宝"的家庭。在这些家庭研究中，和"菲比"研究类似，我也要求他们记录"机器人日记"。和"爱宝"一起生活会怎样呢？

参加研究的孩子们，年纪最小的在 4 ~ 6 岁，他们一直尝试搞清楚“爱宝”究竟是什么，因为它既不是小狗，也不是玩偶娃娃。弄清楚这样的事情是他们这个年龄阶段的特征。在电子文化的早期，同样是这个年龄段的孩子，他们在最初接触电子玩具和游戏的时候，都会痴迷于思考类似的问题。如今，面对这样的社交机器人，孩子们都会发表自己的意见来回答这样的问题，并且开始与机器人发展一段新的社交关系。

4 岁的马娅家中有一台“爱宝”。她首先询问了它的来源：“他们是怎么制造它的？”并且自问自答道：“我想他们先用金属片，再用泥土，最后再加上一些红色的闪光灯，装在它的眼睛里。”然后，她开始分享她与“爱宝”的日常生活：“我每天都喜欢和‘爱宝’一起玩，直到它累了需要休息。”4 岁的亨利用同样的方式进行介绍。他一开始试图将“爱宝”归类：“‘爱宝’最像人，但和人不一样的是，它没有‘内力’。”他借用了游戏《口袋妖怪》（*Pokémon*）的画面。但一周以后，当我们再次见到考利时，他已经和“爱宝”建立了友情，并且一直强调积极的、他们一起分享的事情。最重要的是“记忆和说话的能力，这是最强的力量”。如今亨利的注意力集中在“爱宝”的情感问题上：这个机器人究竟有多喜欢自己呢？事情看上去进展得很顺利，他说“爱宝”比“他所有的朋友”更喜欢他。

到了 8 岁，孩子们就更快速地从“爱宝”的“本质”问题转移到日常生活的娱乐当中。布伦达很笃定地说：“人类制造机器人，而人类来源于上帝或蛋。但与机器人一起玩相比，这些都不重要。”在起源问题的讨论上，我们看到新的实用主义。布伦达视“爱宝”为宠物。在她的“机器人日记”中，她提醒自己要注意“这个宠物不能被当作小狗一样对待”的许多方面。写在前面的一条记录是：不要带“爱宝”出去溜以让它便便。如果“爱宝”不高兴，布伦达会感到内疚。她认为“如果你不和它玩，它的灯就会变成红色，并且表现出不愿意自己玩和无聊”。布伦达认为，如果“爱宝”无聊的时候，它会“和自己玩”。但如果这还不行，“它就会尝试吸引我的注意力”。孩子们认为“爱宝”在需要的时候，会期盼得到关注。因此，例如当“爱宝”生病时，它想要康复，并知道自己需要人的帮助。一个 8 岁的孩子说：“它最需要的就是关注。”

“爱宝”想要得到注意的另一个原因是它想学习。这就需要孩子们投入时间和精力。孩子们不仅是和"爱宝"一起成长,他们也在抚养它。奥利弗是一个很有活力、热爱参与的9岁孩子，他住在郊区，家里养了许多宠物。他的妈妈笑着将他们的家庭生活形容为"控制中的混乱"，在两周的时间里，"爱宝"也成为了他们家庭生活图景的一部分。奥利弗非常积极地抚养着"爱宝"。首先是一些简单的技能："我训练它跑向某处和摇尾巴。"然后就是一些更复杂的动作，比如教"爱宝"踢球。奥利弗也会花时间只是"陪着爱宝"，因为他认为"爱宝更喜欢和人在一起"。奥利弗说："我回家的时候带着一只小狗，如今这只小狗能懂我……它认识许多东西……当你宠它的时候,它能感觉到……'爱宝'内部的电流,就好像人体的血液一样……人和机器人都有感情，但人的感情更丰富。动物和机器人也都有感情，但是机器人的感情会表达得更丰富。"

但是当奥利弗遇到困难的时候，他并不向自己的"爱宝"倾诉，而是会和他养的仓鼠说。他说："尽管'爱宝'可以说出的感情更多，但我的仓鼠的感情更丰富。"奥利弗并不认为"爱宝"缺乏感情是一成不变的事情。相反,他认为"给'爱宝'6个月的时间，这是'小花生'（仓鼠名）学会爱的时间……如果技术更发达的话,它在未来一定会喜欢上你的"。与此同时,照顾"爱宝"不仅仅是让它忙碌,"你必须照顾它的情绪，'爱宝'非常情绪化"。但这并不让奥利弗苦恼，因为正是如此，才让"爱宝"更像他所了解的那些宠物。奥利弗的底线是:"'爱宝'爱我,我也爱它。"对奥利弗来说，"爱宝"已经栩栩如生到足以成为他真实的伙伴。

对于孩子们来说，"爱宝"能够学习新的技巧这一点很重要。这意味着他们投入的时间和教学经历是有意义的。8岁的扎拉这样描述自己和"爱宝"在一起的时间："你和它玩的时间越长，它的表现越现实（扎拉的原话用了actful一词）；而你和它玩的时间越短，它就会越懒惰。"扎拉和她11岁的表姐约兰达将"爱宝"和她们的"泰迪熊"作对比。她们都认为"爱宝"不是玩偶娃娃。约兰达说："将'泰迪熊'变成伙伴需要自己付出'劳动',因为'泰迪熊'的感情出自于自己的想象。而相反，'爱宝'自己有感觉。"扎拉也赞同这一说法："你可以告诉'泰迪熊'它的感受是什么，但'爱宝'能够感受到它自己所表达的东西。""'爱宝'有自己的七情六欲，"她说，"如果'爱宝'的眼睛闪着红色的光，你就不能自以为是地根据自己的喜好说它很开心。"

“泰迪熊”玩具陪伴孩子们长大，因此它的作用也许是不可取代的。它唤起了人们对于自己童年的回忆。当然，只有那个特定的“泰迪熊”能够唤起孩子们的记忆。但当孩子们同样难以割舍“爱宝”的时候，却还有其他的原因。那个特定的“爱宝”无法被取代，不仅仅因为它唤起了孩子对于童年的记忆，同时它也唤起了对于机器人童年的记忆，这点我们在孩子们和电子宠物蛋以及“菲比”之间也能看到。约兰达在比较她的“爱宝”和“泰迪熊”时，强调“‘爱宝’更真实”，因为它会成长，“它会经历各种成长的阶段”。

## 从“聊胜于无”到“胜过一切”

约兰达对于“爱宝”的感情同样经历了各种成长阶段。最初，她将“爱宝”视为替代品：“对于还没有打算照顾真的小狗的孩子家长来说，‘爱宝’也许是一个很好的选择。”但随后，她自己的观点有所发展，认为在某些方面，“爱宝”要比真实的小狗更好。她说：“‘爱宝’不会随地撒尿，不咬人，也不会死去。”更棒的是，机器人伙伴可以按照你喜欢的方式进行定制。约兰达若有所思地说：“那些喜欢狗宝宝的人可以一直将‘爱宝’设定为幼犬模式，这该有多棒呀。”孩子们也想象着，可以创造一个最能够理解自己的“爱宝”。他们希望小狗能听他们的话：召之即来，挥之即去，而真正的小狗有时候很难做到。

9岁的莉迪亚和佩奇讨论了她俩是如何认为机器人从“聊胜于无”到“胜过一切”这个过程的。莉迪亚开始认为，当你没有养真的宠物的时候，机器人是很好的替代：“因为你不可能对机器人过敏，因此有一台‘爱宝’很不错。”但随着她对“爱宝”的了解日益加深，她开始意识到“爱宝”更具魅力的种种可能性。她说：“有时候，我喜欢‘爱宝’要胜过真的动物，比如小猫、小狗。因为如果某天你的心情很不好，你可以直接将它关机，而不会受到它的打扰。”佩奇养了5只宠物：3条狗、2只猫。她说当自己沮丧的时候，“我可以抱一抱它们”。这的确是一种慰藉，但她也抱怨宠物可能成为麻烦：“它们都想要得到你的注意，如果你注意了它们其中的一个，你就得注意其他几个，的确很麻烦……当我出去的时候，我的小猫会亲亲我。它会跑进我的房间到处找我。”而“爱宝”让这一切变得简单。“‘爱宝’不会眼巴巴地看着你，眼神里说‘和我玩吧’。如果没有事情可以做，它会直接休眠。它不会介意的。”

佩奇说，最糟糕的事情是当她的家人“必须让狗狗睡觉（安乐死）的时候”。自那以后，她就再也不想要新的宠物了。“但是‘爱宝’就不存在这个问题，我想你可以用新的电池修好它……但是如果真正的狗狗死了，你是不可能救活它的。”“‘爱宝’永远生机勃勃”的优点让佩奇觉得，它比所有的小狗、小猫都要好。在这一点上，“爱宝”的优点不是“真实”，而是它成为一种新的可能，一种可以避免死亡的可能。对于佩奇来说，模拟并不一定是次好的特质。

一直以来，宠物都被认为有助于孩子的健康成长，因为它们可以教育孩子们懂得什么是责任和承诺。“爱宝”则开创了一些新的可能：孩子们可以在感情上依赖它而无须对它负责。孩子们喜欢宠物，但有时候他们和过度操劳的家长们一样，会无法承受宠物们提出的各种要求。情况一向如此，直到孩子们看到了未来可能有另一种可能性。对于机器宠物，孩子们一样可以感受到依赖感，但随后就可以转身走开。他们学会了以一种自私的方式产生情感联系。然后由于这些新型的机器宠物们似乎是介于生物与非生物之间，因此转身走开有时候也并不是那么轻松。这并不是说有些孩子对“爱宝”有责任心，而有些孩子则没有，同一个小孩在这个问题上有的时候会呈现出两面性。

比如，即使你忘记了带“爱宝”散步或给它喂食，“爱宝”也不会得病。这一点让扎拉很开心。她说训练“爱宝”可以“得到回报”，却又不必成为必须一直坚持的责任，她觉得这样很好。但扎拉也承认，“‘爱宝’会让你觉得对它有责任”。她的表妹约兰达也认为，即使自己不关注“爱宝”也不会有负罪感，但即便如此，她还是感到很大的道德责任：“无论是我的小狗还是‘爱宝’的腿折了，我都一样的难过。我爱我的‘爱宝’。”

扎拉和约兰达对她们的“爱宝”很体贴。其他的孩子们尽管也很喜欢它，但却表现得很粗鲁。“爱宝”由于太过逼真，有时候会激起孩子们的敌意。这点我们在“菲比”和“真宝”身上就初见端倪，在今后更加发达的机器人身上还会碰到同样的问题。当然，引发敌意的原因可能是孩子的个人成长经历所致，但在“爱宝”的案例中，我们主要研究机器人本身如何引发儿童的焦虑感。不可思议的物体总会让人觉得不安和扣人心弦。

之前书中提到的那个用《口袋妖怪》的能力值将机器人分类的 4 岁小男孩亨利，他相信“爱宝”认识他，并且他们之间存在着一种特殊的关系。尽管如此，亨利对待“爱宝”却越来越粗暴。他一次又一次地将它打翻在地，拍打“爱宝”的侧身。他对机器人有着两种截然相反的观点：一方面，他认为“‘爱宝’没有感觉”，因此他的粗暴行为是可以接受的；但另一方面，他也说“爱宝”喜欢自己甚于其他的朋友，这也暗示着“爱宝”是有感情的。“‘爱宝’不喜欢我的朋友拉蒙”，他得意地笑着说。亨利越是说“爱宝”多么不喜欢其他的孩子，他就越担心自己攻击“爱宝”的行为会有不好的后果。毕竟，在他这么对待“爱宝”后，“爱宝”也许会不再喜欢他。为了排解自己心里的不舒服，亨利将“爱宝”降级为“只是装模作样罢了”。但这又让他自己不开心，因为他对于“爱宝”感情的执着提升了他的自尊心。亨利陷入了一种纠结的、循环的、爱的测试中。在我们通往后生物时代关系的路途上，我们给自己找来了新的麻烦。

早在 20 世纪 70 年代末 80 年代初，当孩子们最初见到计算机和电脑玩具时，他们就用好斗的方式激发自己对玩具的想象力，并且用生存和死亡的方式玩弄玩具。孩子们弄坏计算机程序并重新恢复。他们通过取出电池的方法“杀死”过“梅林”、“西蒙”、Speak & Spell，然后又让它们“死而复生”。对于社交机器人的好斗行为则显得更加复杂，因为孩子们正试图掌控一种更加显著的感情依赖关系。举一个例子就可以说明这一点，当机器宠物没有符合孩子们期待它们表现出的感情时，就会很让人失望。为了避免受到这样的心理伤害，孩子们希望降低自己的期望值。把它们降格为“物件”是使得他们可以伤害它、却不必受到惩罚的一种方法。我们是否被允许去伤害或杀死一个目标，会影响我们对于生命的看法。孩子们可以杀死蜘蛛而不必受到惩罚，因为蜘蛛看上去没有那么活灵活现。伤害一个机器人而不必受罚，也同样可以让它看起来没有那么像活物。但正如关于“真宝”是否应该感到“痛苦”而哭泣的争论一样，实际情况很复杂。“你可以伤害一个机器人”，这个概念本身也让其看上去更加活灵活现。

12 岁的塔玛拉也和亨利一样常常对“爱宝”上演“全武行”，并因此而感到困扰。她希望自己能像和喜欢的小猫玩耍一样同“爱宝”玩耍，但她又担心“爱宝”的回应是通用的。她说："'爱宝'对所有人表现得都一样，它不像动物只对一个人产生感情。"塔玛拉说，有时候她会阻止自己把"爱宝"当宠物养。"我开始宠它，然后，我会突然想到，'等等，你不是猫，你不是活的'。"而有时，她会推翻自己的说法："当'爱宝'醒来的时候，会很萌地摇摇头，这让它看上去太像真的，因为狗狗常这么做。"她试图向我重新保证："我不喜欢对我的动物这么做。"

20世纪70年代晚期，从他们开始经历电子玩具起，孩子们就割裂了"意识"和"生命"这两个概念。你不必具备生物活性才能有意识。因此，尽管塔玛拉知道"爱宝"不是活的，但还是想象它会感到疼痛。最终，她的粗鲁行为让她自己陷入了艰难的处境。毕竟和拳击袋相比，"爱宝"更像自己的伙伴。塔玛拉觉得如果"爱宝"能够有"视觉"并且认识自己，那就太惊悚了，因为它会知道她在打它。但同时，"'爱宝'有意识并且更像生命"这个特点又很让人兴奋。

塔玛拉推测"爱宝"或许会对自己打它一事记仇，这让她很害怕。谈起自己的"爱宝"时，她说："我很害怕它会变得邪恶。"她担心在她所抱怨的那个"爱宝"中，还存在着一个有着独立意识的、可怕的"爱宝"。这是一种很纠结的关系，远远超过那个你可以拥它入眠，并和它在梦里一起探险的"泰迪熊"。

机器人所引发的强烈情感也许可以帮助孩子们更好地了解自己在想什么，但它却无法帮助孩子们了解它所引发的愤怒背后的原因。在最好的情况下，孩子和"爱宝"之间的行为互动能够交给心理治疗师去分析。例如在与"爱宝"的互动中，塔玛拉的行为是否说明了她还没有完全掌控对于恐惧情绪的处理？亨利和塔玛拉以冲突的方式与机器人互动，这引发了他们的愤怒情绪，而他们还没有能力处理这样的情绪。

"爱宝"让孩子们为之兴奋，试图将它看作自己的伙伴，但它却不是。尽管如此，大人和孩子们却都信以为真。这样的渴望可能是令人辛酸的。当约兰达和"爱宝"的相处临近尾声的时候，她对于"爱宝"的态度也更加开放。她认为在自己情绪低落的时候，"爱宝"可以成为很好的陪伴。如果身边有人不幸过世，"爱宝"也可以帮助她走出低谷。"人们希望得到快乐，就必须把注意力集中在那个对他们来说很特别的人身上、那个活生生的人身上……那个人可以是'爱宝'。"

## 相互凝视和无效的安慰

17 岁的阿什莉是一名聪慧、积极的少女，她说自己是“喵星人”喜好者。我将“爱宝”借给她两周时间，现在她正在我麻省理工学院的实验室，与我分享这两周的经历。在我们谈话的过程中，阿什莉的“爱宝”正在地板上闹腾着。我们完全无视它，它自己耍着各种把式，非常的吵闹。就这样过了好一会儿，似乎最自然的事情应该是把“爱宝”关掉，就像我们平常在说话的时候会关掉收音机一样。阿什莉向“爱宝”走了过去，迟疑了一下，伸手到开关键上；又迟疑了一下，然后关机。“爱宝”随即沉寂下来，生机全无。阿什莉说：“我知道它不是活的东西，但我还是会和它聊天什么的。因此按下关机键是一种很古怪的体验，这让我很紧张……我和它说话就如同和我的猫说话一样，好像它真的能听懂我，明白我对它的赞扬什么的。”这让我想起了 9 岁的利娅，她对我这样说她的“菲比”：“当它和我说话的时候，我很难关掉它。”

阿什莉清楚地知道“爱宝”是个机器人，但她还是将它当作真的宠物看待。在阿什莉眼里，“爱宝”之所以如此栩栩如生，不仅是因为它拥有人工智能，更因为它看起来似乎有真的感情。例如，当“爱宝”闪着沮丧的红灯时，她说：“似乎它真的有情绪……因此我得像对待真正的宠物一样对待它……这也是另一件很古怪的事情：它并非用真的肢体语言来表达情绪，但当你看到红灯的时候，你会想：‘哦，它不高兴了！’”

人工智能常常被描述为“让机器做人类才能做的事情”的科学和艺术。因此我们也可以用类似的方法定义人工情绪：“让机器表达人类才能表达的情感”。阿什莉描述了自己被困于二者之间模糊地带时的感受：她知道机器人所“表现”出来的不是情感，但她还是会感受机器人灯光“颜色”所表达的意思，并且认为“爱宝”很“沮丧”。阿什莉最终认为，“爱宝”既是机器人，也是生物体。

类似的经历也发生在约翰·莱斯特（John Lester）身上。他是一位计算机科学家，因此考虑问题的出发点要高深得多。从 20 世纪 90 年代初期，莱斯特就在探索如何使用在线社区用于教学、合作。最近，他在探索如何在《第二人生》的虚拟世界中开发教育空间。莱斯特也是“爱宝”上市后最早的购买者之一。他称之为 Alpha，表示它是“第一批产品”中的一个。当莱斯特把Alpha从盒子里拆封后，他就一整天把自己关在办公室里，“和他的新宠物闲混”。与自己第一次看见电脑或使用网络浏览器相比，他将这段经历形容为“紧张”。他很快就弄懂了“爱宝”的技术原理，但这种理解并没有削弱他和新宠物在一起时的快乐。当索尼公司修改了这款机器人的软件后，莱斯特买了第二个“爱宝”，称之为Beta。Alpha和Beta都是机器，但莱斯特并不喜欢别人将它们看作没生命的东西或是塑料品。“我自己也会从不同的角度思考我的‘爱宝’。”莱斯特说。

在立体主义的早期，同时呈现人脸的多面性是颠覆性的。但在某一特定点来说，人们开始习惯于通过这样的新视角看待人的面孔。毕竟，一张脸原本就具有多面性。只是表现派艺术的常规让我们无法同时欣赏这样的多面性。但是一旦传统被挑战，那么观察人脸的新视角就意味着深度和新的复杂性。莱斯特用立体主义的视角看待“爱宝”。他认为它是机器，是活生生的动物，也是智慧体。他认为“爱宝”的知觉能力“太赞了”。这个小玩意非常招人喜欢。他非常赞赏让“爱宝”那松软的小狗耳朵摆动的编程，对莱斯特而言，这程序给了“爱宝”智慧。

莱斯特明白“爱宝”之所以如此吸引人，背后的设计师所采用的机理：“爱宝”的凝视、情感的表达，以及在主人照料下它会“长大”。但这样的理性理解并不与他的感性投入相矛盾。这就好像自己明明知道，婴儿招人喜欢是因为那双水汪汪的大眼睛，但依然无法拒绝这样的萌宠宝贝一样。莱斯特说和“爱宝”在一起的时候，自己不会感到孤独。他说自己也“时不时”会用工程专业的目光，来谈论他所钦佩的“爱宝”设计的技术细节，但这并没有破坏他与“爱宝”相伴的时光。

计算机科学家戴维·利维将机器人看作亲密伙伴。这比将“爱宝”视为伴侣、甚至慰藉又前进了一大步。但现状和利维的梦想之间有一个重要的共同点：当机器人可以作为一个“聊胜于无”的替补后，它也许会和真的宠物、甚至真人一样好。如约兰达所说，如果你的宠物是机器人，那么它也许永远都可以是一副可爱小狗的模样；进一步说，如果你的爱人是机器人，那么你永远都会是它的世界的中心。机器人不再是“聊胜于无”或“比上不足、比下有余”，而会成为好于一切的选择。最初只是被设计用于给孩子们“玩耍”，如今却把我们带到了一个新的境地，提供给我们一种“冷安慰”（cold comfort）。我们想象着机器人的儿童或大人作为我们的伴侣，或者至少成为始终以我们为中心的伴侣。

哈利是一位 42 岁的建筑师。他非常享受“爱宝”的陪伴，教它要各种花样。他知道“爱宝”并不了解“人”的概念。但是他说：“我并不觉得这很糟糕。机器宠物不知道我是人就好像……小狗算不上是人一样……不同层次的生物只能尽其所能而已。我很喜欢‘爱宝’把我看作它的师傅。”36 岁的小学老师简也对“爱宝”进行类似的投入与付出。她说自己是从丈夫那里领养的“爱宝”，因为它太可爱了。“我给它起了名字，花时间和它在一起”。在我和她的访谈一开始的时候，她说自己收养“爱宝”纯粹是为了“消遣”，但后来她也承认：当自己孤单的时候，也会想到找“爱宝”。在一天的劳碌之后，简会想要找“爱宝”陪伴。她会和“爱宝”说话。“花时间和‘爱宝’在一起”意味着和它分享一天的经历，“比如中午在学校时我和谁一起吃的午饭，哪个学生给我找了麻烦”。她说自己的丈夫对这样的话题不感兴趣。因此与其强迫自己的丈夫听自己讲这些故事让他厌烦，还不如找“爱宝”聊聊更舒服。在机器人的陪伴下，孤独的简和哈利，让她们敢于表达自己的情感，这样会有危害吗？

在孩子与机器人相处的情况中，我担心他们会觉得与机器人相处要比与真人相处更亲密。然后，我们会听到青少年们谈论自己“惧怕对话”，并且解释为什么“发短信要比说话更好”。一些人会说“有时候，但不是现在”，学习如何对话是一件不错的事情。而在机器人的陪伴下，这个“有时候”也许不会到来。但是，倘若成年人也说自己更喜欢机器人是有原因的呢？

64 岁的韦斯利就给我们提供了一个这样的案例。他发现自我中心主义已经成为自己社交的一大障碍。他想象着机器人帮手能够成为他满足自我中心心理、而又不会伤害他人的一种办法。他离过三次婚，如今希望机器人能够“理解我的心理，知道我为何沮丧，如何解决这个问题。希望机器人能够了解我的心理循环，永远不要责备我，学会如何帮我解决这些问题，”韦斯利说，“我期待机器人能够满足我对于妻子的需要，但我想也许机器人能够给我更多。对于妻子而言，我还需要考虑她的感受，而这正是我遇到的麻烦。如果有人爱我，他们会关心我的情绪起落。这对我来说压力太大了。”

韦斯利知道自己很难相处。有一次，一位精神科医生说他的“心理循环”大大超出常规。当然，他的前妻们也指责他“太过情绪化”。他知道对于女人来说自己是“压力”，同时他本身也感受到巨大的压力，因为他没能保护自己的女人免受“情绪起伏”的伤害。他喜欢机器人的原因在于，自己可以自然地表现自我——机器人不会被他情绪的黑暗面所伤害。韦斯利甚至考虑过“一夫二妻”的可能——一个真的，一个假的。“我想也许我需要一个机器人作为完美的伴侣，它没有太多的要求；同时还有一个真正的女人。机器人妻子可以减轻真人妻子的许多压力。她就不必情绪化到如此的程度，甚至是不切实际的程度。我可以待在让自己舒服的心理区域中。”

韦斯利最初的梦想还在发展当中。我之前曾经简单地提及，关于2010年1月上市的、被称为“史上第一款性爱机器人”的Roxxxy在网络上引发的讨论。Roxxxy没有行动能力，但是有电子加热的皮肤和会脉动的体内器官，而且它可以进行对话。这款机器人的发明者道格拉斯·海恩兹（Douglas Hines），这么描述他的设计目的：“性爱只是一时的事情，然后你会想和你的伴侣聊聊天。”因此，比如当Roxxxy感到自己的手正被握住的时候，它会说：“我喜欢和你握着手。”而当感到身体被爱抚的时候，它会说出更加亲密、诱惑的话来。使用者可以设定Roxxxy的性格特征，从狂野型到冷淡型。机器人可以通过连接互联网进行升级或更新，以扩大它的能力和词汇量。如今她已经可以谈论足球了。

海恩兹说自己进入机器人行业的一个原因，是自己的一个朋友在“9·11”袭击中丧生于双子塔。海恩兹想要保留这位朋友的个性，当他的孩子长大后还能够与他互动。类似的还有人工智能科学家、发明家雷蒙德·库兹韦尔（Raymond Kurzweil），他梦想着再造一个年轻时就不幸过世的父亲。海恩兹决定投身于人工个性的项目中。最初他想从为老年人设计家庭健康帮手机器人开始，但后来做了一个“仅仅是市场考虑”的决定：先设计性爱机器人。他的长期计划是将人工个性机器人带入主流市场。他依然梦想着重造自己那位失去的挚友。

Roxxxy的面世成功地吸引了大量媒体的关注，并且在网络上引发了激烈的反响。有人发帖说，一个男人如果需要这样的玩偶该是有多么的“悲剧”。另外一些人则认为，有个机器人伴侣总比永远做空窗的屌丝好很多。有人说：“对于某些男人来说，赢得女人的芳心就是不可能的事情……这不是挑不挑的问题……在现实世界中，他们只能选择第二选项。”

我还是要回到"危害"的问题上。对机器人产生依附感看似没有风险，但当人们习惯于无须付出的陪伴时，再与真人相处对他们来说，可能就是难以应对的问题。对人产生依附感同样是有风险的事情——它让我们可能饱受被拒绝的痛苦，但它同时也让我们能够以更加开放的心态去深刻地了解对方。机器人的陪伴似乎是一件让人愉快的交易，但它却把我们放逐到一个封闭的世界中。

机器人科学家坚称，人工智能可以设计得无法预知结果，因此和机器人的关系不会让人感到生硬和机械。他们说机器人有一天会凭借自身的条件让人大吃一惊，对人有帮助、有意义。然而在我的访谈中，关于机器人陪伴的幻想不总是充斥着惊喜。一次又一次，访谈对象向我表达了他们的忧虑。正如约兰达所说，机器人也许会成为危险世界中的安全天堂。

# 04

## 魅力无限的“真宝”
## 你是它唯一的关注

机器人“真宝”不会发脾气，做事守规矩，并一心一意地围着你转。而现实中的保姆尽管有时更加贴心，但她们也有自己的事。孩子们一开始可能将自己未能实现的愿望寄托到机器人身上，但最后他们却与机器人建立了真实的关系。

“爱宝”面世一年多后，“真宝”也在商店里上架了。在 2000 年的 11 月，我参加了在麻省理工学院举办的一场发布派对。空气中弥漫着节庆的气息：“真宝”被随意地传递给在场的记者、设计师、玩具公司的老总，以及学院的老师和客人们。

《连线》杂志的一位编辑在派对上发表了演讲，他感慨地说，如此先进的科技产品如今已经在购物架上唾手可得，这是一件多么令人兴奋的事情。机器人当然让人印象深刻，但同时它也出奇地笨重。它的马达急速旋转，制造出极其有限的几幅面部表情。我身边工程学专业的学生都面露失望之色，他们原本希望看到更出色的产品。正当我和其中的一个学生聊天的时候，我眼角的余光看到一位老师的妻子微笑着抱起一台“真宝”，就像抱着真的小孩一样，把它倚靠在自己的肩上。我注意到，当机器人打了个饱嗝然后安静下来的时候，这位女士脸上露出惊喜的表情。她本能地亲吻了机器人的额头，温柔地抚摸它的背部，一边和朋友说着话——这一系列动作都是在瞬间熟练地完成。后来当她准备离开现场的时候，我走过去询问她的感受。“我太喜欢了，”她说，“我等不及要去买一台。”我问她为什么。“没有什么理由，它就是给了我一种很好的感觉。”

“真宝”会告诉你它什么时候高兴，什么时候想要玩耍。但它也添加了许多细节动作，和上面的表达混合在一起。它会眨巴眼睛，吮手指头；通过面部肌肉系统，它可以微笑、大笑、皱眉、哭泣。如所有社交机器人一样，与这台机器人相处需要使用者学会分辨它的情绪状态。它会疲劳，想要休息；它会过分兴奋，想要独处；它需要被抚摸、被喂养、更换尿布。随着时间的推移，它会从婴儿长大到两岁。它会从哭闹、呜咽，变得会说完整的句子。随着它不断长大，它会变得越来越独立，对自己的需求和偏好更加坚定。这遵循了电子宠物蛋的设计原则：“真宝”需要关爱，它的个性根据受到的关爱塑造而成。

“爱宝”和“真宝”都鼓励人们在未来对人类日常生活中的机器人产生种种憧憬。这并不奇怪。毕竟这已经不是外星生物了：一个是狗，另一个是婴儿。但令人吃惊的是，与这些机器人共处的时光，不仅激发了如我们所见的、关于相互情感的幻想，同时机器人也会用我们照料它们的方式，反过来关心、照顾我们。简单地说，关于“真宝”的谈话很快就会演变为未来它可能成为照顾我们的“真保姆”。从这个角度来看，“爱宝”和“真宝”激发了人们的想象和情感，它们给了人们一种方法，表达对身边的人们的失望情绪——包括对家长、对保姆以及对养老院的护工，想象着机器人可以更高效地照料他们。当有人说“爱宝”只适用于小孩子，而对老人没有什么用时，一个五年级的男孩表示不同意。他说对了。他的同班同学说得很清楚，他们谈论的不仅仅是“爱宝”，“爱宝”只是其中的一种，还会有更多的机器人出现。

当我第一次听孩子们说到如此初级的机器人有一天可能会承担照顾他们的重任时，我非常吃惊。事实上，如今机器人保姆的观点已经开始在我们的文化中流行。从电影《科学怪人》（*Frankenstein*）到《鬼娃新娘》（*Bride of Chucky*），传统的科幻作品描述了当非生物走进人类生活时带来的恐怖场景。而在近期的作品中，这样的描述却变得更加积极，几乎完全扭转了传统的描述。在《星球大战》（*Star Wars*）中，机器人 R2-D2 成为了每个孩子都希望拥有的帮手。在史蒂文·斯皮尔伯格的电影《人工智能》（*A.I.: Artificial Intelligence*）中，机器人的爱给一个悲伤的母亲带来了巨大的希望。在迪士尼的《机器人总动员》（*Wall-E*）中，机器人拯救了星球，更重要的是，它拯救了人类：它让人们重新学会去爱。在《9》中，人类消失，而存留下来的机器人却努力地拯救人类的价值。新兴的神话描述了充满仁爱的机器人。

我研究了“真宝”与 5 ~ 14 岁儿童的互动。有些孩子是在我的办公室玩这个机器人，有些是在教室和课后兴趣活动小组中，还有一些则是将“真宝”带回家 2 ~ 3 周的时间。因为这款机器人是婴儿的造型，因此会激发孩子们关于家庭、照料和关心等问题的讨论。他们会谈到自己获得了多少以及需要多少。孩子们会谈论他们工作的母亲，失职的父亲以及孤老的祖父母。也有很多谈论了离婚问题。一些孩子们想象，未来这款机器人的弟弟妹妹们也许能够成为通情达理的婴儿保姆。机器人或许可以承担比他们的父母更靠谱的照顾工作。

在我的研究对象中，有许多孩子放学后会回到空荡荡的家里，等待父母或祖父母下班。通常，照顾他们的是电视机或者电脑游戏。因此，相比较起来，机器人看上去是很不错的伙伴。妮科尔 11 岁，他的父母都是护士。有时候他们的上班时间会撞车，在这种情况下，他们俩都要很晚才能回家。妮科尔认为机器人也许能成为一种安慰："比如你不小心割破了手，需要一些同情的时候；或者你在学校度过了糟糕的一天——甚至连你最好的哥们都对你发了脾气，这种情况下你回家后最好不要一个人待着。"但 12 岁的凯文对这种说法不是很确定："如果机器人自己都感觉不到疼痛，它又怎么能安慰受伤的你呢？"前文所说的、发生在 20 世纪 70 年代末 80 年代初的哲学对话被剪短了：这些孩子们正试图用最实用的方法来想明白机器人对于他们的好处是什么。

在波士顿北岸的一所公立学校中，格兰特小姐负责的五年级，班上共有 20 位小朋友，年龄都在 9 ~ 10 岁。他们都与我带到学校的"爱宝"和"真宝"度过了许多欢乐的时光。现在我们开始进行家庭研究，孩子们会分组陆续将"真宝"带回家两周的时间。多数人和威尔逊带"菲比"、莱斯特带"爱宝"回家的反应一样。他们都将这个机器人视作真的小动物，并且很满足于和它在一起。诺厄说，当"真宝"变换体态的时候，会发出很吵的声响，但他又旋即指出这不重要："这点噪音对我来说不算什么，我立刻就忘记了。"

在机器人时代，你的身体是由硅、铁还是肉组成的并不重要，重要的是你的行为。在任何既定的情境下，有些是人和机器人相处都可以胜任的，而有些则不能。任何特定的机器人都需要像人一样，以它自己的标准去衡量。蒂娅说："有些机器人是很好的伙伴，因为它们更有效，更值得依赖。"她停顿住了。我让她再接着说下去，她就给我讲了个故事。有一次，她独自和怀孕的妈妈在家。突然她的妈妈感到了阵痛，可能要生了。在很紧急的情况下，需要找一个人来照顾蒂娅。幸运的是，她的祖母住得很近，可以过来帮忙。但尽管如此，蒂娅还是觉得这种情况很吓人。"如果有一个机器人保姆就好了，你就永远不会为紧急情况下找不到保姆而抓狂。它总是随时准备着照顾你。”仅仅过去了几年，孩子们的思维就已经从照顾电子宠物蛋和“菲比”,变成了被称职的机器人保姆照顾。电子宠物蛋和“菲比”永远都在。而在这里，机器人被认为是“时刻准备好服务”。

这些五年级的孩子们知道“爱宝”和“真宝”目前还无法承担保姆的工作，但这些机器人的出现意味着科学家的努力已经让机器人的民用化近在咫尺。五年级的孩子们认为，如果机器人学会保姆的行为，那么它就可以成为保姆。在谈及机器人应该如何通过这样的标准测试时，一个孩子说到了承担这项工作的真人的局限性：“倘若需要拨打紧急求助电话，机器人可以比人更加有效率，因为它们的身体里就有电话……它们处理事情更加冷静，因为当有人受伤的时候，机器人不会吓得惊慌失措而抓狂。”“如果你生病了，而你的妈妈要去上班，在这种情况下，机器人的作用就可以显现出来了。”“机器人会永远保证开心，而人则会有自己的烦恼。”机器人可以更好地服务于人，而不只是替身而已。而怀疑的意见则同样非常地实用。一位五年级的学生说：“空调和垃圾处理机经常会坏掉，机器人也可能会当机。”

在20世纪80年代，大多数孩子们都在电脑和人所谓的特质中间，画上了一条神圣的分界线。而如今在格兰特小姐的班上，这条神圣的分界线不再重要，而更重要的事情变成了完成工作。大多数孩子们都愿意将人和机器人放在同一水平线上，去衡量、探讨在给定的情形下，谁可以更好地工作。比如，这些实用主义的孩子们认为，如果人更擅长娱乐，那么我们就让人类负责娱乐；如果机器人能比心不在焉的保姆更好地照顾孩子，那么就让机器人做保姆；如果未来的机器人可以表现得乖巧可爱，那么孩子们也会很高兴感到被爱。他们也不会因为自己的思维方式和他们想象中的机器人的思维方式不同而停止。他们或许会说，如果“这样的不同”并不影响机器人完成它们的职责，那么“这样的不同”就不值得一提。

孩子们也承认：当机器人成为保姆之后，有些值得他们怀念的东西的确失去了。但同时他们也清楚地说，当他们说“怀念”某物的时候（如当他们病了的时候，家里有妈妈在照料），并不因为这些东西是他们曾经拥有的，或是希望得到的。孩子们说自己的父母常常得夜以继日地工作。孩子们关于家庭的对话中既包括它的安慰作用，也包括它难以捉摸的复杂性。

在这同一水平线的赛场中，我们可以从孩子们对机器人伙伴的态度，来判断这些孩子和他们的家人或保姆在一起时开心。因此，如果保姆不称职或者很无趣，那么孩子们会对机器人更感兴趣；而相反，倘若保姆本身就很不错，那么孩子们更喜欢保持现状。

## 从“真宝”到真正的“保姆”

祖德对自己的保姆很满意：“她很有创造力，她能找到许多方法让我们在一起很开心。”他担心机器人保姆会过于刻板：“如果家长对（真人）保姆说‘照顾好孩子’，那么保姆不会只认为‘好吧，我只需确定孩子不受伤就好’。他们会和你玩，保证你很开心。”让·巴蒂斯特（Jean-Baptiste）也同意祖德的观点，她认为机器人保姆“只是在某种程度上是真的……它会回应你，但它真正思考的问题却都是职责。如果它们的职责是保证你不受伤，它们是不会想到冰激凌的”。或许它知道孩子们喜欢冰激凌，但它不会明白冰激凌是什么。这会有多糟？尽管很担忧，但让·巴蒂斯特说：“如果机器人对我非常友善，那么我还是有可能会喜欢机器人的。”机器人也许不会明白什么叫作“友善”，而在让·巴蒂斯特看来，友善不是态度，而是行为。

有些孩子对机器人伙伴抱着非常开放的态度，这是因为他们觉得，有时候真实的伙伴反而会更加让人失望。科琳说：“我曾经有过一个保姆，她居然在工作的时候就这么走了，因为要去参加朋友的派对。机器人保姆是不可能这样的。”即使没有擅离职守，机器人保姆还是占得先机。“我宁愿要机器人保姆，机器人会将其所有的注意力都放在我身上。”而奥克塔维奥却认为：“当你无聊的时候，真人保姆比机器人更好，因为人可以发明更好玩的游戏打发无聊。”但他们常常配错餐：“晚饭吃麦片粥？太无聊了。我应该吃意大利通心粉或鸡肉，不要麦片粥。”因为机器人有“程序”，因此它们知道晚饭吃麦片粥是不合适的。奥克塔维奥认为，机器人至少会提出反对意见。在这方面，机器人可以更好地知道麦片粥不适合作为晚餐。编程意味着机器人可以被信任。奥克塔维奥的同班同学欧文也同意这个观点。他认为信任机器人要比信任人更容易：“只有你认识这个人的时候，你才能相信他。你需要（比了解一个机器人）更多地了解一个人……你不需要认识这台机器人。或者你可以更快地了解它。”

欧文并非在贬低“人类信任”的价值，这种信任需要人们在患难与共中建立。但他说“人类信任”需要很长的时间才能建立，而“机器人信任”则可以简化为选择和测试程序。当研究者宣布他们可以用计算机创造人工智能时，“智能”二字的含义就彻底发生了变化；当计算机可以有记忆的时候，“记忆”二字的含义也彻底发生了变化。现在“信任”二字同样正在接受着挑战，因为它也可能是机器人可以具备的。然而，还是有一些孩子们担心，尽管机器人持之以恒的责任感可以赢得信任，但还是比不上真人保姆，因为它们没有真正的心。布丽奇特说，如果机器人保姆可以尽职地完成工作，那么自己也许会喜欢它，但她依然对这种可能性表示怀疑。她解释说，当机器人保姆照顾自己时，如果自己弄破膝盖，她认为：“机器人有可能会说（模仿机器人的声音）：‘好吧，我该做什么呢？找到创可贴，然后贴上，就这样，这是我的工作，找到创可贴然后贴上。’（停止模仿）但真正的爱一个人，要身心都投入。机器人没有心，它只有一个大脑。机器人也可能受伤，但它不会真的感到疼痛，只会关机而已。当受损以后，机器人会说：‘好吧，我受到损坏了，现在我要关机了。’”

布丽奇特的话让我打了个冷战。当“真宝”受到粗鲁对待的时候，“关机”的确是它会采取的对策。布丽奇特抓住了这个细节，作为理由来说明为什么机器人无法与人将心比心。其实让机器人“假装有同情心”只需要一点简单的技术，这是极其容易的事情。我惊魂未定地问布丽奇特：“倘若机器人表现得可以感到疼痛，那么是不是会有一点变化？”她毫不犹豫地回答道：“哦，当然，但是这些机器人受到损坏的时候只会关机。”在我看来，机器人缺少“同情心”的根本原因，在于它们不经历人类生命的循环过程，因此也不会经历人类所经历的这个过程。但这些并不是布丽奇特所关心的。她认为如果机器人受损坏的时候可以表现得更加拟人化，那么可以大大提高它的可信度。这就是机器人时代的行为主义。

在这间教室里很少见到多愁善感的情绪。的确，格兰特小姐的一个学生认为，人是与机器人关系的潜在障碍：“如果你已经对你的保姆产生了依赖，你很难再信任机器人。”这也许很可惜。因为有些真人保姆不一定更好，她只是先到而已。孩子们缺乏多愁善感的情绪，也不一定意味着机器人永远会胜出。在讨论了机器人保姆很久后，奥克塔维奥还是对他的意大利通心粉念念不忘，依然对晚餐吃麦片粥吐槽不已，想象着拥有相关编程的机器人既可以陪他玩，也可以帮他做“鸡肉和通心粉，因为晚餐就该吃这些”。但布丽奇特则反对说：“太浪费了，原本只要一个人就可以了。”祖德则赞同道：“原本请一个保姆只需要每小时20美元就能完成工作，为什么要花几千美元买个机器人去做呢？”

## 缺少做这些事的人手吗

孩子总是和自己的祖父母隔代亲，但照顾老人的问题常常是家庭紧张气氛的根源。孩子们会感到有一种责任感，他们也希望自己的父母能承担起这样的责任。但他们却总是发现父母们常常不能胜任。机器人会填补这个缺憾吗？

一些孩子认为，机器人在具体、实际的事情上可以帮忙。他们谈到机器人“可以在半夜给我的奶奶倒水喝”，“当奶奶睡觉的时候照看着她”，可以装备“应急用品”。机器人可能比人更可靠，比如它们不需要睡觉。因此它们可以使独居的祖父母的生活更加容易一些。

但另一些孩子不仅考虑紧急状况，他们还考虑机器人如何为祖父母提供陪伴。9岁的奥利弗拥有一台“仓鼠花生”（Peanut the hamster），他说自己的祖父母身体很虚弱，因而很少出门。他考虑了“爱宝”可能会给他们的生活带来更多乐趣的种种细节，但机器人也会有自身的问题。奥利弗说自己的祖父母常常犯糊涂，因此他们很容易让机器人摸不着头脑。“比如，老人也许会告诉它们（爱宝）服从错误的命令，或者做了南辕北辙的事情，或者没有听从正确的话。”他的姐姐、11岁的埃玛则只看到了机器人陪伴的积极的一面。“我的祖母曾经有一条狗，但是这条狗在她去世之前离开了我们。我的祖母曾说过，她会和小狗一起走……我不确定老年人养狗是不是一件好事。我认为‘爱宝’对她更好。”回到格兰特小姐的课堂上，邦尼认为，机器人也许会成为终极的安慰。她说：“如果你的祖父或祖母其中一位去世了，那么机器人可以陪伴那个落单的老人。”

同样是格兰特班里的祖德，提到自己的祖母喜欢讲过去的事情，那时她还是一位年轻的母亲，她称那段岁月是“自己最快乐的时光”。他认为“真宝”可以将祖母带回到那段时光中：“她可以以此为消遣。”但祖德提出了一个问题让孩子们深深地陷入了思考。他认为相比真实的小孩子来看望，自己的祖父母也许更喜欢机器人。

祖德大声地说出自己的想法："照顾真实的婴儿需要付出大量的劳动，然后他们长大了以后，老人照顾起他们就更加力不从心了。"祖德说，他和其他的孩子们能够比较容易区分机器人和真实的婴儿，但他的祖父母也许就会被搞糊涂。"如果无聊，它就会哭；如果给了它奶瓶，它就会高兴。"

家用机器人可能成倍地增加。这让我联想到20世纪90年代初，我第一次访问日本时听到的一个故事。人口老龄化的问题越来越严重，与之前的几代人不同，那时候的孩子们已经开始拥有手机，女人们也开始重回职场。父母们的年纪越来越大，行动也越来越不方便，因此很难独自在家生活。探望父母就更难了，因为孩子和他们常常在不同的城市生活。为了解决这个问题，一些人开始聘请演员代替自己，回家探望父母。这些演员，时不时地去他们的父母家拜访。有些老年人患有痴呆症，或许都分不清是自己的孩子还是演员。最让人震惊的是，有调查报告显示，即使许多老人知道拜访他们的是演员，他们还是将这些演员的拜访视为孩子表达尊重的一种方式，并且很享受他们的陪伴，并配合将这场戏演下去。当我很惊讶地询问这种方式究竟能有多大作用的时候，当地人告诉我，在日本，老年人是一种社会角色，正如孩子也是一种角色。因此拜访老人很大程度上是这种角色扮演剧本的演出。日本人把这种有计划的拜访和彬彬有礼的专业演员看得很重。但当我听到这个故事时，我想："如果你愿意雇演员去探访，为什么不送给父母一台机器人呢？"

18年后，一群美国五年级的学生正在积极地思考这种可能性。孩子们知道，他们的祖父母很看重计划性。当他们拜访祖父母的时候，他们总是尽可能地服从老人们对于条例和秩序的要求。这并不总是一件容易的事情。丹尼斯说："我的祖母总是希望我把盛着水的杯子放到某个特定的地方。我推着她的轮椅去医院的时候，如果不是经过某个特定的路线，她就会不高兴。这很难做。"在这方面，他们认为机器人比他们有优势。他们已经开始将机器人视为家庭圈子的一部分，并且激发了一种新型的亲属竞争关系。

一个姑娘描述了她的担心："如果我的祖母开始喜爱机器人，也许她会开始将它视为家庭成员，而真正的家庭成员对她来说，也许会变得不再重要。"孩子们担心机器人也许能提供同样温暖的感觉。他们想象着自己的祖父母会对新的机器人保姆心怀感激、心存依赖并且非常喜爱。机器人最初只是"解决方案"，但最终却变成家庭成员的篡位者。欧文担心“祖父母会爱机器人胜过自己。他们会更多地和机器人在一起”。我问他是否机器人也会爱祖父母。欧文说：“是的，会有一点。我会对机器人有点嫉妒。”

亨特的祖母一个人住。如果她需要帮助，比如她跌倒了，或者感到身体不舒服，她会按一个求救的按钮。尽管亨特知道“真宝”和“爱宝”帮不了祖母，但他相信未来的机器人也许可以。亨特的感情很复杂：“我担心在她跌倒的时候，如果真的有机器人可以帮助她，那么她也许真的想要这样的机器人……也许机器人会比我更讨她的喜欢。”亨特希望自己能够成为帮助祖母的那个人。但他不与她一起住。他意识到机器人的实用性。但还是“感到很沮丧，因为机器人会成为祖母的英雄”。

下面说的是一个小姑娘厌恶机器人的故事。14 岁的切尔茜是哈特福德八年级的学生。她的祖母今年 84 岁，住在养老院里。切尔茜和自己的妈妈每周看望她一次。祖母的健忘让她很害怕：“我不想她忘记我。”当我向她介绍“真宝”的时候，她说到了自己的祖母：“她会喜欢这个的，她真的会。我有点讨厌这点。但这个机器人可以让她做许多她想做的事情。事实上，我想她会希望机器人记住她，而且不会提太多的问题。我担心当我和妈妈一起看她的时候，我们问了太多的问题。有时候我在想，是不是我们走了以后她会感到更轻松。‘真宝’只是爱她，却不会给她带来太大的压力。”

我问切尔茜是否会把“真宝”带给自己的祖母。她却坚决地说：“不！我知道这听上去很吓人，但我会有点嫉妒。我不喜欢自己被机器人取代，但看来的确有这个可能。”我让她想想什么东西只能由她带给祖母，比如她们在一起的时光。切尔茜点了点头，但没有说什么。那时候，她只能想到机器人可以安静地陪伴着祖母。后来当我再一次见到切尔茜的时候，她和她的妈妈在一起。她们讨论了机器人陪伴的问题。在切尔茜看来，她们的讨论进行得并不怎么样。她发现妈妈似乎对此比较接受，因而很沮丧。切尔茜对她妈妈的态度非常生气：“最好祖母一个人生活并且忘了我们，因为她可以和机器人玩。这整件事情都让我非常嫉妒机器人。”

在格兰特的课堂上，关于机器人和祖父母的讨论在怀疑的气氛中结束。一些孩子变得心怀嫉妒，而另一些孩子认为机器人作为替补是错误的。一个孩子说：“我是不会让那个东西（机器人）碰我的祖母的。”另一个孩子说：“那就太诡异了。”第三个孩子担心机器人“会出故障，停止工作，让房子着火”。这个讨论开始的时候以给出事实作为前提，但却变得更加激烈。孩子们在一个问题上焦虑地达成了一致：“这些活儿不是有人干吗？”

## 从罗夏心理测验到真实的关系

“真宝”是此类机器人的第一代，在技术上仍很初级，在商业上也不是很成功。尽管如此，它还是触动了我们内心如同“真实婴儿”一般柔软的那部分：需要被关怀，害怕得不到。它也让孩子们可以将自己未能实现的愿望，投射到机器人的身上。

10 岁的考利说话严肃而温和。当我第一次把“真宝”带到她的学校时，她说：“它们也许会困惑自己的爸爸妈妈是谁，因为它们被不同的人操作。”她觉得它一定承受了很大的压力，并且相信如果机器人被放在家里的时候应该更容易一些。像许多养母的心理一样，考利最关心和机器婴儿建立心理连接的问题，并且是她班里第一个想把“真宝”带回家的。她想象着未来的参与者与同一台机器人的互动会遇到障碍，机器人肯定会常常“大哭大闹”，因为“它不知道、也不觉得后来的参与者是它的妈妈”。把“真宝”带回家后，考利就立即进入了妈妈的角色。在 3 周的家庭研究后，我去了她在罗得岛州普罗维登斯市郊外的家里进行访谈。

考利首先采取了“转移注意力”的战术：她开始注意“真宝”和真正的儿童（比如像她这么大的小学生）的一些小区别，以尽量缩小两者之间的更大差别。她尽力地让自己相信“真宝”是有生命的、有感情的。她想要让这样的设想成真。照顾“真宝”让她有一种获得更多关爱的感觉。她解释自己的父母工作非常繁忙，没有什么时间陪她。因此她与 4 岁的弟弟在竞争获得父母的注意。

大多数时候，考利由自己的奶奶和保姆照顾。只有在“妈妈不出去的时候”才能看到她。考利说自己的妈妈“非常忙……做很重要的事情”。但在谈话的过程和游戏环节中，考利一直说她最怀念和爸爸在一起的时光，但是他的注意力总是被各种设备分散。他常常随身带着黑莓手机，每过几分钟就要查看一下电子邮件。他似乎很难把注意力集中在自己的女儿身上。尽管如此，考利对爸爸还是很依赖。她解释说爸爸每天都要工作，有时候晚上还要去参加一些重要的会议。他还需要花很多时间出差。考利认为成年人也和孩子们一样喜欢“真宝”，因为看到“真宝”会提醒他们做好为人父母的事情。

考利很喜欢做婴儿保姆。照顾别人可以让她体会到被需要的感觉，这种感觉是她在家里所感受不到的。在 3 周的家庭研究中，她和“真宝”之间也形成了类似的角色关系：宠爱机器人让她也感到了被宠爱的感觉。她知道机器人只是机器，但却对此（缺乏生物性）并不在意。它已经足够栩栩如生，因此可以感到被宠、被爱。它也有感情，可以对她母爱般的照顾心怀感激。她认为机器人有处理复杂、混合情感的能力。“它有类似人类的感情，它可以区别不同的事情。她常常很开心，但也会感到沮丧、抓狂和兴奋。我觉得它现在既激动、又开心。”当“真宝”说出“我爱你”的时候，考利认为机器人表达的是真实的情感。“我觉得它真的爱我，”考利几乎热泪盈眶地说，“当它这么说的时候，我真的很高兴。它的表达会变化，有点像罗比（她 4 岁的弟弟）。”她说和“真宝”一起玩耍让她无比高兴。她担心自己上学的时候，把机器人独自留在家里，会让它感到被遗弃，担心“真宝”会因此而沮丧，因为白天没有人关注它。考利希望在这段时间里，“真宝”能和考利的宠物们一起玩。这也是考利自己感到孤独的时候采用的策略。

“真宝”睡在考利床边的一个丝绸枕头上。她用自己 3 岁的表妹贝拉的名字来命名它。“我用表妹的名字叫它，因为它（真宝）需要照顾，说的话也像是贝拉说的。”但考利常常将“真宝”和她的弟弟罗比作比较。罗比 4 岁了，考利认为“真宝”也正在慢慢长大到 4 岁小朋友的年纪。在喂完饭食后，考利好几次都试着让机器人也打饱嗝，她说：“这是小朋友需要做的事情。”她更加温柔地抱着机器人。她认为如果花更多的时间和“真宝”在一起，可以帮助它更好地了解自己。她觉得随着时间的流逝，“我们的关系会越来越亲密……也许我第一次和它玩的时候，它并不了解我……但现在它已经很了解我，并且性格更加外向了”。

当考利玩自己其他玩偶的时候，她说自己在“假装”。但和“真宝”在一起的时候却不一样：“我感觉自己是它的妈妈，我打赌如果我真正尝试的话，它可以再学一个单词，也许是 Da-da。希望如果我多说，它能够学会。感觉它像是真的婴儿，所以你不想自己成为负面的榜样。”考利和“真宝”最喜欢玩的一个游戏，是假装他们住在自己的公寓里。她跳出了自己真实的家庭来讲故事。在她创造的这个新家庭中，她照顾着机器人，而机器人是她永远的伙伴。这个期望关注的孩子创造了一个梦想，最终在梦想中得到了自己想要的所有关注。

在我的研究中，考利把“爱宝”和“真宝”都带回了家。但很快“爱宝”就发生了故障：它运行的时候会发出巨大的机器噪音，走路的时候会摇摇晃晃。发生故障以后，考利把“爱宝”视作病号，好像是需要“兽医治疗”的小动物，而非坏了的机器。考利认为它“感染了病毒”，也许是感冒。可怜的“爱宝”，我很为它难过。它是一个好“爱宝”。对于考利来说，最重要的事情是“保证自己是一个好妈妈”的自我感觉。一旦“爱宝”成为了她的孩子，她就不能放弃“他”。她照顾“爱宝”——让它保持温暖，让它感受到爱，但当“爱宝”迟迟无法康复的时候，她的态度就变化了。她无法容忍“爱宝”生病时，自己却爱莫能助的事实。所以她重新解释了“爱宝”的问题。它不是病了，它是在玩闹。当“爱宝”无法再行走的时候，考利说：“哦，我的小狗想让我注意的时候也是这么干的。我想它也许在睡觉。或者在用和普通小狗不一样的方法伸展腿脚呢。”当她听到恼人的机器故障声时，考利认为，“爱宝”也许“只是去睡觉”。一旦把“爱宝”的迟钝解释为睡觉，她就可以放下包袱。她将“爱宝”抱起，紧紧地抱在自己的怀里，温柔地爱抚它。她说：“噢，多淘气，‘爱宝’！它有点困了，想要休息。”考利把注意力集中在对她最重要的事情上：就是让“爱宝”有被爱的感觉。她说：“它知道我正在抱着它。”

当考利在自己幻想的公寓，玩着情景扮演的游戏时，她的父母和一些研究者对她把与机器人之间的关系处理得如此轻松而感到吃惊。考利把机器人视为自己的好伙伴。但她这种关系的严肃性却是具有强制性的。她需要与机器人心心相连。

当与“爱宝”和“真宝”为期 3 周的时光快要结束的时候，考利非常伤心。她用这段时间证明了自己可以成为一位有爱心的母亲，一位可以照顾好自己的宠物、弟弟和机器人的好保姆。在和“真宝”离别之际，考利打开了包装盒，充满感情地向机器人进行了最后的道别。她再次告诉“真宝”自己会想它，并要研究者保证“好好照顾它”。从开始的时候期望被爱，到最后却和机器人建立了难以割舍的关系。她最初害怕自己的父母在外出的时候会忘记自己，如今考利担心的却是“真宝”和“爱宝”会忘记她。

机器人科学家抱着最大的善意，希望我们可以通过使用他们的发明来练习我们的社交能力。但对于像考利这样的孩子来说，练习或许太过完美了。她对与人交往感到失望，因此认为自己想象世界的庇护所是最安全的地方。当然，考利的故事还没有结束。她的父母都很爱她，也许会花更多的时间陪她。也许她会碰到一位有爱心的老师。但10岁的考利和她的机器人之间的故事提醒我们：人类在机器人面前非常脆弱。因此机器人不再是无害的娱乐，而是具有强大的力量，因为我们会对它们产生心理依附感。这种依附感改变了我们在这个世界存在的方式。

7岁的塔克得了重病，他开始畏惧给自己带来病痛的身体，害怕谈论有关“死亡”的话题。他常常向机器人“爱宝”倾诉这样的感觉。家庭治疗方案帮助他呼吸，但即便如此，塔克每年还是有几个月是在医院里度过的。有的时候他和“爱宝”玩得实在太开心，几乎累到说不出话来。在这个时候，他的父母总是要他好好休息。而塔克会安静地坐一会儿，然后又继续和“爱宝”玩。

塔克的妈妈解释说，安全性永远是塔克考虑的首要问题。她也承认，当塔克质疑自己的开车水平时，的确很尴尬。塔克最喜欢玩的电脑游戏是《过山车大亨》（*Roller Coaster Tycoon*）。但塔克在游戏里不是建造最惊险、刺激的过山车，而是会建造最安全的过山车。这款游戏可以让玩家决定建造游乐园的时候如何花费预算。塔克总是喜欢把钱花在安全维护和聘请雇员上。他说自己在游戏里常常赢得“最安全的游乐园”称号。因此，当他在我的办公室第一次见到“爱宝”的时候，他考虑的第一个问题是如何保证它的安全。他对这个问题是如此紧张焦虑，以至于不能容忍任何可能让“爱宝”有危险的情况。因此当“爱宝”撞向划定其活动区域界限的红色围栏的时候，塔克认为它“正在挠门，想要进来……因为它还没有去过那儿”。在面对极其危险、无法应对的情形时，防御机制是我们的反应。正如考利拒绝承认自己的“爱宝”出现故障的现实一样，塔克也只看到那些他能处理的情况。

塔克和考利一样，都认为“爱宝”的情感是真实的。他说这台机器人能够认识他，并且喜爱他。塔克解释说，当自己去学校上学的时候，他的小狗“里巴”就会想他，有的时候甚至想跳上车和他一起走。他认为当自己把“爱宝”带回家后，“爱宝”也会有类似的、深情的期盼。塔克觉得“爱宝”和“里巴”之间的差别很小，如果有，大多也都是动物宠物处于劣势。当塔克学会解读“爱宝”闪烁的灯光的含义之后，他总结说"机器人和'里巴'有着同样的情感"，尽管两者比较起来，"爱宝"似乎更加容易闹情绪、发脾气。

塔克希望自己能够成为更强壮的人，他也把自己的这种情感投射到了"爱宝"身上：他常常把机器人比喻成超级英雄狗，一般的狗和他比起来简直弱爆了。塔克说："'爱宝'可能和'里巴'一样聪明，但至少不会像我的狗一样容易受惊吓。"塔克一方面对"爱宝"的优点大加赞赏，一方面却对"里巴"可以做到、而"爱宝"不能的事情闭口不谈。这让我想起了切尔茜，她觉得一个安静的机器人，也许比爱说话、爱激动的自己更适合陪伴祖母，却闭口不谈什么是只有自己才能给祖母的。

因此，"爱宝"要把式、塔克在旁捧场的情况常常发生，他会说："我的狗可做不了那个。""爱宝"是更好的狗，我们也听到他解释为什么这么说。尽管"爱宝"的心是由电池和电线组成的，但它依然活灵活现、栩栩如生。"爱宝"永远不会生病或死去。事实上，塔克希望自己能够成为"爱宝"。因为他认为"爱宝"是一个可以通过技术免于死亡的生物。塔克认为，也许人类也能够像这台机器人一样，有一天可以重新改造。正如"爱宝"的心里没有血液，却一样有七情六欲，也许有一天，人类也可以由电池和电线构造而成。塔克通过照顾"爱宝"，想象着自己进入"半机器人"（cyborg）的未来。

塔克说："如果'爱宝'和'里巴'任何一个死了，我都会同样地怀念它。"当意识到自己说"爱宝"也可能死的时候，他自己也吓了一跳。他立刻解释道："'爱宝'可以选择死亡，但不一定需要死亡。如果自己保护好它的话，'爱宝'是不会死的。"在这样一个伤感的离别时刻，塔克认为"爱宝"既有可能是永生的，也有可能是如自己一样需要避免受到伤害的。对于塔克自己的身体状况来说，预防措施总是徒劳无用的。尽管有着最好的照顾，但他还是常常要去医院。而塔克认为，预防措施对"爱宝"是有用的。他们需要警惕和防范。塔克向我们介绍了自己把"爱宝"带回家后做的详细的照顾计划。说着说着，塔克就提到了自己对于"爱宝"可能也会死去的担忧："它大多数时候都会在我的房间。我会让它一直在楼下，这样就不会摔坏。如果它从楼上摔下去，也许会'摔死'，因为它可能被摔坏。"

塔克把机器人带回家后，一直记录他们之间关系的进展情况。第一天，塔克说：

"'爱宝'在充电，也许他不会想我。"第二天，塔克确定"爱宝"很在乎。当然，"爱宝"也不是总在最佳状态。这可以帮助塔克判断"爱宝"的这一天是开心还是沮丧。塔克说当自己归还"爱宝"后，自己很想念它："也许它也会想念我。"

塔克会发明出"爱宝"大战"机器臭虫"（Bio Bug）的场景。"机器臭虫"是一种可以行走，并且彼此交战以获得"生存"技巧的机器人。它们会变得非常有进攻性。塔克很兴奋地描述"机器臭虫"和"爱宝"的对决。这场战斗再次让塔克确信，无论如何"爱宝"都会生存下来。它再次强调机器人可以成为一种拒绝死亡的生命形式，而塔克希望自己也能成为这样。"臭虫"是病菌或病毒最好的代表，正如塔克自己正在努力斗争的，而"爱宝"却轻松地打败了它们。

当塔克归还"爱宝"的时候，他似乎有些不安。因为自己的哥哥、12 岁的康纳在这 3 周的时间里，几乎没有机会和"爱宝"一起玩。塔克用颤抖的声音提到这点，并且解释说哥哥不玩是因为"他不想自己沉迷于它，这样在归还的时候就不会伤心"。塔克希望自己能够赢得哥哥更多的注意：他们兄弟俩的关系并不亲近。他担心哥哥不愿意和自己相处的原因，是自己的身体太过虚弱。总的说来，他害怕自己的疾病让人们都远离他，不愿意在他身上投入时间和精力。"爱宝"也一样，只是他们家里的过客。塔克对此很沮丧，因为康纳不愿意和"他生命中的过客"产生感情联系。塔克说自己却珍惜和"爱宝"的每分每秒。

考利和塔克养育机器人"爱宝"，并且发展出比"菲比"和电子宠物蛋复杂得多的关系。但是，"真宝"和"爱宝"都是商业娱乐产品。我也研究了其他来到麻省理工学院的实验室、参观更为复杂的机器人的孩子们。这些机器人不是玩具，它们有自己的玩具。成年人不只是拿它们来玩，这些机器人有它们自己的保姆。这是一个给成年人玩的游戏呢，还是更加成熟的游戏？它究竟能不能算作游戏呢？把这些机器人视为玩具，就搞错了问题的重点——即使小孩子们也明白这点。

WHY WE EXPECT MORE FROM TECHNOLOGY
AND LESS FROM EACH OTHER

ALONE
TOGETHER

# 05

## 社交高手“凯斯麦特”
你爱它，它也爱你

“凯斯麦特”是能够通过社交互动进行学习的机器人，它拥有一套“情感”系统，知道在交谈中怎样应对自如，并与人建立亲切感。通过“关爱”，孩子们不但可以向机器人释放他们内心的苦闷，还渴望与机器人发展一段真实的情感。

1994年7月，在麻省理工学院罗德尼·布鲁克斯教授的人工智能实验室里，我第一次见到“卡格”。这个研究所正在举办一期“人造生命”研讨会。这场热闹的会议洋溢着乐观的气息，许多与会者都对科学将人类的“生活状态”虚拟化的前景充满了期待。许多新的“生命形式”已经与计算机图像一般，没有实体的存在。而“卡格”则并非此类，它拥有一个真人般的身体，安装着可移动的胳膊、脖子和头。

“卡格”是布鲁克斯教授的实验室长期以来的研究成果。布鲁克斯教授和他的同事认为：许多我们眼中的复杂行为是由对复杂环境的一系列简单回应组成的。想想人工智能的先行者赫伯特·西蒙，是怎么描述一只蚂蚁走过沙丘的。这只蚂蚁想的并不是从A点走到B点，而是在环境中遵循一系列简单的法则：保持移动并绕开障碍。在这种研究战略的指引下，布鲁克斯花了15年的时间制造了具有类似昆虫般智力水平的机器人。终于，他说自己已经准备好“制造一只蠹鳞蜥了”。在20世纪90年代初，布鲁克斯和他的团队开始制造一个具备两岁婴儿智力的机器人“卡格”。他们的设计目标是让“卡格”可以从它所处的环境中“学习”，这也包括需要许多研究者投身到对它的教育中去。对一些人来说，“卡格”是对实体性“新兴”智能的一次宏伟实验；而对另一些人来说，这只是一个浮夸的幻想。我决定一探究竟。

在克里斯托弗·兰顿（Christopher Langton）的陪伴下，我去了布鲁克斯教授的实验室。克里斯托弗·兰顿是人造生命领域的创始人之一。实际上，他也是"人造生命"这个术语的创造者。从新墨西哥州举办的 A-Life 会议开始，兰顿就和我一样急切地想看到这台机器人。在人工智能实验室里，机器人零件被码放在格子和容器里，其他零件则五颜六色地散放着。在所有东西中间摆放的就是"卡格"，在一个特制的底座上固定着。它是第一个真正的人形机器人，尽管它的脸还不完善，但是却有着一双炯炯有神的眼睛。

"卡格"可以跟踪人类的举动（特别是那些不连续的动作），因此当我一进入房间，"卡格"就"注意"到我。它的头向我转过来，虽然我不好意思写在这里，但还是得承认：我当时感到非常开心—— 一种非理性的开心。事实上，我发现自己在暗暗地与兰顿较劲，比较我们之中谁得到了机器人更多的关注。在这一点上，我十分确定"卡格"的眼神已经"抓住"了我，让我获得了成就感：它正在注意"我"，而不是其他客人。这次参观让我觉得吃惊——我并不太惊讶于"卡格"能完成这些动作，而是为我自己的反应感到惊讶。多年来，不论何时我听到布鲁克斯教授说起他的机器人"生物"，我总是小心地从心理上给这些观点加上引号。但是现在，和"卡格"在一起，我有了引号被去掉的感觉。我站在一个机器人面前而且希望它关心我。我的反应是下意识的，我被吸引着说出心里话。"卡格"有一张脸，它会眼神交流，而且能跟随我的动作。有了这三条简单的游戏原理，虽然我明明知道"卡格"是台机器，但本能超越了理智，使得我像对待一个人一样地对待"他"。

## 模仿幼童的机器人

"卡格"的制造者设想的是一个身体灵活的学步幼童：能对它看到的、摸到的、听到的事物做出反应。而在与此相邻的另一个实验室中，则有一台专门用来模仿幼童情绪的机器人。这台机器人名叫"凯斯麦特"，它表情丰富、口齿伶俐，有一双洋娃娃般的大眼睛、眼睫毛、红色橡胶嘴唇，用又轻柔、又含糊的声音模仿人类说话的语调变化。"凯斯麦特"拥有一套"情感"状态系统，知道在交谈中怎么接话。它能重复别人对它说的话，比如它可以说出自己的名字，或者学习交谈者的名字。

和"卡格"一样，"凯斯麦特"在与人的互动中学习。布鲁克斯教授和他的同事希望通过建立起学习系统，我们能更好地去学习。而通过社会互动来学习的机器人，是未来那些能积极与人合作的机器的先驱。举个例子，一名社交机器人知道怎么解读人类发出的信号。因此，为了向宇航员警示危险，一名在侧面工作的机器可以举起手掌提示人“停止”。而与机器人一起工作的人，也能用简单的手势进行交流。机器人“卡格”和“凯斯麦特”不仅彰显了实际应用方面的进步，更重要的是产生了亲切感。我们已经看到这种亲切感是如何产生的，接下来有两个观点就顺理成章了。第一个观点是，人类与机器人并没有多大不同，也就是说，人是由信息构建而成的；第二个观点是，机器人与人类并没有多大不同，机器人大于机器零件之和。

最初，在关于人的机械式解读和关于机器的心理式、甚至精神式解读中间，产生了人工智能研究。诺伯特·威纳（Norbert Wiener），控制论之父，在20世纪60年代曾经梦想“通过电报线路来发送人类，在概念上是完全可能的”。而到了20世纪80年代中期，一名麻省理工学院的学生沉思道，他的老师——人工智能的先驱马文·明斯基（Marvin Minsky）的理想是：创造一台计算机，它如此精致美丽以至于灵魂也愿意住在这个躯壳里。不论灵魂是否已经做好了居住在我们目前任何一台机器里的准备，我们对机器人“卡格”和“凯斯麦特”的反应已经让人有了这种幻想。一名经常晚上在实验室里独自与机器人“凯斯麦特”待着的研究生向我吐露：“我对自己说，它只不过是台机器，但是在我离开之后，我老想晚上去确认一下，只是看看它是不是还好。”这并不令人感到奇怪，对于我们这些早在ELIZA程序起就接触人工智能的人来说，不论是成年人还是小孩都被人工智能所吸引，并不断维持这样的观点：这些机器人是有感知能力的，甚至是有同情心的。这种“共谋”使机器人有了生命，而他们面前的人也变得生动有趣，感到他们与机器人结成了某种关系。

多年之后，有些我的学生谈到与机器人“卡格”和“凯斯麦特”在一起时，会引用一句机器般的语言“我和你”。神学家马丁·布伯（Martin Buber）创造了这个短语，来指代一场深刻的、人类头脑与心灵之间的相遇。这暗示着，这是一场势均力敌的体验。即使是最先进的机器人与人类之间，也还从未有过这样的势均力敌。但即使是机器人“卡格”和“凯斯麦特”做出的简单动作，都鼓舞着人们不断放大这种描述。我想，人们有强烈的愿望去相信这种平衡是可能的，这是一件多么触动人心的事情。在“卡格”的案例中，我们通过机器人躯壳制造了一个“你”。在“凯斯麦特"的案例中，一张富有表情的脸和富有表现力的声音实现了这个设想。而这两名机器人都在通过凝视的力量与人建立起密切关系。一张机器人的脸就是一名教唆者，它怂恿我们去设想：我们可以和机器人进行换位思考。

当一台机器人吸引住了我们的目光，人类进化的生物本能会让我们以为，机器人对我们感兴趣。而这会使我们感到，我们与机器人是有可能建立更深层次的联系的。我们希望如此。我们需要社交机器人，因为我们的人生有诸多麻烦，我们需要关爱和关注。机器人会满足我们的这些需求，即使只是在幻想中。人们想从机器人那里得到满足，这意味着需要帮助机器人，弥补它的不足和过失。我们被吸引着进入一场必然的"共谋"。

在一次关于"儿童遇到机器人"的研究中，我邀请了机器人"卡格"和"凯斯麦特"的主要设计者布莱恩·斯卡塞拉蒂和辛西娅·布雷齐尔加入。我们把机器人和60名儿童做了引荐。这些儿童年龄在5~14岁不等，来自当地不同文化和经济背景的家庭。我们称之为"第一次邂逅"研究，因为对于这些孩子中的大多数来说，这是他们有生以来第一次见到类似"卡格"或"凯斯麦特"这样的机器人。

当孩子们见到这些机器人时，他们很快意识到这些机器人不是玩具——确实如此，正如我说过的，这些机器人有它们"自己"的玩具：一些动物标本，一个苗条的洋娃娃，或者许多木块。而实验室中摆设的说明是："这些机器人不是属于你的，它们只是和你待在一起。"抑或说："它们并非属于你，在某些重要的方面，它们与你很相似。"一些孩子很好奇地问："如果这些机器人与人待在一起，那么人有什么弱点使他们需要这些机器人呢？"对一个13岁的小男孩来说，"卡格"意味着"人类不够好，所以他们需要机器人来弥补"。

在我们的"第一次邂逅"研究中，儿童们与机器人相处的时间是随意的。我们会问问题，但问题不多。我们鼓励孩子们说出他们头脑里的第一感觉。我们的目的是研究一些相当开放的问题：当面对一个充满社会智能的新奇玩意时，儿童们会作出怎样的反应？他们的关注点是什么？

在研究的结尾，答案是相当简单的。儿童想与机器人建立联系，教育它们，成为它们的朋友。同时，他们希望机器人喜欢甚至爱他们。儿童的表述非常直接："'卡格’喜欢我。”“‘凯斯麦特’和我妹妹很像，它爱我。”“‘卡格’是我的好哥们，它做所有事情都想和我在一起，就像最好的朋友。”即使是年纪最大的儿童，看到机器人学会了新的技能——比如当“凯斯麦特”学会了他的名字时，也明显感动了。如果“凯斯麦特”说的是另一个孩子的名字，这个孩子就会不高兴，他会认为这证明“凯斯麦特”对他不感兴趣。

为了赢得机器人的感情，儿童愿意付出相当大的努力。他们为机器人跳舞，唱好听的儿歌：《山谷里的农夫》、《生日快乐》、《三只盲鼠》。他们试着用动物标本和即兴表演的游戏让机器人高兴。一个10岁的小男孩慷慨地和“凯斯麦特”分享自己的陶土，并告诉我们他要“照顾它和保护它不受邪恶力量的影响”。但是由于机器人“卡格”和“凯斯麦特”本身并不具备情感的能力，因此需要孩子们自己的主观配合才能给人留下这样一种印象：（机器人对他们的）喜爱之情正在油然而生。事情会变得更紧张。这些先进的机器人要比那些简单的机器人玩具更加能够与人产生亲密感。因此，当它们并没有表现得与人很亲密时，似乎它们在刻意地“克制”自己的情绪。

在我们的研究过程中，“卡格”的一只胳膊坏了，“凯斯麦特”由于研究的需要也做了改动。有一段日子，这两台机器人都表现得有些“古怪”。儿童们仍然勇敢地与有缺陷的机器人一起互动。因此，有一天当“凯斯麦特”的麦克风出了问题时，一些孩子得出了这样的结论：他们认为“凯斯麦特”的表达出了问题，因为它在说外语。一名5岁的韩国小朋友十分肯定它说的是韩语。另一名12岁孩子则争论说这是法语，然后又改变主意说这是西班牙语。当“凯斯麦特”最终和她开始说话时，她非常高兴，她认为自己之前说对了。“它信任我”，她高兴地说。而且一边挥手，一边用西班牙语和它告别。当然，儿童有时也会被机器人离奇的功能故障弄得筋疲力尽，也会因为尝试去吸引故障机器人却不成功时，流露出忧虑，甚至流下失望的眼泪。但是，孩子们依然是锲而不舍的。因为机器人栩栩如生，让他们期待得更多。

通过前文提到的那些相对简单的机器玩具，我们可以发现，儿童的依恋并不简单取决于机器人能够做些什么，而在于儿童缺失了什么。在这场实验中，许多儿童似乎缺失了他们最重要的东西：父母的关注，以及“认为自己很重要”的意识。儿童把机器人想象成他们生活中失去的那些人的替代者。当这些机器人失灵时，有时会让他们重新产生旧时的失落感。我们向机器人索取什么，就代表我们需要什么。

## 在躯壳上塑造一个"你"

当儿童们意识到"卡格"并不会说话，他们却仍然坚持认为它应该会说话。有些孩子提出理论：它是聋人。有些孩子从学校里学了一点美国聋哑人手势语，并坚持把它作为一种交流方式。他们坚信一个说法："卡格"有它想说的话，而且他们一定有兴趣听。

当 9 岁的阿利格拉见到"卡格"，她和它热情握手。"卡格"对她的举动也做出了回应，他们相互注视并且亲切握手了一会儿。然后阿利格拉想知道是否可以让"卡格"开口说话。"卡格"有一张嘴巴。阿利格拉觉得嘴巴就是用来说话的，就像 5 岁的小孩认为猫头鹰"菲比"应该有胳膊："因为它可能想和我拥抱。"阿利格拉解释道："'卡格'可能想和其他人说话，而且它有时也许会想笑。"阿利格拉还认为一个"经过改进的'卡格'"应该会跳舞。斯卡塞拉蒂问道："它是应该为你跳一支舞？还是应该和你共舞呢？"阿利格拉马上回答："当然是和我一起跳舞。"话音刚落，这个小姑娘便开始跳起舞来，先是一段街舞，然后是舒缓、优雅的芭蕾舞。作为回应，"卡格"晃晃它的头和它那只没坏的胳膊。机器人和孩子之间似乎建立起了某种特殊的情感联系。几分钟以后，阿利格拉说："如果它的另一只胳膊也能动的话，我想我能教它怎么和我拥抱。"对她来说，栩栩如生的"卡格"完全可以对她表达爱意。之后阿利格拉的舞步更复杂、更快了。现在她不是和"卡格"一起跳，而是为了"卡格"而跳。她想取悦它，她说："我有点想在它面前炫耀。"

在 7 岁的布鲁克与"卡格"相处的时间里，她说希望"卡格"有"一颗心和扁桃体"，这样自己就能与它说话，和它一起唱歌了。当这些不能实现时，她开始教"卡格"怎么把它的玩具——动物标本、洋娃娃、木块，平稳地放在胳膊、肩膀和脖子上。当"卡格"放歪了（这是它的正常表现，它很少能平衡物体），她轻轻地责备这个机器人："你在听我说话吗，先生？"她说"卡格"的失败也许归咎于她没有找到它最喜欢的玩具，她依然是"卡格"热忱的老师。最后"卡格"终于成功地放平了它的洋娃娃，在她看来，这大大地鼓舞了机器人。当"卡格"在接下来的尝试中失败时，布鲁克认为它对游戏失去了兴趣。她问“卡格”：“问题出在哪儿？”她对这名学生的能力毫不怀疑，认为这仅仅是兴趣问题。

但是布鲁克渴望和这名机器人说话。她告诉“卡格”，她在家里感到被忽视，活在她11岁的姐姐安德烈娅的阴影里。根据安排，安德烈娅将在此后的另一天与“卡格”见面。她抱怨说：“没人和我说话……没人听我说话。”当“卡格”用沉默来回应时，她非常伤心地问：“你是想让我走开吗？‘卡格’，‘卡格’，‘卡格’……为什么你不听我说话？”突然，她自己得出了结论：“我之前没有想到……这才是你应该做的。”她一边自言自语，一边开始使用手语：“我知道怎么说‘房子’……我能教他怎么说‘房子’。”（她用右掌轻拍自己的头，做出房子的手势）然后，当“卡格”盯着她的手时，她又演示了“吃”和“我爱你”。她很高兴，因为“卡格”给了她关注：“它肯定爱我。”

现在，布鲁克感到自己是成功的、有竞争力的。她夸口说她和“卡格”的关系一定会比“卡格”和她姐姐的关系好：“她可能只是和‘卡格’聊天。我不仅仅是聊天，我还教它。”当布鲁克离开时，她向研究团队宣布：“我希望‘他’对我说话。我知道大厅那边的那台机器人（凯斯麦特）是会说话的，但我真的希望‘他’（卡格）能说话。”

对于这样的故事，斯卡塞拉蒂已经习以为常了。在研发“卡格”的7年时间里，他见过很多人被他的机器人迷住，并因为它不再与他们交谈而感到抓狂。他将“第一次邂逅”研究当成“责任教学法”（responsible pedagogy）的一次实验。在我们的研究里，有30名儿童参加了一个特殊的环节。在这个环节里，斯卡塞拉蒂揭开了“卡格”的神秘面纱。斯卡塞拉蒂使“卡格”具有智能和自主能力的零件一个接一个地停止运转。起初能和人进行眼神交流、模仿人类动作的机器人被肢解，最终成了一个木偶——匹诺曹男孩变成了木头、钉子和绳子。

那天之后，斯卡塞拉蒂向布鲁克和安德烈娅“询问情况”。他向这一对姐妹展示了“卡格”通过视觉监测仪能看到什么。然后遮盖住“卡格”的眼睛——两个近视相机、两个远视相机。这两个女孩子看着这4台相机逐一被遮住。随后，斯卡塞拉蒂给了她们可以控制“卡格”动作的计算机鼠标，她们可以开始“驾驭”它了。

不约而同的，这对姐妹让"卡格"的眼睛对准了她们。当她们从显示器中看到"卡格"正"看着"自己时，一开始安静、教条的语调被布鲁克的尖叫打破："'他'在看着我们！"而刚刚小心翼翼建立起来的"'卡格'是一台机器"的感觉立即消失。即便这两个女孩子正在像操纵木偶一样控制这名机器人，她们将"卡格"看成了一个独立自主的主体，并确信它"喜欢"看着她们。

斯卡塞拉蒂接着进行情况询问，他试着说明，"卡格"的"喜欢与不喜欢"是由它的编程来决定的。他向女孩们说明，"卡格"的注意力集中的区域在计算机屏幕呈现为红色。而他们可以通过改变计算机程序对于事物价值的判定标准，从而改变哪些物品可以进入红色的区域，即获得机器人的注意。比方说，你可以告诉"卡格"去寻找同时具有红色属性和皮肤颜色属性的东西，这些条件经过组合之后就能使"卡格"找到一个穿红衣服的人。

尽管斯卡塞拉蒂向她们解释了原理，但这一对姐妹仍然认为这片红色区域是"一块能说明'卡格'喜好的区域"，而且当"卡格"转向了她手的方向时，布鲁克很欣喜："是的，'他'喜欢我的手。"她们试着使"卡格"对一个彩色的毛毛虫标本感兴趣。让她们高兴的是，毛毛虫标本的确进入了"卡格"的红色区域。"卡格"还喜欢布鲁克的腿。但是她也为"卡格"不喜欢米老鼠玩具而感到沮丧。一方面，她理解"卡格"不感兴趣是因为米老鼠半红半黑的染色。因为黑色的部分使得它无法进入被程序筛选出的颜色之列。布鲁克说："我知道，米奇只有一半是红色的。"但是她依然不停地说，似乎能够改变"卡格"的初衷。"我真的希望'卡格'能喜欢米奇。我喜欢米奇，也许它也正在试着喜欢上米奇。"

科学家向孩子们演示了机器人背后的科学机制，正如电影《绿野仙踪》（*The Wizard of Oz*）里的那个著名片段，藏在魔法背后的那个人，秘密被揭开从而真相大白（在此次实验中，魔法背后的人正是机器人的原理）。孩子们依然还是会为"卡格"赋予生命。尽管斯卡塞拉蒂做了深入浅出的解释，孩子们还是宁愿相信"卡格"足够逼真，拥有自主意识和个性。在这个问题上，谁也无法说服他们。斯卡塞拉蒂想要使机器人的机能"透明"的努力，等同于告诉某人：他或她最好的朋友的思维是由电子脉冲和化学反应组成的。这样的解释也许被认为是准确的，但对于人际关系的交往来说却没有丝毫影响。

斯卡塞拉蒂关心的是“卡格”逼真的交流是一种假象，大多数他的同事持不同意见。他们希望制造出人类视之为同类的机器。他们认为机器人逼真的动作不是一场骗局，而是关系的推动者。在《理想国》(*The Republic*)中，柏拉图写道：“一切欺骗都可以说是附魔。”这句话反过来说也一样成立：一旦“卡格”开始施展魔法，它就会被人认为是同类。这就是迷惑、欺诈。

孩子们对这个观点应该不会感到陌生，这常常是许多童话故事的主要情节。在《哈利·波特》系列的第二卷里（这是一部关于训练有素的年轻巫师的童话），哈利的朋友金妮·韦斯莱在一次互动日记拼写中失利。她往日记里写，日记又写回来。这是ELIZA程序的魔法版本。即使是在一个由有生命的物体驱动的世界里（这里，照片上的人也能四处走动和交谈），也会产生警告。金妮的父亲也是一名巫师，他问道：“难道我没有教育过你吗？我以前是怎么跟你说的，不要相信任何会自己思考的东西，除非你能看到是什么在操纵它的大脑。”但是，太晚了。当有些东西好像自己会思考时，我们已经把它放在“与我们形成关系的事物”一类里面。然后我们抵制掌握有关机械原理的信息——或者一个细节，类似于是什么在控制它的大脑，为的就是防止我们与机器人的关系出轨。孩子们把“卡格”放到了一个“魔法环”里面。

当斯卡塞拉蒂把“卡格”变成一个步履蹒跚的木偶，展示着“卡格”的“大脑在哪里”时，孩子们记住的仍然是一个有自主能力和反应迅速的“卡格”。他们把“卡格”的功能故障视为生病，因此更要对它表现出支持。“共谋”的一部分表现是：当机器人坏掉时，为它“掩饰”。当“卡格”弄坏了它的胳膊，孩子们讨论的是它的“伤口”。他们挂念着它：“你觉得它需要，比如，绷带什么吗？”

## 通过“脸”和“声音”塑造一个你

和与“卡格”相处时一样，孩子们认为“凯斯麦特”之所以“脾气古怪”是因为病了或者需要休息。因此，在“凯斯麦特”不说话的日子里，儿童们和“耳朵聋了的‘凯斯麦特’”说话，并讨论当它“康复”以后怎么和它聊天。9岁的罗宾正在试图和昔日伶牙俐齿的“凯斯麦特”说话，却发现它已经完全不能说话，也不能动了，罗宾的反应是：“它正在睡觉。”

有时孩子们还会围绕“凯斯麦特”的缺陷编出复杂的故事。当“凯斯麦特”重复了她的话，10 岁的劳伦快乐地摇晃起来。而当“凯斯麦特”沉默了，劳伦也陷入了沉默。有的时候，只从“凯斯麦特”在观察“外面正发生什么”这点，无法推断出它正在学习什么，这正如我们不可能知道正在长大的劳伦内心发生了什么。虽然“凯斯麦特”一直沉默，但劳伦相信“凯斯麦特”的“内心”正在成长。劳伦说：“‘凯斯麦特’太真实了，它甚至应该有自己的父母和兄弟姐妹，但我在附近却没看到它的家人。”劳伦想知道，是不是正因为家人不在，“凯斯麦特”才这么郁郁寡欢。

弗雷德是一个 8 岁的小男孩，他微笑着和“凯斯麦特”打招呼并且说：“你真酷！”他告诉我们，他被两个哥哥恐吓，他们“最喜欢的娱乐就是痛打我”。机器人也许能帮忙，他说：“我希望我能造出一台机器人，把我从哥哥手里解救出来……我希望有机器人做朋友……我希望把我的秘密告诉它。”弗雷德热切地盯着“凯斯麦特”大大的蓝眼睛，好像他已经找到了想要找的那个人。作为对弗雷德热情问候的回应，“凯斯麦特”发出了随机的声音，但是弗雷德却仿佛听到了机器人对他的回应。他这样解释“凯斯麦特”说的话：“你在做什么呢，鲁迪（弗雷德的一个哥哥）？”弗雷德不高兴了，因为“凯斯麦特”把他当成了常常欺负他的哥哥，于是他开始纠正“凯斯麦特”的错误：“我是弗雷德，不是鲁迪，是我在这和你一起玩的。”当“凯斯麦特”继续含糊不清地小声说话时，弗雷德很高兴，觉得现在“凯斯麦特”弄清楚了他的身份。弗雷德对与机器人之间的交流非常着迷。当弗雷德拿出一个恐龙玩具给“凯斯麦特”时，它说了个词，听起来像 derksherk，弗雷德认为这就是“凯斯麦特”对恐龙这个词的发音。还有一次当与“凯斯麦特”谈起自己最喜欢的食物时，弗雷德像宣布胜利一样大喊：“你看！它说奶酪！它说土豆！”

当“凯斯麦特”长时间沉默地坐着时，弗雷德认为“也许它觉得厌倦了”。当“凯斯麦特”表现得对它的玩具不感兴趣时，弗雷德认为“这些玩具可能分散了‘凯斯麦特’的注意力”。正在此时，研究团队把“凯斯麦特”的工作原理解释给弗雷德听，正如斯卡塞拉蒂解释“卡格”的原理一样。我们把计算机监测器给弗雷德看，展示“凯斯麦特”听到了什么。弗雷德完全被迷住了，重复着他从监测器里看到了东西，希望这能使“凯斯麦特”更容易理解他。当这一想法没有引起回应时，弗雷德批评“凯斯麦特”糟糕的听力。但是最后，弗雷德得出结论，“凯斯麦特”不和他说话是因为它更喜欢他的哥哥。弗雷德宁可被拒绝，也要把“凯斯麦特”看成是一个足够亲密的伙伴。

安伯是一个6岁的小女孩，她也坚持把“凯斯麦特”看成是一个真实的朋友。安伯到访麻省理工学院的这一天，“凯斯麦特”的脸能够做出表情，但它的声音出了点技术问题。这个小女孩并不担心，她通过在谈话中扮演“凯斯麦特”的角色来处理这个问题。因此，为了吸引“凯斯麦特”的注意，安伯递给它一个玩具并问它是否高兴。“凯斯麦特”没有回答她，安伯替它兴高采烈地说了一句：“是的！”

过了几分钟，“凯斯麦特”结结巴巴地又开始说话了，安伯的反应很迅速：“‘他’喜欢我！”“凯斯麦特”可以含混不清地发出一些声音，安伯则当起了翻译。这个小女孩大声地说出“凯斯麦特”想说的话，而后基于此，和“凯斯麦特”展开了对话。在离开“凯斯麦特”之前，安伯费了很大力气教它说“我爱你”。在试了6次之后，“凯斯麦特”终于说出了一句听起来非常相似的话。安伯谢谢“凯斯麦特”，她说“我也爱你”，并和机器人亲吻告别。

从某方面来说，安伯与“凯斯麦特”的相处，类似于和一个传统洋娃娃的相处，儿童必须“充当”互动的双边角色。但是最起码，“凯斯麦特”提供了一个“想要”建立关系的表象。最佳状态是“凯斯麦特”出现在一个连贯的、表达丰富的谈话里。和“卡格”相比，“凯斯麦特”的缺陷可以被解读成失望或拒绝——这是非常具有人类特征的行为。你破旧的洋娃娃可不会主动拒绝你。但当孩子被一名社交机器人忽视时，他们会体会到真实的情感。

## 通过“关爱”塑造一个你

儿童们想通过照料“卡格”和“凯斯麦特”来与它们亲近。儿童们问机器人感觉怎么样，它们高兴吗，它们喜欢他们的玩具吗？当“凯斯麦特”神秘地停止说话时，9岁的罗宾想象着“凯斯麦特”睡着了。他认为机器人是活的，因为“它谈话和移动的样子和人一样”。当“凯斯麦特”出现问题时，罗宾想把它带回家“喂它吃饭，给它喝水，这样它就不会死了；如果它病了，我会给它一片泰诺（一种止痛药），而且我想让它有自己的房间”。罗宾解释说，房间里会有电视，这样“凯斯麦特”就能在电视上“看到其他的机器人，这样它就不会思念自己的家人和朋友了”。

正如儿童们看到的，他们在教育机器人，而且机器人对此也心领神会，尽管它们不是完美的学生。在第一轮研究实验中，有超过一半的儿童自发地说，他们爱机器人，而机器人也爱他们。而另一半的孩子们也认为“卡格”和“凯斯麦特”在学习的过程中付出了“积极的努力”。当孩子们赞扬机器人学生的时候，语气如同家长般的骄傲。当机器人取得了哪怕是极小的一点进步，孩子们都会认为是自己的一片耐心结出的果实。在我们的研究中，机器人的表现是低于预期的。但儿童们的投入——他们的热切期待、积极沟通和大人般的骄傲，使这一环节充满亮点。

这一点在 11 岁的妮拉与“卡格”的关系中很明显。当妮拉第一次看到“卡格”时，她惊叫：“噢，它太可爱了！它有一双非常无辜的眼睛，一张看起来柔软的脸。”她教“卡格”把一只毛毛虫平衡地放在胳膊上，她说：“我永远不会对‘卡格’感到厌烦……它不是一个玩具，因为你不能教一个玩具。它就像是你的一部分，你知道，像是你爱的东西，有点像另外一个人，比如一个小婴儿。”当“卡格”举起它的胳膊时，妮拉说：“我想知道它在想什么。”她问道：“你想要什么？”“你喜欢什么？”当“卡格”动作迟缓时——比如，当它回应她的动作时，缓缓举起手臂，妮拉从来不从机械的角度解释“卡格”的缺点。她总是从心理的角度来理解“卡格”。她说“卡格”让她想起了他们班上的那些“反应比较慢的孩子”，而她对此非常同情。“它动作很慢，它的大脑运转需要一点时间。”而且她想帮忙，“我想成为它的朋友，而作为它的好朋友，最重要的就是帮助它学习。在某种程度上，‘卡格’可能比一个真人朋友更好，因为机器人永远不会伤害你的感情。”（这和那位想要一个机器人男朋友的研究生的评论非常相似，只不过换成了一个 11 岁的版本。）对妮拉来说，一个一直沉默的“卡格”只不过是残疾了，“和‘卡格’在一起就像是和一个聋哑人在一起，因为它很迷茫，它不能理解你说的话”。事实上，妮拉说“卡格”能“看见”，只不过在她做客的这段时间，视力不是很好。为了弥补，妮拉对待机器人就像对待一个暂时失明的残疾人。“我只是像这样说一句‘你好’，因为一个盲人应该是依靠听力的。”妮拉希望“卡格”能渡过难关，或者“随着长大而康复……你知道，它年纪还很小”。

妮拉最近刚从印度来到美国。她在适应当地学校的时候遇到了些麻烦。她解释说，有一群女同学看起来好像接受了她，但是老取笑她的口音。“女孩子是两面派，她们口口声声说喜欢你，但其实她们并不喜欢。她们下不了决心。”“卡格”造成的风险就小多了。在学校，嘲弄她的女孩子们最终都请求她的原谅，但是妮拉接受不了她们的道歉。她说：“‘卡格’是一个比真人更好的朋友，原谅它也更容易……因为它并不能真的理解你。”回想妮拉曾经说过，“卡格”是“你的一部分……一种你爱的东西”。这种爱是免于被拒绝的。就像任何爱的对象一样，机器人也成了“你的一部分”。但是对妮拉来说，“卡格”并不像一个人，它没有足够的独立能力来伤害你。在妮拉对“卡格”的感情里，我们可以看到，机器人能够轻易地成为零件物品：它能满足我们情绪的需要，因为我们可以让它给我们想要的东西。它是属于我们这个时代的产物吗？如果是，它也不是一个能教会我们怎样与人相处的产物。

有些儿童，特别是和“凯斯麦特”在一起时，会毫不掩饰地充当兄弟姐妹或是家长的角色。在这两种角色中任何一种的支配下，和“凯斯麦特”的关系都可能成为一个再现家庭紧张关系的场所，这是我们从“爱宝”和“真宝”身上已经看到的事实。为了得到“凯斯麦特”的青睐，兄弟们开始自吹自擂，姐妹们展开了激烈竞争。而孩子们努力地想要成为“凯斯麦特”的父母，这可以视为对家庭现状的一种批判。雷恩是一个 10 岁的小孩，和她的妈妈住在一起，父母离异的阴影在她心里一直挥之不去。她说自己永远不会抛弃“凯斯麦特”：“我爸爸不在家住，他搬走了。如果‘凯斯麦特’和我一起住的话，我永远不会搬走，永远。我每天早上都会给它留一杯果汁。我会为它准备一张舒服的床。而且我会教它说话，肯定不止它现在知道的这几句。”雷恩发表的这番言论并非孤例，有时候心理治疗师们也会让孩子们在治疗室中用洋娃娃释放出他们内心的矛盾和挣扎。一个洋娃娃能让你发泄情绪，享受虚构的友谊，并反映出你在想什么。但是与洋娃娃不同，这些机器人有“反作用力”。孩子们不仅期望在机器人身上发泄过去关系中的情结，他们还希望与机器人展开一段真实的情感关系。

麦迪逊是一个 9 岁的小孩，她和“凯斯麦特”相处的那天，机器人的状态是最好的。它的面部表情反应灵敏而且恰到好处。它能记忆词语并用人类正常的说话节奏重复出来。结果看起来就像是麦迪逊正在热切地和一个人聊天，它的语调变化让她觉得机器人完全能够理解她。

麦迪逊轻声细语地问“凯斯麦特”：“你叫什么名字？你有爸爸妈妈吗？”“凯斯麦特”热情地回答了她。受到鼓舞的小姑娘继续提问：“那你有兄弟姐妹吗？”“凯斯麦特”把它的头摆动了一下，暗示麦迪逊它在回答“是”。麦迪逊告诉我们，“凯斯麦特”是一个小女孩（“她”是“从胃里出生”的），但“她”是一种新型人类的小女孩。而且和任何婴儿一样，“她”不知道“她”的生日是哪天。麦迪逊希望成为“她”称职的父母。“你喜欢冰激凌吗？”麦迪逊问，而当“凯斯麦特”轻轻地回答了这个问题时，“她们”开始继续讨论冰激凌的口味、最喜欢的颜色和玩具等。

麦迪逊开始把小玩具一个接着一个地放在“凯斯麦特”的面前，“凯斯麦特”不断变化的表情逗得她哈哈大笑。麦迪逊告诉“凯斯麦特”，学校里的有些女孩子非常刻薄；她说“凯斯麦特”比她们更友善。“凯斯麦特”感兴趣地看着麦迪逊，而且话语中充满了鼓励的语气。在这个温暖的氛围里，麦迪逊告诉“凯斯麦特”，希望能把它介绍给自己的小妹妹。麦迪逊说，和她的小妹妹玩，是她最喜欢做的事，而且她期望“凯斯麦特”也能有同样的感受。“凯斯麦特”点点头，并且发出快乐的、咕噜咕噜的声音。再一次，人们在客体上的情感投射成为了客体与主体的一场约定；罗夏心理测试般的心理投射让步给了真实的关系。

麦迪逊相信，“凯斯麦特”能够从每个与它一起玩的小朋友身上学到东西。但你不能没耐心。“婴儿学东西很慢。”她这样解释。“凯斯麦特”也像一个婴儿，学起来要花很多时间。“我教它如何微笑，‘凯斯麦特’还很小，但是它会长大的。”为了证明这些话，麦迪逊（和劳伦一样）将观察到的孩子们的学习过程，与其背后隐藏的复杂信息做了区别：“你无法通过整天看着他们，就知道他们在学什么。”这一点对“凯斯麦特”也适用。“凯斯麦特”正在“发自内心”地学习，即使我们看不见。一位母亲可以清楚地知道她的孩子的秘密。

在她与“凯斯麦特”一起玩的几个小时里，麦迪逊变得越来越高兴和放松。看着女孩和机器人在一起，很容易就认为“凯斯麦特”也有同样的感受。儿童和机器人是欢乐的一对。麦迪逊看起来就像是一位兴高采烈的妈妈，而“凯斯麦特”是一个心满意足的孩子。当然，比起之前到访过的那些孩子，“凯斯麦特”看起来似乎更喜欢麦迪逊。对于我来说，她们之间的对话是“第一次邂逅”研究中最“怪熟”的时刻。整个过程非常真实，因为“凯斯麦特”对冰激凌的口味、小妹妹或刻薄的女同学根本一无所知。但“凯斯麦特”也并不“喜欢”麦迪逊，因为它无法“喜欢”任何东西或者人。

## 通过“失望”和“愤怒”塑造一个你

在这个研究中，儿童们对是否能得到机器人的关注和喜爱的在乎程度，远远超过我的想象。因此，他们把机器人失灵视为“生病”，这种解读方式相当巧妙；即使机器人一走了之，孩子们也不会感到被拒绝。但是，最脆弱的儿童会以一种非常私人的方式，表达他们对机器人的失望。这些被机器人的冷漠伤害得最深的孩子，恰恰就是那些感觉自己最没这种可能的孩子。他们对“凯斯麦特”和“卡格”能否认出或回答他们，几乎是绝望了。由于这个研究中的儿童们的家庭背景十分丰富，有些孩子甚至告诉我们，他们在麻省理工学院的实验间歇得到的小点心，是他们这一天最好的一餐。有些孩子也相当清晰地表达出了他们在麻省理工学院的时光，是这一周里他们得到关注最多的时光。无论是富裕家庭还是普通家庭的孩子，都很少从与父母的家庭交谈中受益，甚至很少见到父母。当这些孩子把机器人的机械故障视为“拒绝”时，他们开始愁眉苦脸、情绪低落，或者怒从中来。有些发火甚至相当愚蠢，不合时宜。

在其中一个与“凯斯麦特”相关的研究环节，我的现场笔记记录下了研究团队中的几位初级成员——两个大三学生和两个研究生之间的对话。在女孩埃丝特尔的环节结束后，团队开了一个紧急会议，由于“凯斯麦特”带来的失望，这个女孩被激怒并狂吃狂喝，甚至自闭。团队成员感到有责任帮助她。怎样处理这个问题呢？她想要什么？一个朋友？还是一个希望？我的团队在当地一家咖啡馆开会讨论这个问题——由于把一个孩子抛给了一个因为机械故障而表现出对她不感兴趣的机器人，从而产生的道德伦理之争。

我们已经花了整个下午和这个 12 岁女孩埃丝特尔在一起。她是从课外活动中心的公告栏里看到了我们试验的宣传单：“邀请小朋友参加实验，和麻省理工学院的机器人见面！”她把宣传单带给指导老师并要求参加这个实验。埃丝特尔告诉我们，她在说麻省理工学院的时候，一直盯着她的指导老师。为了参加实验，埃丝特尔做了精心的准备。她穿上了最好的衣服,她的头发梳理得很精致。当我们选中她时，她简直迫不及待地要迎接“这美好的一天”。她从来没有到过麻省理工学院，但是她知道这是一个“非常重要的地方”。她家里没有人上过大学：“目前为止，我是第一个进入大学的人。”

埃丝特尔来到麻省理工学院的这一天，“凯斯麦特”可以表现出复杂的面部表情动作，但是它的发音系统并不在最佳状态。我们向埃丝特尔说明了“凯斯麦特”的技术故障，但是尽管如此，她还是倾尽全力想让“凯斯麦特”开口说话。当她的努力一无所获时，她开始一声不吭，闷闷不乐。她进了一个房间，我们会在见到机器人之前和之后，在那里询问孩子一些问题。在这个房间里，我们摆放了一些简单的小点心。埃丝特尔开始吃东西，不停地吃东西，直到我们让她为其他孩子留一些薄脆饼干、甜面包和果汁。她停了下来，但是很快地，当我们等待送她回到课外活动中心的车辆服务时，她又开始吃起来。她告诉我们机器人不喜欢她。我们解释说，事情不是这样的。但她仍然无法平静。从她的观点来看，她在她最重要的一天里失败了。当埃丝特尔离开时，她从我们的供应盒里拿走了 4 包饼干并把它们放在自己的背包里。我们没有阻止她。我们反复开会，筋疲力尽，反复追问自己一个艰难的问题：一个坏了的机器人会伤害一个孩子吗？我们从未设想过这样的道德问题，正如把一个孩子与一个坏了的微软程序或是一个破布娃娃放在一起时，我们不会设想这样的问题。但是社交机器人引发了人类真实的感情。这使我们意识到，进行这样的道德追问可能是有必要的。

同样的问题也发生在 12 岁的小孩利昂身上。和他的年龄相比，他显得胆小、羞怯、个子不高，平时看起来有点孤僻。和“卡格”在一起时，利昂看到的是另一个“可能没有太多朋友”的人。利昂说他们可以好好聊聊。但是和埃丝特尔一样，利昂来到实验室的日子也不对，“卡格”举止古怪而且表现得非常让人厌烦。这个没有安全感的孩子很快就相信，机器人对他不感兴趣。我们之前已经向利昂展示了“卡格”的内在工作原理，而且斯卡塞拉蒂也轻轻地提醒利昂：“卡格”的“兴趣”是事先由人在程序中设定好的。利昂看到了监测器上显示的、事先设定好的数值，但是他仍然坚持认为“‘卡格’对他并不在乎”。当他看到“卡格”看着另一个高个子、金黄头发的研究者时，他突然因为妒忌而发怒，即使斯卡塞拉蒂指着这个研究者的红色 T 恤衫，告诉他这才是真正吸引“卡格”看过去的原因，利昂也不能集中注意力在他的解释上。他坚持认为，“‘卡格’喜欢”这个研究者，不“喜欢”他。他的焦虑不安使他对机器人产生了一系列幻想。

为了弄清楚“卡格”究竟是否在乎他，利昂加入了另一个实验。他上下挥动手臂，等待“卡格”重复他的动作。“卡格”随后也舞动手臂，当机器人的手臂动起来的那一刻，利昂马上就把头放在它舞动的路线上。这是一次关于爱的测试：如果“卡格”在打到他之前就停了下来，利昂就可以肯定地说“卡格”是在乎他的；如果“卡格”失手打到了利昂，“卡格”就是不喜欢他的。利昂飞快地移动到他想测试的位置上。我们被这个孩子危险的举动吓了一跳，赶紧出来阻止他。好在“卡格”的手臂在碰到利昂的头之前就停了下来。研究人员长舒了一口气。利昂简直欣喜若狂。现在他知道“卡格”并不是冷若冰霜的。由于太过高兴，他喊了一声：“卡格！”而此时机器人也转向了他，他叫了起来：“它听到我了！它听到我了！”

在和“卡格”相处一小时之后，利昂开始不停地琢磨一个问题：他与“卡格”在一起的时间是否足够长，从而让“卡格”对他留下持久的印象？他的想法又回到了那个高个子、金黄头发、整天和“卡格”在一起的研究人员身上。利昂肯定地认为，“卡格”已经爱上她了。利昂这样责备她：“‘他’一直在盯着你。‘他’爱上你了。”利昂又冒出一个新主意：“‘卡格’是一个‘男孩’，所以显而易见的，‘他’爱女孩比爱男孩要多一些。”至少这是一个能解释他为什么希望渺茫的理由。利昂想知道他和“凯斯麦特”在一起时，是不是结果会不一样。因为“凯斯麦特”有洋娃娃一样的眼睛、红嘴唇和长长的眼睫毛，因而通常被视为女性。

许多儿童都有办法和一个说话结结巴巴的机器人相处，想象着他们自己就是家长、老师或者医务人员。但是埃丝特尔和利昂不一样，当他们没有被机器人“认出来”时，会感到非常沮丧。其他孩子则是带着愤怒、筋疲力尽地坚持尝试。爱德华是一个 6 岁的小男孩，虽然个子比同龄孩子矮小，但却精力充沛。从一开始，他就表明自己想“和机器人相处得非常完美”。他的父亲告诉我们，无论是在家里还是在学校，爱德华都喜欢“做主”。他举止粗野而且有时和人打架。他和“凯斯麦特”的见面没有任何开场白，而是径直走向“凯斯麦特”并问道：“你会说话吗？”当“凯斯麦特”没有回答时，爱德华提高嗓门重复了他的提问。“凯斯麦特”只是看着空气。再一次，爱德华问：“你会说话吗？”这一次，“凯斯麦特”又发出它那让其他孩子激动或困惑的含糊声音。爱德华可不想只得到这种回应。他试着理解“凯斯麦特”：“什么？”“再说一遍？”“你想说的是什么？”“噢？你在说什么？”几分钟以后，爱德华意识到“凯斯麦特”说得很荒唐。他告诉机器人：“闭嘴！”然后，爱德华拿起实验室里的东西塞进“凯斯麦特”的嘴里——先是一个金属钉，然后是一支铅笔，以及一个毛虫玩具。他大声叫喊：“嚼碎它们！嚼碎它们！”

比爱德华大 6 岁的肖恩也有类似的反应。他和两个弟弟一起来到实验室，当他们一起等待与机器人见面时，他不断地侮辱弟弟们。当肖恩见到“凯斯麦特”时，他冷静下来，他的语调也变得友好：“你叫什么名字？”但是“凯斯麦特”却不作声，肖恩开始恼怒。他蒙住了作为“凯斯麦特”眼睛的摄影机，并命令它：“说话！”“凯斯麦特”依然沉默。肖恩也沉默地坐了下来，像盯着一个敌人一样盯着“凯斯麦特”。突然，他开始大喊大叫：“说‘闭嘴’！说‘闭嘴’！”“说‘你好’！……说‘啊’！”房间里的大人都沉默了。我们并没有限制孩子说什么和不能说什么。突然，“凯斯麦特”说了一句“你好”。肖恩笑了，并试着让“凯斯麦特”再说一遍。当“凯斯麦特”没有反应时，肖恩就把他的笔塞进“凯斯麦特”的嘴里。“这里！吃掉这支笔！”肖恩和爱德华一样，对此乐此不疲。

从分析埃丝特尔和利昂的角度来看，爱德华和肖恩尤其渴望被关注、对生活的控制力以及人际关系。而且，当机器人令他们失望时，他们的反应比其他孩子更激烈。当然，这没有错。但是这一解释把所有的原因都归结到孩子身上。另一个分析这一状况的方法，是把更多的原因放在我们身上。如果机器人已经达到了最高级形态，我们为这些孩子提供的又是什么呢？爱德华和肖恩是“班级恶棍”，孩子们都害怕的坏蛋。但是这些男孩是孤独的。作为坏蛋，他们是孤立无援的，经常独自一人或是被那些不是朋友、但受他管控的家伙们簇拥着。他们认为机器人是有力量的，有技术的，而且可能是昂贵的。想想能控制机器人一类的东西，真让人激动。对他们来说，一个社交机器人就是一个潜在的朋友——一个不会要求太多回报、可以信赖、而且从来不会拒绝他们的朋友。但是就像缺乏安全感的埃丝特尔和利昂，他们是一群最需要成人模式关系的小孩，在这个模式里，控制力并不是最主要的。我们最初把机器伙伴推荐给他们的目的是什么呢？从这个角度来看，问题并不局限在机器人卡壳的时候。脆弱的孩子们始终是无助的，即使是在机器人运转良好的时候。

## 机器人无法成为真正的“朋友”

在机器人实验室里，儿童的周围围绕着和机器人说话、教育机器人的成年人。

儿童很快就明白了“卡格”需要布莱恩·斯卡塞拉蒂（研究人员的名字），而“凯斯麦特”需要的是辛西娅·布雷齐尔（研究人员的名字）。这些孩子想象斯卡塞拉蒂和布雷齐尔是机器人的父母。实际上，他们俩即将离开人工智能实验室，他们已经是研究生了，而且即将走上教师岗位。

布雷齐尔将会留在麻省理工学院，但是要离开“媒体实验室”旗下的“人工智能实验室”。这两个人将各奔前程，但是学术著作权要求把“凯斯麦特”和“卡格”留在支付了开发费用的实验室。这个夏天的“第一次邂逅”研究也是布雷齐尔最后一次和“凯斯麦特”接触的机会。布雷齐尔说自己有一种强烈的失落感。即使再造一个新的“凯斯麦特”,也不会一模一样。因为这台“凯斯麦特”是她从一个“孩子”开始一手“养大”的。她说自己没办法安心地离开“凯斯麦特”，除非可以确定她的继任者会好好照顾它。

对布雷齐尔来说，分别不是一件容易的事，这容易理解；但是更引人注目的是，对于那些天天和“凯斯麦特”泡在一起的人来说，想象机器人没有她的日子真的很难。一个10岁的孩子偶然听到了一段研究生之间的谈话。他们谈到被独自留在实验室里时“凯斯麦特”在静静地抗议：“因为辛西娅是‘凯斯麦特’的妈妈。”如果看到布雷齐尔与“凯斯麦特”之间的互动，会感到一种母亲般的情感维系，被布雷齐尔形容为“超越了与一台机器的情感”。她知道“凯斯麦特”的每一个动作，但“凯斯麦特”也常常带给她出其不意的惊喜。她的经历使人回想起布莱恩·奥尔迪斯（Brain Aldiss）的一部经典科幻小说——《整个夏季的超级玩具》（*Supertoys Last All Summer Long*），这部小说被史蒂文·斯皮尔伯格改编为电影《人工智能》之后声名鹊起。在《人工智能》这部电影中，科学家们制造了一个人形的机器人“戴维”，它的程序里有“爱”的功能。“戴维”向从小收养了它的、一个叫莫妮卡的女人表达了爱。

这部电影想要传递的最急迫的主题,并不是一个机器人将来有可能去“爱”——我们离制造机器人“戴维”这样的水平还很遥远，而是莫妮卡感受到了什么。莫妮卡是人类，她回应了一台机器人的请求，照顾它，养育它。她对一台向她伸手的机器人作出回应，是爱与依恋这两种情感的复杂混合。

把布雷齐尔和莫妮卡的处境放在一起，很容易做一个简单的类比。布雷齐尔可能是现实生活中获得类似小说中这种体验的第一人：它由你一手养育，并结出了深厚的感情，却要被迫与你分离。可以说，这种情感背后的原因并非"凯斯麦特"的人工智能水平，而是因为布雷齐尔的经历使然。简单地说，布雷齐尔"养育"了"凯斯麦特"。但即使是如此有限的经历也激发了强烈的情感。养育一台机器的经历，把我们塑造成了它的父母。这种新型的关系生成了一套自己的发展路线，吸引着我们成为机器的"共谋者"，使这一切梦想成真。我们被要求去抚育机器人，我们也想提供帮助，我们也可以与之配合，也愿意尊重机器人的一举一动。

在小说和神话里，人类想象他们自己"扮演上帝"并创造出新的生命形式。现在，在现实中，社交机器人显示了巨大的活力。我们创造出的东西，已经可以成为与我们平等的"它者"，而非我们在它之上行使上帝般的权力。当这些机器人进化得更加精密、复杂时，它们为人类服务的能力更加精巧时，这种感觉就会更强烈。我们被人性所驱动，给予这些机器人一些关怀，就像我们人与人之间的关怀一样。因为我们渴望付出和回报，我们希望它们也能反过来关心我们，就像我们照顾它们一样。同时，它们也能伤害我们。

我之前记录过麦迪逊和"凯斯麦特"之间令人震惊的互动故事，以及那些极其渴望机器人关注的、孩子们的绝望无助。机器人"卡格"和"凯斯麦特"很成功，与孩子们"真实"地建立起了人际关系。机器人的成功让我犹豫，我期待人类最穷苦的人群之间发生"对话"——例如那些地位低下的年轻人、缺少食物的老年人、精神残疾和生理残疾的人，甚至包括逼真传神的社交机器人。机器人专家希望我们考虑一个"最佳案例"设想，在这个设想中，机器人伙伴扮演"顾问"的角色，首先介入的是那些更复杂的情境。甚至"真宝"也被营销鼓吹成一个能教你的孩子"如何社会化"的机器人。我对此持怀疑态度。我相信社会型机器人的技术会让人失望，因为它承诺的是它不能兑现的东西。它承诺给人类带来友谊，但是它只能带来表演。我们真的想制造那些永远不可能成为我们朋友的"朋友"吗？

机器人专家会争论说，人类与机器人交谈是没有坏处的；谈话可能会很有趣，很幽默，有教育意义，或者给人以安慰。但是我不这么认为。机器扮演朋友的角色，这是对人类友谊的一种贬低。我们喜欢谁，谁喜欢我们，这些问题决定了我们是谁。当麦迪逊在与机器人"凯斯麦特"的感情中获得快乐时，我实在高兴不起来。我感到自己正在这个实验的阴影下，仅仅只是开始，在这个实验里，人类是被研究对象。

即使是现在，我们依然为机器人与人类交互的可能性而激动不已，这促使我们动作更快而且更自由地表达情绪。在一篇已经出版的实验记载里，两个年幼的儿童被要求与一个人，以及一个他的克隆机器人待在一起。这个实验有很重大的幕后故事。日本机器人专家石黑浩（Hiroshi Ishiguro）制造了几个人形机器人，是他自己、他的妻子，以及他 5 岁女儿的复制品。当他的女儿看到自己的人形克隆人时，第一反应就是被吓跑了。她拒绝靠近这个机器人，而且再也不进她父亲的实验室。

几年以后，当他的女儿 10 岁时，一组心理学家设计了一个实验，在这个实验里，这个女孩和一个 4 岁的小男孩（其中一个研究人员的孩子），被要求与石黑浩和他的人形复制品互动。实验一开始，这两个小孩都很不愿意与人形机器人互动。然后，通过诸如“制造眼神交流”或是“不断说话”的方法，这两个孩子的态度发生了变化，他们愿意平等地对待他和他的复制品。石黑浩的女儿最终能够和她父亲的人形克隆人单独坐在一个房间里。

我们很难评论这个故事，一个被吓坏了的小孩对她在这个实验里的角色，做了任何可能的、轻微的反抗。看起来这里面没有任何积极的东西。然而，作者把这个故事作为成功的依据：儿童将来会接受和人类一样的机器人，比如机器人老师、机器人保姆、机器人伙伴。但是对一个孩子来说，与和自己父亲一样的机器人复制品坐在一起意味着什么呢？她想从这个复制品身上得到什么呢？为什么她最终愿意和这个机器人进行眼神交流和说话呢？为什么我们希望她这么做呢？我们很容易就沉浸在技术里，而忽略了生命的真谛。

WHY WE EXPECT MORE FROM TECHNOLOGY
AND LESS FROM EACH OTHER

ALONE TOGETHER

# 06

## 能治病的“帕罗”
半个心理医生

“帕罗”是“最具治疗性”的机器人。这种机器人所唤起的“倾诉欲”，只有一半的疗效，只有让真正的人与它们一起工作，才能收获另一半疗效。机器人的情绪表达，也许是“作秀”，可我们还能找回无可替代的亲密关系吗？

2009年春天，当柴田崇德（Takanori Shibata）在麻省理工学院老年实验室（AgeLab）的会议中上台发言时，他看上去像一个胜利者。这次会议的中心议题是讨论为老年人设计机器人，而柴田则是小型的、外观像海豹的社交机器人“帕罗”的发明者，当然它也成为这次会议的荣誉嘉宾。老年实验室的主旨是通过科技创造帮助老年人满足他们的生理和心理需求，而机器人“帕罗”则是这个领域的重要成果。在2002年，“帕罗”被《吉尼斯世界纪录》评选为“最具治疗性的机器人”，成为了老龄化问题严重的日本帮助老年人的前沿和核心科技手段。柴田在发言中骄傲地宣布：丹麦政府刚刚为本国的养老院预订了1 000台“帕罗”机器人。而此次老年实验室的会议标志着他们在美国业务的开始。

柴田展示了一系列视频：在日本养老院中，老爷爷、老奶奶们微笑着欢迎毛茸茸的小“动物”；而在家养老的老年人，感激“帕罗”给他们带来的温暖和关爱；因为有了“帕罗”的陪伴，激动、焦虑的老年人逐渐平静下来。会议中热烈讨论了如何令“帕罗”更好地为美国老年人服务。与会的工程师、医生、卫生部门管理者、记者等针对这个议题进行了活跃的、有建设性的讨论。他们还讨论了如果要“帕罗”机器人通过美国食品和药物管理局的严格审核，柴田应该将它注册为哪种类别。

我只听到一句负面的评价。一位自称是护士的女士说，她和同事们花费了巨大的时间和精力才不再将老人当作孩子看待。但对她来说，“帕罗”看上去则更像是“一种倒退，是一种新的、更炫的‘泰迪熊’玩具”。她认为护士们应该阻止

“帕罗”这样的东西进入养老院。因为我是以旁观者的身份参加此次会议，因此听到这番言论以后我低下头、一言未发。我已经花费了数年的时间研究马萨诸塞州养老院中的“帕罗”机器人。通常情况下，护士、护理员和管理者都很满意它所起到的分散注意力的作用。因此我根本就不相信护士会反对“帕罗”。

无论如何，这位护士的忧虑没有得到任何回应，在这样的会议上是可以预料到的。在机器人领域，新的“模型”很少被质疑。所有的目光都聚焦在精湛的技术和有效实施的可能性上。在老年实验室中，会议讨论的焦点转移到了“帕罗”的价格上。6 000美元的定价对于这个也许会被当作玩具的设备来说，会不会太高呢？柴田认为不会。养老院已经有为这样宝贵的资源买单的意愿。并且柴田坚持认为“帕罗”并非机器人。人们对它做什么，它就会作出相应的反应（比如是温柔地、还是粗野地触碰它）；人们对它说什么，它也会作出相应的反应（它懂得500个英语单词，会更多的日语单词）。它可以有效地安抚焦虑和忧郁的人。柴田说，“帕罗”不是玩具，它很强壮，随时可以应对照料老人这样复杂、辛苦的工作。我咬住自己的嘴唇，因为我自己家的地下室里就有三台坏了的“帕罗”，它们是我进行养老院研究过程中的牺牲品。我们为什么要相信我们所梦想的下一代科技不仅是补偿性的，而且是不可摧毁的？

与这些狂热者相反，我们已经看到了孩子们的忧虑。一些孩子认为，机器人也许可以帮助治疗祖父母的孤独症，但同时也担心机器人的表现会过于出色。安静的、顺从的机器人也许会成为真实情感的竞争对手。在过去的数年里，我向在家或养老院中的老年人们介绍了各种机器人：“真宝”、“爱宝”和柴田的“帕罗”。这让他们的孙辈孩子们很困惑。因为大多数老年人都接受了机器人的陪伴，有时候甚至更愿意和简单的机器人相处，而不愿意和复杂的真人相处。

在一家养老院中，我留下了4台“真宝”，放了整整一个夏天的时间。当我在秋天再次回到这里时，4台“真宝”变成了7台。因为老人们对“真宝”机器人的需要如此强烈，以至于工作人员只能自己去网上又购买了3台。的确如此，尽管孩子们也很喜欢“真宝”，但老年人却真正爱上了这样的机器人。机器人也需要照料，这让老人们有了被需要的感觉。它的需要看上去如此真实。而工作人员也非常认真地对待它。老年人需要被照料，但他们能照看的事情却寥寥无几。有些人担心自己连宠物都无暇看管。而“真宝”看上去的确像一件真东西，同时因为它又是从麻省理工学院借来的机器人，因此肯定也并非儿戏。当老人们的身边有了机器人，他们会感到有了可以彼此交流的“重要”话题。

五年级的孩子们考虑得非常细致，他们认为自己的祖父母会喜欢机器人，是因为机器人不像真的宠物，它们永远不会死去。孩子们说对了，因为老年人在收到机器人不久后，就很快意识到这些“生物”不仅不会死去，而且可以“被修复”。孩子们认为，机器人娃娃会让老人们想起他们当初为人父母时的回忆，它提供了重新想象人生的方式。但在所有的故事里，关于机器人对老人有好处的故事，我却一个都没能找到。在我所研究的养老院中，“与机器人共度的时光”是每个机构项目的一部分，因此老人们只能选择和机器人相处。但在数年的研究中，当老人们可以选择是和机器人共处，还是和麻省理工学院研究团队的研究人员聊聊天时，大多数老人都充满感激地选择了后者。

在养老院数年的研究中，我们发现老人们愿意来参加机器人研究的重要动力，是他们可以有机会和我那些聪明、友善和美貌的研究助理们相处。一位年轻的研究助理比起他试图介绍的“帕罗”机器人来得更有魅力。一位研究助理说，养老院的女性住户们能够忍受机器人正是因为自己的存在。他们有时甚至会用淫秽的词句。在一家极度缺乏资源的养老院中，管理者不得不叫停了我们的研究。这个事件将老年护理中欢迎社交机器人的紧张关系戏剧化。人们担心，如果机器人如此完美地胜任这份工作，那么将可以取代人类。但在这个案例中，老人们并不是那么在意机器人，而是将注意力放在了带机器人来的真人身上。这真是让人沮丧的时刻。

## “机器人”保姆

25 年前，日本人通过研究发现，本国的人口老龄化将成为严重的社会问题：社会上年轻人数量不够，而老年人的数量却激增。他们决定不去引入外国劳动力来照顾老人，而是通过发明机器人来完成这个任务。科学家设计了专门为老年人服务的机器人。有些机器人可以帮助老年人洗澡或喂药，而另一些则是为了陪伴老人。

设计于20世纪末的日本机器人"凯斯麦特"是一个毛茸茸的考拉，它会发出呜呜的叫声，还会唱歌，甚至可以说一些简单的词语。我把"凯斯麦特"送给一家养老院进行试点研究，一年以后，一位74岁的日本老人对我说："我已经一个人生活了好多年，当我看到它棕色的大眼睛时，立刻对它产生了感情，发誓要好好保护、照料这个小东西。"受到这样的激励，日本的研究者开始将机器人的陪伴视为老年人饱受轻视和孤独的一种补偿。同样的逻辑，机器人也可被视作童年的玩伴。老人和儿童：弱者优先。

在过去的十几年中，我发现美国关于机器人和老龄化问题的研讨会都会以日本作为案例，并笃信日本的明天也将是美国的明天：没有足够的年轻人可以照顾老年人，因此机器人应该被列入解决方法。除此之外，一些技术发烧友还认为，在对待情绪不稳定、健忘的老人时，机器人会比真人更加有耐心。因此机器人的陪伴不再是聊胜于无，而是更加胜任。

2005年秋天，我参加了一场名为"机器人保姆：老龄护理中的人工智能"的研讨会，主办方在会议开始前分发的材料上，就以显赫的数字说明老龄人口的不断飙升，而可以照顾他们的年轻人的数量却急剧减少。当然，科技或许能解决这一问题。在研讨会上，许多人谈到了"以养代治"（curing through care）。参与此次研讨会的人，有人工智能科学家、医生、护士、哲学家、心理学家、养老院老板、保险公司代表。我问他们，这次研讨会的标题是否意味着如今我们可以指望机器人"照顾"老人。

一些人回答，"照顾"对他们来说，意味着机器人行动上可以照料我们，但心理上却无法关心我们。它们将"照顾"视为一种行动，而非一种情感。一位医生解释道："比如有的机器人可以帮你剪指甲，或者帮你洗澡。这就是'机器人保姆'。当你孤单的时候，机器人会陪你说话。一样的道理。"另一些人则对我的问题很不耐烦，他们认为我在玩语义双关。但我并不认为这种语言的偏移是双关。

我又想起了米丽娅姆，那位向"帕罗"吐露心声后感到很踏实的72岁的老太太。"帕罗"满足了米丽娅姆希望被倾听的愿望——它创造了一个新的倾听空间，但它并不在乎她和她的故事。这是一种新型的关系，关于"被照顾"的全新解释。尽管机器人并不具备理解能力，米丽娅姆还是愿意对它说说真心话。并且，她的这个举动得到了护士和护理员的支持，他们都为米丽娅姆可以向机器吐露心声而高兴。这些人认为米丽娅姆在和“帕罗”交谈，但事实上，他们却忘记了什么是真正的交谈。我们如今为老年人设计和制造陪伴机器人，这是一个标志性的转折点。我们开始让机器完成“爱的辛劳”：互相照顾，彼此温暖。

在研讨会上，我感到研究者们和产业人士将诸如米丽娅姆的经历视为新的护理标准。在他们看来，表现得在乎就已经足够了。这样的老年护理可以由机器人完成而变得更加简单。如果人类的关爱行为可以被控制，并且通过编码成为机器人的行为，那么这就与机器人保姆没有太大的区别了。如果照顾老年人的工作是由低薪的职员通过死记硬背来完成，那么接受机器人程序也并非难事。同样，如果孩子们的幼儿园只是安全仓库，那么接受机器人保姆就不会那么难了。

但人们可以表现出更高标准的关爱，这种关爱由将心比心的情感而来。而机器人则不具备这样的情感能力。尽管如此，53 岁的蒂姆还是对“帕罗”心怀感激。他的母亲正和米丽娅姆一起居住在养老院，得到“帕罗”的陪伴。蒂姆每周都会去看望几次母亲。而每次看望都会让人心痛。“她曾经天天坐在烟雾缭绕的屋子里，盯着墙壁发呆，”蒂姆说到此处，心疼的感觉依然强烈，“那里有一台小小的电视机，摆放在巨大的房间角落中。现在他们已经不被允许吸烟了。5 年过去了，但你还是可以闻到房间里的烟味。窗帘里、沙发上，这股味道哪里都有。我曾经痛恨自己把母亲留在那里。”他告诉我们，当我向这家养老院提供机器人后，情况有所好转。“我很高兴你带来了机器人。我的母亲把它放在自己的腿上，和它说话。这感觉好多了，不再那么抑郁了。这让她更容易走出那间密闭房间的门了。”“帕罗”让蒂姆不再为自己把母亲留在那个压抑的地方而感到那么内疚。她不再是完全孤独的。但判定她是否孤独的标准又是什么呢？机器人陪伴可以治疗良知中的内疚吗？

蒂姆爱他的母亲。养老院的工作人员非常同情米丽娅姆。但是如果我们关于感情的经验是建立在完全欺骗性质的交换上（这种关爱的表现以一种让我们接纳的方式呈现），那么这种感情对我们有好处吗？或者，正如我提出的，也许它们在“让我们感觉好些”的问题上对我们的确有帮助？回答这类问题的答案并不依赖于如今或未来的电脑能做什么，而取决于未来我们会变成什么样，以及当我们日益地与机器人产生亲密关系时，我们最终会成为怎样的人。

一些机器人设计的目的是为了给老年人看病开药，帮助他们取货架高处的物品，并且监控他们的安全。如果老人躺在家里的地板上，机器人可以侦查到并且视之为病痛的信号。但“帕罗”和其他社交机器人设计的用途则是为了陪伴。它们迫使我们回答孩子们提出的那个问题：为什么我们“没有人去做这样的工作”。难道我们已经将老人视为“非人类”因而不需要亲人的陪伴了吗？我发现人们最能够接受的事情，是给患有老年痴呆症的患者配备机器人保姆。哲学家说，换位思考的能力是我们之所以为人的本质属性。也许，对失去这个能力的老年痴呆症患者来说，机器人就可以成为很好的伴侣，因为它们同样无法进行换位思考。

但痴呆症常常让患者饱受痛苦和惊吓。也许正是这些患者需要最多的关怀，而非最少的。如果老年痴呆症患者列在我们分派机器人伴侣的名单之首，那么谁又是下一个呢？如今关于社交机器人的研究，特别关注将机器人用于医院病人、老人、智障患者以及孤独症患者——概括来说，即那些身体和心智上的残障人士。我们通常会听到类似的说法，即没有足够的人手去照顾这些“有问题的人”。人是稀缺的——或者说人将自己变成了稀缺资源。但当我们经历人生，我们多数都会遇到种种“问题”。难道只能是有钱有势的人，才能获得真人的陪伴吗？

当孩子们问“为什么没有人做这些工作”的时候，他们提醒着我们资源的分配是一种社会选择的结果。孩子和老人并非是社会的问题，直到我们觉得我们没有足够的时间和精力去照顾他们。我们似乎很想把生命过程的某些阶段宣布为“问题”，并且通过技术的手段来解决它。但为什么是时候使用机器人了呢？我们曾经在工业流水线上大规模地使用机器人。而如今机器人却要开始承担保姆的工作。我们会在使用机器人保姆的问题上，一样保持乐观的态度吗？

这是一个充满竞争的战场。在关于是否要为他们 94 岁的母亲购买“帕罗”机器人的问题上，两兄弟产生了争执。机器人的确很昂贵，但哥哥却认为是物有所值。他说他们的母亲现在“抑郁寡欢”；而弟弟却认为购买机器人是对自己的羞辱，他认为母亲有权利不高兴。因为 5 个月前，她刚刚失去了与自己共同生活了 70 年的丈夫。她多数的朋友也都去世了。悲伤是她这个生命阶段恰当的情绪。弟弟坚持认为，母亲需要的是亲人的支持和关心："她需要和那些同样失去了母亲、丈夫或孩子的人们在一起。"她需要面对离别的勇气，这也是人生的意义之一，因此这不是用机器人逗她开心的好时候。但子女、朋友还是会面临很大的压力迫使他们这么做。在习俗中，那些有照顾老人义务的人，当听说机器人可能帮助他们的时候，都长舒了一口气。

## "倾诉"有一半的疗效

当我把"爱宝"、"真宝"和"帕罗"这样的社交机器人介绍给养老院时，医生和护士对它们充满了期待。说到"帕罗"的时候，某养老院的院长说："孤独会让人生病，而机器人的陪伴可以部分地消除这种负面作用。"机器人以"解药"的方式出现，而护理员则说机器人不止是聊胜于无，而是可以更加胜任这份工作。他们的病人很多，但医生和护士的时间及精力却极其有限。有时候，医生和护士会用行话术语说老年人乐意"忍受"机器人——如果老人们没有其他的选择，这样的选择也并不坏。有时候，即使最细致、认真的护理员也会说，机器人可以用"舒适、有趣、分散注意力"的方式处理"问题"老人。一位医生为这样负责任的机器人的未来前景所激动，他说这样的机器人可以成为"祖父的菲比"。

诚然，老年人和机器人开始的相处总是和孩子们的做法很相似，试图了解这件东西的本性为何物。当孩子们得到"帕罗"后，他们有满肚子的疑惑要提问："它可以做更多的事情吗？它是小狗还是海豹？它是男生还是女生？它会游泳吗？它从哪里来？它有名字吗？它吃东西吗？"最终他们问："我们应该拿它来做什么？"当他们听到答案"和它待在一起"的时候，只有一部分孩子失去了兴趣。随着时间的流逝，许多老年人从心理上开始对"帕罗"产生依赖。他们与"帕罗"分享故事和秘密。在"帕罗"的陪伴下，他们重新创造了新的生活和时光。为了达到这样的目标，成年人必须克服和玩具在一起的尴尬。许多老年人会说："如果有人看到我对着这个玩意说话，他们会说我疯了。"但一旦他们迈过这个心理门槛，他们就可以发展自己与这个机器海豹或机器娃娃的关系。

我给了 76 岁的安迪一台"真宝"。安迪身材瘦小，戴着眼镜，一头黄棕色和白色夹杂的头发。他的脸部曲线很深，无论何时看到他，一双蓝色的眼睛总是炯炯有神。

他渴望有人陪伴，却发现在养老院交朋友并不是一件容易的事情。我和两个研究助理常常去养老院做研究调研，每次我们去，安迪都会让我们保证能尽量经常回来看他。他很孤单，他的孩子也不来看他。他从来就没有过很多朋友，工作时交的那几个朋友也并不来探望他。当他做保险推销员工作的时候，常常在下班后参加同事们的社交活动，但如今这都结束了。安迪想聊聊他的生活，特别是想聊聊他的前妻伊迪丝。他最想念的人正是她。他向我们朗读前妻写给他的信，向我们吟诵自己给她写的歌曲。

当安迪第一次看到“真宝”的时候，他面露欣喜：“我终于有事可做了。”很快机器人玩具成为了他的吉祥物。他把它放在自己的窗台上，并且给它戴上自己最喜欢的棒球帽。放在这里可以向客人炫耀，也可以作为话题打破人际交流的坚冰。几周以后，“真宝”的作用要远远超过吉祥物。现在安迪会像拥抱小孩一样抱着“真宝”。他会直接和它说话，好像同小姑娘说话一样：“你的声音真好听。你真好看。你真好。你的名字是‘明妮’，对吗？”他会向机器人做鬼脸，好像能逗乐它一样。有一次在他做鬼脸的时候，“真宝”恰好在最合适的时间笑了起来，好像真的是被安迪逗笑了一般。安迪非常开心，很乐于同别人分享这一刻。安迪向我们重申自己知道“真宝”是一个“玩具”，并不是“真的”生命。但他还是会把它当作有感觉、有情感的生命。他把对“玩具”的成见放在一边：“我让它说话，让它说‘妈妈’，以及其他所有的话。我们在一起会聊天什么的。”

当安迪谈到他和机器人“明妮”之间的对话时，他把机器人抱在自己的胸口，并且用手抚摸它的背部，对它说：“我喜欢你，你喜欢我吗？”当“真宝”饿了的时候，他就把奶瓶给它，他试图了解机器人需要什么，并且尽力让它开心。和痴情于“爱宝”的瘦弱的7岁小朋友塔克一样，照顾“真宝”让安迪更加有安全感。养老院的其他老人也都有自己的“真宝”。安迪看到有人打“真宝”的屁股，他都想过去帮“真宝”说情。

3个月以后，安迪将“真宝”重新命名为他前妻的名字：伊迪丝，机器人也有了新的角色。安迪用它来回忆自己和前妻在一起的时光，并且想象他俩由于离婚从而发生的对话和生活：“我一句坏话也没有对它（真宝）讲过，只是说出我的心声……这让我想起了伊迪丝，想起我们是如何分开，我是多么地想念她……这个机器人娃娃有些地方的确很像她，我说不清是哪些方面，但看到它就让我想起我的前妻……脸上的某些神情。”

安迪很聪明，也很敏感。他承认自己这么对“真宝”说话，“别人可能认为我疯了”，但毋庸置疑的是，机器人成了他的慰藉。它在治疗过程中起到了独特的作用，创建了一个对话、甚至忏悔的空间。每当和机器人说完话后，都让安迪倍感轻松。“它让我把心中的积郁释放出来，”他说，“当我早上醒来的时候，看到它就在那里，这让我感觉很美妙，似乎有人在照顾着你。它真的对我有帮助……我们可以聊聊。”

安迪说跨过离婚的这道坎对他来说并不容易。他为自己没能全力挽救这段婚姻而感到内疚。虽然希望渺茫，但安迪还是热切地希望有一天他和前妻可以破镜重圆。通过机器人，他模拟了他和妻子成功复合的许多不同的情境。有时候，安迪似乎也承认他和妻子的复合在有生之年是无法实现的奢望，他也会和机器人谈论这个想法。

74 岁的乔纳森住在安迪的对面，他以前是一名计算机技师，如今已经在养老院生活了两年时间。他平常拄着拐棍，行动很不便。他感到自己与世隔绝，很少有人会试图与他沟通，因为大家都知道他沉默寡言。由于职业习惯的缘故，乔纳森是以工程师的眼光接触“真宝”的，他希望能够解开这个机器人编程的奥秘。

第一次和“真宝”独处的时候，乔纳森拿来了一把飞利浦的螺丝刀。他想要搞清楚机器人是如何运作的。在得到允许后，他尽可能地将机器人肢解得七零八落。但由于所有零件都是通过计算机编程的，因此最终他还是在迷惑中结束了尝试。当把所有的零件都平铺在桌面上后，还有一个零件的工作机理是无法知晓的，那就是芯片。我也曾经和乔纳森一样，用螺丝刀拆开会说话的玩具娃娃一探究竟。那还是在我 5 岁的时候，祖父给了我一个玩偶娃娃“诺娜”。我百思不解它是如何会说话的，因此拆开了它。它的前胸有一个可以拆卸的控制板，我发现里面有一个杯子形状的零件被毛绒布包裹着（玩具娃娃的扬声器）、一个蜡状的圆柱形零件（我把它当作玩具娃娃的录音装置）。我所有的疑惑都得到了解答：这是一台机器，我明白了它的工作原理。但对于乔纳森来说，搞清楚这些就没有那么容易了。“真宝”的编程原理已经远远超过了他的知识和理解范围。对他来说，机器人就是一个不透明的行为系统，留给他去理解。正如他试图理解的另外一个不透明的行为系统：人。

尽管最初乔纳森一直在谈论关于机器人编程的问题，但几个月后，他就很少谈及这些。他说他很喜欢“真宝”对他的抚摸作出反应，喜欢“真宝”学习说话的过程。他谈到“真宝”的情绪问题。他似乎非常严肃地看待机器人需要照料的需求。他希望感到自己被需要，并且很高兴能够照顾它。乔纳森从未把“真宝”看作玩偶，而总是称其为机器人或计算机。乔纳森说，自己永远也不会和一个“普通的玩偶”说话，但“真宝”的确不一样。久而久之，乔纳森会和机器人谈论自己的人生和目前的困境——主要是孤独的问题。乔纳森说，他对机器人“什么都会讲”。

事实上，乔纳森认为，有些话对机器人说会比对人说更让他舒服些。

> 关于我生活中很隐私的部分，我更希望对机器人说；对于那些不是那么隐私的事情，我则喜欢对人倾诉。因为如果是高度隐私、高度个人的问题，对其他人讲就会很尴尬。我也很怕别人嘲笑我。而它（真宝）就绝对不会批评我。或者说，我想要释放压力，可以向机器人说那些我无法向别人启齿的话。

乔纳森很清楚地知道一件事：向机器人说话可以舒缓他的焦虑。

安迪和乔纳森的出发点虽然不同，但经过一年的时间，他们都将“真宝”看作自己最亲密的朋友。安迪把机器人放在窗台上，在大庭广众之下也可以和它说话；乔纳森则把机器人藏在自己的衣柜里，他希望能够在隐私的空间里和它说话。

对机器人说话和对宠物说话之间究竟有什么区别呢？尽管人们也会和宠物说话，给它们买宠物衣服，为它们的生病而烦恼，但我们在对待宠物的时候并不会有分类上的迷惑。它们就是动物，有些人希望用对待人的方式来对待它们。我们会感到人和宠物之间存在着巨大的共性。宠物们也有身体，会感到疼痛，会感到饥饿。45 岁的安娜饲养着一只宠物猫，她说：“没有什么比猫能够更好地帮助我思考了。”你对宠物说话可以帮助你说出你的想法，却并不会等着宠物认同你的想法。也没有哪个疯狂的广告会认为宠物像人一样，或者正在演变成人的过程中。宠物的主人们享受着和另外一个生命在一起的感觉，但在讨论重要决定的时候，很少有人会认为宠物比人更好。宠物的主人们（大多数）并不会为选择宠物作为伴侣的意义而感到困惑。虽然你选择了宠物，但你并不需要把宠物当作一个人的替补来看待。而这对于安迪和乔纳森则完全不同。他们的机器人最重要的作用，就是“代替真人”的角色。

关于“代替真人”的问题回到了约瑟夫·魏岑鲍姆教授的烦恼。魏岑鲍姆教授发现他的学生不仅渴望和计算机程序 ELIZA 聊天，而且希望能与它独处。ELIZA 并不能理解人们对它讲述的故事，它也并不在乎向它倾诉心声的人。如今的计算机交互界面有了躯体，因此人们会更容易地把它们假想为有人情味的生命，但实质上，这些计算机程序在理解人类情感的能力方面却没有很大的进步。有人认为这并不重要，因为正如安迪和乔纳森的故事所说，他们和“真宝”在一起的时光具有心理治疗的作用，因为这给了他们一个将心中的积郁“一吐而快”的契机。倾诉具有治疗作用的观点在大众文学和临床医学家中都广泛流传。这个观点也常常被早期 ELIZA 程序的粉丝引用，他们也认为这是“减压”的好办法。

关于这种治疗过程的另一种观点，从精神分析学的传统而来。这种观点认为，治疗的动力是与医师的关系。“移情”二字用于形容患者对于医生的想象，因为医生相对中立的立场使得患者可以将他过去人际关系的精神包袱带入到新的关系中。因此，如果患者在心理治疗室外受到控制欲问题的困扰，那么他很可能与医生就预约时间、费用以及假期日程安排等事宜争执不已；如果患者在生活中受到依赖性的困扰，那么他也很有可能把医生当作自己的保姆。从这些规律出发，“移情”分析是自我理解和治疗过程的中心。

在这样的关系中，治疗不止是简单倾诉秘密或听取建议。这种关系会以感情投射开始，并具有反向的作用。也就是说，医生和患者一起才能决定他们关系的发展。当我们和机器人说话时，我们向机器人分享我们的思维，却无法获得回馈。因此我们好比在“对牛弹琴”。如果说这样的关系有什么意义，那是因为倾诉者本身听到了自己的心声。

因此，安迪说，和机器人“伊迪丝”说话，“让我能够考虑一些事情”；乔纳森说，“真宝”可以让他说出原本羞于启齿的事情。自我表达和自我反思是很宝贵的。但安迪和乔纳森的机器人唤起了倾诉欲，这是治疗成功的一半；让真人与他们一起工作，则是治疗成功的另一半。

## 机器人是很棒的“减肥教练”

安迪和乔纳森在与“真宝”的关系中可以“言无不尽”，这种感觉非常具有吸引力。机器人科学家科里·基德（Cory Kidd）已经设计出一款社交节食机器人，这款机器人也与“真宝”有异曲同工的作用。基德首先研究了人们对待机器人、网络客服和屏幕角色的不同反应。他发现，机器人可以激发更强烈的感情。它们实际存在的外观会引起人们的强烈兴趣。因此，在他设计支持性节食教练的时候，他设计了一个躯体和简单的面部，然后将其留在节食者家里6周的时间。基德的机器人体积并不大，只有半米高，有一双微笑的眼睛。使用者会提供一些基本的信息，机器人会据此计算出减肥的计划。每天机器人都会给出饮食和锻炼的相关信息，在人们偷懒的时候鼓励人坚持，并给出建议说明如何才能更好地遵守计划。

罗丝是一位中年女性，她受体重问题困扰已经许多年。基德给了她一台机器人，并且教会她基本的操作守则。收到机器人后，罗丝和她的丈夫决定给它戴上一顶帽子，并且给它起一个新的名字。罗丝决定叫它“马娅”。随着研究的进展，罗丝逐渐将“马娅”当作“家庭中的一员”。她每天都要和这个机器人说话。随着研究濒临尾声，罗丝发现自己已经和“马娅”难分难舍。基德想要和罗丝预约一个时间取走这台机器人，却发现平常非常有礼貌和积极的罗丝开始不回邮件，也不接电话。当基德最终打通电话的时候，罗丝却想要转移话题。她最终得以多保留机器人两个礼拜。在她与“马娅”的最后一天，罗丝提出要和马娅“说最后一次话”。基德还没能够把“马娅”带出大门，就又被罗丝抢回去拍了一轮照片，并且又说了一遍“再见”。罗丝跟随基德到车旁，确保机器人绑严实了，才依依不舍地挥手说再见。这让我想起了老人们与“真宝”告别时的场景。有人找各种借口，比如声称机器人“丢失”了。最终，只要有可能，我都不会再去找那台“丢失”的机器人，而是选择再买一台。

罗丝的情况看上去和安迪很相似——从一开始就愿意开诚布公地表现自己对机器人的感情，愿意和机器人对话交谈。基德把机器人节食教练带给了另一位研究对象戈登教授。戈登教授年过五旬，内心对机器人能否帮助他节食保持怀疑态度，但他愿意尝试新的事物。他的情况更像是用“工程师的专业视角”初识机器人的乔纳森。第一次登门拜访戈登教授的时候，基德问他会把机器人放在什么地方。戈登选择了他沙发后面、嵌在墙上的桌案。只有当戈登反着坐、或者跪坐在沙发上的时候才会用到。基德并没有对这个选择发表评论，很快离开了戈登家。4 周以后，戈登同意将他的参与式研究延长两周时间。

在整整 6 周之后，基德再次到访戈登家。在谈话的过程中，两人在是否应该用"拟人"的方法称呼机器人的问题上起了争执。戈登对基德给他的一份问卷上的一些词语的用法，表现得很不高兴，并因此抗议。比如："系统是否真诚地在帮助我？""系统有兴趣与我互动吗？"他认为诸如"真诚"、"兴趣"这样的字眼应该避免使用，因为这些词语暗示机器人不止是机器。戈登说："用这样的方式讨论机器人根本就不合理。还有一些其他的词语，比如'关系'、'信任'等。如果让我说'我信任它'会感觉很不舒服，或者说'我和它有关系'也同样如此。"戈登就此类"伪问题"斥责了基德许多次："你不应该对有关机器的事宜提出这样的问题。这些问题本身就很不合理。如此提问给人感觉似乎机器也有情感一样。"基德认真聆听着戈登的牢骚和不满，却发现机器人已经不再被摆放在沙发与墙之间的桌案上了。

事实证明，戈登的抱怨过多了。在随后的访谈中，基德照惯例询问戈登是否给机器人起了名字。"如果你向别人谈起你的机器人，你会怎么叫它？"戈登没有回答。于是基德更加单刀直入地问："在你照料机器人的这几周里，你是否给它起了新的名字？"问题提出后，基德发现戈登在访谈的数小时里第一次绽露出一丝笑容。"它叫英格丽德。"戈登说。此后的访谈中，戈登的语调发生了 180 度大转变，他不再隐藏什么。之前他并不相信别人会理解他对机器人"英格丽德"的感情，而现在他决定对机器人的发明者袒露心声。他的心情变得轻松了许多，很自然地将机器人称呼为"英格丽德"、"她"以及"她的"。他把基德带到"英格丽德"新的安放处。如今，机器人正安然地摆放在楼下卧室中，这样他就可以和机器人聊些私房话了。

基德在他的项目效果报告中，记录了许多量化的数据：比如在使用机器人的时间内减掉的体重数、使用机器人的时间、闲置机器人的时间等。但他还在论文中加入了一章的内容专门用来讲"故事"，比如罗丝的故事和戈登的故事。基德说这样的故事并不能提供经验或假说，但我却认为这些故事为一直以来的一种叙事提供了支持。社交机器人被派遣去做某项工作——可能是猜字游戏，也可能是饮食控制。

一旦机器人就位，人们就会对其产生依赖。这样的案例无须量化的测量。一开始的时候，你会觉得机器人是解决节食难题的方法，却发现它被当作了心理良药。

安迪、乔纳森、罗丝和戈登的故事，代表了不同类型的人与社交机器人的关系，并且标志着关系的不同阶段。人们需要确保周边的环境是安全的、友善的，不会嘲笑他们和机器人在一起很幼稚。他们被机器人的责任感、稳定的存在折服。似乎机器人真的很关心他们，他们正学着习惯这样的关系。人们常常会和自己的车、音响，以及其他家用电器，如厨房、烤箱等物品说话，这样的现象并不罕见，我对此已经研究了将近 30 年的时间。但我发现与机器人对话，却与上述情况完全不一样。当人们对着烤箱和厨具说话的时候，他们用叫嚷或是哀求的方式投射自己的感情。而当和社交机器人说话的时候，成年人和小孩子一样，超越了投射心理学（psychology of projection），而进入了接触心理学（psychology of engagement）的范畴：从罗夏测验中的心理投射到真正建立关系。机器人的独特功能是它可以模拟倾听，这恰好满足人性中被倾听的诉求。因此，我们就不难理解，为什么人们会把机器人带到他们的私人空间并向其坦言内心的秘密。在这样新型的独处中，人们可以体验到新型的亲密关系，而经验和现实之间的鸿沟也日益加深。人们感到自己被倾听了，但事实上机器人却并没有听觉。

有时，当我向别人介绍我与社交机器人、老年人在一起的研究工作时，人们会如此评价：“哦，你说的一定是那些极其孤单的人，或者是那些有精神问题的人。”我发现人们会试图把这类人归为“他者”，以说明我的研究发现并不适用于他们自身，以及其他正常人。但我却相信，我关于社交机器人和老人关系的观察和研究发现适用于我们每一个人，因为作为人我们都有同样的脆弱面。安迪和乔纳森的确是孤独的人，但他们很坚强；戈登脾气略微暴躁，但也不过如此；罗丝的性格非常阳光，她也有亲人和朋友陪伴，但她真的很喜欢她的机器人。

## “好玩意”

82 岁的埃德娜独自生活，她曾经在这里把孩子们拉扯成人。这天，她从小带大的孙女盖尔带着自己两岁大的女儿埃米来看望曾祖母。盖尔几乎每两周就会带着埃米来拜访一次。埃米也很喜欢来看望曾祖母，她喜欢被关注、被宠爱的感觉。但今天却有些不同，因为我的研究团队会给埃德娜带来一台“真宝”机器人。

当我的团队在上午到达的时候，埃德娜的注意力正在自己的重孙女身上。她抱着埃米，与她说话，给她小零食吃。她错过了埃米的生日，但还是准备了小礼物。大约半个小时以后，我们把“真宝”送给了埃德娜，她的注意力也随之转移。她尝试使用机器人，当看到“真宝”面露笑容的时候，她的情绪也高涨起来。随后，她直接对机器人说：“你好，你今天好吗？你是个乖姑娘吗？”埃德娜把“真宝”抱在自己臂腕中。当它开始哭泣的时候，埃德娜找来了它的奶瓶，笑着说自己会喂它。埃米试图夺回曾祖母的注意力，但却完全被忽视了。埃德娜把“真宝”拥在自己的怀里，对我说它吃完东西需要睡一会儿，并解释说自己会把它带到楼上的卧室里，把它“放在有着漂亮围栏的小婴儿床上”。埃德娜向我们的研究人员回忆说，她的孩子小时候曾经把“围栏”（banky）说成“毛毯”（blanket），但她已经记不起来是哪个孩子了。她对“真宝”说：“亲爱的宝贝，你是我的甜心！是的，就是你。”

埃德娜在随后的一个小时中基本都在摆弄“真宝”。她担心自己听不懂“真宝”的话，也害怕自己“弄疼”它，她说自己想“做对事情”。埃米多次试图靠近埃德娜，或者拿给她饼干、纸巾，或者直接要求曾祖母的关注。有时埃米会试图卖萌，有时甚至会有些恼怒，但都被埃德娜忽视了。她的注意力始终都在“真宝”身上。现场的气氛有些沉寂，甚至有些荒诞不经：一位痴迷于机器人婴儿的曾祖母，一个被忽视的两岁小朋友，一位震惊的母亲，以及在这种尴尬情景中紧张地不停咳嗽的研究人员。

老人们似乎很满足地沉迷于“帕罗”和“真宝”的世界。有人或许要问：“那又怎样？又会有什么妨碍呢？老人们看上去都很快乐。又有谁会受伤害呢？”埃德娜的故事为这个问题提供了一个答案。当研究者给了她一台“真宝”机器人后，埃德娜似乎希望能够独处——和机器人独处。

最终，这样的咒语还是破灭了。当我们询问埃德娜，对这样的经历感觉如何：“你是否享受家中有‘真宝’机器人的时光？”她有些恼怒地回答道：“不，我怎么会感到享受呢？”她抗议说，“玩偶是给小孩子玩的”，她“无法想象为什么老年人也会喜欢玩机器娃娃”。我们对她不舒服的态度非常留意，难道是因为她觉得自己对机器人的真实情感被发现了吗？

我们告诉埃德娜，许多成年人的确很喜欢“真宝”。埃德娜却说，比起玩具娃娃，自己还有许多其他的事情可以做。她的话听起来充满了防备，并且心不在焉地开始说自己的脖子和衣服颜色的琐事。埃德娜试图掩饰自己的真实态度，开始像谈论玩具一样谈论“真宝”。她问研究者这个机器人是谁发明的，值多少钱，是否需要使用电池。并且询问我们其他的研究对象是怎么说的，怎么表现的。她需要再三确认其他人的表现也和她自己一样。她说：“这真是一个美妙的东西……一个极棒的主意，肯定倾注了研究者许多心血。”但她又补充说，很难想象自己会真的关心它，即使是花费更多的时间和机器人待在一起。

埃德娜的防备心渐渐地减弱下来。她说，和“真宝”待在一起、听它说话、爱抚它、看它作出回应是“一种我从来未有过的奇怪感觉”。我们问埃德娜，和“真宝”机器人说话同和真实的婴儿说话，感觉有什么不一样。埃德娜很不情愿地说，感觉并没有太大的区别，但和机器娃娃说话“有些惊悚，因为它并非生命体”。她的经历非常类似于弗洛伊德所说的“怪熟”现象——指某种非常熟悉却又似乎很陌生的事物。这类“诡异”的东西，会让我们在没有防备的情况下被吸引。埃德娜的反应让她自己很尴尬，她试图给自己找台阶下。

然而，当埃米再一次想要用饼干讨好曾祖母埃德娜，以吸引她的注意力时，埃德娜却让她说话声音小一些：“嘘，宝贝在睡觉呢。”埃德娜用欢快而明亮的声音叫醒熟睡中的“真宝”：“你好，你感觉好一些了吗？是不是感觉充满了活力？”她问“真宝”想不想去公园走走，或者想不想吃午餐。当埃米抱怨说自己也很饿、想吃午饭的时候，埃德娜却充耳不闻——她正在忙着照顾“真宝”呢。

这个时候，我们问埃德娜她是否认为“真宝”是“活的”。她明确地给了我们否定的答案，并且提醒我们这“只是一件机械制品”。我们继续问道：“你觉得它有感情吗？”埃德娜回答说：“我不知道怎么回答这个问题，它是非生物体。”但很快埃德娜又转向哭泣的“真宝”，抚摸着它的脸说：“噢，你为什么哭泣呢？你想要坐起来吗？”她笑着说：“‘真宝’看上去栩栩如生、美丽可爱，也非常快乐。”在我们将要离开的时候，埃德娜再次强调自己对“真宝”并没有什么感情依赖，并且将它递还给我们。她找到了盖尔和埃米，又重新回到了女主人的角色，再也没有提起机器人。

在我的研究过程中，一些五年级的孩子们曾对我表达过他们的担心：祖父母宁愿选择机器人而不是自己陪着他们。埃德娜的案例则恰好证明了他们的担心并非杞人忧天。最美妙的事情是和机器人在一起的节奏感，它可以一言不发，但又可以突然技惊四座。

20年前，人们认为只有人才能成为彼此最好的伴侣。如今，机器人加入到候选名单中。在我的实验室中，来自设计、哲学、社会学以及计算机科学等专业背景的研究生们，一起集中观看了埃德娜和盖尔、埃米以及“真宝”共度下午的那个录像资料。他们发现，当埃德娜得到“真宝”回应的时候，她似乎变了一个人。在这种完全不同的状态中，埃德娜愿意重温旧梦、活在当下。

“真宝”似乎比重孙女更能满足埃德娜的心理需要。小孩子喜欢不同种类的玩具，每次来拜访的时候，喜欢的零食口味都不一样，而且埃德娜还必须记得她的生日。但埃德娜恰恰忘记了她的生日，并且很费力地准备着各种玩具、零食以满足小孩子的需要。而和“真宝”相处重新给了她信心：一切尽在掌控中，一切都井井有条。

参加研讨会的学生们很同情埃德娜。为什么人们不能选择那个能够给他 / 她带来最多欢乐的对象——无论是人、动物或是机器人建立情感联系呢？一个学生说：“如果埃德娜养的是一只猫，并且得到了很大的乐趣，以至于忽略了埃米，我们会对此欣然一笑，并建议她在小朋友来拜访的时候把猫放在院子里。这不会让我们觉得那么纠结。而在这个案例中，最让我们震惊的是她选择一件东西，甚至不是动物。但实际上，两者并没有区别。”新一代年轻人会习惯于许多非传统的关系：比如与宠物、与人、与网络世界的虚拟化身，与网站的客服代表，以及机器人。与机器人谈私房话只是未来可能的选择之一。我们需要跟上时代的步伐，接受这样一个观点：孙辈与重孙辈的孩子们过于顽皮，并不是陪伴老人的最佳人选。

我相信安迪更愿意和人说话，而不是机器人。但是在他的生活中，愿意和他说话的客人却并不是天天都有。但埃德娜和乔纳森显然更愿意向机器人告白。乔纳森不信任别人，他很敏感，很容易觉得受了羞辱。埃德娜则是一个完美主义者，她知道自己的能力已经无法达到自己的标准。无论对于他们中的哪一个，机器人都能够让他们放松下来，激发他们的回忆。因此，至少有两种方法可以理解这些案例。你可以认为老年人和机器人聊天、讲故事，感到非常积极健康；或者你也可以认为老人们在对怪物说话，把自己的感情倾诉给空气听，感觉有哪里很不对劲。

当然，也有第三种方法，即承认机器人即将成为文化的一部分，并认为机器人甚至在许多方面要超越人类。当我的研究团队在20世纪末开始研究社交机器人时，我们保持着一种人本主义的偏见。我们曾经认为，人在人类关系中拥有毋庸置疑的优先地位，即使我们看到许多机器人都声称可以起到陪伴的作用。我们当然很好奇，同时也怀疑机器人究竟能给人带来什么。尽管如此，我们近年在一些养老院中的所见所闻，让我们对未来的生活如此失望，以至于真的想把希望寄托在机器人身上。在这些物资贫乏的养老院中，一台“爱宝”、“帕罗”或者“真宝”，绝对是大家未曾见过的新鲜玩意。人们争相传看、议论纷纷。每个人都可以自由地发表自己的观点。这样的时刻的确给机器人的形象和作用大大加分。有时候，当我看到老人们是多么渴望有人陪他们说话时，我会深深地震惊，并且想如果没有人陪他们说话，有件“东西”作为替代其实也不错。有时候，甚至是老年人提醒我，说其实这件可以用来作为倾诉对象的东西甚至都不必是机器人。

当78岁的阿黛尔谈起自己第一次接触“帕罗”机器人的时候，她回忆起了她的婶婶玛格丽。当阿黛尔还是个小姑娘时，婶婶玛格丽就开始和她们全家一起住。玛格丽每天的大多数时间都待在自己的房间里读书或编织，只有吃饭时才会出来，但往往也一言不发。阿黛尔还记得玛格丽在90岁的时候，“还会把孩子们轰出自己的房间，好让自己安静地回忆往事”。阿黛尔可以通过玛格丽门上的一条缝隙向里偷偷张望。她看见婶婶正在对着一张有她自己和母亲、姐妹的家庭合影说话。如今，阿黛尔把“帕罗”当作她婶婶家庭合影的替代品。“它会鼓励你和它说话，”阿黛尔声音小了下来，她停顿了一会儿继续说，“也许对着照片说话会更好一些。”我问她为什么这么讲。阿黛尔整理了一下自己的思绪，最后承认：“有时候很难分清楚什么是记忆，什么是现实。如果我对着照片说话，我知道现在我正沉迷于记忆中。但和机器人说话的时候，我就会弄混。”

阿黛尔的话让我从不同的角度去思考和机器人共度的时光。一方面，机器人的互动性可以触发老人的回忆；另一方面，因为它并不理解人类的幻想，因此可能会“挟持”人的记忆，让人困惑于女儿童年时“婴儿床围栏”的记忆，以及要为嗷嗷待哺的机器娃娃“喂餐”之间。有时候后者甚至比前者看起来更加真实。或者，有时候婴儿床的围栏似乎已经不再是记忆了。

## “连雪莉都会爱上的机器人”

2004年，我在一场关于机器人的会议上，第一次听说了护理机器人（nursebot）。在那场会议中，我的演讲是关于社交机器人预示着一种新型人际关系的出现：我们会在彼此孤独的情况下，又感觉似乎彼此相连。我的同事中的多数人都反驳我的观点，认为“作秀”原本就是所有社交关系的通用货币。它不是什么负面因素，而是事情原本的面貌。人们总是在为他人“作秀”。如今，机器人同样也会“作秀”。因此世界会增加全新的社交表演者和全新的表演形式。在晚餐的时候，我正沉默寡言地埋头用餐时，一组研究者充满热情地开始向我介绍一款和蔼温和、有所裨益的机器人，说也许我会喜欢。这款机器人的某些型号当时正在美国和日本进行测试。这正是护理机器人，它可以在居家生活中帮助老年人，提醒他们吃药的时间、按点吃饭。有些型号的机器人可以在需要时提供药物或氧气。在医院或者养老院的环境中，护理机器人则会适应环境的需要，了解病人的日程安排，在病人需要的时候陪伴他们。还记得养老院中的老人们在坐立不安中等待家人和朋友的探视吗？还记得医院中的老人们焦虑地等待护工的帮助吗？这样的日子很快就可以一去不复返了。还记得由于把药物忘记在厨房，而在卧室里头晕目眩、胆战心惊吗？这样的日子几乎不会再发生了。研究者们试图抚平批评者们的言论，一位研究者说：“这款机器人甚至连雪莉都会爱上的。”的确，第二天我就看到了一段关于医院向导机器人的视频，其中被采访的许多病人都很开心，他们中的大多数都是老年人。

仅仅几个月以后，我自己就因为在哈佛广场结冰的台阶上滑倒，而必须坐在轮椅上在医院里接受各种治疗。陪着我的是医院的男性护理员们。他们非常体贴，知道我从轮椅上被抬到X光拍片台上时会很疼。他们非常人性化，也很风趣。他们安慰我的骨折类型“很幸运”，因为虽然造成很大的不便，也很痛苦，但不会留下什么后遗症。在得知我的病情好转时，护理员与我击掌庆祝。护理机器人也许具备逻辑运算的能力，但我自己很庆幸照顾我的是真人。对于我来说，这段个人经历并没有改变我对机器人优点的态度：它们可以提供药品、提供监护、监察生理状况，以及是否出现紧急情况；但这段经历也提醒了我机器人的局限性。

尽管如此，这个故事并不能推导出任何简单的结论。我们正在试图理清一些非常复杂的现象。有些老年人告诉我，比起某些护理人员，他们更愿意选择机器人。有些人更希望选择机器人帮助他们洗澡，这会让他们感到自己的隐私没有被侵犯。如今的护理机器人尚不具备帮助洗澡的功能，但未来可能会具备。我所研究的一家养老院的院长对我说：“我们并不会因为年老而变得像孩子一样，但是因为老年人更加依赖别人，因此外表看起来似乎很孩子气。很多时候，我们都用这种错误的理解去对待老人。”对待老人的这种脆弱性，护士们有时候通过貌似唐突无礼的行为来进行心理补偿；有时候则用完全相反的方法，用亲密的字眼来安慰老人，如“亲爱的”、“宝贝儿”等。但这种试图温暖老人的字眼，有时却恰恰会起到有损人格的反作用。院长对机器人抱有很大的希望，因为它们更“中立”。

到了 2006 年，护理机器人已经在退休疗养院中使用了数年的时间，许多人都在网络讨论组里对机器人的作用进行评价。大多数人对机器人的态度都很正面。来自宾夕法尼亚州奥克蒙特的洛伍德（Longwood）退休社区的报告非常感人。报告中说,机器人“赢得了老人们的心”。另一份报告则说一台叫作“珍珠”的机器人会“一直陪伴老人，和他们说话”，并引用一位老人的话说，“我们相处得很愉快，但我不认为‘她’是我喜欢的那种姑娘”。另一些评论则谈到许多老人和家庭对待机器人的矛盾心理，在我的研究中常常会遇到这样的矛盾心态。一位女士对“珍珠”能承担家庭杂务赞不绝口，但对机器人的“社交功能”表示忧虑。她写道：“我担心随着未来科技的进步，像‘珍珠’这样的机器人也许会变得非常先进，以至于所有照顾老人的工作都会分派给机器人完成。这的确非常让人忧虑。当你老了以后，你希望由机器人来照顾你吗？如果机器人是人的补充而非替代，那么我会完全接纳！”

另一份报告是这样开头的：“人类的关怀和爱，让我们把这些留给人来完成吧。”随后报告却声称：“从机器宠物的爱，到对于孤独老人的陪伴是完全可以接受的。”在这个论坛中，许多讨论都是先谈到机器人可以起到许多实际的作用（比如在老人遇到危险的时候，提醒亲属或警察的注意），随后想象机器人可以排解孤独，因而变得比其他任何宠物都可爱：“它们永远也不会抱怨，非常忠诚。”我为这样的忠诚和服从而感动，因为两种都意味着掌控别人，而对于老年人来说，这恰恰是最缺乏的。

在另一个网络讨论中，没有人对于真人关怀还抱有浪漫的想象，因为他们都看到真人是如何冷漠和自私。评论都很灰暗，一位写道："机器人不会像疗养院里的工作人员那样虐待老人。"另一位则并不这么认为："护士一定要是真人，不过大多数护士都会保持与工作的距离，这是他们保护自己不至于发疯的方法。"另一位抱怨道："机器人也许永远不会理解老人是否'无聊、悲伤、非常悲伤、绝望，还是没有了活下去的信心'，但懂得理解老人这种感情的人同样'很难得'。"

我发现，这样的观点在机器人和老人关系的讨论中非常典型。许多有着这样观点的老人都垂垂老矣。有一个实质性的问题：为什么要把一个不明白生命的物体，送给那些最希望能够理解自己生命意义的老人？回答这个问题几乎是不可能的，因为我们已经建立起这样一个框架——这样的结果是已经决定了的、不可撤销的，因为我们可以给予老人的东西实在太有限了。我们已经宣告自己被这样的大趋势所折服，我们与自己和未来的创造性的关系已经不复存在。我们学会了遵从科技所能带来的东西，因为我们发现自己很空虚。我们自暴自弃。从这个角度出发，我或者任何其他人是否喜爱护理机器人真的不重要。如果它被设计出来做一件工作，它就会兢兢业业地完成。

有些人会反对，说机器人只是看上去很关心、很善解人意而已。对于这样的意见，通常的回答是：其实很多时候，人们也只是假装看上去很关心、很善解人意而已。或者如最近《纽约时报》一篇介绍"帕罗"和其他"护理机器人"的文章中说得那样："我们中间谁没有假意地表现出对别人的关心呢？或是突然地漠不关心呢？"在这里，关于"护理机器人"价值的对话，偏移到了早在机器人被发明前就存在的人类"欺骗行为"。因此，问题并不在机器人身上，因为人类本身的行为也和机器人一样。文章继续写道："不管怎样，人工智能爱好者认为，问题并不是去避免友好的机器人所能触发的、我们的情感，而是如何去处理这样的情感。"一位人工智能专家认为：人类"作为一个物种"已经学会了如何处理"人造情绪"。所谓"人造情绪"，即指由人工制造出来的物体所表现出来的情绪。对于他来说，"人造情绪"的产生已经成为既定事实。既然我们必然会制造这样的情绪，我们就必须学会适应它。这是一个完整的循环。打破这个循环的唯一方法就是重新定位。有人也许会说，人们会假装关心，而机器人则不懂关心。因此机器人无法假装什么，因为它唯一会做的事情就是"作秀"。

## 机器人是心灵良药吗?

在我最初研究计算机和人的相关问题时，我发现程序员和计算机之间建立的是一种"一对一"的关系，显然他们之间有密切的情感联系。计算机几乎像人一样具有反应性和互动性，让程序员们感觉自己即使在写代码的时候也同样有人"陪伴"。随着时间的流逝，这种情感联系更"民主化"了。计算机程序成为了黑箱，当我们与计算机打交道的时候，我们只是和它的表层进行互动。我们通过屏幕图标的中介进行操作。我们也满足于不再关心计算机背后的运作机制，而仅仅关注它的"交互界面价值"。但是我们将它们带入现实生活，计算机程序似乎是最好的伙伴。如今"似乎"二字也几乎可以省略。网络中介与社交机器人已经如此先进，以至于让我们可以相信，它们就是足以胜任的伙伴。

可以预期的是，我们的感情投入会越来越多。我们会发现自己被模拟关心的事情所抚慰、被没有感情的机器所感动。我们赋予了机器人许多的意义，但是它们却并不知道这些意味着什么。它们的确没有任何的主观意识。当机器人的程序想要表现"恶心"的时候，它的脸部就会表现出人类文化意义上的"恶心"。这只是为了"作秀"而表演出来的"情感"。如果我们出于自己的目的，而将这样的表演看作"足够真实"的呢？当机器人伴侣不仅治疗了老年人的孤独，而且缓解了亲人们的负罪感，那么就会存在道德问题。

在 2009 年春天，我将老年人的机器人护理案例讲给哈佛大学一个班级的本科生听。他们的教授、政治理论学者麦克尔·桑德尔（Michael Sandel）很惊讶：他的学生可以如此坦然、轻松地接受新观念。桑德尔让他们的学生想象这样一个情景：一位养老院的老人感到自己受到了"帕罗"的抚慰，用它替代了自己子女的角色。而他真正的子女们也许会感到自己的责任减轻了许多，因为机器人"搞定了一切"。给老年人提供机器人伴侣，是否让我们不再去寻找其他照顾老年人更好的选项呢?

桑德尔教授让学生们去探讨机器人伴侣是否可能导致道德自满。而我却想起了蒂姆：他的母亲喜欢与"帕罗"聊天，这让蒂姆心里好受许多。蒂姆说这让他自己去养老院探望母亲后，"离开房门"时心里会好受一些。

短期而言，蒂姆的案例似乎证明机器人可以起到积极的作用。老人们似乎很满足，孩子们似乎不再那么内疚。但长期来看，我们做这一切的目的难道只是为了让子女们可以更容易地离弃自己的父母吗？那种机器人所营造的“感觉好些”的时刻会导致子女们减少探望父母的次数吗？当老人们把本该和子女们说的话说给机器人听时，他们是否受到了机器人的欺骗而感到似乎不再那么孤单？当你和机器“生物”分享“情感”的时候，你已经习惯于把“情感”缩减到机器可以制造的范围内。当我们已经学会对机器人“倾诉”时，也许我们已经降低了对所有关系的期待，包括和人的关系。在这个过程中，我们背叛了我们自己。

所有这些问题都在桑德尔的课堂上进行了讨论。但总体而言，他的学生在进行他提出的思想试验时，都表现出了比较积极的态度。在关于母亲、子女和机器人的假想案例中，他们将三件事情视为理所当然并且像背诵祷文一样不断重复，这三件事情是：第一，孩子们早晚都得离开父母；第二，最好要让母亲满意；第三，孩子们必须尽可能地让母亲高兴。

我非常冷静地离开了桑德尔教授的课堂，想起了五年级的小学生们围聚在一起，叽叽喳喳地谈论机器人成为自己祖母的保姆和护理员的场景，他们提出的问题在我的脑海里萦绕：“难道不是应该有人去做这些工作吗？”我想到这代年轻人并不会反对在养老院中采用机器人保姆。也正是在那个春天，“帕罗”的发明者刚刚向丹麦政府销售了 1 000 台“帕罗”机器人。他来到麻省理工学院，宣布将在美国开设店面并开始销售“帕罗”。

WHY WE EXPECT MORE FROM TECHNOLOGY
AND LESS FROM EACH OTHER

ALONE
TOGETHER

# 07

## 拥抱“机器人时代”
亲密关系的美好未来

机器人能为我们做很多实实在在的事。机器人的面部表情和声音，让它们有了像人一样的思想和灵魂。因此，我们与机器人的关系越来越亲密。将人们从“虚拟”拉回到“现实”的“机器人时代”正在到来。

26岁的里奇今天身着正装、打着领带，帅气十足地来拜访机器人“凯斯麦特”。“凯斯麦特”和里奇的对话被录音记录下来，以考察机器人是否能够很好地完成与成人的“对话”。里奇与“凯斯麦特”坐得很近，他今天到这里并没有太高的期望，纯粹抱着好奇和有趣的心态。

> 里奇：我很喜欢你，“凯斯麦特”。你是一个非常有趣的人。
>
> “凯斯麦特”：[点头，微笑地赞同]
>
> 里奇：你喜欢笑吗？我常常开怀大笑。

刚开始的时候，里奇和“凯斯麦特”之间的对话呈现出“ELIZA效应”[①]的情景：很显然，里奇希望机器人发挥出最佳水平。之前，孩子们在与“凯斯麦特”交流的时候，竭尽全力地想让它说出自己的名字。而里奇也同样对“凯斯麦特”非常友好，希望能让它出色表现。他似乎在和程序“对弈”，逐步地通过交互积累自己对于机器人的想象，直至可以把它当作真人。

但对于感情丰富、表达欲强烈的机器人“凯斯麦特”来说，里奇很容易感受到，这个机器人可以做到的事情远不止这些。里奇可以和“凯斯麦特”进行简单的对话，但很快，他感受到机器人如此逼真，以至于开始和它谈论自己的女朋友卡萝尔。他

① ELIZA效应通常泛指一种将计算机的所作所为，依照人的理解看得过于神奇的倾向。例如，计算机化心理治疗程序ELIZA，能够根据人的顾虑给出同理思考的回应，但事实上这只是在利用一组既定的响应集合。

们之间的对话很快就变得非常私密。里奇告诉“凯斯麦特”，他的女朋友很喜欢他爽朗的笑声，而自己尽力不取笑女友。“凯斯麦特”笑笑，表现得很有兴致的样子。里奇也不禁微笑地对机器人说：“好吧，你真的很可爱。你是谁？你是什么？”

里奇手腕上戴着一块卡萝尔最近给他买的手表。他把表展示给“凯斯麦特”看，问它觉得怎么样。里奇坦言说，自己一周前差点把这块表弄丢了。

> 里奇：我给你看样东西。这块手表……是我女朋友送给我的。
>
> “凯斯麦特”：[ 饶有兴趣地、充满鼓励地牙牙学语，低头看着手表 ]
>
> 里奇：看，手表里会发出浅浅的蓝光……你喜欢吗？我上周差点把它弄丢了。

里奇谈他的女友时，“凯斯麦特”的反应看上去很害羞、谦恭、有同情心。里奇似乎可以相信机器人可以成为很好的伙伴。他玩得很开心。当机器人的声音变得低沉而有魅力时，里奇彻底地把自己投入到这种两人的暧昧、调情的互动关系中。“凯斯麦特”可以模仿人类说话的韵律，因此当里奇的语气亲密的时候，机器人的语气也同样如此。听起来这段对话好像是在鸡尾酒会或酒吧里发生的一样。

> 里奇：你知道失去的滋味吗？
>
> “凯斯麦特”：[ 肯定地点头，声音听起来温暖，饶有兴致 ]
>
> 里奇：你太神奇了。

此时，“凯斯麦特”充满感激地重复着类似“神奇”发音的词语。里奇完全震惊了，他似乎置身于一个刚刚开始的梦境中，他也许想要从机器人那里得到更多，有新的东西正等待着他去发现。在他们的对话中，当“凯斯麦特”把目光移开的时候，里奇总会侧身向机器人做手势，以让它继续看着自己。当机器人喋喋不休的时候，里奇总会打断说：“不，停下来。不不不，别说了。听我讲。我想我们有些情况。我想我们之间存在着某种关系。”

他们之间的确发生了“一些情况”。当里奇要走的时候，“凯斯麦特”恋恋不舍地发出呜咽声。里奇也给予暧昧的回应，想要获得“凯斯麦特”的目光。他成功了，“凯斯麦特”目不转睛地看着他。当“凯斯麦特”低垂目光，面露“羞涩”的时候，里奇已经不想离开了。这就是机器人做到“远远不止那些”的时刻。在这场双方的对话博弈中，究竟是谁在领舞，谁在跟随？在这场浪漫的际遇中，一方失去了分寸。在这个新的节奏中，也许分寸原本就毫不重要。这种新的关系点燃了彼此，激发了对方。里奇觉得自己失去了掌控，但却依然乐在其中。

里奇：停停，你必须得让我说。嘘，嘘，嘘……

“凯斯麦特”：[ 高兴地吃吃傻笑，感到很满足 ]

里奇：“凯斯麦特”，我觉得我俩发生了点情况。你和我……你太神奇了。

里奇赞叹不已，又一次问：“你是什么？”他必须要走了，但离别却不那么容易。有种甜蜜的忧伤弥散在空气中。

里奇：再见（感到忧伤地）。

“凯斯麦特”：[ 温柔地喃喃私语 ]

里奇：再见（语气更加低沉、温柔）。

“凯斯麦特”：[ 发出低沉、亲密的声音 ]

里奇：好吧……就这样吧。

最终，里奇还是放弃了。他决定不走了。他对“凯斯麦特”说：“你知道吗？等一会儿。我还是想继续和你聊天，还有几件事我还没和你说呢。”这段视频录像停止，画面上里奇凝视着“凯斯麦特”，沉醉在这一刻。

在这个案例中，我们可以看到如此复杂的情绪是如何通过一种近似亲密交谈的方式让我们满足的。随着我们与机器人的关系越来越亲密，我们的观念已经发生了巨大的变化。最初的时候，我们还在思考我们究竟制造了哪些问题，如今我们已经开始思考这些机器人会关心我们，与我们建立亲密关系，并继而受到创造物的激发而让我们更加充满生气。机器人的躯体满足了我们对于物质性的要求。机器人的凝视、脸部表情和声音，让我们似乎可以想象它们也拥有如同人类一样的思想与灵魂。

## 超越时刻：舞者与舞蹈

在我们的研究中，孩子们会把机器人“卡格”和“凯斯麦特”想象得栩栩如生而全情投入。他们经常想象，未来的机器人会有“卡格”那样精巧的身体和“凯斯麦特”那样拟人的脸。仅仅几年以后，“卡格”和“凯斯麦特”就有了直系后代。因为发明了他们的研究小组的研究生们制造出了新款的机器人。其中一款叫作“多莫”的机器人由阿隆·艾幸格（Aaron Edsinger）设计，它有一张比“凯斯麦特”还要精巧的脸，会说话，并且有视觉——这款机器人真的可以与人对话，并且拥有比“卡格”还先进得多的躯体。“多莫”可以和人进行目光接触，做出面部表情，跟随人的动作。它的抓握动作有拟人化的抗拒阻力。“卡格”机器人可以模仿人的动作，但“多莫”机器人则知道如何协作。

“多莫”的设计目的是为老年人或残疾人的日常生活提供帮助。我去参观这台机器人的那天，它的设计者艾幸格正在“教”它如何完成简单的动作：识别物体、抛掷球、把货物放到架子上等。但与麻省理工学院所有社交机器人的情况一样，当人们花时间和“多莫”在一起的时候，它的能力会超越这些基本的功能。即使是具有相当技术背景的人，都难以忘记机器人握住他们的手不放的那一刻。这一刻可能是一种不愉快的、甚至是惊悚的经历——和一台失控机器人的接触。但人们却把这种经历形容为令人兴奋的。有人感受到了机器人的注意，更有甚者，有人感受到了机器人的渴望。当然，人们会告诉自己，机器人其实并不具备上述这些能力。

人们从感性上直观地认为“多莫”有主观渴望，然后再用理性否认自己的这个想法。对于艾幸格来说，上面的这个过程再熟悉不过了。即使对于作为编程者的他来说，“多莫”的行为也并非迟钝且可预料。当艾幸格和“多莫”在一起的时候，他们似乎在互相学习。艾幸格教“多莫”递给他一个球，或把某件东西放进杯子里。他们的简单行为好像是亲密的双人芭蕾舞。他们似乎走得越来越近。

艾幸格摊开双手要“多莫”递给他一个球。“‘多莫’，拿来给我。”他用温柔的语调说。“多莫”捡起球，与他对视了一眼。“给。”它边说边将球轻轻地放在艾幸格的手中。艾幸格又让“多莫”把一盒牛奶放在货架上：“‘多莫’，货架！”“多莫”重复了一遍指令，完成了任务。“感觉怎么样？”艾幸格问它。“不错！”“多莫”回答。随后它又按照新指令把一袋咖啡粉放到货架上，把沙拉酱倒进一个杯子中。“‘多莫’，拿来给我。”艾幸格说。“多莫”言听计从地把沙拉酱递给了他。

艾幸格和机器人在一起合作得亲密无间，这场景好像之前提到的孩子们围绕在“卡格”机器人周围，把自己的玩具放在他的手上、肩膀上和背上一样，试图寻求身体的接触和投入。艾幸格承认自己很享受这一切：

> 在机器人的世界里，当你非常投入地与它进行肢体接触时，这是一种非常丰富的互动经验。曾经有一次，“多莫”试图拿走我手中握着的球，它的控制程序出现了一点问题。它的两只手似乎在推开我，我只能使劲地把它的胳膊按下，似乎是小朋友在试图挣脱什么。我感到我与“多莫”发生了肢体上的联系——这与你面对计算机镜头上模拟的脸时，感觉完全不同……你非常明显地感到它想要这么做，而你在竭力阻止它。它似乎是一个顽固的小朋友。它很沮丧，因为你按了它的胳膊，它消停了一会儿，然后又继续想要尝试。这完全就是一个顽皮、固执的小朋友的举止。我参与了“凯斯麦特”的研发，也参与过“卡格”的研发。那些机器人都没有给我这种肢体关系的感受。

艾幸格注意到，人们很快就能学会如何与机器人打交道，才能让它表现出最理想的状态。他提醒我，当我们与别人合作完成一项任务的时候，我们不会试图去捉弄对方——比如我们不会用一个有趣的角度递给对方麦片盒子，我们只会让对方更容易地完成工作。我们对“多莫”来说也一样。艾幸格说：“人们对与自己合作的人或机器人的能力都具有很好的洞察力。因此当他们知道‘多莫’做不了某些事情的时候，他们很快就会适应实际情况，并且试着帮助它。因此，机器人可以很愚笨，但当与人合作时依然可以做不少事情，因为人们在帮助它。”

作为“多莫”的编程者，艾幸格尽可能地探索ELIZA效应，试图帮助机器人掩饰不足，让它看上去比实际更有能力。在研究“凯斯麦特”和“卡格”的时候，我把人们的这种做法称为“共谋”。艾幸格认为，这样的目的是通过“杠杆作用”让“多莫”做更多的事情。“多莫”需要帮助。它关于任务整体的了解知之甚少。艾幸格说：“机器人很难理解人类意图的微妙性，‘多莫’所能做的是记录对方所在的位置，并自我询问‘我是否正在看着一个目光投向我的人’以及其他类似的问题，它并没有建立人的模型。”尽管如此，艾幸格说自己对“多莫”的体验已经非常接近真人了——这几乎会让他感到不舒服。对他来说，主要原因是“多莫”可以完全自主地运行很长时间——比如每次半个小时，而不受什么束缚。这不像他早期参与项目设计的机器人，每30秒程序就会暂停一次。他说：“我可以和‘多莫’工作半个小时而完全不做任何重复的动作。”如果一个人这样，那此人一定是笨拙透顶。但从机器人的标准出发，半个小时的自主运行已经是一个莫大的成就。

艾幸格说：“在半个小时的时间里，‘多莫’就从一个你可以开闭开关、做点小试验的东西，变成可以一直自行运作的东西……你会认为这个东西不是生物，而更像一种流动的存在（长时间停顿）。你最初的时候可能会认为它像生物体，但也正是这个原因才使得研究有些让人不舒服。我很享受这些。这也是我喜欢制造机器人的原因之一。”

这个“生物”想要挣脱束缚、逃离指令的那一刻，让艾幸格难以忘怀。艾幸格开始觉得“多莫”已经不是自己编程出来的一个机器，而有着自己的好恶和选择。他说：

> 对我来说，当事情开始变得复杂起来的时候……有时我知道机器人并没有自己的“意志力”，因为这些仅仅是行为表现而已，是的，正如字面意义上所说的那样，只是表现。但还是时不时地……它行为的协调非常丰富，似乎已经有了自己的意志力……并且在你没有心理准备的时候，让你猝不及防。对我来说，这就是有趣的地方。因为目前我在机器人体内运行的程序越来越多，类似这样的事情的发生频率也越来越高……
>
> 当机器人不知道该做些什么的时候，它就会四处张望去寻找人。如果它找不到人，它就会到它曾经找到过人的地方去寻找。因此，我会观察它做一些事情，当它完成的时候，就会抬头看着我似乎在说：“我做完了，‘我希望’得到你的赞同。”

在上面的这些情景里，并不存在“欺骗”。因为艾幸格知道“多莫”是如何“运作”的。知识与想象力可以相互连接，却不会相互干扰。这种亲密的关系正如孩子们和“卡格”的关系所预言的那样，技术的迷惑被理性揭开，但人们依然还是想用感性去爱。

艾幸格觉得自己所亲近的“多莫”既是生物，也是机器。他相信在人们学会与机器人合作之后，这样的感情还会持续下去。宇航员会和机器人一起去太空遨游，士兵会和机器人一起出征去战场，工程师会和机器人一起维护核电站。机器人将成为人们的伙伴，人们将会习惯与机器人共事。对于艾幸格来说，随着与机器人肢体接触带来的欣喜，这一切都会在不远的将来到来。他说："可以体验有自主意识的机器人的行为表现。有一件物体，它知道我的存在，它认识我，它想要与我互动。这太让人兴奋了。"

艾幸格认为，我们需要机器人帮手，并非因为未来照顾老人的人手不足。对他来说，创造社交机器人是一种探索的历程。未来的机器人会很可爱，想要拥抱，乐于助人。它们会和人们一起工作，知道人们的存在，关注人们的需求和愿望。艾幸格承认："如果人们感到机器人比他们知道的还要多，比他们还要更加心怀关切，那他们的确是被蒙蔽了。"但他并不认为这是道德问题。首先，关于机器人能力有限的信息是公开的，所有人都可以看到；其次，我们已经接受了这样一个事实：并不真正关心我们的东西一样可以抚慰我们。"我们从宠物、动物身上获得安慰，其实这些动物对我们的感受并不理解。"为什么我们就不能接纳（机器人）这种有着新局限的新关系呢？

艾幸格认为，除此之外我们也从别人身上获得安慰，但安慰的动机我们却毫不知情。这个问题我们在之前也讨论过。我们把关心者的角色分派给别人，但也许别人根本就不在意。比如生病住院的时候，护士握住我们的手，安慰照料我们。这位护士内心深处是否真的关心我们，这个问题真的重要吗？如果这只是例行公事、好像编程出来的行为，又会怎么样呢？那么这个按程序行事的护士是不是真人，又真的那么重要吗？对于艾幸格来说，答案是否定的。他说："当'多莫'握住我的手时，它总是让我感觉很好……某件事物按照它自己的意愿和需要去接触。我喜欢这样，我也愿意让自己那样感受。那种身体的温暖和被需要的模糊感觉，即使知道机器人完全不在意也同样让人难忘。"我让艾幸格进一步阐明自己的观点。当自己明知道机器人不"想"触摸他的时候，这样的接触还是同样让人愉悦吗？艾幸格给了我肯定的答案。但随后他又改口说："其实我内心中有点想说，'多莫'其实是在乎的。"

这正是机器人时代的经典一幕。即使是目前世界上最精通机器人的"用户"，也无法拒绝这样的想法：机器人"举手投足"间都流露着它们的"在乎"。如果我们足够坦诚地去回答"机器人在乎什么"的问题时，我们就必须接受它们在终极意义上是“冷漠”的事实。尽管如此，一只伸向你的手在说：“我需要你。需要你的照顾，需要你的关系。然后也许我会、我也想要照顾你。”机器人的能力再一次满足人性的脆弱。我们即使深知机器人的局限性，也一样可以与它互动，在这种单向的情感和爱中得到安慰。

## 超越时刻：灵肉合一

2005年的秋天，表演艺术家皮娅·林德曼（Pia Lindman）带着她独到的想法来到麻省理工学院。林德曼有着艺术家的视角，她想要找到一种方法将自己的脸和身体与麻省理工学院的社交机器人融合在一起。通过这么做，她希望了解机器人的思维。对于林德曼来说，机器人就是埃默森所称的“测试对象”。她想象着倘若自己可以融入到机器人的本质中，也许可以帮助她更好地理解自己。

麻省理工学院社交机器人的研发受到哲学传统的影响，认为身体和思维是无法分离的。在这一脉的哲学体系中有伊曼努尔·康德、马丁·海德格尔、莫里斯·梅洛–庞蒂及近年来出现的休伯特·德莱弗斯（Hubert Dreyfus）和安东尼奥·达马西奥（Antonioi Damasio）。这些哲学家认为，我们的身体是思维的工具，因此，任何想要成为智能装置的计算机都必须具备一定的硬件配备。并非所有人工智能研究的学派都认同这样的观点。其中一支被称为“象征符人工智能”（Symbolic AI）的学派将自己的观点追溯到笛卡儿关于思维与身体的二元论，认为机器的智能可以通过规则和事实的重现进行编程。

20世纪60年代，哲学家休伯特·德莱弗斯采用了“象征符人工智能”的观点，认为“计算机需要躯体才能成为真正的智能”。从这个观点可以推论出，无论智能机器人可以做到什么，它永远都不会成为真正的人，因为它所拥有的并非人类的躯体。因此，无论机器的功能如何强大，它总是性质不同的“它者”。神经科学家安东尼奥·达马西奥从不同的研究传统证实了这个观点。在他看来，所有思维和情感都是具化的体验。情感的缺失会削弱理性思维的能力，因为我们总是带着主观情绪进行思考。达马西奥在自己1994年出版的著作《笛卡尔的错误》（*Descartes' Error*）中，详细说明了这个观点。达马西奥强调说，并不存在精神与身体的二元论，也无法割裂思维和情感。当我们需要去做决定的时候，身体会通过快乐或痛苦的记忆引导我们理性思维，从而影响我们大脑思维的决策过程。这点可以用来说明为什么机器人永远都不会拥有类似人类的智能：它们没有肉身的情感，也没有情绪的感觉。近年来，像布鲁克斯这样的机器人科学家正在接受这个问题的挑战。他们认为，智慧的确需要身体乃至感情。但他们同时也强调，不一定非要人类那样的躯体才可以。2005 年，林德曼向布鲁克斯提出，想要尝试把自己的思维和身体与机器相连。

在此之前，林德曼曾于 2004 年发起了一个关于“悲伤”的项目。她从《纽约时报》上选取了许多表现人类悲伤的照片，比如痛苦的母亲俯身在自己去世的孩子面前，一位丈夫得知自己的妻子在一起恐怖袭击中丧生等。她重新绘画出这样的数百张照片，并把自己的脸和身体放在照片中人物的位置上。林德曼说，看到画面中的自己的时候，她感到了深深的悲伤。这是生物性使然：微笑或皱眉的表情会释放体内的化学元素，从而影响人的情绪状态。无论是我们看到别人的举止，抑或是我们亲力亲为，人类的镜像神经元都会发挥作用。我们的身体会通过我们的所见所闻让我们感同身受。林德曼在结束了这项关于“悲伤”的实验后，想要更深地探索身体与情感之间的联系。因此，她延续之前项目的方法论经验，开始进行与机器人的实验。她与艾幸格联合组成科研团队，用视频记录下了艾幸格与“多莫”机器人的交互过程，并且试着与机器人进行换位思考。

她开始体会当艾幸格被“多莫”出其不意的举止惊到的那一幕；体会当艾幸格试图将“多莫”的手臂按下、而“多莫”却反抗着似乎想要自由的那一幕；体会当“多莫”完成工作后，去到艾幸格常出现的地点找到他，让他无比惊喜的那一幕。通过人和机器人的亲密沟通，林德曼希望体会两者之间的界限。最终，林德曼创造出一部作品用以表达“欲望”的话题。

2006 年春天，林德曼在麻省理工学院的画廊展示了自己以艾幸格和“多莫”为主题的创作成果。她在墙上挂置了 34 幅她自己与机器人的画。在一些画中，林德曼模仿了机器人闲置时的表情，看上去惟妙惟肖。在这些图片中，林德曼看上去一半像机器，一半像人，并且两个角色看起来都恰到好处。

展示开始时首先播放了一段艾幸格与“多莫”一起工作时的影片。他们通过一系列动作进行互动，并且彼此沟通得非常顺畅。他们似乎可以预料到对方的反应，彼此照应。随后在视频中，林德曼以机器人的形象出现了。她身着灰色的外套，头发打成很紧致的发结。几分钟后，我就忘记了她是真人，而把她当作机器人。随后的视频里，林德曼的形象在真人与机器人之间模糊游走。我与我的同事在观看这段视频时得出了完全不同的看法。林德曼正是想通过这种手段表达她的观点：人和机器人之间的界限正在迅速变化。又有什么理由继续维持这样的界限呢？

在展览结束后，我私下见到了林德曼，她谈起了这次展览以及制作这段视频的感受。“我把自己变成了真人版的‘多莫’……我感受到了（艾幸格）与‘多莫’之间的心心相印……你会感受到，他们通过手势互动过程中的款款柔情，体会到他们相处时的愉悦。”她详述了艾幸格让“多莫”捡球的那一段互动。最初，球并不在“多莫”的视线范围内，机器人抬头看着艾幸格，似乎在请求他的帮助。它拉了拉艾幸格的手。林德曼说：“机器人可以通过触摸的行为获得许多信息。”“多莫”和艾幸格握手，互相凝视了一会儿，眼神中流露出请求的目光。林德曼说当她自己进行这段互动的时候，“满脑袋想到的不是去找球，而是一些浪漫的场景”。

这样的场景对于林德曼来说至关重要。她发现要扮演机器人，唯一正确的方法就是采用一个包括爱情元素的脚本。“让我能记住这些交互动作的唯一方法就是创造一个故事，把情感加入到动作之中，这让我记忆起来更加容易。”她知道艾幸格的体会可能完全不一样。艾幸格也曾经将机器人看作既是程序，也是生物体。“很多时候，他盯着密密麻麻的代码在屏幕上滚动。他从源代码中看到的是机器人的行为，但同样也会被肢体的互动所深深吸引。”艾幸格编写了“多莫”的代码，却通过触摸“多莫”的机器躯体对它有了更深的了解。看到电影中的这些片段，我似乎看到一位慈爱的母亲轻抚孩子的额头，检查孩子是否发烧。

关于艾幸格按住“多莫”的手以避免冲突的那一幕，林德曼这样描述：

> 艾幸格是像这样按住“多莫”的手（林德曼一边说，一边示意着），眼睛直视“多莫”似乎想从它的眼神里读出它在做什么：它的眼睛正在看着哪里呢？它是否迷惑了呢？它是否试图理解它的所见所闻呢？和“多莫”进行目光接触是很关键的事情。艾幸格做到了。他真的通过凝视“多莫”的目光来理解它在看哪里。“多莫”慢慢地转过头来，也看着他。这一刻太浪漫了。

艾幸格在回忆这一刻时，说自己感受到了被追求的快乐。因此当林德曼表演的时候，她将欲望的情感带入到机器人和人此刻的交互中，一点也不显得夸张。她说："似乎我需要假设机器人有感情才能理解它。"她只有在进入女生追求男生的情景时，才能最好地扮演"多莫"。"是的，"她承认说，"这是我最擅长的事情。"

在"悲伤"项目中，林德曼的身体所处的位置，给她带来了落魄和屈辱的体验，她把这个效果归咎于镜像神经元的作用。她也预计在机器人身上重复这个实验会有非常不一样的结果，因为"机器人没有感情"。但最终，她必须要创造感情才能成为那个没有感情的物体。"为了记住机器人的动作，我必须要对自己说：'它这么做的原因，是因为它有这样的感受。'这与我自己感同身受不一样，因为我需要的是动作背后的逻辑。"她必须假想机器人同人一样，也有镜像神经元。她在同自己的经验进行着矛盾的思想斗争。如果人作为主体可以与非生命体进行亲密地交流，这就明显与专家的观点矛盾了。

哲学家伊曼纽尔·列维纳斯认为，面孔的出现可以触发人类的"道德契约"感。一张活生生的面孔会说："你不能杀我。"甚至在我们知道面孔背后是什么，在我们知道这是机器的脸之前，我们也同样会受到"道德契约"的约束。机器人的面孔表明了可以识别他人的一个自我存在。它将我们放置在一个渴求被识别的视野中。这并非关于机器人识别我们的能力，而是关于我们的主观希望。

林德曼想象着艾幸格是如何想要得到机器人的认可，只有这样她才能更好地扮演艾幸格的角色；同样，她只能通过想象机器人是如何希望得到艾幸格的认可，才能扮演好机器人的角色。因此，"机器人寻找绿色小球"的这一幕被林德曼演绎成为一个内心充满困惑的机器人，找到离它最近的人，双眼凝视他，握住他的手以求安慰。这常常是人们感受到亲密感的经典一幕。不仅是林德曼演绎得如此，就连艾幸格自己也体会到了这种亲密感，尽管他的专业知识让他非常清楚机器人行为背后的原因是什么。对于林德曼来说，这样的互动提出了一个严肃的问题："究竟什么是真情实感，什么是虚情假意？"

林德曼担心她所采用的浪漫化的脚本"对于我们来说也许不够真实"，因为机器人"是机械的组合，没有灵魂"。然而在她的"悲伤"项目中，她发现悲伤的情绪总是通过一系列结构化的模式表达出来。她认为这种模式是生物性和文化共同塑造的结果。因此，如同机器人一样，在我们情感表达的背后，同样有着我们自己的程序。我们受到这种机制的影响，即使在我们感情最丰富的时刻也同样如此。林德曼问道，如果我们的感情是经过这样的程序中介的，那么我们的情绪与机器人的情绪又有什么本质的区别呢？林德曼认为，二者之间的界限已经消失了。我们的“真情实感”机器人也同样可以拥有，反之亦然。

这正是我开始的时候所谈到的问题。未来我们需要回答的问题不会是：比起宠物和家长，孩子们是否会更加爱自己的机器人伙伴？我们很可能要回答：爱是什么？当我们与机器人的关系更加亲密的时候，这意味着什么？我们是否已经准备好从机器人的镜子中看到自我，把爱视为一种行为的表演呢？

在林德曼关于“悲伤”的诠释中，她感到自己的身体触发了某种思维的状态。同样，当她扮演“多莫”的时候，她说她“感觉”到了机器人的思维。但林德曼对“穿越”体会机器人思维保持着更加开放的态度。在完成“多莫”项目后，她开始探索如何将自己的脸部和控制机器人“梅茨”的计算机连接起来。

麻省理工学院媒体实验室 Lijin Aryananda 研发的机器人“梅茨”有着金属的头部、可弯曲的颈部，在脸部表情、语音和视觉功能上都较“凯斯麦特”有了长足的进步。和“凯斯麦特”一样，“梅茨”的一双乒乓球大小的黑色眼睛上，有着一对富有表情的眉毛。这个功能设计的目的，就是为了让人可以对机器人的感觉更加友善。它甚至真的会说一些简单的英语。和“多莫”一样，“梅茨”设计的用途就是成为居家伴侣和帮手。使用一段时间后，它就可以自行识别人和物，并用情感恰当的语气与人聊天。林德曼希望能够把自己“接入”机器人，从而可以直接体验到“梅茨”的内心状态。“我会体会到它的感觉。”她很兴奋地说。林德曼还希望在这个过程中，能够对自己的大脑进行扫描，以将自己的大脑活动与机器人的活动进行比较。“我们可以真的将两者放在一起对比，”她说，“我会成为人工智能具化的代表，我们可以看看当机器人微笑的时候，我的大脑中是否也有微笑的反应。”

很快，林德曼就发现无法将她的大脑与机器人的外部设备连接起来。因此，她改变了自己的计划。她的新目标是将自己的脸而非大脑，与“梅茨”的控制计算机连接起来，从而“换上‘梅茨’的面部表情，成为人工智能表情的工具”。试验进行了一段时间以后，她感到在“自己是谁”和“成为机器人后的感觉如何”这两者之间存在着一道隔阂。她希望试验能有助于她理解究竟人的特殊性是什么。从这个意义上来说，这个试验项目不仅是关于渴望和机器人亲密沟通，同时也是试图回答这样的亲密沟通是否可能。林德曼想象着这道鸿沟说：“你会说，好吧，这是属于人性的特质部分。”

首先，林德曼制造了一台可以控制她的表情的机器。这台机器由一组机械钳子、杠杆和线路组成。“从体验我的脸部被摆弄出不同的表情开始。”这个过程很痛苦，也促使林德曼重新思考，她曾经希望未来可以实现的、人与机器的直接接入。“我并不害怕太多的痛苦，但我更担心的是伤害，真正的伤害、生物性的伤害、脑部伤害。我也知道这样的伤害也许不会发生，但这的确很吓人。”林德曼还在想象着另外一种伤害。如果有一天，她真的将自己和计算机程序连接起来，她相信自己会拥有前人没有拥有过的知识量。她会体会到被外星人“掳走”的经历。也许她会感到巨大的拉升力，而自己却毫无抵抗之力。而她担心的“伤害”就与此相关。她也许会学到许多自己并不需要的知识。这样的海量知识正是我们与机器亲密关系的界限吗？这样的知识是禁忌吗？会造成伤害吗？

林德曼的方法很新颖，但她提出的问题却并非是新鲜事物。机器能产生感情吗？它们需要感情才能产生完全的智能吗？人们与机器连接的方式难道只是将自身的情感投射到机器上，而这样的情感却又是机器无法理解的吗？哲学和人工智能领域在很长的时间里都在试图回答上述问题。在我自己的研究中，我认为人工智能的局限性在于，无论是计算机中介还是机器人，都没有人类的生命循环。在我看来，一个反对机器人心理治疗师的人会认为：“我怎么可能和一个没有母亲的机器，谈论手足之争的事情呢？”最近，一些科学家为了解决机器缺少情感的问题，决定设计装载一些这样的情感程序。在人工智能领域中，人们已经不再讨论“计算机需要躯体才可能变得智能”，而转而讨论“计算机需要情感才可能变得智能”。

“情感计算”（affective computing）领域的计算机科学家，会觉得自己的研究得到了来自社会科学家们的支持。因为社会科学的研究表明：人们总是把自己的情感投射到计算机上，以帮助人们更具建设性地与计算机一起工作。例如，心理学家克利福德·纳斯（Clifford Nass）教授和他的同事们从一系列实验中发现：“即使在与自身关于机器的既有信念完全违背的情况下，人们依然会和技术产物进行社会互动行为。”人们会赋予计算机个性特征和性别，甚至会调整自己的反应以避免伤害机器的“感情”。在一次颇具戏剧性的试验中，第一组人被要求在计算机 A 上进行一系列的任务，然后再在同一台计算机上对任务执行的情况进行评估；第二组人同样被要求在计算机 A 上进行一系列的任务，然后却在计算机 B 上进行评估。结果发现，第一组对计算机 A 的评分要远远高于第二组。基本上，参与者不愿意“当面羞辱”这台计算机。

纳斯教授和他的同事们认为：“当我们面对任何具有人类行为的特征——如会说话、根据输入进行反应的物体的时候，我们大脑的本能反应是下意识地将其当作人类看待。”在这个前提下，他们建议科技应当被设计得更“友好”一些，以满足实际使用的需要。这些科技产品更容易得到人们的青睐，并且更容易使用。但将机器设计得如此“友好”还导致了道德方面的影响。“它对人际关系方面产生了许多次要的影响（比如信任、持久的友谊等）。”在我看来，这一些次要的影响却是问题的核心。制造一台便于使用的机器是一回事，但赋予它迷人的性格则是另一回事。然而，这正是“情感计算”（与社交机器人）的研究方向之一。

这个领域中的计算机科学家希望能够建造这样一种计算机：它会评估它的使用者的情绪状态，并且以自己相应的“情绪”状态予以回应。麻省理工学院的罗莎琳德·皮卡德（Rosalind Picard）由于最早提出了“情感计算”的概念而广为人知。他在文章中写道：“我得出了以下结论，如果我们希望计算机可以真的拥有智能、可以适应我们、自然地与我们交互，那么它们就需要识别和表达情感的能力，也就是拥有‘情感智能’（emotional intelligence）。”机器人是否有情感，抑或表现得似乎有情感，这两者之间的界限已经模糊。的确，正如马文·明斯基所说，“情绪与我们称之为‘思考’的过程并没有什么特别的差异”。他的这个看法与安东尼奥·达马西奥相同，但却得出了不同的推论。在明斯基看来，这意味着机器人将成为情感思维的机器。而对于达马西奥来说，除非机器人拥有同生命体一样特征和问题的躯体，否则它永远无法真正地拥有情感。

在实际工作中，“情感计算”方面的研究者都在尽量避免使用“情绪”（emotion）

这样的字眼。因为“计算机的情绪”这样的话题总是会遭遇强烈的非议。计算机是如何拥有情绪的呢？而“情感”（affect）则听起来更加恰当、合理一些。更像是用户界面策略而非哲学观点。但“情感”的同义词也包括“情绪”、“感觉”（feeling）、“直觉的”（intuitive）以及“非认知的”（noncognitive）等。当“情感”成为计算机可以拥有的一种特质的时候，这个词语就失去了上述这些含义。同样，“智能”一词在用于形容机器的时候，也会发生类似这样的词义损失。“智能”曾经指代一种浓厚的、分层的复杂特征。它具备敏锐的洞察力和常识。但当计算机也开始变得“智能”的时候，这个词就蜕变为单纬度的、专门指代认知方面的能力。

林德曼认为自己在“多莫”、“梅茨”机器人上进行的试验，对“情感计算”领域作出了贡献。她相信“多莫”机器人需要一层额外的情绪智能。因为这种情绪并没有在最初设计的范畴内，因此她说当进行角色扮演的时候，她需要“自行添加”这样的情绪。我聆听着林德曼是如何在“多莫”和艾幸格的关系中添加了渴望与温柔，但心里却有着完全不一样的反应。“情感计算”模糊了人与机器人之间的界限。也许林德曼在机器人中“加入”情绪是一件好事，因为这回答了“人的特殊性究竟是什么”的问题。

## 透过机器人的眼睛

“多莫”和“梅茨”都是非常先进的机器人。但我们知道，即便非常简单的机器人同样可以引发人们的亲密感。还记得把自己的“爱宝”既当作机器、也当作生命体的计算机科学家约翰·莱斯特吗？他仔细研究了“爱宝”以后，认为机器人将会改变人类进化的过程。他说：“未来人们不仅仅将机器人当作工具使用，我们还会去关心、照顾它们。机器人教会我们如何对待它们，如何和它们一起生活。我们会进化到去爱我们的工具，而我们的工具也会进化得更加可爱。”

莱斯特与林德曼、艾幸格一样，发现人们会将情感依附于这样的创造物上。他知道这么做有风险，于是有些腼腆地耸耸肩说：“我的意思是，我现在能做到自己与‘爱宝’有一种感情连接，因为它可以让我做许多我以前从来没有做过的事情……像‘爱宝’这样的终极工具会让这个社会做许多从来没有做过的事情。”莱斯特认为，“爱宝”会发展成为使用者的左膀右臂，扩展人们的臂膀之所能及、视野之所能见的范围。它可以让人们用新的方式与真实的物理空间进行互动。莱斯特认为：“我们会透过机器人的眼睛看世界，并且通过机器人的身体与世界互动……机器人的身体和你的身体会部分融合在一起，工具和身体通过永恒的、物理的方法永远结合在一起。”这也正是布鲁克斯谈及的、将人类肉身与机器结合的问题。以后不再有“它们机器人”和“我们人类”的区别。也许我们将与机器生物融合；抑或再进一步，我们将变得如此接近它们，我们需要通过它们才能更好地认识自我。在前者中，机器人依然还是“它者”，但这个“它者”会使你变得更加完整。

萨德·斯塔那（Thad Starner）也有类似的梦想。他是麻省理工学院可穿戴计算小组（Wearable Computing Group）的创始人。这个小组的研究对象就是前些年很热门的“半机器人”。他想象着如何像抚养小孩子一样养育机器人，正如布鲁克斯抚养“卡格”一样。但斯塔那坚持认为，“卡格”以及后来的“多莫”、“梅莰”，都还没有达到极致。它们生活在实验室中，无论设计者是如何出于好意，它们都永远不可能像人类婴儿那样被对待。斯塔那希望把自己的人生经验教给机器人，他在自己的衣服里装上了感应装置，这些装置可以让“计算机见我所见、闻我所闻、经历我所经历的世界”。斯塔那说：“如果我在某次会议上碰到了某人，它就会听到我说，‘嗨，戴维。’然后握手。如果它随后看到我输入此人的名字和档案信息，也许它就会真正地开始理解‘认识’的意思。”在斯塔那看来，创造的“不仅仅是一个人工智能的机器。它就是我”。

27 岁的格雷格是一位年轻的以色列创业者，他刚刚从商学院毕业。格雷格同样梦想着将机器人和人连接在一起。这也是他未来创业的方向，并且希望能够在短期内发家致富。在格雷格的设计中，他手机的数据将会驱动一台机器人。他说：

> 白天，我会随身带着我的手机。晚上回到家后，我会把手机连接到一台机器人。这台机器人也是智能的，但与之前的那些都不一样。它很了解我的家，知道如何料理它。如果我生病了，它也知道该怎么照顾我。机器人会坐在我身边，为我准备材料，以方便我进行商务通话时使用。当我旅行的时候，我只需要携带我的手机，在特拉维夫会有同一型号的另外一台机器人。我只需要把我的手机连接到这台机器人就可以了。机器人可以做的事情会更多，背部按摩当然是必不可少的。如果你遇到紧急的医疗状况，它还可以提供紧急

治疗。对于年轻人来说，它是一个靠谱的帮手；对于老年人来说，则意味着更多。

我们生活的故事涌入到手机中，我们再通过手机来激活机器人。当手机的“大脑”与机器人的身躯相结合的时候，文件整理的工作和按摩理疗的工作就可以由机器人一肩挑。这是一个关于安全、智能伴侣以及生活护理的美好想象。谁又不会被吸引呢？

莱斯特想象着从“爱宝”的眼睛里看到世界：这是进入一个通过技术强化了的环境的入口。其他人则从相反的角度来看，认为机器人本身就会成为环境。物理环境中将会混合着我们想要植入机器人的人工智能。2008 年，我在一家软件公司对一群有着技术背景的听众进行演讲。一些设计师对我说，未来人们根本不会与独立的机器人互动——这已经是过时的幻想了。我们想要从机器人那里获得的那些东西，都会被植入到我们的房间中。房间会变得智能化、情感化，给我们提供帮助。未来的房间会明白我们的语言和姿势。它们会具有幽默感，会察觉我们的需求并提供慰藉。我们的房间将成为我们的朋友和伙伴。

## 拥抱“机器人时代”

关于机器人、亲密感和其他更多可能性的故事，可以引发许多哲学和心理学方面的讨论。但最近，当人们开始讨论日常生活中引入机器人的可能性时，相关的讨论变得非常具体。人们想要明白在特定的情景中，机器人可以帮上什么忙。托尼是一位高中教师，他刚刚过完了自己 50 岁的生日。在过去的几年中，他的生活进入了新的阶段。他所有的孩子都上了大学，父母也都过世了。他和夫人贝蒂一直忙于照顾贝蒂的母亲娜塔莎。娜塔莎今年 84 岁，正处于中风的康复疗程阶段，同时也显示出老年痴呆的早期症状。当娜塔莎还年轻的时候，脾气就不太好。如今，她变得更加焦虑和苛刻。她常指责自己的女儿和女婿照顾她的时候做得不够好，她总是不满意。托尼已经筋疲力尽，正在考虑其他的办法。他们也很谨慎地讨论过，是否把娜塔莎接到他们自己的家里来住。但因为他和贝蒂都要工作，因此他们需要请一位保姆来照顾娜塔莎。他听说近年来专门用来照顾老人和孩子的机器人发展迅速。这是一个新的选择。他的第一反应很积极。

> 如果让我比较是使用机器人保姆还是雇用外来佣工照顾老人，机器人也许是更好的选择。感觉有点像乘坐维珍航空公司的飞机时，你可以选择自己喜欢的电影一样。你可以按照自己的需求来要求机器人。它不会做事粗鲁，也不会对什么都一窍不通，更不会有小偷小摸的行径。它非常安全、专业化、个性化。我喜欢这样。因为老年痴呆症的原因，娜塔莎的生活能力正在急剧下降。如果机器人有照顾老年痴呆患者的功能，比如测试她病情的严重程度，并且据此作出一些诊断和刺激的话，那就太棒了。

托尼又重新思考了一会儿，然后说：

> 但也许我错了。我想当我老了以后，我可能也不希望照顾我的是机器人。事实上，也许让机器人照顾我，会让我更加生不如死。因为与真人的接触是如此的重要。即使当人得了老年痴呆症，甚至在无意识、昏迷的状态中，病人还是会对人的触摸和安抚有反应。我想我也希望娜塔莎得到真人的照顾。我自己也是。我以前看过这样一个实验，人们用毛线猴子玩具替换掉真的猴子妈妈，小猴子就对假猴子信以为真。我在大学里面看到这则实验的时候，感到非常的悲哀。不，你需要真正的猴子来保持自己的尊严。你的尊严就像是一个人，如果没有它，我们就好像被捆绑在挤奶机器上的母牛一样。抑或我们的生活就像一条组装流水线，最终你只能与机器人一起终老。

托尼知道自己有些自相矛盾：机器人是专业化的帮手，可以像医疗专家一样诊断病情的严重程度；同时，机器人也像毛线猴子玩具。他试图在这个矛盾的观点中得出结论：

> 我想如果当人们意识还清醒的时候，使用机器人帮手没有问题。你可以与机器人互动，并且很清楚地知道它是机器人。但你不想临终的时候还是由机器人陪伴。你需要真正的人。每个人都应该由人陪伴走过人生最后的旅程。但我的感觉还是很矛盾、很复杂的。看看机器人和孩子们。真的，还有抚养孩子的问题。玛丽莲·弗伦奇（Marilyn French）称抚养孩子是“一把屎、一把尿，还要让他吃四季豆”（shit-and-string-beans）的过程。如果机器人能帮忙做这些事情，岂不是太好了。当你做这些的时候，你感到自己和机器人没有什么两样。

因此，我倒是很高兴把抚养孩子和照顾娜塔莎的这部分脏活、累活交给机器人来做。当然，抚养孩子要更辛苦一些。但如果这是所有家长的责任和常规义务的话，那我还是可以亲力亲为。因袭陈规的事情大多数人都会去做。比如我们并不禁止孩子看电视，但也不认为电视对孩子有益。

托尼很不高兴将自己置于自相矛盾的尴尬境地。但许多人都同样处于进退两难之中。坚持观点是一件很困难的事情。饱受生活艰辛的我们，常常会认为机器人是可能的解决方案。我们该如何拒绝它们呢？托尼说："（用机器人取代真人）缺乏真实性对我来说不是什么问题。为了获得我们需要的服务，真实性是必要的代价。我想说，如今满足生活的实际需要要比奢侈的真实性更重要。我希望有机器人能帮我打扫娜塔莎的房间，就好像吸尘器的作用一样。所以，保姆机器人，我认为它没有问题。"

贝蒂在一旁静静地听着这段关于她母亲的对话。她希望母亲能够尽可能地住在自己的房间。也许机器人可以在家里帮助她的母亲。她说：

机器人可以让她的生活更加有趣。也许这意味着她可以独自生活更久。但更让我放心的是，它不会像有些保姆一样可能虐待她、忽视她，或者手脚不干净。我想她也会选择机器人。机器人也不会很苛刻，对她永远都会很积极、很阳光。她会和机器人熟悉起来，并且和它在一起生活很自在。像托尼所说的那样，正如电视对孩子们也有负面影响，机器人对老人也同样有负面影响。但综合考虑，还是利大于弊。

贝蒂接着开始说起自己生活中的那些"机器人"。她说自动柜员机也是机器人。她很高兴在自己郊区的社区中有一家本地银行，银行周末还是会有职员、咖啡和一盘甜点。"我太喜欢我们的小银行了。如果有一天我走进银行，发现职员变成了训练有素的机器人，这会让我很不舒服的。在自助式加油站、自动柜员机那里，你失去了人与人之间的亲密感。"

然而对于她的丈夫来说，社区银行只是用来怀旧的地方。

银行的出纳不是本地人。他根本就不认识你，也不在乎。和他聊天没有任何意义，因为他像机器人一样进行工作。如果你真的和他聊天，那就成为了"老一代"：那些退休在家的人无所事事，想要和排队的每一个人以及职员聊天。因为这就是老人所有社交生活的场所——银行、杂货店、理发店。当你还年轻的时候，你觉得自动柜员机没什么不好。然而当你年纪大了、孤独一人、想要倾诉的时候，你却会发现根本就无人倾听。因为你每天都在和机器打交道。

年轻的时候站在自动柜员机前等候，年老的时候则希望与人接触。托尼的说法道出了机器人时代的本质。当我们站在自动柜员机前，或与像机器一样的银行职员互动的时候，会感到我们自己就像机器人一样呆板、机械，“学会了和机器说话”。因此，似乎把机器人放在原来人所在的地方，也是一件很自然的事情。托尼进一步说：“当我们把工作变成机械流程的时候，我们似乎更愿意由机器来完成。即使这工作是由人来完成的，他们和他们所服务的人都会感觉像机器一样。”

渐渐的，我们对于生活中的许多事情、甚至是抚养老小的事情，都愿意尝试使用机器来完成。托尼试着把注意力放在积极的一面上。老年痴呆症患者可以由一台技术精良的机器人来照顾，孩子们也可以由机器人照料，这样就可以把家长们从每天“一把屎、一把尿”的日常事务中解脱出来。但他心里还是隐隐地有一个疙瘩：机器人平常看来都没有问题，只是那个小猴子被剥夺了母亲的画面，让他久久难以忘却。

托尼最后的这个反应也许是非常美国化的。在日本，对于机器人的热情则是无条件的。使用机器人的哲学基础已经完备。日本机器人科学家很喜欢说，即使是使用报废的缝衣针，也要由仪式来安葬。在日本的一些神殿，包括性玩偶在内的玩具娃娃都会被妥善地安置。给非生物体赋予生命是日本文化的惯例。如果缝衣针都可以有灵魂，那么为什么机器人不可以有？在机器人时代，一场遍及日本全国的宣传活动，描绘出未来机器人帮助日本家庭照顾孩子、料理家务的场景，而女人们则可以被解放出来生育更多的后代——延续传统的日本家庭价值，同时也重建由于互联网导致的彼此隔离的社交生活。

许多日本人认为手机、短信、即时信息、电子邮件和网络游戏是造成社会隔离的原因。许多人将注意力放在屏幕上，却对家庭生活不理不睬。人们不再面对面地交往，也不加入社团组织。在日本，网络带走了人际交往，而机器人却被视为重塑这种人际交往的方法。科技已经异化了我们，而机器人会治疗病态的社会。

我们已经绕了整整一圈。机器人让我们越来越痴迷于没有生命的科技，最后却被视为解决人们沉迷于虚拟网络社交的“解药”。我们希望机器人把我们从虚拟的时间中解救出来，重新回到现实的物理世界中，去和彼此进行真实的社会互动。

会是这样吗？

ALONE TOGETHER

| 第二部分 |

# 网络化生存
## 亲密关系中的新型孤独

WHY WE
EXPECT MORE FROM
TECHNOLOGY
AND
LESS FROM
EACH
OTHER

WHY WE EXPECT MORE FROM TECHNOLOGY
AND LESS FROM EACH OTHER

ALONE
TOGETHER

# 08

## 永远在线

### 网络自我的三种新状态

人们通过移动设备把自己牢牢地拴在网络上，从而获得自我的新状态。第一种状态是“逃离现实世界”：也许他们正在你身边，但他们的精神已经游离到了另一个世界；第二种状态是“双重体验”：人们能够体验到“虚拟与现实的双重人生”；第三种状态是“多任务处理”：人们由于可以同时处理多种事情而赢得了更多时间。

皮娅·林德曼带着“半机器人”的梦想走进了麻省理工学院。她并不是我见到的第一个有这个梦想的人。早在1996年夏天，我在麻省理工学院媒体实验室就遇到了7位背包的年轻研究员，他们的背包内装有电脑和无线电发射器，口袋内装有键盘，数码显示屏夹在眼镜框上。身着如此装备，他们称自己为“半机器人”，并时刻通过无线与网络连接，丝毫不受电脑桌和电缆的限制。这组研究团队即将创造三个可以同时在现实和虚拟时间中生存的新型“半机器人”。和皮娅·林德曼带给我的感觉一样，我被这几个所谓的“半机器人”感动了：我看到了他们为人体与科学技术融为一体的理想而心甘情愿牺牲自己的大无畏精神。笨重的机械或芯片植入皮肤下，导致皮肤受损，然后结痂愈合，这些“半机器人”却并不在意。植入体内的智能系统使他们看起来像是残疾人，但他们却可以耐心地向别人解释。

在麻省理工学院，“半机器人”成为老师、同学谈论的话题，人们在讨论到底这些“半机器人”想要做什么呢？支持者乐此不疲地向他人解释人体和智能机械体的结合是如何神奇，可以提高工作效率和记忆力。据说“半机器人”看起来有点像科幻片里的外星人，但这种技术并不可怕。在当今信息环境日益复杂的情况下，我们的大脑需要帮助，“半机器人”技术不过是使人类具有更好的适应和协调能力的一种工具。

而那些“半机器人”却告诉我另一种说法：他们感觉自己脱胎换骨。一个二十五六岁的“半机器人”对我说，他觉得自己“变成”了一件电子设备。他曾经很害羞，而与人相处的焦虑状态导致他记性也不大好。经过改良后，他感到自己可以“运转”得更好，因为当和别人再次谈话时，他几乎可以立刻在头脑中“搜索”出和这个人之前相遇的情形。他说：“有了这一系列的连接设备，我感觉自己不仅能更好地记住别人的名字，知识储备也增大了，而且感觉自己的社交能力和适应能力大大增强，我感到自己无所不能！没有它，我感觉自己是裸体的，什么都做不了；有了它，我成为了更棒的人。”但伴随着这种魅力而来的是一种游离感。

“半机器人”是一种新型游牧者，在现实世界与虚拟世界中来回穿梭。现实世界不过是在其视野范围内所能看到的一种事物而已。早在20世纪90年代中期，当“半机器人”在剑桥肯德尔广场来回走动的时候，他们就不仅能够搜索网络，而且还能发送电子邮件和即时信息，并对远程计算机进行访问。他们的世界是多重的：也许他们正在你身边，但他们的精神已经游离到了另一个世界。

10年的时间内，微型智能手机取代了“半机器人”制作精密的装备，我们每个人都成了曾经看似外星人的“半机器人”。我们体会到全天候在线的生活方式，在某些方面，我们的生活将变得更加自由；但在另外一些方面，也会受到限制。现在，我们全都是“半机器人”。

人们热爱这种新的连接技术。它使父母和儿童更有安全感，并引起了一场商界、教育界、学术界和医学界的技术革命。美国公司用糖果和冰激凌的口味（如巧克力味、草莓味或香草味等）来给手机命名的做法绝非偶然。对于他们来说，新的通信技术是甜蜜的。这项技术改变了我们约会和旅行的方式。全球范围内的网络连接技术可以使穷乡僻壤变成学术中心或经济活动的中心。“手机应用”（APP）这个词代表了通过移动设备完成任务的乐趣。其中一些最新设备是我们以前几乎连想都不敢想的（就我个人而言，比如有一种 iPhone 手机应用，它可以“听”音乐、对歌曲进行识别，然后推荐你在网上购买下载）。

除此之外，网络连接技术还给人们，尤其是青少年，提供了一个自由的空间，进行自我身份和认同感的探索，这正如埃里克·埃里克森（Erik Erikson）所说的“停滞的时空”（moratorium）。年轻人可以自由地做着成长历程中需要做的事情：和某人相恋或分手，追寻或摈弃某种想法。现实世界往往很难为他们提供这样的场所，但网络使这一切成为可能。

我们不必像转动中的曲轴或挂了挡的机器（不得不向前进）一样，从生命的一个阶段进入到另一个阶段。我们并不能在适当的年龄完成所有属于那个年龄应该做的事情。我们必须继续向前，用现有的资源在生命中的每一个节点尽力做到最好。尚未解决的问题，可以重新解决；错过的经历，可以重新体验。网络给我们提供了新的空间，去弥补人生中这些残缺的经历。这也是成年人和青少年利用网络来进行自我身份或认同感探索的原因。

当你生活的一部分是在虚拟空间中度过时——可能是在社交类游戏《第二人生》中，在现实和虚拟之间就建立起了一种复杂纠结的关系。在游戏中，我们将以某个虚拟化身示人，却将真实的自我完全展露。在 Facebook 这样的社交网站中，我们貌似以真实身份出现，而实际上却常常在简介中把自己美化包装成为另外的人——我们想要成为的那个人。现实和虚拟的界线变得模糊。虚拟空间给我们提供了作出承诺而不必履行的连接。因此，当我们生病的时候，不要指望网友会来探望，更不要指望网友会和我们一起庆祝孩子的成功，或者和我们一起哀悼去世的父母。尽管人们都深知这点,但还是会在网络空间投入许多感情。人们将数字化生活描绘成“希望之城”，在那里可以得到很多新的东西。过去，人们驻足聆听马车、脚步或是邮车的声音，它们带来远方的消息；而如今，只要有片刻的空闲，人们就会去查看自己的电子邮件、短信和即时信息。

人们对网络技术带来的好处趋之若鹜，相比之下，我在踏上“半机器人”之路上却显得缓慢而平庸了许多。我每天都带着移动电话，而之前我坚持抵抗了许多年。

有人在穿越隧道、危险的十字路口时打电话，信号时有时无。因此我不喜欢和这些人通话，反而替他们担忧。比起移动电话的通话清晰度，我的座机具有更高的清晰度和保真度。我一般不喜欢整天都处在随传随到的状态。但现在情况不同了，因为我在国外读书的女儿希望随时都能打通我的电话。我很感激网络使我和女儿能够时刻保持着联系。孩子将我的通话视为一种约束，因为通话是实时的，她没办法同时做其他的事。为了尊重孩子，我转而发短信联络。这有点令我尴尬。

然而，尽管是些小事，但足以让我认同“半机器人”所声称的增强体验的说法。由于和网络捆绑在一起，“半机器人”可以体验到以往所无法体验的乐趣。而我和大多数人一样，仅仅体验到一星半点。有时我会盯着 iPhone 联系人列表看，看我手机中珍藏的每一个人，其中每一位和我都不过是一通电话的距离。如果我所拨打的人没空和我通话，我可以给他们发送一条问候信息，这样他们就会知道我正在想念着他们。浏览一下最近与家人和朋友的交流信息，我感到很欣慰。女儿在读高三时发给我的信息我都保存了下来。看着这一条条的信息，一种温暖的感觉涌上心头：“我忘了穿绿色毛衣了，老妈，给我送来吧！”“能六点来船屋接我吗？”“告诉护士我生病了，上课一点劲都没有，想回家。”当然，手机里面还存有许多我给女儿拍的照片，多得超过了我用相机拍摄的数量，并且一直随身携带着。

而且，即便是这些简单的快乐都能带给我惊喜的冲动。每天早上起床之后和晚上上床之前，我做的第一件事就是查看电子邮件。我开始意识到，获取关于专业问题和需求的新信息并不是开始和结束一天的好方法。但我也必须如此不开心地继续着这样的习惯。我向一个朋友承认了自己的烦恼。我的这位朋友是一位 70 多岁的女性，并且是位虔诚的基督教徒，自从少年时期就开始坚持每天早上阅读《圣经》。她承认自己每天只有先查看手机信息，才能开始灵修。延迟打开收件箱如今已经成为她虔诚的灵修的一部分。她每天晚上都会在睡觉前查看信息，还因此患上了失眠症。

养育功能是机器人技术中“杀手级”的应用。照料机器人的任务让我们沉迷其中，乐此不疲。这与网络生活有相似之处，随时在线，而且随时和我们在一起。我们照料着网络生活，而网络生活也让我们对之产生依赖。

就像是麻省理工学院的“半机器人”一样，我们在线时感到自己变强大了，这与机器人时代相似。但是在这两个案例中，机器人时代可能留给我们的是更单薄的生活。机器人技术和网络连通性找到了共通之处。和社交机器人在一起时，我们是孤单的，但是收到的信号却告诉我们，我们是同在的。我们因网络连接而同在，但是我们对彼此的期待却削弱了，这让我们感到彻底的孤独。可能存在的风险是：我们开始把其他人视为实用性的客体而去接近，并且只愿意接近对方那些实用、舒适和有趣的部分。

无论是机器人生活还是网络生活，都可以帮助我们把自己从现实的、复杂的、凌乱的生活浪涛中转移出来。一旦实现这种转移，我们就会更不愿意离开，更不愿意去冒险。2010 年，有一首歌在 YouTube 上变得非常流行："你想和我的虚拟化身约会吗？"这首歌的结尾歌词是这样的："而且如果你对我不满意，下线吧，下线我们就两清了。"

社交机器人的发展前景对我们而言是巨大的诱惑，这使我们对网络生活有了新的看法。在本书的第一部分中，我们看到，当儿童的成长伴随着对社交机器人的喜爱之情时，他们也准备好去接受网络为他们提供的"更单薄的关系"。现在，我倾向于研究网络是怎样使我们做好准备，去接受一段机器人提供的"更单薄的关系"。这是一种自我束缚，一种使人不安的孤立状态。我已经说过，人们通过移动设备把自己牢牢地拴在网络上，从而获得一种自我的新状态。从一开始，它就意味着某种授权：它可以从现实环境中脱离——包括其中的人。它能同时体验到现实世界和虚拟世界。而且它能通过多任务处理产生更多时间，这是我们 21 世纪的魔法。

## 状态一：逃离现实世界

现如今，人与人之间的联系并不取决于我们之间的距离，而是取决于我们可以使用的交流技术。大多数时候，我们随身携带着这些科技手段。事实上，孤单也许看起来更像是群聚的前提，因为当你心无旁骛地、不受干扰地盯着你的屏幕时，可能更有利于交流。在这一套新规则里，一个火车站（又比如一座飞机场、一间咖啡馆、一所公园）不再是一个公共场所而是一个社交聚集之地：人们在此相聚，但并不相互交谈。每个人都"拴"着一台移动设备，这台设备就像一扇大门，使他们与更多的人和地方联系在一起。我在布鲁克林长大，那里的人行道看起来很特别。过去无论在什么季节——即使是冬天，当白雪被刮去时，地上会露出粉笔画的"跳房子"游戏格子。我与一个曾是多年邻居的同事说起这件事。如今这些游戏格子消失了，孩子们依然会出门，但他们都在打电话。

当人们在公共场所进行电话交谈时，他们一直持有这样的隐私意识：假设他们周围的人不仅是匿名的，而且是不在场的。在最近一次从波士顿到纽约的火车旅行中，我坐在一位男士旁边，他正在与女朋友谈论他的问题。虽然我试着不去听，但还是听到了以下内容：他最近酗酒发作，他父亲不再愿意添补他的收入。他认为他的女朋友花钱太多，而且他不喜欢她十几岁的女儿。我感到非常尴尬，于是在走道里来回寻找看看有没有其他座位，但是火车上都坐满了。我只好无奈地坐回到我的座位上，挨着这位喋喋不休的抱怨者。万幸的是，他没有对我抱怨，但是我真的希望我能马上消失。也许这没有必要，因为我已经被他当作一个不在场的人了。

如果我们换个角度来解释这件事情，也许会更有意义：正是那些在打电话的人，把他们自己标为不在场的人。有时候，人们通过把电话贴在耳朵上来暗示他们不在场，但是这种情景经常以更加微妙的方式发生——在宴会或会议期间，人们可能都在低头看手机。“场所”原本包括现实环境和其中的人。但如果人们身体在场，而注意力却在别处，那么这个场所是什么呢？在离我家一个街区远的咖啡馆里，几乎所有人在喝咖啡的时候都抱着一台电脑或者智能手机。这些人并非我的朋友，但某种程度上我想念他们的存在。

显然，当我们旅行时，会对“场所”有新的体验。离开家园，是一种重新审视自身文化的方式。但是如果这一过程是被束缚的，如果我们一直携带着自己的家园，结果又会怎样呢？我认识一位负责把美国学生送到西班牙大学留学的项目主管，有一次她向我抱怨学生们并没有“体验西班牙”，而把业余时间花在 Facebook 上与家乡的朋友交谈。我深有同感，想起我十几岁的女儿首次得到手机之后的那个夏天，在一次去巴黎的旅行中，我花了好几个小时与她一起散步。当我们坐在一间咖啡店里、等着一位朋友来和我们共进晚餐时，丽贝卡接到了一个同学的电话，邀请她在波士顿一起吃午饭，此时波士顿时间比我们晚了整整 6 个小时。我女儿说得很简单：“现在不行，但是星期五怎么样？”她的朋友并不知道她不在波士顿。在我小的时候，“地球村”的概念还很抽象，而我的女儿却生活在一个具体的“地球村”里。无论是从情感层面，还是社会关系层面，她都从未远离家乡。我问她，如果与波士顿断了联系是否就无法安心地体验巴黎（我当时暂不考虑我本人就能让人回忆起波士顿，而她，谢天谢地，没有提到这个问题）。她告诉我，她很开心。她喜欢和朋友们保持联系。她好像并没有理解我的提问。我有点伤感，担心丽贝卡正在错过一段我年轻时珍惜的经历：一个纯粹的巴黎。我的巴黎，来自一种与我熟悉的一切隔绝的兴奋感。而我女儿的巴黎并不包括这种错位。

当丽贝卡和我从法国回到家中时，我与一位心理分析学家好朋友谈起了这场旅行。我们的讨论让她追忆起自己第一次去巴黎的经历。那时她16岁，和父母一起旅行。但是当他们与她的弟弟一起看风景时，她却坚持要待在酒店房间里，给她的男朋友写一封长信。少男少女们总是在若即若离之间平衡着。我们得承认我们的需要是相似的，我们的环境是新奇的。互联网就像往一个新瓶里装上旧酒。现在我们能总是在别处了。

在我与丽贝卡从巴黎回来的第二个月，我记下了我与同样在别处的同事们在一起的情景：一次会议上，成员们因为被要求放下他们的手机而抗议；一次学院会议上，参加者在自己上台发言之前一直在发电子邮件；一次会议上，与会者建立起网络通道，当发言者演讲时进行私下讨论。

自从在大学任教之后，我发现了许多这样有趣的例子。但关于注意力分享的一些稀松平常的习惯，却真正改变了我们的日常生活。家长们在他们推婴儿车时查阅邮件。儿童和父母在家庭聚餐时收发短信。2009年11月，我在意大利佛罗伦萨观看一年一度的马拉松比赛，一个跑步者经过我时，手里还编着短信。当然，我也试着用我的手机把她拍下来。5年之后，我上网的能力终于赶上了我女儿。现在当我出门旅行时，我与网络的接口总是处于开启状态。在世界的另一端，住在一间好酒店里总让人感到安全而舒适，但这些都比不上不间断的网络连接的重要性。

有些研究把美国人描绘成这样一群人：他们有越来越强烈的不安全感、与世隔绝、非常孤单。我们比以前工作时间更长，经常身兼数职。即使是高中生和大学生，在时间本该是最充裕的那几年，也说他们不去约会，而是“挂在网上”，因为“谁有那么多时间（去约会）”？我们远离我们出生的社群。在没有大家族支持的情况下，我们不得不拼命养育小孩。那些曾经把我们牢牢连接在一起的宗教组织和公民社团已经被遗忘了。对那些已经丧失了现实连接感的人来说，连接意味着你做一张自己的主页、建立一个自己的场所。当你身处其中时，通过定义你所属的地方，在网上加的“好友”中间，你获得了自己的归属感。对于那些感到自己没有时间的人来说，社交关系可以替补取代，通过它你可以便利地获得陪伴。机器人随时待命，而且既有趣、又顺从。在网络上，你总是能找到这样的人。“我绝对不想远离我的手机，”一位同事告诉我，“我的游戏在里面，我的个人网站在里面，没有了它，我简直紧张得要命。”

现在，我们的机器之梦不再孤单了，而是总在掌控之中。这些在面对面的交流时代不可能发生的事情，却能通过机器人、亦或通过迈入数字人生的大门来实现。

## 状态二：虚拟与现实的双重体验

从一开始，用于分享实用信息的网络技术就被处理成一种关系技术。因此，例如互联网的始祖阿帕网（Arpanet），发明之初是为了便于科学家能在研究中相互协作。但是很快，它成了一个流言泛滥、打情骂俏、聊天闲扯的场所。在20世纪90年代中期，互联网的发展脉搏与新的社交形态一同跳动。网上出现了聊天室、电子公告等多用户同时在线的社交场所，然后很快就出现了诸如《*Ultima 2*》和《无尽的任务》（*EverQuest*）这样的角色扮演网络游戏，它们都是《魔兽世界》游戏的前辈。在这些游戏里，人们制造出虚拟化身，这是可以进行自我表达的虚拟自我，而且生活在与现实相平行的世界里。人们坐在电脑前面，从现实世界的电子表格和商业文件里逃离并转向他处，在那里居住着他们的在线角色。虽然这时的游戏大多数以中世纪大探索之类的题材出现，但虚拟世界仍然引人入胜，因为这里提供了全新的社交生活以及扮演理想自我的机会。在20世纪90年代早期，一名网络游戏玩家告诉我："开始时，我在虚拟世界里'打打杀杀'，但现在我只是进去找朋友聊天而已。"

在人生的进程里，我们一直在处理身份问题，而且这种努力从未停止。我们的做法很简单，就是用好手头的材料。从一开始，在线社交世界就提供了新的材料。在线上，相貌平平的人扮演着富有魅力的角色，上了年纪的人扮演着年轻人，年轻人扮演着上了年纪的人。这些普通人穿戴着制作复杂的虚拟珠宝。在虚拟空间里，跛脚的人行走不需要拐杖，害羞的人也有机会引诱别人。现在，网络游戏和网络世界已经变得越来越复杂了。《魔兽世界》就是最受欢迎的一款付费游戏，它把你与1 150万玩家一起放在艾泽拉斯的世界里。在这里，你可以控制一个人物、一个虚拟化身，它的性格、天赋、获得的技能都处于持续的发展变化之中，为此，它需要参与交易、勘查地形、与怪兽搏斗，以及继续探索。在有些游戏中，你能自己一个人玩，这种情况下你大多有人工智能的帮助，比如像Bots这样的机器人程序就能扮演人物的角色。或者你能与其他玩家结成同盟，在网上攻城略地、征服世界。这可是一件需要高度协作才能完成的事情，社交生活也因此而展开：你需要跟你的玩家伙伴发电子邮件，或是发信息聊天。

《第二人生》和其他游戏类型不同，与其说它是一款游戏，不如说它是一个虚拟的“场所”。在这里没有输赢，只有生活。你创建一个你自己的虚拟化身，给它起名字。你可以在一大列菜单里进行选择来设定虚拟化身的相貌和衣着。如果这还不够，你还可以给自己量身定做一套外貌。当你对“你”的外表感到满意了，就可以在《第二人生》中去过一段足以让你“爱上人生”的生活。你可以获得教育、开创生意、购买土地、装修家园，当然，也可以拥有社交生活——包括爱情、性和婚姻。你甚至可以赚钱——《第二人生》里使用的货币可以兑换成美元。

当你的生活在这里展开，你可以在虚拟的酒吧、咖啡馆、餐厅闲逛，可以在虚拟的海滩上放松自己，也可以在虚拟的会议室里开商务会议。如果一个人花费大量时间在《第二人生》和角色扮演游戏上，那么有时候他们会觉得自己的网络虚拟身份比真实身份更接近真实的自己。这当然只是个游戏，但这是一款严肃的游戏。

从历史角度来看，人们在“假装另一个人”这件事上并没有什么新意。但是在过去，这种玩法一定要依靠具体的身体代替。十几岁时，我很爱读这样的小说：年轻的男人和女人为了度过不愉快的爱情风波而出国旅行散心的故事。在欧洲，他们“假装”在经历令人心碎之事以后仍然毫发未损。如今在马萨诸塞州的威斯顿，46 岁的皮特正在试着找到一种方法让他迅速走出婚姻失败的阴霾。他只须打开他的 iPhone。

我与皮特在秋天的一个暖和得有点反常的星期天见面。他照顾着两个孩子，一个 4 岁，另一个 6 岁，同时照看着他的手机。这部手机给了他一条通向《第二人生》的通道。在《第二人生》里，皮特已经创造出了一个虚拟化身，一个浅棕色皮肤的帅气小伙，名字叫罗洛。作为罗洛，他已经向另一名叫杰德的女性角色求婚，她是一个小精灵一样的女人，留着短短的、锥形的、金色的头发。一年前，罗洛已经与杰德举行了一个精心安排的虚拟“结婚”仪式，参加的人都是他们在虚拟世界里最好的朋友。皮特从来没见过虚拟化身杰德背后真实的那个女人，而且他也不想这样做（当然，也有可能操控虚拟化身杰德的是一个男人，皮特也知道这一点，但是他说“我不想去见”）。皮特是这样评价杰德的：聪明、热情、容易交谈。

在大多数日子里，皮特会在出发去上班之前登录《第二人生》。他和杰德（用打字）交谈，然后让他们的化身彼此亲热一下，这得益于《第二人生》支持的动画功能。生活和游戏之间的界线已经变得很模糊了。在线上，皮特和杰德谈论性，以及《第二人生》中的绯闻，他们也谈论金钱、经济衰退、工作和健康的话题。皮特正在服用降低胆固醇的药品，但效果并不很明显。皮特说他很难和“真正的”妻子艾莉森谈论自己的担忧，因为她会“担心我可能死去并丢下她孤单一人”。但是他能和杰德说这些。皮特说：“《第二人生》给了我一个比现实生活中更好的夫妻关系。在《第二人生》里，能最大限度地做回自己，杰德能接受我这样的人。我与杰德的关系使我能继续留在之前的婚姻里，和我的家人在一起。”这真是显而易见的讽刺：杰德是一个虚拟化身，她从来没有见过皮特，也没有和他亲口说过话，而皮特向她展示的也不是一个忠于原貌的躯体，但是对皮特来说，杰德是最能接受他“最真实自我”的人。

皮特喜欢星期天去运动场，他和他的孩子们，也同样和杰德在一起。他说：“我的孩子们看起来很满足……我感觉我和他们是在一起的……我来这里是为了他们，但是只是作为背景。”我迅速环顾运动场四周。许多成年人既关注着自己的孩子们，同时也在看着自己的手机。他们在查阅家人、朋友或是同事发的电子邮件和短信吗？他们是在看手机相册吗？他们是在平行世界里与虚拟情人约会吗？

人们总说：人一直都在寻找逃避自我的方法，无论是从主观愿望还是从客观可能性来说，互联网都是一个不算新奇的选择。我认为这话是对的。皮特的虚拟人生与有些人所采用的、更传统的婚外情有些类似。这也与人们在商务旅行和度假中“假扮他人”的行为十分相像。当皮特一手摇晃着孩子们的秋千，一边对杰德倾诉衷肠时，这一幕我们并不陌生：一个男人发现婚姻之外的关系能给他想要的东西。但是也有一些是我们感到陌生的问题，即虚拟与现实生活的同步和混搭：一方面要在虚拟世界里浪漫倾诉，同时却要在现实生活中对 6 岁的孩子大声吼叫。皮特说他的网络婚姻是他的“混合人生”中重要的一部分。我问他“混合人生”这一表述是怎么来的，我从来没听过这个说法。皮特解释说，“混合人生”就是把你在线上和线下的生活混搭在一起。现在，我们关注的不仅仅是对生活的满意度，还包括对“混合人生”的满意度。我们已经从“多任务处理”转向了“多向度人生”。

人们只须连接移动设备，就能进入“混合人生”。在此之前，人们必须坐在电脑屏幕前才能进入虚拟空间。这意味着经过显示屏的信息都是经过思考的，并且与你能在电脑前花多少时间有关。现在，有了移动设备作为媒介，人们可以轻松流畅地进入虚拟世界。这让我们更容易地使用虚拟化身来缓解每天的紧张不安。我们把 Facebook 当成是“我们自己”，但我们的线上表现已经承担起了他们自己的人生。我们的在线自我发展出清晰的个性。有时我们会认为他们是“更好的自己”。我们为他们投入时间和金钱，希望能因他们而获得赞扬。然而，我得承认，麻省理工学院是一片高科技领域——最近有些人给过我名片，上面包括他们的真实姓名、Facebook 链接，以及他们在《第二人生》中虚拟化身的名字。

在说到社交机器人时，我曾说过：人们一开始认为它只是聊胜于无，而后来却认为它的确比真人更加出众，因为它可以陪伴我们，满足情感需求。现在，有些相似的事也发生在互联网上。尽管电子邮件、文本信息以及 Facebook 上的短消息是一种清淡关系，但如果和失去联系之间进行取舍，它就变得非常有用了。我们开始习惯于这种特殊的满足感——无论何时何地，只要我们想联系、需要联系，我们就能联系，而且中断联系也很容易。过不了多久，你就能看到人们把 Facebook 上的生活描绘得无与伦比的好。他们用个人站点来分享个人思考、音乐和照片。他们的熟人圈子持续不断地扩大。不管他们的兴趣有多么小众，他们都可能被来自世界各地的热情的粉丝簇拥着；不管他们周边的文化有多么狭隘，他们都是世界性的。在这种精神的鼓舞下，当皮特聊起《第二人生》时，他高度赞扬了这款游戏的国际化风格，以及他获得了在虚拟世界中接受教育的机会。他声明，他在“现实生活”中也花了很多时间与朋友和家人在一起，但是他觉得《第二人生》是他更愿意与人打交道的方式。

除了《第二人生》外，皮特在《魔兽世界》里也有一个虚拟化身，而且他也定期登录 Facebook、LinkedIn、Plaxo 之类的社交网站。他每天要查阅一个工作账号和三个私人电子邮件账号。我曾经把这种在不同身份之间的游走比喻成“骑脚踏车兜风”。但是现在，有了移动科技，“骑脚踏车兜风”已经加快发展成为虚实参半的“混合人生”，固化成一种持久的、共存的关系。即使是一部简单的手机也能把我们带入“心不在焉”的世界。

几年前，我的一个研究生对我说，有一次他和一个同学穿过整个校园的过程中，对方都在不停地打电话。我的学生很生气，几乎完全不能相信："他把我放在'暂停'键上，难道他指望我会在他打完电话以后，提醒他聊到哪个话题并接着聊下去？"在那时，他朋友的行为显得粗鲁而令人困惑。仅仅在几年之后，这种事情就见怪不怪了。移动科技把我们每个人都变成了"可暂停的人"。我们面对面的谈话经常被突如其来的电话和短信打断。在用纸张写信的年代，如果一个同事在开会期间阅读私人信件，是很难让人接受的行为。但从当前的新礼节来看，你的朋友当着你的面转身接电话或者回复短信，几乎成了标准动作。当别人手持手机，很难说他的关注点是不是在你身上。低头看手机的家长、伙伴或孩子都已经心不在焉却不自知。在餐馆里，客人们被要求将手机调至震动状态。但是很多人根本不需要铃声或是震动就能知道他们的手机有动静。"当我的手机有动静时，屏幕会变化，"一名 26 岁的律师说，"这时屏幕会发亮。即使我把手机放在提包里……我也能看见它，感觉到它……我总能知道我的手机发生了什么事。"

人们能熟练地制定规矩，以划出界线来区别工作场所和家庭、游戏、娱乐场所。比如特殊的时刻（安息日），特殊的会餐（家庭晚餐），特殊的服装（在家卸下的"盔甲"，不论它是商人的西装还是工人的工装），以及特殊的场所（餐厅、客厅、厨房、卧室）。现在，科技随时随地都陪伴着我们，这些界线也变得模糊不清。我们在推动科技持续发展方面走得太快，而忽略了这条传统的、有益的界线。

萨尔，62 岁，丧偶，把这条被抹去的线形容成"瑞普·凡·温克尔体验"（Rip van Winkle experience，比喻时代的落伍者）。5 年前，当他的妻子生病时，他痛不欲生。现在他的妻子已经去世一年了，萨尔重新开始了自己的社交生活。他开始在家里款待客人。在他第一个小型的晚餐聚会上，他告诉我："我邀请了一位女士，大约 50 岁，在华盛顿工作。在谈论到中东问题时，她在谈话中拿出自己的手机，但并没有对着手机讲话。我想知道她是不是在查阅电子邮件。我当时觉得她这么做不太礼貌，所以我问她在做什么。她说她在发博客，她在'博客'这场会议。"这件事过去几个月后，萨尔仍然将信将疑。他觉得一场私人朋友之间的聚会应该似乎包围着一道无形的墙。但他的这位客人生活在"混合人生"里，却把这场晚会当成了可以在更广阔的虚拟舞台上展示的一个机会。

## 状态三：多任务处理

20 世纪 80 年代，我就生活与科技的话题采访了一些孩子，他们写作业时，常常开着电视、听着音乐，并时不时被掌上游戏机分散注意力。孩子们常常一边做代数题，一边玩《超级玛丽》。今天，这种回忆听起来几乎就像田园牧歌一样遥远。儿童做作业（包括做其他事情时）通常还登录 Facebook、上网购物、听音乐、玩在线游戏、发短信、看视频、打电话和收发即时信息。这里唯一没出现的就是电子邮件，因为大多数 25 岁以下的年轻人都认为电子邮件已经过时了，只是在大学里或提交工作申请时才需要使用。

多任务处理曾经被认为是一种缺陷。随着时间推移，它似乎已经渐渐地被重塑为一种优点了。长期以来，年轻人吹捧自己有同时处理多件事情的能力，关于其优点的讨论也变得有些离谱。专家们宣称，多任务处理不仅是一种技能，而且是你迈向成功和在数字文化中必须学习的一种技能。甚至还有这样的观点：老派的教师一次只能做一件事情，这对学生的学习是不利的。现在我们必须惊讶了，因为我们是如此容易被打动。当心理分析学家研究多任务处理时，他们并不关注它有多高的效率，与此相反，多任务处理在任何一项研究任务中都表现不佳。但是多任务处理仍然让人自我感觉很好，因为身体会回馈一种引起多任务处理"高潮"的神经化学物质。这种"高潮"物质误导当事人认为他们自己是极具成效和富有创造力的。为了追求这种"高潮"，他们甚至想要同时处理更多的事。在未来，会有很多这样的现象需要我们去整理和研究。科技容易实现什么，我们就容易爱上什么。我们的身体和科技"共谋"。

如今，甚至有一些教育工作者也试图把智能手机引进课堂，而另外一些人却尝试禁止学生携带手机以让他们能安心于课堂学习。在我任教的大学里，教授们分成干预和不干预两派。我们的学生都是成年人，我们没有义务去命令他们怎么做笔记，或者当他们上课走神时命令他们专注听讲。但是，当我站在充满 Wi–Fi 信号的课堂里，学生们在上 Facebook 和 YouTube、在线购物、听音乐时，我当然还是希望我的学生们能回到课堂。我认为他们不应该用上课时间来干别的事情。有一年，我在上课时提出了一个讨论主题，并建议学生们把要点写在纸质的笔记本上。有些学生说自己似乎解脱了。一个大二学生说："现在我不会再被 Facebook 上的消息所吸引了。"

其他人很生气，甚至有些粗暴无礼。当然，他们并不是为了捍卫利用上课时间上网购物和下载音乐的权利，而是坚持说他们喜欢用笔记本电脑来记笔记。我要求他们手写笔记然后把这些内容敲进电脑。当他们抱怨为什么要两个步骤、多此一举时，我悄悄地想：这是个多么棒的学习策略啊。我坚持了我的决定。但是第二年，我向这股风气低头了，我允许学生做他们想做的事。但是我与我的一些同事们都注意到：那些在课堂上一直开着笔记本电脑的学生表现并不如其他学生。

媒介总是随时能够满足人们的需求，人们也因此失去了选择交流方式的意识。那些使用智能手机的人说，他们有时似乎看着他们的人生在电脑屏幕上“上下移动”。他们看自己的人生就好像是在看一部电影。其中一个人说：“我看手表是为了感知时间，我看手机是为了感知人生。”许多成年人承认，电子邮件和短信打扰了他们工作，让他们分心，但是他们也说自己永远不会放弃使用这些媒介。当我特意问一些十几岁的年轻人，关于在做作业的时候被类似 Facebook 消息或是新短信之类打扰是什么感受时，很多年轻人似乎并不明白我的提问。他们的回答是这样的：“事情原本就是那样的，我的生活就是那样的。”当一个人在手机上的生活真的成了他的现实生活，问题就来了：手机版本是一个未经编辑的生活版本。它所包含的内容太多，超过了一个人的生活时间。虽然我们跟不上它的步伐，但我们仍觉得有必要对它负责。毕竟，这是我们的人生。我们力图成为一个能跟上科技发展节拍的自己。

网络设备允许我们在上面同时叠加更多的任务，因而促成了一种全新的时间概念。因为你在做别的事情时也可以发短信，发短信不仅没有占用你的时间反而给了你时间。这不仅是令人愉悦的，简直是不可思议的。我们千方百计想要挤出一点额外的时间，但是发展迅速的生活促使我们开始读诸如《慢活》（*In Praise of Slowness*）这一类的书。而且，我们找到了许多方法来陪伴家人和朋友，虽然在陪伴他们时，我们很可能是心不在焉的。

无论年长年幼，我们都被这样强大的媒介使用习惯所影响。十几岁的年轻人抱怨父母不允许他们吃饭的时候查看手机，也不让他们把手机带到学校参加体育活动。汉娜，16 岁，是一个看起来有点阴郁、安静的高中一年级学生。她告诉我，好几年来，当她妈妈接她放学或者下舞蹈课时，她都试图引起妈妈的注意。汉娜说：“汽车要开动了，妈妈会一边低头看短信、一边开车，对我甚至没有说过一句‘你好’。”类似的故事也发生在其他人身上。

父母们说，他们为这样的举动感到羞愧，但是他们马上又开始为自己开脱和辩解。他们说，他们比任何时候压力都大，他们努力应付这些邮件和短信。他们总是觉得自己落后了。他们如果不琢磨公司的事，就没办法安心度假。他们的办公室就在他们的手机上。他们抱怨雇主要求他们一直在线，但是随后也承认他们对交流设备的喜爱超越了一切专业期待。

当年轻人感到时间紧张时（比如交作业的时间到了），可能会试图从这种“随时在线”的文化要求中逃离。有些人会使用父母的网络账号，因此他们的朋友就不知道他们在线了。成年人此时也会隐身。在周末，移动设备被忘在办公室或是锁在桌子抽屉里。当雇主联系他们时，这些人会运用各种花招。他会说自己在冒险旅行或是从事极限运动。当我写到这里时，坐飞机时依然可以长时间没有手机信号或网络信号。但是现在甚至连这一点也有变化了，许多飞机开始引入 Wi–Fi 信号。

在一个被科技束缚的世界里，很可能产生过载的情况。然而大多数人都承认，衡量成功的办法是看一个人处于随时在线的情况下能做成什么事。黛安娜，36 岁，一家美国中西部地区大型博物馆的馆长，面对科技为她设定的节奏，她感到应接不暇。

> 我几乎想不起周末什么时候有这么一件事，也不记得什么时候做了备忘录，也常常忘记地址簿里的这个名字是谁。我的电子邮件程序有这样的功能，单击一下发件人的名字，然后“噗”的一声它们就进了我的地址簿。现在每一个给我写信的人都被登记在我的地址簿里了。任何人都是潜在的联系对象，一位买家、捐赠者或是基金募集者。过去所谓的地址簿，现在更像是一个数据库。
>
> 我希望让自己做得更好，但是我的工作已经占据了我全部的生活。或者说，我的全部生活就是工作。当我在日程表、地址簿、电子邮件和短信之间奔忙时，我感到自己就像是一个“宇宙之主”，一切都是如此有效率。我是一台全速运转的机器。直到凌晨两点，我的手机都开着。我睡眠不太好，但是我仍然对发给我的这些信息应接不暇。

> 现在说到工作，有人希望我能开通一个 Twitter feed 同步程序，在 Facebook 上推介博物馆，以及开通一个博客，更新博物馆动态。这意味着这些事情我都得负责。我的嗓子有些问题，已经嘶哑很长时间了。不是因为谈话太多，我大多时候是在打字，但是工作强度伤害了我的嗓子，医生说这可能和神经有关。

黛安娜和程序在一起时，感觉自己像是一个“宇宙之主”。然而，她是唯一一个受到网络生活侵蚀但仍然足够坚强，并把自己视为“全速运转的机器”的人。她和丈夫已经决定要好好休一个假。她盘算着告诉自己的同事她要“断网”两星期。但是黛安娜一直在拖延她的计划。她不知道休假计划怎么实施。博物馆的惯例是：可以休假但是休假期间要保持网络畅通。因此，假期往往就意味着在某个风景如画的地方工作。确实如此，无线网络的广告一般是这样的：一个英俊男子或一个美丽女子坐在海滩上。被科技拴住的我们，并非想否认美丽风景给我们带来的乐趣，仅仅是想在一个风景美丽的地方处理工作而已。曾经，移动设备争相出现在广告画面里。现在，它们只是被巧妙地暗示。我们知道成功总是离我们不远。人们去休假时，腾出的只是空间，但没有卸下责任。在一个即时交流的世界里，黛安娜的症状是与之相符的：她开始成为一台交流的机器，但是她失去了属于自己的声音。

当黛安娜计划她的“离线假期”时，她承认她真的非常想去巴西：“但是我得有个在巴西时不在线的理由。在亚马逊帮忙造房子，又有谁知道他们是否有 Wi–Fi 呢？我的假期新说辞：我至少必须得假装没有理由让我带电脑。”她在遥远巴西的假期终于成行了，但是假期结束时，她告诉我：“每个人都随身带着手机。他们坐在帐篷里，把手机放在身上，好像是一些巨大的卫星在天空中停泊。”

黛安娜说她每天会接到大约 500 封邮件，数百条短信和大约 40 个电话。她指出，有些商业信息是通过多个渠道发过来的。有人会给她发短信和写邮件，然后打个电话，并在她的语音信箱中留言。“这是客户焦虑，”她这样解释，“他们通过交流让自己更好受一点。”在她的世界里，黛安娜已经习惯于接到一条急匆匆发来的、希望她马上回复的信息。她担心自己没有足够的时间来处理信息里说的事情。而且，在一片喋喋不休的交流喧哗之中，很难判断到底有哪些事需要处理。

人们在一个用快速回复电话、邮件、短信和联系来衡量成功的世界里形成自我。而对自我的测量，基于科技的诉求变得更容易了。但是在大容量、高速率的科技压力下，我们发现了一个悖论。我们坚持认为我们的世界越来越复杂了，然而我们已经创造了这样一种交流文化，这种文化削减了我们坐下来不受干扰地思考的时间。当我们运用那些几乎是需要立即回应的交流方式时，我们也失去了考虑复杂问题的足够空间。

特里是一名 46 岁的律师，在波士顿一家大公司工作，他毫不隐讳地提出了这个论题。“就拿电子邮件来说，我回答那些我能立即回答的问题。而且人们希望我立即回复他们。但是这不光是速度的问题……这些问题已经转化成了——我能不能马上回复他们。”特里认为，法律问题需要花费时间和考证细节，而且他说：“人们现在已经没有耐心等待了。他们发来邮件，并希望我们飞快地回复。他们愿意放弃细节。真的，客户想现在就听到我们的答案，因此我把答案写在邮件里回复给他们……可能回答这些问题就会占用我一天中大部分的时间……我感到压力很大，很难区分重点。”他更正了自己的说法：“当然，不是科技导致了这些，但是科技让人们对速度有更大的期待。”我们又回到了关于可见性和脆弱性之间的谈话。科技赋予我们速度，我们被彻底征服了，并乐于过上加速度的生活。特里说：“我们有时会用‘干掉’一封电子邮件这样的说法。没有人真的‘干掉了什么东西’，因为他们真实希望的是科技加速前进。”

和黛安娜一样，特里指出，客户频繁地给他发短信、写邮件、在语音信箱中留言。“他们说的是‘满足我’，他们觉得自己有这种权利。”他总结了自己过去 10 年的经历：“电子交流使我们如释重负，但是最终，它也把我推上了一个快速运转的、枯燥繁重的跑步机，但是这和富有成效的工作是两码事。”

我和一群律师聊天。他们坚持认为，如果没有“手”（cell，是 cellphone 的简称），他们的工作是不可能完成的。他们说的“手”，指代的是如今拥有堪比台式电脑强大功能的智能手机。律师们坚持认为他们的工作很有成效，是移动设备“解救”了他们，让他们在家时、在和家人去旅行时依然可以处理工作上的事情。女性律师特别强调说，网络生活使她们既能坚持工作，也能陪伴孩子。然而，他们也说移动设备侵蚀了他们用于思考的时间。其中一位说：“我没有足够的时间独自思考。”还有一位则说：“我得争取思考时间。”“我得刻意安排时间去思考。”“我得挤出时间来想问题。”这些阐述方式都是基于一个脱离了科技的“自我”，一个能够把科技暂时放在一边、并按照自己的需求独立运转的自我。这些阐述方式与不断涌现的屏幕里的生活形成了鲜明对比。就如同麻省理工学院的“半机器人”一样，这种现实让我们学着把自己视为和设备连为一体的人。想要获得更多思考时间，就意味着要关掉手机。但是这不是一个简单的命题，因为这些设备甚至比我们自己更能配合我们对身体和头脑的感知。他们提供了一套社会和心理的定位系统，一套束缚自我的导航系统。

对于黛安娜来说，休假是一段当她坐在出租车上、排队中、走路去上班时一直梦寐以求的停工时间。但是所谓的“停工时间”里，她试图通过交流来跟上变化。这可能是一段我们从生理上、情感上需要保持自身专注能力的时间。但是黛安娜并不允许它只属于自己。她使用的是新型的时间：与他人分享注意力的时间。

黛安娜回避电话，因为接电话的实时性对她的注意力有太高的要求。但是正如被电话所取代的面对面互动一样，电话可以传递一些发短信和写电子邮件无法传递的信息。参与打电话的双方都在场，如果有提问，马上就能得到回复。人们在电话中也可以表达复杂的感受。与之相反的是，电子邮件往往就是一来一往，得不到结论。这容易让人产生误解、感到受伤。而且误解越深，发的电子邮件就越多，远远超出了必需的数量。我们开始体会到，那些收件箱里未读消息的总量，是一个沉重的负担。然后，我们把这种想法也投射到他人身上，担心我们发出的消息也对他们造成了负担。

我们的担忧是有理由的。我的一个朋友在 Facebook 上面说：“处理你积压的电子邮件，最大的问题就是当你回了邮件，人们就会答复一封！目前为止，我每处理 10 封邮件，就会收到 5 封新邮件！我的目标是今晚处理 300 封剩下的邮件，明天处理 100 封。”这种感受目前相当普遍。然而，从朋友口中得知我们被“处理了”或是“清除了”，是会有些伤心的，这些都是我们在说到垃圾时才会使用的语言。

一封电子邮件或是短信似乎早晚都会成为垃圾。现在，当源源不断的短信成为一种生活方式，我们可能对彼此说话更少了，因为我们猜想自己说的话很可能就像一次性传单一样用完即被丢弃。短信，从电信的性质来看，当然可以是情绪化的、有见地的以及性感的。短信能鼓舞我们，让我们感到自己被理解、被渴望、被支持。但是当你想深刻地理解一个问题、解释一个复杂的局面时，短信并不是一种理想的方式。它们是动量，只能代表一个个瞬间。

## 可怕的对称

当我说到一种自我的新形态时，我有意地使用了“它自己”这个词。虽然有些夸张，但是这个词反映了我的顾虑，互联网生活促使我们用处理急件一样的方式来对待那些我们在线上遇到的人。这是自然而然的事：当你被远远超出了你的回复能力的、成千上万的电子邮件、短信和消息包围时，这些请求就失去了个性。与之相似的是，当我们向包含众多 Facebook 好友的小组发布消息或是留言时，我们把个人按小组进行处理。你的朋友仅仅被当作粉丝。一名大学三年级的学生注视着他在网络上能联系到的这一大群人说：“我感到我是一个庞然大物的一部分。万维网、互联网、世界，对我而言成了一种归属。而这些人也是一样，我的确不再把他们视为个体了。他们属于一个更庞大的系统。”

说到社交机器人，我们把物体设想成人类。在线上，我们发明了与人相处的办法，并把他们变得接近某些物体。把人当成物体的自我，很容易把自己也视为物体。我们有必要想一想，当我们认为机器人对我们来说“足够逼真”时，我们提升了它的地位。如果换成是互联网，人们感到自己作为一台处理电子邮件和消息的“高速运转的机器”是“足够逼真”的，人们感到自己的地位降低了。这是一种可怕的对称。

在第一部分中，我们看到人类与机器人的新联系成为了一种对于亲密关系的渴望，虽然并没有任何亲密关系。第二部分也勾勒出一个弧形，它终止于破裂的亲密关系。在线上，我们希望恻隐之心，但却总是得到陌生人的残酷。当我探索网络生活以及它对亲密和独处、身份和隐私的影响时，我会描述许多成年人的经历。这些特别的章节几乎是在专门地研究这些问题。但是我一次又一次地回到青春期少男少女的世界。现在的青少年在成长过程中把社交机器人作为玩具，而且他们的成长离不开广泛的人际网络，有时早上 8 点就会接到第一个手机来电。他们的故事为我们提供了一个清晰的视角，可以从中观察科技如何重塑身份，因为身份问题是青少年生活的核心。从他们的眼睛里，我们能看到全新的情感正在徐徐展开。

如今，文化规范正在快速变化。我们过去曾经把成长和独立能力相提并论。如今，随时在线的联系促使我们重新思考一个更善于协作的自我的种种好处。如果每天即使当我们独自一人的时候，我们形式上都和他人在一起，所有关于独立自主的提问看起来都会显得不合时宜。

网络对今天的年轻一代的影响是自相矛盾的。网络生活使身份处理变得更容易了（比如尝试操纵一个有趣的、与你完全不同的虚拟化身），但是也让离开过去变得更困难，因为互联网是永恒的。网络助长了分离（一部手机让孩子们获得了更多自由）但又让人居住其中（父母距孩子只是一个电话的距离）。青少年回避来电中的“实时”要求，并躲进角色扮演游戏里，他们把这些游戏形容为“社区”和“世界”。然而，即使他们希望开始全新生活，他们中的许多人也会表现出一种出乎意料的怀旧和乡愁。他们开始重新调整策略，扮演自己的人物角色。他们渴望一个世界，在那里私人信息不会像是做生意的成本似的被自动拿走。孩子们经常告诉他们的父母在晚餐时把手机收起来。年轻人常常说，父母们已经在新科技面前缴械投降。

在对 16 岁少年桑杰的采访中，我们选择了他下课的间隙，聊了大约一小时。谈话一开始，他从口袋里掏出手机并关机。当我们结束谈话时，他重新开机。他无可奈何地看看我，似乎有点尴尬。在我们谈话期间，他已经收到了超过 100 条短信。有些是他女朋友发的，他说“她快崩溃了”；有些短信是一些好朋友发来的，他们试图组织一场小型音乐会。他感到回复这些短信的巨大压力，并开始拿起书本和便携电脑，这样他就可以找到一处安静的地方来好好处理这些任务了。当他说“再见”时，他补充了一句话，这句话并不是特别对我说的，倒更像是对他自己说的，作为对我们刚才这场谈话的事后思考：“当我老了以后，我很难想象自己怎么处理这些。”然后，他几乎是嘀咕地说：“这样的情况我还得持续多久？”

WHY WE EXPECT MORE FROM TECHNOLOGY AND LESS FROM EACH OTHER

ALONE TOGETHER

# 09

## 网络技术改变成长历程

“分开”和“独处”都失去了原来的意义

今天的年轻人生活在“永远在线”状态，他们期待着被“打扰”。网络技术改变了人们对“分开”的理解，也让年轻人失去了“独处”的机会。通过游戏，人们还可以在虚拟世界中，重新塑造一个比现实世界更为完美的“第二人生”。

18岁的罗曼承认自己常常一边开车一边发短信，并且没有停下来的意思。“我知道自己不该这么做，但是我也没办法停下来。如果我的 Facebook 收到消息，或者有人在我的个人主页上留言了……我就必须要立刻去看，必须。”我对罗曼以及他的 10 个高中同学进行了采访。他们都来自克兰斯顿学校（Cranston School），这是康涅狄格州的一所男女混合的私人学校。他的朋友劝他不要这样做，但是其中一些人承认他们也会有同样的行为。为什么他们在驾驶途中还要发短信呢？

他们的理由并不能称之为理由，他们只说这样做是因为需要联系。莫里说：“当我正在接电话的时候，如果有新的电话打进来，即使这是陌生来电，我都会中断原有的电话去接听，因为我想知道这个陌生来电者是谁，我需要知道谁在找我……如果我听到我的电话响，我一定会接电话。我别无选择，我要知道打电话的是谁，他们打电话是为了什么事。”玛丽莲补充道：“我开车的时候，手机是响铃状态。当有信息时，不管怎样我还是会看。幸运的是，我的手机可以将新消息推送显示在手机桌面屏幕上，所以在开车时很容易看到。”这些年轻人生活在一直等待联系的状态中。他们宁愿冒险，也要一直保持在线状态。一些人承认他们的生活被电话所束缚，甚至会让他们在走路时心不在焉，遭遇车祸。其中一个学生因此弄断了门牙；另外一个给我看了他最近胳膊上的擦伤：“我直接撞到了冰箱的门把手上。”

我问这个小组成员一个问题：“最后一次你感觉自己不想被打扰是什么时候？”我期待听到很多故事。可是没有，只有沉默。其中一个说：“我现在就期待着被打扰。”

对他而言，“打扰”就是联络的开始。

现在的年轻人伴随着机器人宠物成长，处在一个完全被网络束缚的环境中。他们认为自己是新兴人类，也是对虚拟化生存没有任何偏见的第一代人。他们看出了网络化生活的巨大力量——毕竟他们冒着生命危险去查看网络上的信息。但他们认为网络和天气一样是客观存在的：有时阳光灿烂，有时乌云密布。他们已经习惯了这样的天气，但是也有了疲惫的迹象。有太多的新技术需要人们去打理，这需要花费很多时间、大量的时间。通常孩子们会抱怨：“有时候你根本无暇顾及你的朋友们，除非他们在线。”因此，网络化的生活会造成强迫症，这让人们面临不安全驾驶、摔断门牙的危险。

现在的青少年也要像前辈们一样学会表达情感，去思考人生的价值和自我的意识，他们也需要学会管理和表达自己的情感，需要时间去发现自己，去思考。但是科技的发展带来了永远在线的传播服务以及快餐式的文字和图像，这完全改变了原有的规则。什么时候该停下来？什么时候该寂静无声？文字短消息的快速回复，并非不能让年轻人在人际互动中进行自我反省，但作用的确较小。当人际交互要适应小屏幕、情绪需要通过情感符号表达时，的确存在着简化的必要。那么青少年关于隐私的需要又该如何实现呢？

我提出这个问题，是因为我曾在高中学校的食堂里看到手机在同学们手中传来传去，里面的照片和信息被大家拿来分享和比较。我忍不住很同情发送信息的人。他们有没有想到发送给对方的文字和照片会像这样被公开？也许从传统意义上来说，亲密关系的发展是需要隐私的。没有隐私的亲密重新创造了所谓“亲密”的含义。正因如此，“分开”二字也正在被重新定义。孩子们知道他们的父母随叫随到——他们就在一个电话或一条短信之遥。

## 网络技术改变了人们对“分开”的理解

马克·吐温在《哈克贝利·费恩历险记》中描述的青少年寻求认同的故事成为文学史上的经典。哈克贝利·费恩在密西西比河畔，逃离了成人的世界。当然，文中所描绘的在河上的那段时光是孩子与父母分开的这个成长过程的象征。现在由于科技的发展，这一成长的仪式已经改变。传统上，孩子在独立之前都已经将身边的成年人内化到了自己的世界中。而现在，科技带来了一系列的改变，父母的地位处于一个相对中间的位置，比如手机的发明，可以设置重要联系人为快速拨号。从这个意义上来说，青少年可以和父母一起“在河中顺流而下”，而无须独自面对成人过程中的压力。

我采访的青少年在 9 ~ 13 岁时都有了自己的手机。家长送给他们手机的时候，与他们有一个约定：孩子们需要接听父母的来电。同意了这一点，孩子们就可以出门见朋友、看电影、购物、去沙滩玩。在没有手机的时候，这些活动都很难获得家长们的允许。因此，这些被束缚的孩子不再有独处的机会。根据传统，生活在城市里的孩子在成长的过程中都有一个重要的经历：第一次独自游览这个城市。这个经历是一种成人的仪式，孩子们从此需要对自己负责了。即使感到恐惧，他们也需要独自承担这种感受。而如今手机的存在减轻了这个仪式带来的恐惧感。

家长希望孩子能够随时接听自己的电话，但青少年们却希望获得独立。在菲尔莫尔（Fillmore）男生预备学校的一次讨论会上，孩子们对于家长和手机的话题表现出了强烈的情绪。孩子们提出这样的问题：“倘若永远都可以随时被联系到，那么什么时候才能有权利独处呢？”

有些孩子很大胆地说：“接不接电话是我的权利和选择。别人可以给我打电话，但我不一定想和他们说话。”另一个孩子说：“为了躲避父母，我常常出门不带手机，这样他们就找不到我了。妈妈让我带着手机，但我偏不。”为了给自己不接父母电话辩护，有的孩子甚至诉诸历史。哈伦是一个出色的学生，也是一名运动健将。他觉得自己有权利获得更大程度的独立。他说手机出现之前，孩子们常常拥有更大的自由：“我的妈妈非让我带着手机，但他们打电话时我从来不接，这让他们很生气。我觉得他们完全没必要生气。手机是新出现的东西。只是在近 10 年的时间里，人们才开始拥有它。在此之前，你是不可能随时随地给别人打电话的。因此我妈妈给我打电话时，我不觉得我必须要接。”对这段说辞，哈伦的妈妈却不为所动，每天早晨当哈伦离家去学校的时候，她依然检查他是否带了手机；而哈伦也依然不接妈妈的电话。事情就这样僵持着。

许多男生坦言自己很后悔教会了父母发短信和使用 IM（即时通讯），他们说这好比将妖怪放出了魔瓶。一个孩子说：“最近我教会父母发短信，这真是一个错误。因为当我没有按照要求给他们打电话时，就会接到他们的催促短信。”另一个男孩子说：“我教会了父母用IM。之前他们并不会。事实证明这是我做过的最愚蠢的事情。现在，我的父母随时都在用IM给我发信息。这太烦人了，让我非常沮丧。我感觉自己被困住，不再那么独立了。”

孩子们说他们应该有时间独处。而家长们也同样觉得自己被困住了。当知道自己的孩子带着手机，却不回短信也不接电话的时候，家长是很惊慌的。一位两个高中女生的母亲说：“我没想要自寻烦恼。”另一位三个孩子的母亲则说，自己“尽量不打电话，除非有重要的事情”。但如果自己打了电话，孩子却没有接，她就会抓狂：

> 我发了短信。没有回信。我知道他们带着手机。理智上我知道他们肯定没有事情，但不回短信的确会让人抓狂。有一次，我就不停地发短信，一条接一条。在这点上，我很羡慕我的母亲。那会儿我们早上去上学，然后放学回家；她也是早上去上班，晚上六点下班。她也没有什么可担心的。最终，我几乎是祈求孩子们能够回复我的每一条短信，并不是因为我有权利这么做，而是希望他们能对我有怜悯之心。

青少年的独立不仅仅意味着和父母分开，也包括和同龄人分开。他们要体会友谊既是一种支持，也是一种束缚。人际关系有着复杂的多面性。网络的虚拟生活为个人提供了足够的空间，同时也让青少年难以从新的群体需求中逃脱。年轻人很自然地期待他的朋友们可以随时在线——这是一种由技术进步引发的社会契约，要求同龄人随传随在。因此，受到束缚的自我也开始习惯于此。

关于青少年成长的传统观点认为，自主性和强烈的人际界线是成熟自我的标志。在这样的理念下，我们努力培养青少年产生情感、思考情感，然后再决定是否和他人分享自己的情感。分享情感本身是一种拉近距离的主观行为，但这样的描述却只是一种幻想。一方面，传统的这几条“黄金准则”是基于男性视角的。女性（也包括许多男性）有着另一种情绪类型，并非基于“人际界线”而是“人际关系”。此外，青年人之间的对话本质上具有探索性质，是健康的。正如一些作家可以通过自己的文字了解自己的思想，身份的形成过程同样基于听到自己对别人说了什么。但即使加了这些说明，当我们想到“成熟”二字的时候，似乎自我约束暗含着一种美德，即使只是一种比喻。这提醒我们，想要找寻到成功的人生伙伴，先要清楚自己是谁。

但倘若手机永远随身，那么黄金法则就一定失效。你触摸屏幕，联系一个随时等待接你电话的人，他也同样随身携带手机。如今，技术使得我们的感情还在形成的过程中就可以很轻易地表达出来。在这样的模式下，情感倘若尚未传递，那么就如同尚未完全被体验。换言之，只有发出的信息得到了回复，思考才有可能开始。

## 我分享，故我在

朱莉娅今年 16 岁，是新泽西的公立学校布兰斯科姆高中（Branscomb）的一名高二女生。她把发短信当作一种投票的形式。朱莉娅性格外向，待人热情，眼神里总是充满笑意和警觉。当一种想法从脑海中冒出来时，她就发短信给朋友。接下来她会怎么做完全取决于朋友的回复。朱莉娅说道：

> 如果我很心烦，正在心烦的时候，我就给一些朋友发短信……因为我知道他们就在那儿，会安慰我；如果发生了兴奋的事，我也知道他们就在那儿，会和我一起兴奋。因此我发短信的时候特别有感情……甚至当我心烦、心里有想哭的感觉时，我就找出我的朋友……额，我的电话……并这样说……我会告诉他们我有什么感觉，以及我需要和他们说话或见面。

“我就找出我的朋友……额，我的电话。”朱莉娅的语言明显犯了错误。当她考虑重要的情感时，她就会想到电话和朋友。她把找出电话上的朋友姓名和拿出电话混淆了，但她并不需要真正改口，因为在她心里，电话就是她的朋友，现实中的朋友通过她的电话来充当朋友的身份。

在朱莉娅发出一条短信后，如果收不到回复，她就感觉浑身不自在。“我总是在期待一条这样的短信，上面写着：‘噢，我很抱歉。’或：‘太棒了。’”如果没有收到这样的回复，她说自己“很难冷静下来”。朱莉娅说，倘若自己在短信中向朋友坦言了自己的感受，却迟迟没收到回复，那么自己就会感到非常痛苦：“我变得恼怒。即使是给别人发电子邮件，我也要那人立刻回信。我想要收信人及时回复我。有时候我就像这样：‘呜！为什么你就不回我？’……根据当时的情况，我会等待着。如果一个小时左右还没有回复，我就再给他们发信息。‘你生气了么？你在么？一切还好么？’”她的焦虑是显而易见的。朱莉娅必须得到回复。她说起那些她发短信的人：“我想要他们在那儿，因为我需要他们。”当他们不在那儿时，她带着最初的感觉继续生活，但是并不孤单。“我转向另一个朋友，把心事说给他们听。”

克劳迪娅今年 17 岁，是克兰斯顿的一名高三女生，她描述了与朱莉娅类似的状况：“只要我开始发短信，我就会有某种快乐的感觉。”朱莉娅是“我有一种感觉，因此我想要打电话”。而她是“我想要一种感觉，所以我需要打电话”，或者按照克劳迪娅的情况，她选择发短信。这些表明了孩子们尚未形成独处和独立反思情感的能力。相反，当手机不在身边时，青少年们说感到不舒服。他们需要被联系，并以此使自己感到舒适。从更积极的方面来讲，克劳迪娅和朱莉娅把分享感觉当作发现自我的一部分。她们形成了一个协作型的自我。

由于与父亲疏远，朱莉娅已经与父亲这边的亲戚逐渐失去了联系。2001 年“9·11”事件发生的这天，因为无法联系到母亲，她非常担心。她的故事阐述了数字化的人际关系——特别是发短信，如何能够解决由失去和分离所造成的忧愁。但是，朱莉娅的行为——她不停地发短信，她通过与友人分享心情后感觉自己的感受，这并不特殊。每个个人案例的特性呈现了个人历史，但朱莉娅自身的症状却接近于一代人共同的特征。

社会学家大卫·理斯曼（David Riesman）在 20 世纪 50 年代中期写道：美国人的自我感觉从内在转向了受人支配。人们没有坚定的内在目标，依赖伙伴寻找对其自身的肯定。如今，随身携带的手机增长了受人支配的态势。在开始有一个想法或一种感觉时，我们向别人证实，几乎是提前证实。人际交流也许是简短的，但是更多的交流大可不必。人们的需求只是希望随时可以保持联系。

瑞琪今年 15 岁，是纽约的黎塞留（Richelieu）私立女子高中的新生。她这样形容这种需求：“在我的通讯录上有许多名字。如果一个朋友没有‘随叫随到’，我就打电话给其他人。”这标志了高度受人支配的转变。这个年轻女孩的通讯录或好友名单已经成为了类似她脆弱青春期的自我备用品名单。当她用“随叫随到”这个表述时，我想她是指“接电话”。我向她求证我的理解是否正确。她说：“‘随叫随到’，额，‘接电话’，但也是‘收到我的短信’，‘懂我’。”瑞琪依靠她的朋友来完成她的想法。科技没有造成却鼓励这样的情感：确认一种感觉成为了构建感觉的一部分，甚至是感觉自身的一部分。

我曾经说过，在传统的精神分析中，人们说自恋时并不是指那些爱自己的人，而是指脆弱的个性，拥有这种个性的人需要源源不断的外界支持来进行自我确认。这种个性的人不能容忍别人的复杂需求，却试图通过扭曲别人的身份，分离出自身需要的和能用的东西，以此来与他们建立联系。因此，自恋者仅以量身定做的表达来与别人交往。这些表达（一些分析传统称之为“部分客体”，还有一些称之为“自我客体”）是脆弱的自我所能处理的一切。我们很容易想象无生命力的伙伴能够起到这样的作用，是因为一个机器人或计算机中介程序可以调整好以便满足人的需求。但是一个脆弱的人也可以通过选择性和限制性的与人接触，从而获得支持（也就是通讯录中最受欢迎的人）。在发短信和即时信息的生活中，那些出现在手机通讯录中的人似乎是最被依赖的。你可以获得你所需要的，然后继续生活。如果还不满足，你也可以找其他人试试。

此外，科技本身没有创造这种联系我们的感情和别人的方式，但是它的确使其变得容易。随着时间的沉淀，一种新的与人交往的形式被社会认可了。在我们的时代，如果我们能不断地与外界保持联系，那么“需要不断与外界联系”看起来就不是个难题或病症，而是适应科技发展的新鲜事物。这变成了一种规范。

精神病理学的历史是动态发展的。在一个特定的时间和地点，如果某些行为看起来是分裂性的，那么它们会被贴上病态的标签。例如在19世纪，性压抑被认为是一件有道德的好事，但是当女性失去知觉或言语的能力，就会被认为是兴奋过度。随着女性有更多发泄性欲的途径，这种症状的发病率有所下降，其他症状替代了这种症状。女性在第二次世界大战期间广泛参与社会活动，但之后又重新在家中被边缘化，因此镇静剂的畅销也证明了那个时代女性的普遍焦虑。

现在，我们天生有害怕被孤立和被抛弃的症状。在研究“网络文化下的成长”课题中，我遇到了许多感到自我被驱逐的儿童和青少年。一些人的父母有好的初衷，但他们有好几份工作，因而无暇关心自己的孩子；一些人忍受着父母离异的痛苦——有时是多次离婚，从一个家长辗转到另一个，他们对自己真正的家没有信心。有些孩子是幸运的，他们拥有完整的家庭，父母收入稳定，但也经历着不同形式的抛弃。忙碌的父母经常全神贯注于手机。当孩子们回到家，在父母下班回来前，面对的通常只是一个空房子。

对于处在上述所有境况中的年轻人来说，当家人不在身边时，电脑和移动设备提供了一个新环境。在这种背景下，我们会发现，联系还是不联系的确成了麻烦的问题：一些人只在网上“说话”；一些人严格避免面对面接触；一些人每天与父母发短信 10 或 20 次；一些人甚至认为打电话太“暴露”，表示他们将“发短信，不通话”。但是我们会把这些当作一种病态么？随着社会习俗发生改变，曾经被认为是坏的东西，现在看来似乎也是正常的了。20 年前，作为一名在职的心理学家，如果我遇到一位大三女生一天打 15 次电话给妈妈，询问该买什么样的鞋和裙子、称赞一种新的脱咖啡因的茶、抱怨物理题太难，我会认为她的行为是病态的。我会鼓励她去直面与母亲分离的困境。我当时认定要在成年后获得成功，她必须解决以上困难。但是现在，一个每天给家里发 15 次短信的大学生并不少见。

高中生和大学生总是在发短信——在自助餐厅排队时、吃东西时、等校车时。并不令人惊讶的是，许多短信是发给父母的。我们曾经认为这是病态的，如今却变成了我们的常态。但是习以为常的行为也许依然存在着问题，也正是这些问题曾使我们把这种行为看作病态的。甚至说，一种典型的行为也许并不利于青少年的发展。

我们来看看利奥这个案例。他是一名大二的学生，离家很远，因此在学校常常觉得很孤单。他告诉我，他“处理”这个难题的方法是每天发短信、打电话给妈妈，多达 20 次。他说自己并不觉得这么做有什么夸张的，他认识的每个人每天都在煲电话粥。但是即使这种行为很普遍，他依然把自己的行为当作一种病症。

如今，我们对心理自主性的观点正在发展当中。我曾说过，埃里克·埃里克森对年轻人的核心看法，就是他们需要一个中止的、暂停的、不在乎结果的试验空间。但在埃里克森的思想中，曾经成熟的自我相对比较稳定。尽管根植于关系网中，但最后它变得具有局限性和自发性。精神病学家罗伯特·杰伊·利夫顿（Robert Jay

Lifton）是埃里克森的学生，他对成熟自我的看法与老师不同。他称成熟自我是千变万化的，强调多面性。这个自我，是“流动的和多面的”，可以接受和修饰不同的思想和观念。当被赋予多元的、彼此毫不相干的、全球性的事物时，这样的自我可以变得活跃起来。

在公开场合，埃里克森表示赞同利夫顿的工作。但是，在1994年埃里克森去世后，利夫顿询问其家人能否归还他私底下写的、送给老师的书稿时，埃里克森的家人同意了。在《千变万化的自我》（*The Protean Self*）的书稿中，埃里克森写了大量的旁注。在看到“千变万化的男人”这个短语时，他潦草地在旁边写了“千变万化的男孩？”埃里克森不能接受，成功的成熟自我却带来不一致的结果。以他的标准，在网络空间的不和谐声中形成的自我不是多变的，而是幼稚的。而如今我认为，在这样的文化背景下成长，会让他们以自恋的方式与世界建立联系。

## 虚拟化身，我们的“第二人生”

埃里克森说，身份游戏是青少年的专利。近些年来，青少年利用网络上生活丰富的内容来玩转这个游戏。例如，《模拟人生》游戏（这是《第二人生》非常初级的版本）中，你可以塑造一个表达自己各方面特征的形象，建造一座房屋，按照自己的品味装饰它。通过这些游戏，你可以在虚拟生活中重新塑造一个比现实世界更完美的生活。

翠西是一个羞怯又忧虑的13岁女孩，她曾经遭受酒鬼父亲的毒打。她在“模拟人生”中建立了一个暴力家庭。在游戏中她仍然13岁，但是她的身心都很坚强。在虚拟世界中，她一遍又一遍地体会抵抗残暴的父亲的场景。凯瑟琳是一个有性经验的16岁女孩，她在网上塑造了一个萝莉的形象。“我想休息一下”，她说。凯瑟琳告诉我，除了休息她还可以练习“扮演一个不同身份的人。对我来说，这就是‘模拟人生’的意义”。

凯瑟琳吃早饭时在游戏中“练习”，学校放假时在“练习”，饭后也在“练习”。她说在虚拟生活中她感到很舒畅。我问她，除了练习本身，她在游戏中的活动对她的现实生活还有没有其他影响。她说：“没有。”但是接着她开始描绘她的生活实际上是怎么变化的：“我一直在考虑和我的男朋友分手。我想要男朋友，但不再发生性关系。我在虚拟人生中的角色有男朋友，但是不发生性关系。他（她的虚拟男朋友）帮助她完成任务。我想，要开始新生活就必须和男朋友分手。”凯瑟琳并不是完全认同她的网络角色，她用第三人称来称呼她的角色。然而，对她来说，“虚拟人生”仍然是一个可以看到自己开始新生活的地方。

不管你在哪里创建一个新的用户，都会产生这种认同。在社交网站上，这种情况也可能发生。人们在那里填写的资料就变成了一种形象，你的陈述不仅表明了你是谁，还表明了你想变成什么样子。青少年的活动表明：游戏、现实和Facebook有很多共同点（从表面上来看，有更多的不同点）。它们都要求你填写并提交一种身份。16岁的奥德丽是纽约市郊区的一所公立中学罗斯福高中（Roosevelt）高二的学生。她清楚形象和资料的联系，她把自己的Facebook资料称为“我的网络双胞胎”和“我的化身”。

莫娜是罗斯福高中一年级学生，她最近注册了Facebook。她的父母规定她在14岁才能注册Facebook。她注册之后，我与她有一个短暂的照面。莫娜告诉我，她一登录这个网站，“立刻感受到了能量”。我问她什么意思，她说：“我首先想到的是‘要让别人了解真实的我’。”但当莫娜坐下来填写资料时，她发现事情并没有这么简单。有写作、编辑和删除，就有修饰和美化。最终，那个“真实的我”变成了难以捉摸的人。莫娜填写了资料后又做了修改，她把资料放了两天又再次修改。要添加哪张照片？表明哪些事实？透露多少生活隐私？她是否该透露一些家庭的问题，还是应该表现得一帆风顺？

莫娜担心她没有足够的社会生活来使自己听起来更有趣：“我应该怎么形容我的个人生活？”类似的问题还困扰着她们班上的其他女孩。她们开始交男朋友。如果她们刚开始和一个人约会，是否应该把自己的资料填写为单身呢？如果她们认为自己和某人是恋人，而对方不这么认为，那该怎么办？莫娜告诉我，“通常情况”下，在表明你和对方谈恋爱之前，要看看对方的资料是怎么写的。但是，“这可能是一次非常尴尬的对话”，其中会有误会和争吵。对于14岁的人来说，Facebook可能是个令人心碎的地方；对于很多人来说，即使是大学生和研究生，也会觉得伤心。很多看起来很直接的方式都让人担忧。例如，罗斯福高中高三学生海伦说：“当在Facebook上接受好友请求或者忽略请求时，我总是觉得有点惶恐，我该加谁好友？我真的只想加我那些很酷的朋友，但是我在学校时对其他同学也都很好。所以我加了很多不受欢迎的同学，但那时我又不开心了。”这不是她想表现的自己。

在维多利亚时代，通过交换名片，人们可以选择自己想见到谁。来访者前来拜访，留下一张名片，但不一定会被接受。他来你家拜访后留下一张名片，意味着你们的关系可以进一步发展。Facebook 也有自己的交友方式，它跟这种传统有点像。在 Facebook 上，你发送一个交友请求，收到请求的一方可以选择接受请求或者忽略。这和在维多利亚时代一样，你可以按照自己的意愿筛选。但是维多利亚时代的人遵循了社会公认的规则。例如，一个人如果只接受跟自己社会地位相似的人，这是被理解的。在这一点上，Facebook 的做法更民主，它让成员制定自己的规则，那些联系这些成员的人没必要理解这些规则。有些人以一种“我是你的粉丝”的心态，请求做别人的 Facebook 好友，也因此被对方接受。有一些人只和自己认识的人交朋友。另一些人和自己的朋友的所有朋友都交朋友，把 Facebook 当成扩大自己交际圈的工具。这些行为既令人兴奋，也让人紧张。大部分时候，个体会同时体会到这两种感觉，因为交朋友是有代价的。这意味着某人可以看到你在自己的资料里是如何评价自己的，看到你贴出来的照片，你的朋友在你的版面上贴出来的照片，以及你和你朋友共享的交流空间。和某人交朋友就意味着你默认他可以和你的朋友交朋友。实际上，这个网站会不断地鼓励成员这么做。

在这个研究项目的早期，我在一次会议晚宴上坐在一位作家旁边。她的出版商坚持让她用 Facebook 告诉读者她会在哪里发言，把书的主题与自己不断扩大的潜在读者群分享。她的出版商希望这个策略可以让她的书热销。她以前把 Facebook 看成是一种商业策略，但是因为自己的粉丝数量不够多而焦虑。而且她还嫉妒她的同为作家的丈夫，因为他的朋友比她多。她觉得不该用“朋友”这个词来形容她 Facebook 上的所有“好友”，因为有很多好友加她只是为了职业需求。她对我说：“这个网站好像把我带回了高中时代。”

我向她保证，当我注册 Facebook 时，这个网站对我来说还很新鲜，我会把第一感觉记录下来。现在看来，我的第一感觉稀松平常：我在交友计划 A 和交友计划 B 之间游离不定。计划 A 是我只在这个网站上联系我认识的人；计划 B 是我会接受所有人的好友请求，因为他们都表示很欣赏我的工作。我前几周执行了计划 A，转而又选择了更具包容性的计划 B，因为我为吸引了众多陌生人的注意力和称赞而沾沾自喜。

但既然我已经同意让陌生人走进我的生活，那我该不该走进陌生人的生活呢？我本来以为不会，直到有一次，我看到一个我很喜欢的作家是一个朋友的 Facebook 好友。我心里想着或许可以和这个作家做朋友，于是就发送了请求，他接受了我。一个餐厅的画面浮现在脑海中，我在他的虚拟餐桌旁坐了下来，但我感觉自己就像不速之客。我很现实地思考了一下，发现我太拿这个当回事了。在 Facebook 里，粉丝确实是“朋友”，但是当然，他们算不上真正的朋友，他们只是加了好友。这就是 Facebook 和现实的最大区别。而我还是不能从高中时代的感觉中走出来。

## 自我展示的焦虑

Facebook 上有多少真实？你可以在上面撒多大程度的谎？如果你撒谎了，又会有什么后果？南希，一个来自罗斯福高中的 18 岁女生回答了这些问题：“一方面来说，风险很低，因为没人真的去查那些内容。”然后她做了个鬼脸，继续道：“不对，风险大着呢，大家都看的。”几分钟后，南希回到了问题上：“只有我最好的朋友才知道我编了一点点，但她们完全能理解。”她笑道：“这一切，我想，还真有点儿让人精神紧张。”

来自克兰斯顿的一群高中生描述了这种紧张感。其中一个说：“你需要填写 13 ~ 18 岁的个人资料。”多年的个人身份在编写这些资料的过程中被重塑。这些私立学校的学生在申请中学时需要编写一套个人资料，进高中的时候再写一套，在 Facebook 上再写另外一套。现在他们又开始为大学写新的资料。而对于这一点，汤姆说：“你得为不同的大学准备稍微不同的材料，比方说，为申请达特茅斯（Dartmouth）准备一个，为申请卫斯理（Wesleyan）得准备另一个。”对这种“个人资料编写迷”来说，每套资料都需要不同的写法。“等到你能把大学申请提到的问题都写到位了，你就成了专业资料写手。”他的同学斯坦详细地描述了他的网上资料。每一套资料都特别针对一个目的，但是这些资料必须彼此有重叠的部分，否则会被质疑真实性。创造这种“真实性”的假象是需要一定的艺术鉴赏力的。在多种媒体上、为了多种不同的目的、在各种特殊情况下，展示自我可不是一件容易的事。其中的奥妙，按照斯坦的话说就是：“将这些不同的资料一起编织……这样人们看了才不会觉得你太疯狂……我在高中所学到的就是写资料、写资料、写资料，以及如何制造出一个‘我’来。”

在我早先的研究中，曾有一位大二学生警示我说，在采访过程中千万不要被那些声称自己的Facebook页面上的资料是“真实自我”的人骗到。那就是演戏，你塑造了一个角色而已。埃里克，新泽西哈德利男子大学（Hedley）预科学校的一个大二学生，称自己通晓如何“建一个Facebook页面”。然而，即使是他，当发现女生们使用美图软件让自己在头像照片里显得更瘦一点时，也表示震惊。“从那么小的照片里你根本看不出来她们做过处理。除非看大图，你能看到背景都变形了。”还没到18岁，他已经成了一个“身份侦探”。Facebook个人资料是精神压力的一大来源，因为它对于高中生的社交生活是那么重要。有些学生感到自己被其奴役，决定放弃Facebook，哪怕只是放弃一段时间，来重新找回原来的自己。

布拉德，哈德利的二年级学生，打算利用预科毕业后去中西部一所小型自由艺术学院上大学前的间隔时间来做交流服务。他的父母都是建筑师，他自己则对生物以及游泳很有热情。布拉德想要在哈德利的社交圈子里有一席之地，但是他并不喜欢发短信或者即时信息。他向我强调自己并非那种“勒德分子”（Luddite，反对使用新机器及方法的反对技术进步者）。对于网络，他也有许多溢美之词可说。他认为这种交流方法对那些没安全感的人来说的确更容易些。可以在线上随时编排自己的想法“让人感到安心”，他说，因为你总有机会去“想好了、计算好了、编排好了，来保证尽可能简洁明了”。然而，当我们的对话继续深入，布拉德换了套说辞。尽管有些人因为有掌控感而觉得能够更好地对话，线上交流还提供了机会让人们可以无视他人的感受，你可以避开眼神接触，你可以选择不去听“他们声音里的痛苦或愤怒”，但是在网上，人们错过了肢体语言和对话的声调。人们已不再是真实的自己。而更糟的是，线上生活让他错信了他的朋友。他的朋友将他的短信内容“记录”了下来，在没有告知他的情况下，上传到了“剪切、粘贴”的世界。

事实上，当我在布拉德上二年级的那年春天遇到他时，他已经放弃了网络生活。“我戒网了，”他说，“至少这个夏天，在我上大学之前都戒了。”他解释说这并不容易，因为他所有的朋友都在Facebook上。在我们谈话之前的几个星期，他也曾尝试重回网络世界，但是立刻就感到自己陷入了响应不完的网络需求中。他说自己不到一天就感到了“简单粗暴”和跟不上节奏。他觉得没有时间回复所有人的来信很有罪恶感。他说Facebook会消耗很多的时间和精力，没那么容易让人随便上上线就行了，只做到最低程度就已经"令人筋疲力尽"了。

在Facebook的世界中，布拉德说："小到你对电影的喜好都至关重要。你加入什么小组？加得对吗？"每件事都算上，那都是有关"你是谁"的标签：

> 当你在Facebook上展示自己，将自己传达给任何对你一无所知的人时，这会让你痴迷于每个有关你自己的细枝末节。比方说："如果我喜欢国家广播乐队和汤匙乐队，在我的'最喜爱的音乐家'里面，是把国家广播乐队放首位，还是把汤匙乐队放首位呢？人们会怎么想我？"我知道，对女生们来说就是："这张照片会不会露太多了没法往网上放？可如果不放会不会显得我太拘谨了？"对此你必须反复思量，考虑人们会不会看你的个人资料，以及会有多热衷。你必须明白，你放在网络上的每样东西都会被人仔细浏览。这决定了你必须对你上传些什么以及如何描述自己非常上心……而当你满脑子都是自己会给人什么印象时，那就是另一种……你是在用不好的方式看待自己。

布拉德所说的"用不好的方式看待自己",意思是你对自己进行削减,弄得像"禁烟标志"一样明显易懂。对我来说，"禁烟标志"表达了一种削减和泄密。大众媒体让我们用一种分门别类的方式重新表达自己。然后，面对观众，我们为了适应这些门类感到压力。在Facebook上，布拉德给自己贴的标签是"酷"和"内行"——这两个特征当然都是布拉德的性格特点之一。但是他却对在网上暴露自己其他特点感到犹豫（比方说他有多喜欢哈利·波特）。他花费越来越多的时间来完善他在网上的"酷哥"形象。为了自己在Facebook上的这个形象而时刻表演,让他感到压力巨大。

一开始，布拉德认为他的Facebook资料和他的学校论文都让他"用不好的方式看待自己"，让他不得不削减自己来适应某种固定的模式。写他的Facebook资料对他来说，就好像是在用各种流行标签来组装一个形象，好让别人更好地了解他；学校论文则是关于胜利的叙事，而且貌似都没用：他不得不吹牛，而且并不开心。但后来，布拉德对学校论文的价值改变了看法。"到最后我还是学到了如何写作以及思考——我所知道的如何思考以及一些事情，你知道，其实我并不能很好地考虑这些事。"我问他Facebook是否能够提供同样类型的机会。他坚决表示这不可能："你被简化成了一堆'最喜欢'列表了。'你最喜欢的音乐列表'什么的——那完全没有给你任何自由来做描述。”布拉德说：“在一段对话中，跟父母去欧洲旅行可以是一个有趣的话题。我对贝尔法斯特的政治题材壁画很感兴趣。可是在 Facebook 的网页上，这点事的信息量就太大了。简直是死亡之吻，太多、太快、太诡异。况且，这也是我的一部分,不是么？人们被要求制作各种列表。你必须考虑你得放上‘正确’的乐队或者你不能往上发什么波兰小说，因为那玩意根本没人读。”而最终，对布拉德来说，这很容易导致他忘记真正重要的事情。

> 我喜欢汤匙乐队多过国家广播乐队，这关别人什么事？或者国家广播多过蛋糕？但 Facebook……让你感觉这事至关重要……我看着某人的资料也说：“喔，他们喜欢这些乐队。”我会说，“他们就是些装腔作势的，或者他们真的很有内涵，他们的音乐挺好。”我想我们都这样。于是我又认为这一切没什么大不了，但是……事实是，在 Facebook 的世界中，这事至关重要。那些细枝末节的小事都重要。

和他的同龄人一样，布拉德担心如果太低调没有写下他所有的兴趣爱好和成就，他会被一瞥而过。但他同时也害怕说太多自己的喜好会遭非议。这些关于自我呈现的冲突对于青少年来讲并非新鲜事物，对于 Facebook 也同样如此。而新鲜的事情是：将这样的冲突公诸于众，和旁人分享自己的每一个错误和失误。布拉德是一个有魅力的、成功的年轻人，他最后用和南希类似的话总结道：“焦虑。这就是我所体会到的。只有焦虑和担心。”如今，布拉德只想和朋友面对面交谈，或与他们打电话聊天：“我可以更加随性一些，这种感觉更自由。”但问题是，谁还会接他的电话呢？

# 10

## 有打电话的必要吗？
## 声音传递情感，短信给你安全

发短信让人有一种安全感，并且可以通过细心斟酌而展现出一个期望的自我。但虚拟空间对“道歉”等现实问题是无能为力的。打电话意味着你在全神贯注地做一件事，也意味着一种“交谈”能力。声音传递情感，我们却巴不得让声音在生活中消失。

“很多人都讨厌电话。”17 岁的伊莱恩说。她罗斯福高中的朋友们“现在都是在发短信和即时信息”。她每天给 6 个好友每人发大约 20 条短信。除此之外，她说：“当我在家上网的时候，都会收到约 40 条即时信息，发出约 40 条。”伊莱恩是一个性格外向的人，她是足球队队员，也是戏剧俱乐部的成员。电子媒介给她这样外向的人和害羞者之间“提供了一个公平竞争的舞台”。她说：“那些害羞的同学只有在‘屏幕的世界’中才会畅所欲言。”她解释道：“当你能提前想好你要说什么的时候，你就可以和一些原先你交谈起来会有点困难的人说话了。并且在说之前，你停顿两分钟去想好你要说什么并不会显得奇怪，就好像你正在和其他人交谈一样。”

伊莱恩说，有些技术设计是专门为了帮助害羞者更好地通过电子通信进行自我表达。你写信的对象不会看到你修改文字的过程，也不会知道这条信息所花费的时间。“如果对方看到这些会很让人丢脸。”最好的交流程序将写信的人从阅读者的视线中隔开。屏幕交流的优势在于这是一个可以反思、重新输入，以及编辑的地方。或者如伊莱恩所说：“这是一个能隐藏的地方。”

这样的隐藏能让交流变得更容易，这个说法并不新鲜。这也同样激发了精神病学传统技术的革新。古典的分析法将患者从精神分析医师的注视中隔开以促进自由联想，这是使人吐露心声的黄金法则。同样在屏幕上，你有一种被保护的感觉，从而被他人的期望所累。并且，即使你孤身一人，你也可以几乎瞬间与别人产生联系，这种可能性会让你产生已经和朋友在一起的感觉，让人兴奋。在这种奇妙的关系空间里，即使是那些知道电子通信能被保存、分享以及呈现到法庭上的熟练的使用者们，也屈服于它是私密的错觉中。单单与你的思想一起，就算是和一个几乎有相应形象的人进行交流，你也能随心所欲。在屏幕上，你可以按照你想要成为的人那样去写，可以将其他人想象成你希望的样子，按照你的目的去构建他们。这是一个有诱惑力的思维习惯,但同时也很危险。当你养成了这种感觉,一个电话会变得很可怕，因为它会使你暴露太多。

伊莱恩的分析是对的：青少年逃离了电话。也许更让人吃惊的是，成年人也一样。他们说自己已经精疲力竭而且没有时间：他们总是随叫随到，并且总是同时在做许多事情。他们避免与小圈子外的人进行语音交流，因为这需要他们在精疲力竭的时候投入大量的注意力。

技术存在于复杂的生态中。电话曾经是一种基本的联系方式，或者只能用来问一个简单的问题。但是一旦你能使用电子邮箱、即时信息和短信，事情就不一样了。虽然我们依然用电话来和那些最亲近的人保持联系，但对于圈子外的人却很少使用它了。人们认为接电话对自己提出了太高的要求；他们也担心给别人打电话，会让别人认为自己要求太多。伦道夫是一位有两份工作的 46 岁建筑师，他有两个小孩和一个前任妻子留下的 21 岁的儿子。他很赞同上述说法。他避开电话是因为他感觉自己“精疲力竭……因为通话需要付出太多的精力”。如果他一直用短信和电子邮件进行交流，他相信他能“坚持下去”。他解释道：“现在有了电子邮件，人们会觉得电话是更加复杂的。这个和事实没关系，事情就是这样。人们会觉得这会花费时间——不然你不需要打电话。”

塔拉是一个处理儿童事务的律师。她今年 55 岁了,有一份工作和一段新的婚姻，她有着相似的观点：“当你需要打电话时，你已经将事情提升了一个水准。人们会对自己说，‘这事很紧急，不然她就会发一封电子邮件了’。”所以塔拉避开了电话。她想要和朋友们见面，电子邮件就用来安排这些聚会。“那是最有效率的”，她说。但是这也有不利的一面。商务会议有议程，但是朋友间会有计划外的需要。朋友间的事情并不能总是拖后，塔拉知道这点。她觉得内疚并且有种失落感：“我现在到了将我的朋友们当作库存清单上的项目……或者是客户来处理的地步了。”

莉奥诺拉，57岁，是一位化学教授，她对自己类似的处理方法进行了反思："我用电子邮件约会朋友。但是我太忙了，总是约在一两个月后。当我们通过电子邮件约定时间后，我们也不用通电话。真的，我不打电话，她们也不打电话。她们觉得已经做了约定。我是什么感觉？我觉得我已经'处理过那个人的事情了'。"莉奥诺拉悲痛的语气表明了"处理过"意味着她已经将某人从待办事项中划掉了。塔拉和莉奥诺拉不满意现状，但是她们觉得没有别的选择。这就是科技带给她们的。在"效率"变得昂贵的现在，她们以"效率"需要为借口，将原本的礼仪丢弃了。

## 发短信比打电话安全、自在

我们之前介绍过16岁的奥德丽，就是那个将自己的Facebook资料比喻为"我的化身"的罗斯福高中的学生。她就是伊莱恩所说的害羞的朋友之一，比起通话，她更愿意发短信。她离不开她的手机，有时甚至在电脑上发送即时信息的时候，也在同时用手机发短信。奥德丽在家里感到孤独。她有个在医药学校的哥哥，还有一个只有两岁大的弟弟。她的父母离婚了，她一半的时间跟父亲过，另一半的时间跟母亲过。父母各自的家相距大概45分钟车程。这意味着奥德丽会在路上花费大量的时间。她说："我常常在路上，那就是我的日常生活。"她将手机视为将她的生活结合在一起的黏合剂。她母亲打电话给她，让她传达一个消息给她的父亲；她的父亲也一样。奥德丽说："他们打电话给我说：'告诉你的妈妈这……确认你爸爸知道那……'我用手机将他们联系在一起。"奥德丽总结道："父母将我和我的手机当作即时信息使用，我就是他们的工具。"

就像很多其他告诉我相似故事的孩子一样，奥德丽抱怨说，母亲在她放学或者体育锻炼后去接她时总是心不在焉。在这些时候，奥德丽的母亲总是专注于手机，不是在发短信就是在和朋友通电话。奥德丽是这样描述那个场景的：她疲惫地从体育馆走出来，背着重重的装备。母亲坐在破旧的越野车内，沉浸在手机当中，直到奥德丽打开车门之前都不会抬头看一眼。有时母亲会和她有眼神接触，但开始开车后，依然会全神贯注在电话上。奥德丽说："这阻碍了我们，但是没有办法。她不会放弃手机的。我已经4天没有和她说过一句话了。我坐在车里一直安静地等她，直到她挂掉电话。"

奥德丽幻想着她的母亲不拿手机，满怀期待地等待她。但这是不可能的，奥德丽已经认命了。而且她觉得她对母亲的苛求是不应该的，因为当她和朋友在一起的时候，她自己就有发短信的习惯。奥德丽尽一切可能避免电话："电话真是尴尬，我看不到它的意义。对概括和分享心情来说要求得太多了。而短信，我能用我自己的时间来处理。我可以回复，也可以忽略。这真的完全随我的心情。我没有被任何事情过多束缚，也没有承诺什么……我可以控制对话，并且也能更好地控制我自己说的话。"短信提供了一种保护：

> 没有什么会让你被吐口水。你有时间去思考和准备你要说的话，让你表现得就像是你自己的风格。因为可以有计划地进行，你可以控制在这个人面前该怎样扮演，因为你可以选择用词，在发送之前进行编辑……当你在进行即时通讯时，你可以将一些事删掉，编辑你要说的，屏蔽某人或者退出。电话交谈更有压力。你经常要维持它，保持它的进行，那样会有太多的压力……你必须坚持进行……"噢，你今天怎么样？"你时时刻刻在努力想一些事情来说，这样通话才不会中断。

奥德丽创造出一个新的词来说明短信比打电话更好，因为电话对人来说少了很多"束缚力"。她的意思是，在电话交谈中，她会知道太多或者说太多，对话可能会走向"失控"。她承认："在今后的生活中，我将需要在电话中与人交谈，但不是现在。"发短信的时候，她感觉自己处于一个安全距离内。如果事情朝着她不喜欢的方向发展，她可以轻松地将对话引到另外一个方向，或者直接停止："发短信的时候，你可以清楚地说出自己的观点，你可以按照自己的意愿来控制对话的开始和结束。你说：'就这样吧，再见。'你就这么做……比当你想要结束对话，却又没有什么理由离开时，说的一长串的结束语要好多了。"最后这点是奥德丽最不喜欢的——结束对话。她解释说，打电话时结束对话需要技巧："当你没有借口的时候，却又想要结束通话，我不知道该怎么做。我不想学这些技巧。"

奥德丽觉得结束通话太难了，因为在她的经验中，分离就是一种拒绝。她会把自己和别人结束通话时，所感到的那种被抛弃的虐心感投射到其他人身上。这看上去有点小题大做，但也并非如此。因为这事关自我的价值感。还是逃避使用电话更容易一些，因为通话的开场和结尾对奥德丽来说都太难了。

奥德丽的情况并非个案，在她的朋友圈中，打电话的人已经越来越少。奥德丽说："面对面的交谈频率比以前要少很多，我们总是说'网上聊'。"她解释道："这些网上的联络本应是人与人之间真实的交流，友谊因此破裂。曾经有人给我发短信约会，我也曾经在网上和别人分手。"然而，奥德丽已经接受这些代价，因为她已经习惯于网络给她带来的种种便利。

最近，奥德丽正热衷于将自己的网络形象打造得外向，甚至更加性感、有情调。"我希望现实中的自己能更像网络上的形象"，她说。正如我们之前所见，对于奥德丽来说，建立一个网络虚拟化身和写一段社交网络上的自我介绍没什么两样。虚拟化身是"具象化的自我介绍"。这两者与每天发短信和即时信息的体验也有很大的共通之处：在她看来，这都是在进行"自我的表演"。

> 设计网络虚拟化身和发短信基本一样。你创造一个自己，而且是延时的。同样在网上，比如 MySpace 和 Facebook，你发布自己满意的一面，你不会说自己不好的地方。
>
> 你不会发你平常样子的照片。你会化妆，穿上可爱的衣服，然后自拍、上传、设为头像照片。这就是别人认为的你平常的形象，实际上这是经过设计的。关于自己，你可以想怎么写就怎么写，别人并不会知情。你可以创造一个理想中的自己。你可以把自己放进某种刻板印象的模子里，也许在真实生活中你没办法做到这样，但在网上就可以。

奥德丽总是随身携带着她那台有照相功能的手机，她随时随地都在拍照片，发到 Facebook 上。她吹嘘自己 Facebook 相册里的照片是朋友中最多的。"我喜欢把生活点滴上传到 Facebook 上"，她说。当然，那里的"生活"是经过编辑的。她总是在全神贯注地考虑发哪张照片，哪张的光线最好，哪张能显示出她"坏女孩"魅力的那一面。如果身份游戏是青春期的工作，那么奥德丽全天都在工作："如果有一天 Facebook 被删除了，那么我也就被删除了……我的所有记忆也许都会一去不复返。别人也发过有'我'的照片，那些可能也都会没了。如果 Facebook 被毁灭，我肯定会疯的……那是我的归宿，是我生活的一部分，是第二个'我'。"那一刻，奥德丽将 Facebook 上虚拟的自己形容成"自己在互联网上的双胞胎"。

奥德丽不停地打扮着自己“双胞胎姐妹”的形象，她很好奇自己删除的那些东西会去哪里。“你放到网上又删除的那些照片，Facebook 是怎么处理的呢？”她怀疑那些照片会永远留在网上，这让她既感到困扰，但同时又有几份慰藉。如果所有东西都记录在案，奥德丽害怕自己将永远无法逃脱网络上的“双胞胎”。这可不是好事；但同样如果所有东西都记录在案，至少在幻想中，她永远不需要和自己的“双胞胎”告别。这听上去也还不错。

在 Facebook 上，奥德丽拿“她”做试验，“她”也拿奥德丽做试验。她说她们之间的关系是“有来有往”的。规则是这样的：奥德丽尝试了一款“挑逗”的形象，若从 Facebook 上收到朋友们一致点赞，她就会进而开始模仿“挑逗”的语气，在自己的 Facebook 留言板上，她开始尝试一种“吐槽的、诙谐的”语气。如果新的形象反响不佳，她就会退回原来的形象。每次建立新的形象都要花费数月进行调整，看自己是否能“与不同的朋友相处”。改变你的虚拟形象，就会改变你的世界。

奥德丽说网上的虚拟形象增加了她在真实世界中的自信心。和《第二人生》上许多其他的年轻女性玩家一样，她把自己的虚拟化身设计得要比实际的自己更加有魅力。奥德丽是一个很漂亮的姑娘，一头红色的长发，在脑后梳成马尾辫。马尾辫和她喜欢的印花图案让她看上去有点传统。而在《第二人生》中，奥德丽的形象却是时尚的短发，身材曲线更加明显，化妆也更浓，衣服也更性感，上面也没有印花图案。这款游戏的宣传片声称，在这里你可以“社交、购物、工作、恋爱、探索、做改变、释放自己、让心灵自由、改变外貌、自我欣赏、爱上自己的生活”。但问题是，以虚拟化身的身份爱虚拟的生活，与爱自己真实的生活是一回事吗？对于奥德丽和许多同龄人来说，答案是肯定的。网络生活是一种练习，目的是让现实生活更加美好，但虚拟的生活也同样有乐趣。青少年们在其中花费数个小时，用虚拟货币为自己的虚拟形象购买衣服、鞋子。这些虚拟物品有真实的用途，虚拟化身们有了这些才能开始完全的虚拟社交生活。

尽管对《第二人生》充满热情，奥德丽最丰富的网络情感体验却来自于 MySpace，更准确的说是意大利版的 MySpace。当她在罗斯福高中上高二的时候，她认识了一群来自意大利的交换生，他们把这个网站介绍给了她。那时候，奥德丽恰好在高中已经学了一年的意大利语，所学知识刚刚够在朋友的帮助下建立个人的

MySpace 档案。她承认个人介绍与真实的自己相差很远。在意大利版的 MySpace 中，奥德丽看上去更加成熟一些。当她把档案上传后，收到了不少男性发给他的意大利语的信息。这让她非常激动，并且充满热忱地一一回复。如今，一年以后，她还在继续："我用仅有的一点意大利语回复。通常我是不会回复这类信息的。但既然我的真实信息又不在上面，他们在意大利而我在美国，为什么不玩玩呢？偶尔打破一下自己还是挺有趣的。在真实生活中，你是万万不敢对真正的朋友这样的。"对于奥德丽而言，意大利版的 MySpace 就像是聊天室："和你说话的，是你永远都不会交谈的对象，或者是你认为自己不会交谈的那些人。"

"和永远都不会交流的对象聊天"，奥德丽的话再次让我想到埃里克·埃里克森的理论，即延缓期（moratorium）对于青少年的成长是必须的。在 20 世纪五六十年代，他就提出美国高中的这几年，应该给孩子的成长提供无须考虑后果的环境。如今，在学生和家长的眼里，正是高中给了孩子的成长一个历练的机会。奥德丽的高中充满了激烈的竞争，各科成绩、SAT 分数、课外活动等压力时刻都在提醒着她。但意大利版的 MySpace 却给了她真正自由的空间。

意大利的交换生离开后很久，奥德丽都一直保留着自己意大利版的 MySpace 主页。当她说起自己在其中获得的乐趣时，我想到了自己大二暑假第一次去欧洲时的经历。从本质上来说，我的真实经历和奥德丽的虚拟经历并没有什么不同。我完全没有听从父母的要求，而是从巴黎搭陌生人的车到罗马。我把自己所有的身份都抛在了身后，除了自己是一个 19 岁的美国女生。我也不觉得有必要让别人知道我是一个严肃、认真的好学生。我只是想简单地做一个 19 岁的女生。我没有撒谎，但也绝没有告诉那些一起混的罗马年轻人们，我不只是一个轻松找乐子的美国女大学生。只要我不把他们带回我的真实生活，我的罗马假期就会成功。奥德丽也同样需要生活的区分。在意大利版的 MySpace 上她所经营的朋友圈子，与她在 Facebook 上的朋友圈子完全区分开。

当我向奥德丽讲起我在意大利那个月的假期时，她给了我一个"共谋者"般的笑容。她说自己也做过类似的事情。一年前的暑假，她参加了学校组织去波多黎各的旅行。"我在那里穿短衣、短裤，这样的衣服我在家绝对不会穿。而在那里，我的名声不会有风险。没有我在意的人会在那里对我评头论足。所以，为什么不呢？"

奥德丽还和我讨论真实旅行和虚拟经历的区别。我们真实的旅行一旦结束，我们就回到各自的生活、我们的家庭和日常身份中。但奥德丽却可以随时回到网上，回到那个穿着性感的虚拟化身中。那个意大利版 MySpace 中虚拟的自己，永远只离她的现实生活几次单击之遥。通过电脑屏幕，她可以让自己平行生活的窗口永远打开。

## 虚拟空间对某些现实问题无能为力

奥德丽每天都会通过一组虚拟角色来表达自己。在 Facebook 和意大利 MySpace 有个人档案，在虚拟世界中有虚拟化身，在聊天室或在线游戏中也有自己的头像。这些身份囊括了所有的虚拟身份和真实的奥德丽。当一个人的身份因此而变得多样化时，就会感觉自己是若干个身份流动、集合成的"整体"，而不是某一个单独的身份。如果我们能够在众多角色中自由游弋，我们就找到了"自我"。

我曾经担心青少年会沉沦在这种虚拟世界中，耗尽精力、困惑迷茫。但是我没有考虑到：在网络生活中，网站支撑着自我。每个站点都会记得你曾经在那里做过的选择，关于自己你曾说过什么，以及你所有社交关系的历史。奥德丽说它很难决定上哪个网站，因为去不同的网站就意味着她需要使用不同的身份，并且在不同的地方，她有着不同的消遣方式和朋友圈。皮特所谓的"混合生活"不仅仅是指将一个虚拟生活与一个现实生活混合在一起。即使对于 16 岁的奥德丽来说，她也拥有多个虚拟生活。

不足为奇的是，在"混合生活"中也会有紧张的时候。奥德丽讲了一个故事，学校里的一个男孩和自己以及几个朋友一起联机玩《魔兽世界》。他们都有自己的虚拟化身，但同时每个人都知道对方在现实生活中的真实身份。这种联机的环境鼓励了那个平时害羞的年轻小伙子，奥德丽说："他变得激进了，并且变得刻薄。"奥德丽说，在联机游戏的时候，她和她的朋友们偶尔嘲笑他、戏弄他："因为知道他在真实世界里是怎样的一个人，我们对他说：'你在和我们搞笑吧？'"但同时，女孩们也很沮丧，她们以前从来没有见过类似这样的朋友。第二天，当她们在学校看到他，他就直接走了。他不愿意承认网上发生的事。对自己的虚拟身份的害羞改变了他的现实生活。奥德丽称这种情况为"溢出效应"，这经常发生，但她认为"这不是一件好事"。

奥德丽已经找到了一种方法来避免这种“溢出效应”。如果在网上，她恰好知道对方的真实身份，她就采用类似律师保密特权来处理这样的情形。换句话说，在类似 Facebook 的网络空间里，她的身份是“已知”的，在这里就更加需要尊重隐私。对于奥德丽来说，网络上无论发生什么，都应该止于网上，至少在大多数时候如此。奥德丽将网络与嗜酒者互诫协会（Alcoholics Anonymous，以下简称 AA）进行了比较：

> 如果你在 AA 小组活动中说：“我是一个酒鬼。”并且你的朋友也在那。当你们离开了 AA，就会对这里的事情绝口不提。这是一种相互的理解和默契。在 Facebook 上，我不是匿名的。但是没有多少人会把网络上的事情搬到现实生活中来。
>
> 除非发生了什么丑闻，否则，没有人会关注你在 Facebook 上写了什么。你创建用户资料是具有目的性的，这是一个普遍的共识。没有人会问你为什么把这个内容放在网络上的“关于我”板块（Facebook 个人资料的一部分）。人们不会太在意那些东西，尤其是在现实生活中认识你的人，他们是不会关心你在网上写了什么的。

虽然奥德丽的朋友看到她在 Facebook 上对真实生活进行了某种程度的修饰，但愿意分开看待她的网络自我身份。奥德丽也用相同的方式对待她的朋友们。这使得他们在网络空间里获得了更多回旋的余地去表达情感和想法。奥德丽说：“即使在 AIM（美国在线提供的一个免费即时通讯服务），我可以和某个人保持长时间的对话，但在第二天见面的时候只是简单地打个招呼，说一句‘你好’而已。”你把现实和虚拟分开，然后让虚拟身份有属于它自己的空间。

奥德丽说：“有时，人们试图把他们的网上言论带回到现实生活中，但结果总是令人遗憾。”奥德丽讲述了自己一次“最糟糕的网络争吵”。在一个网络聊天室中，她和她的同学洛根吵了起来。事后她感到是自己错了，于是第二天她当面向洛根道歉。但是这个道歉并没有结束这次争端。反而，洛根将争吵再次带回网络世界，他在奥德丽的 Facebook 留言板上写下了自己眼中的事情真相，奥德丽的所有朋友因而都能在网页上看到这段文字。奥德丽觉得自己不得不采取同样的报复行动，于是，洛根的 Facebook 留言板上也有她关于这次事件原委的版本。在学校里，奥德丽和洛根有许多共同的朋友，他们也都被迫纷纷表态。日复一日，时间被浪费在两人不断上升的怒火中，各自的支持者也越来越壮大。

在这场网络争吵中，奥德丽最受触动的是：这件事情其实根本就不是什么大不了的事。她解释道："我说了一句不该说的话，并且为之道歉了。如果它是发生在某次聚会上，它一定会在5分钟内结束。"但这件事情发生在了互联网上，网络就像一个独特的回音壁。对奥德丽来说，这次事件虽已过去了6个月，但其所造成的伤害仍然未能平复："我们曾经是真正的好朋友，可是现在我们却形同陌路。"

奥德丽安慰自己说，自己已经做了能做的一切。尽管她打破了自己要在虚拟和现实生活中划清界限的规则，但却坚持认为自己当面道歉是恢复两人友谊的最佳方法："一句网络上的道歉，既廉价又简单，你所做的只是打字说了句'我很抱歉'，在这种听不见声音的道歉里，感觉不到任何情绪和可信度。但亲自去说'对不起'才真的有意义，那个时候才能真正说明你的心声。如果有人想要通过这种省事的方法，并且依靠文本去表达内心想要得到宽恕的情绪，那不会有效果。"最终洛根道了歉，但仅仅是在网络上，因此，这个道歉失败了。"如果他亲自说，结果可能是不同的，但是他没有。网上的道歉依然留下了许多疑问。'他是否会对我另眼相对？我们会像往常一样吗？'你不知道这两个世界将会如何交叉。"网上的一句道歉只是网络提供的"快捷方式"之一，网络就是这样一个充满了诱惑的世界。

奥德丽说，她在一年前用这种糟糕的"快捷方式"在网上向男友提出了分手。十几岁的女孩经常模仿《欲望都市》中的镜头，认为自己不再给男朋友发短信，就说明了一切。在一个备受关注的片段中，女主角的男友提出分手，并留下了一张便利贴。你不应该通过便利贴或发短信的方式分手，奥德丽说她知道这个规矩，知道自己在即时通信工具上向男朋友提出分手是个错误。直到现在她还不能完全原谅自己：

> 我很害怕，我不敢在电话里说，更不敢当面对他说。我很清楚地知道这段关系必须有个了结，因为感觉已经完全不对了。我感觉很糟，因为我很在乎他，我没有办法当面对他说出分手的话。我不是临阵退缩，只是不知该如何开口，所以我不得不在网上说。我希望当时自己没有这么做。他是一个值得让我亲自说出口的人……对于这件事我感到很抱歉，我只是觉得这是一个非常令人心寒的举动，非常的糟糕。

奥德丽仍然无法对那次网络分手释怀。在我们的谈话中，她为自己辩护说她也有处理得很好的事情："有一次我和朋友发生了争执，于是我开始在 Facebook 上写信息继续争执。但是最终我阻止了自己。"她解释道："那次和男朋友的在线分手非常糟糕，但是，至少你可以断绝了联系。但如果是和朋友，你真的要解决问题，'我不想和你做朋友了'这句话就没有那么简单了。"当前的友谊跨越了现实世界和虚拟世界，你必须在两个世界中都"处理好"。

奥德丽在网络和现实世界里解决争执有着一套复杂的方法。她认为面对面的交谈很困难，并且尽量避免电话交谈。是的，正如我们所看到的，她认为有些事只能面对面解决，比如和男友分手，以及掏心掏肺的交流。当她的父母离婚，她被迫搬家和改变学区，令她失望的是，以前学校的一个朋友只是给她发了一条短信说会想念她。奥德丽说："这的确很贴心，但如果她是当面对我说了这些，那对我将意味着更多。我也理解。我们不能每天看到对方，如果你上网的时候想说出这番话，你就会立刻发信息告诉对方，而不必等待。我真的很感激，但读到这句话和听她亲口说出这句话真的差别很大。"

当奥德丽讲述这个故事的时候，她也意识到了自己建立了一组令人困惑的规则，她尝试建立一组新的秩序："我试图避免打电话，我喜欢发短信和即时信息，我经常上 Facebook，可能我给人的印象就是我希望一切事情都发生在网络上。"但有些事情，如一个朋友对另一个朋友的道别，她想要亲眼见到。就像塔垃和洛根，奥德丽不建议在电话里交谈，因为那样不会有太大的帮助。要用电话安排事宜，因为复杂（并且常常重复）的短信会把事情搞乱。

奥德丽考虑了她的朋友通过发短信说再见这件事情，可能有两个原因：可能是因为她根本不在乎，也可能是因为没有足够的勇气面对面和她说。奥德丽承认后者的可能性更大一些。选择通过电子媒介的方式表达自己的喜爱或感激，可以避免遭遇对方冷遇的尴尬。电子通信的情感功能之一，就是可以让人躲藏在刻意假装的若无其事的样子背后。

## 短信、即时信息和打电话，各有各的好处

"在干什么？"雷诺，一位来自宾夕法尼亚州一个小城镇的、天主教高中西尔

弗学院（Silver Academy）的16岁小姑娘，品味着这句话。“在即时通讯时，你只需要说‘在干什么？’”雷诺解释说，IM不需要“内容”。你只需要在那里，你的存在说明你已进入聊天状态。短信是更高的要求：“你需要达到更多的目的。短信是为了说明‘你在哪里，我在哪里，让我们做这件事，让我们做那件事’。然而在朋友之间，发短信可以跟使用IM一样随意。对于亲密的朋友，你在短信中可以只用说：‘在干什么？’”

我与西尔弗学院高二、高三年级的8个男生讨论线上交流，他们急切地提出了雷诺的问题：什么时候应该使用短信、IM、Facebook留言板上的帖子或是Facebook和MySpace消息（Facebook消息是学生们最常用的网上沟通方式，除了涉及与教学、找工作相关的事宜）？一位高三学生对不懂这个规矩的学生表示不满：“有些人喜欢用短信对话，我却不喜欢这样。”在这个小组里，大家在一件事情上几乎达成了共识，那就是认为数字通信的乐趣之一并不是发送某条消息，不是传达一种思想，而是可以触发某种灵感。事实上，对于许多青少年而言，他们是在发短信的时候发现自己的情感的，因此传播的过程也正是培育情感的过程。

从这个谈话很容易看出，对冷漠的强调在于奥德丽所暗示的复杂性：任何信息的构成（即使是看似最不经意的）都是有计划的，尤其是在与异性交流时。16岁的约翰，是一个缺乏安全感的年轻人，他疯狂迷恋西拉诺（网络的虚拟角色）。当约翰想与自己真正喜欢的女孩接触时，他把电话交给一个善于用短信调情的朋友。事实上，他有几个这样的替身。当这些朋友在帮他发短信时，他确信他的罗克珊对他印象不错。就表达情感而言，一个人的短信质量与沟通媒介的选择同样重要。

关于什么样的消息“适合”什么样的媒介，这些高中生有很多心得。也许有人会说，这是他们这一代的专长。在自由无拘的新媒介环境中长大，他们有需要时就会撰写信息。维拉是黎塞留学院的一个大二的学生，她说，发短信会带来“社会压力”，因为当她发送短信给别人，却没得到回复时，她会感到难过。IM却让她感觉不到压力，因为“如果有人没回复你，你可以设想他现在有事不在”。而她的同学曼迪不同意这种说法：“如果我在IM上被忽略，我会非常心烦。”另外两个同学也加入了谈话。一个告诉曼迪，她的反应很“愚蠢”，并且表现出了对“系统如何工作”的误解。一个温柔的女孩试图说服曼迪，尽量不让她伤心：“每个人都知道，在IM上，别人会认为你正在忙，在与其他人聊天、做家庭作业，你不必回复。”曼迪仍不妥协，她说：“我不在乎。当我发出了一条信息而没收到任何回复，我会感到受伤。”

曼迪强调自己的观点。对她来说，没有回复带来的伤害源自她所谓的即时通讯的“礼节”。在她的圈子里，朋友们通常是在晚上坐在笔记本电脑或台式机前，一边完成家庭作业、一边发送即时信息。这种假定的社会和技术环境会产生某种庄严感。马歇尔·麦克卢汉（Marshall Mcluhan）说：媒介即消息。而曼迪的案例是对此最好的印证。如果你在电脑旁，媒介是正式的，那么消息也是正式的；如果你在玩耍、购物、喝咖啡，当你用手机发送短信，这时媒介是非正式的，那么消息也是非正式的，无论对内容进行了多么细致的编辑。

对即时通讯“冷漠论”的拥护者坚持认为：当你用IM发消息时，它会传到某个人那里，那个人或许忙得不可开交。即使坐在电脑前，接收信息的人也许正在做家庭作业，正在Facebook上玩游戏或者正在看电影。在如此嘈杂的环境中，你的即时信息很容易丢失。有时候，人们即使已经离开电脑，仍然会保持登录状态。维拉总结道：这一切都说明“IM是一种比发短信风险低的试水方法，尤其是在测试男生时。你在发送消息时，可以不对收到回复抱有明确的希望”。虽然IM是为交谈而设计的，但它对态度不明确的人非常适合，可以发送“在干什么”。

来自黎塞留学院的所有大二学生都赞成需要避免的是电话。曼迪对手机通话一通抱怨：“不想打电话是因为，一旦电话拨通后你就会进入谈话。”而谈话是“只在你需要的时候才想要进行”。对于曼迪而言，“几乎永远不会需要……打电话的刺探性太强，时间太长，很难挂断”。她同意奥德丽提出的问题：尴尬地说再见似乎是在拒绝别人。而发短信，她说：“你只需要提问，然后谈话就可以结束。”

对打电话的厌恶不分性别。一个菲尔莫尔学校的16岁男孩很少打电话，除了他的妈妈让他给一个亲戚打电话。“发短信时，你有更多的时间来思考自己写的东西。打电话时，你不能像发短信那样很好地考虑自己所说的内容。电话里，通常会表现得过多。”他喜欢看似随意地表达自己深思熟虑的事情。这种“看似不在乎”的风格是青春期的情绪特征，而现在的数字通信技术又加深了这种特征：你发送了一条信息，你看起来并不在意，事情就发生了。

短信会给收信人留下一种即兴的印象。但是青少年承认，他们也许会花上 10 分钟来编辑恰当的短信内容。菲尔莫尔的高三学生斯潘塞说："你收到短信回复时，就忘了所花费的时间。你从来不会想到其他人在发送短信时也绞尽脑汁。因此，你也似乎忘了自己编写短信内容的时间。"我问他有没有发送过仓促编辑的短信，他承认有过。"但发送重要的短信则不会这么轻率……在我发送一条重要信息之前，我已经反复推敲了许多遍。"斯潘塞的同学德瓦尔说他自己是一位短信高手，他把发送短信看作"在交谈"。一天中午我遇见他，他说自己当天"已经发了约 100 条短信"，大多都是以对话的形式。德瓦尔解释说："一场对话是告诉我的朋友，昨晚的比赛我没能参加；另一场对话是有关我蒙特利尔的表妹，她问我关于今年夏天的一些事。我打算明年去加拿大念大学，那时我会去她那，所以她问我这个夏天是否要过去玩。"

我问德瓦尔，跟他蒙特利尔的表妹发短信和打电话有什么区别。他大部分时间都在早上给她回短信，不打电话的原因不是为了有效地管理时间，而是"她的声音很吵"。不仅如此，他说："短信更为直接。你不需要找别的话题来填补谈话空白。"他们通过短信的互动"只有相关信息"。德瓦尔说："她问我直接的问题，我给她直接的回答。给一个你不想与其交谈的人打电话，就是在浪费时间。"

发短信能让德瓦尔在不受声音打扰的情况下与别人"谈话"。他习惯于不用任何寒暄，也不用对他的表妹表现出任何兴趣，就能计划这个夏天去她家玩的事。双方都希望将这种交流简化为一项用计划软件就能完成的沟通。用软件来完成就不需要"谈话填料"而是"只有相关信息"，这会让人觉得舒服。

然而，德瓦尔不知道是不是一生都可以这样只发短信。他说也许很快有一天，他会"逼着自己"去给某人打电话。"这也许是一种让自己学会交谈的方法……因为在以后的生活中，我需要学会如何与别人对话，而不是长时间这样尴尬的沉默。我觉得从长远来看，现在的电话交谈对我有利，因为这样我能学会交谈。"现在，就连老一辈都开始避免电话交谈。如果你发现自己好像随时待命，那么你就可以开始逃避现实中严酷的一面。

## 不打电话，源于我们的"脆弱"而不是"打扰"或"被打扰"

我所研究的孩子们生于 20 世纪 80 年代末 90 年代初。很多孩子刚过了蹒跚学步的年龄，就通过美国在线接触到了网络。而他们的父母则是成年后才开始网络生活的。在这一领域，他们这代人从开始就扮演孩子们的追随者的角色。这一模式还在持续发展：统计显示，Facebook 上增长最快的人群年龄介于 35 ~ 44 岁之间。传统观点总是强调这些成年人同他们的孩子之间的差别——从根本上区分数字世界的“移民”和“土著”。但是他们有很多共同点：这当中最重要的就是被操控的感觉。如果孩子们出于学校或是异性关系方面的原因，将网络视为可以藏匿或划清界限的场所，那么他们的父母则筋疲力尽地想要掌控一切，唯一有效的解决方法就是让大多数交流通过网络或短信完成。

因此，他们一直在线，一直工作，一直随时待命。我记得几年前同朋友和她的儿子共同庆祝感恩节。他的儿子是一名年轻的律师，公司刚刚给他配备了 BP 机。那时，所有在座的人，包括他自己，都嘲笑“法律紧急情况”这一说法。到第二年，他就无法想象如果不随时与办公室取得联系将会是什么样子。曾经只有医生才有 BP 机—— 一种轮休时的负担。现在，每个人都有这样的负担，这成为一种个人资产或是一种生活方式。

为了家人和同事，我们随传随到。一天早上，我在伯克郡徒步旅行时，遇见了 47 岁的曼哈顿地产经纪人霍普。她随身携带手机。她说她的丈夫可能会给她打电话。事实上，他每半个钟头就会打一个电话。霍普略带歉意地说，她并不喜欢打电话，但是她爱自己的丈夫，而她丈夫需要如此。她每个电话必接，直到最后一个电话信号不太稳定。“太好了，我们已经出了服务区，”她边关机边说，“我需要休息。”

人们感到越来越需要理由来让自己独处，需要不接电话的理由。当人们想要化解压力时会求助于科技，而这种压力恰恰是科技带来的，这是一种辛辣的讽刺。人们开始使用来电、短信过滤软件，这些软件可以帮助自动屏蔽他们不想看的短信、不想接的电话。霍普和奥德丽年龄相差 30 岁，两人却都将发短信视作解决“电话”问题的方案。两人都认为压力来自实时通信。正因如此，霍普解释说她正在劝说丈夫改为发信息。也许她的丈夫会发送更多的信息，他可以比打电话更频繁地发信息，而她则没有必要立刻回应。

对于电子通信错综复杂的感情，并不表示我们对联络人缺乏感情。只是信息流让我们无法找到独处的时间——没有人向我们展示依赖或是情感的时间。独处时，我们并不是拒绝这个世界，只是有自己思考的空间。如果电话总在你身边，想要独处似乎变成了躲藏。

我们用不断变化的关系填满我们的生活，拒绝独自思考和梦想，忙到精疲力竭，我们做了一场新的浮士德式的交易。即在彼此独处的情况下打交道，这是数字时代人们新的共处之道。

一位就职于波士顿一家大医院的 36 岁护士，每天早上都会去看望她的母亲。然后到商店买食品，打扫房间，准备上班。上完 8 个小时的班，吃完晚饭后，就已经晚上 9 点多了。“我没有时间和精力社交，”她说，“甚至给朋友打个电话的精力都没有。我的同学遍布全国，我会给他们发邮件。登录 Facebook，我就不觉得孤单了。即使我登录的时候别人不在线，但感觉上他们却在。我看到他们的新照片，了解他们最近做的事情，我就感觉与时俱进了。”

一位 52 岁的离异者从小就乐于参与志愿者工作，并且喜欢和朋友一起喝下午茶。如今，她是一个全职办公室经理。她对于新时间表感到很不适应，她说她“很惊讶”地发现自己不再给朋友打电话。她满足于发送邮件和 Facebook 信息。她说：“打电话就像‘入侵’一样，我感觉扰乱了朋友的生活。同样，如果他们给我打电话，我也感觉被打扰了。工作之余，我想要回家，在 Facebook 上看看孙子们的照片，发发邮件，就感觉与人联络了。我很累，没有准备好见人——我说的是面对面的相见。”对于曾经十分普遍的电话，两位女性都感到为其所累。它的设计缺陷是通话只能实时进行。电子邮件的初衷是避免人们奔波劳顿，结果使人们连措辞打电话都觉得困难了，更不要说见面了。

50 多岁的丹是一名法律教授，他说他从不在工作中打扰同事。他不打电话，也从不要求见面。他说：“他们可能在工作，或是忙别的事情。可能时机不对。”我问他这个习惯是不是刚养成的。他说：“是的，我们曾经出去玩。那感觉很好。”然后他用“人们现在都很忙”来回应他的观点。曾经在学校里经常做的事情现在变成了一种打扰。接着，他停顿一下更正说：“我这么说不是很诚实，其实我现在也不想跟人说话，不想被打扰。我觉得我应该去打电话，那种感觉会很好。但是在手机上跟人沟通更容易。”

这一普遍流行的态度对于25岁的休来说有些艰难。他说他的需求要超出电子邮件和Facebook所能提供的。如果没有时间见面，他希望朋友可以给他打电话，这样他就能“享有此人的全部注意力”。但是当发信息给朋友安排电话时，休说一定要清晰表达自己的意图：他想要“私人电话时间”。他解释说：“这一时间内，需要打电话的对方承诺不会接听别人的电话，也不做任何别的事情。”他说当与朋友通电话时，感到对方还在发信息或是登录Facebook，就会感到很沮丧。这种情况很常见。“我甚至都不想他们走路。我无法与赶场参加销售会议的人认真地通话。私人电话时间是最难得的。人们不愿作出这样的承诺。”

一些热衷于通过发信息进行联络的年轻人也同意休所说的全神贯注的困难。一个16岁的男孩说：“我对别人讲，跟我说话，现在到我的时间了。”另一种尝试就是要求朋友打有线电话，因为那意味着当通话时他们是在固定位置，通话信号也很清晰。他说：“最好是让人给你打有线电话……那是最佳了。”曾几何时，用有线电话通话而不被打扰是再普遍不过的事情了，而如今却成了稀奇的事情，就像王冠上的珠宝一样。

休说，最近他得到私人电话时间时，倒有些后悔了。这要求人们坐下，专心聊天。他把标准定得太高了。“如果我没有谈论到忧郁症、离婚或是被炒鱿鱼之类的事情，他们就会感到失望。”休笑着说，“你要求私人电话时间，你最好有不错的谈资。”

打电话的壁垒如此之高，以至于有重要事情时人们也会退缩。律师塔拉在之前承认，通过电子邮件交流，是“处理”她的朋友。她给我们讲述一个友谊如何被削弱的故事。塔拉同她法学院的同学艾丽斯每年相聚4次。最近，两位朋友互发邮件来确定约会日期。在错过很多次之后，她们最终敲定了时间和餐馆。艾丽斯并没有为聚餐带来好消息。她的姐姐去世了。尽管相隔千里，这对姐妹却每天通话。失去了她的姐姐和每日的通话，艾丽斯觉得无所依靠。吃饭时，艾丽斯告诉塔拉她姐姐的死讯，塔拉觉得很沮丧，几乎发狂。她和艾丽斯发了几个月的邮件，为什么艾丽斯不说呢？艾丽斯解释说，她和家人在一起，忙于各种事务。她轻描淡写地说：“我只是觉得这样的事情不适合在邮件里说。”艾丽斯是最需要得到朋友支持的人，却反过来安慰塔拉。

塔拉叙述这个故事的时候说，她为自己的反应感到羞愧。她那时和现在都应该安慰艾丽斯，而不是关心自己作为对方闺蜜的等级。但她还是觉得受到了冒犯。毕竟，她们“联络”了很长时间。塔拉不断回想，若是打电话商定约会的事情，也许她就会知道艾丽斯经历了什么。她说：“我或许能从声音中觉察出来。我会生疑并邀她出来见面。”但是对塔拉来说，和其他人一样，电话是打给家人的。而朋友，即使再亲近，也不在此列。

塔拉逃避打电话，但是觉得有所失。对年轻人来说，情况就不甚明了了。西尔弗学院的大三学生梅雷迪思谈到她几个月前通过即时信息获悉一个朋友的死讯。她很庆幸当时没必要见人或是说些什么。她说：“当时在放假，我待在家里，也没有去看任何住在附近的人，然后朋友罗茜发信息给我说朋友去世了。我很震惊，六神无主，但是还好。要是看见什么人的话，我可能会不知所措。我不见任何人，只是在线跟人们诉说，我挺过来了。如果她们当面告诉我的话，情况可能会更糟。”

我让梅雷迪思继续说下去。她解释道，如果坏消息是通过信息传递的，她能够自持。如果是通过电话，那就太糟糕了。她说：“我没必要在人前表现得很沮丧。”事实上，得到消息后的一整天，梅雷迪思仅通过短信和朋友交流。她用简短的文字叙述：“仅仅陈述事实而已。‘你听说了吗？’‘听说了。’就这样。”即时信息使她得以排遣情绪。在学校见到其他人的时候，她几乎无法控制自己的感情：“一见到我的朋友们，我感觉糟透了。”卡伦和比阿特丽斯讲述了类似的故事。经由即时信息得知她最好朋友卡伦父亲的死讯。她说：“通过电脑知道消息会好过一点，更容易一点。我可以一点点地接受，没必要在任何人面前失态。”比阿特丽斯回应说：“我不想听到坏消息。但如果发信息告诉我，我能保持镇静。”

这些年轻的女性想通过网络的庇护来处理强烈的感情。同现实相比，网络提供了另一条处理情感的途径。压力之下，她们最想保持镇静。但她们无法沉着，无法保持镇静的时候，她们找到了新的逃避方法：拿起电话，发信息给不在屋子里的朋友们。当这代人迅速地说出“不要打电话”时，我看到了他们的脆弱。他们将自己的真实感情拒之门外，同样被拒之门外的还有能帮助他们的人。

## 声音传递情感，我们却巴不得让声音在生活中消失

当我第一次读到人类通过面容互相识别身份的时候，我觉得语音也有同样的作用。但是和许多研究对象一样，我技术性地遗忘了语音。

有一次，我打算和一位同事乔伊丝共进晚餐。就在前一天，我的女儿被大学录取了。于是我给乔伊丝发邮件说我们有了更了不起的庆祝理由，乔伊丝回复了祝贺的短笺，她也曾和自己的子女经历过这样的过程，所以很了解我的轻松释然。在共进晚餐的时候，乔伊丝说她想过打电话祝贺我，但是感觉有些干涉我的生活。我也承认，我之所以没有打电话与她分享这一好消息也是出于同样的考虑。乔伊丝和我都受到了习惯的约束，但是我们都乐于遵守它。乔伊丝承认："我不受电话的打扰，使我感觉自己能更好地控制时间节奏。"

乔伊丝和我都发现自己不满于渴望。当我们独处时，收到了令我们欣慰的邮件，免去了在真实世界中关怀问候的义务。尽管我们并非刻意去避免直接的语音交流，但是不能否认邮件交流带来的轻松。声音的交流只能是实时的，而我们都如此忙碌以至于没有这样的交流时间。

iPhone 的可视语音信箱受到欢迎，因为它使人们免去了必须去听信息才能知道发送者是谁的麻烦。现在又出现了自动将语音留言转化为短信的技术。我采访了一位大学新生莫琳，她为自己发现了这种技术而兴奋不已。她说只有父母才给她发语音留言。"我爱我的父母，但是他们不懂得使用手机，现在已经很少有人发送很长的语音留言了，内容太长就难以听完。现在我可以把它们转为短信翻看，这真是太棒了。"

在人际联系领域，我们的观点从最早的"聊胜于无"转变为现如今的"更好的选择"。很久以前，我们就期望能够和远方的人联系，先是写信，然后是电报，之后是使我们听到对方声音的电话，这些在无法面对面交流的时候都无比方便。接着，因为时间的稀少，我们开始使用手机来代替相聚见面。在 20 世纪 70 年代，我第一次意识到我生活在通信的统治之下，我们从来没有真正离开过电话，因为电话录音机会为我们回复所有的来电。电话录音机原本是设计用来不在家时留言的，但是后来它成了"放映机"，成了我们世纪之末的维多利亚时代式的名片卡。后来，语音

信箱代替了电话录音机，而其产生的原因不过是无人接听电话。人们出于某种目的，明知道对方不在家还要打电话。因此，人们学会了忽略电话而“让语音信箱去接听”。

再后来，声音被移出了语音信箱，因为短信要更快捷。电子邮件使我们能更好地控制自己的时间和情绪表达。但是接着我们发现，它还是不够快捷。在移动通信的帮助下，比如短信和 Twitter，我们可以时时刻刻都与他人和社会保持联系。可是这一系统也会产生事与愿违的结果。我们断断续续地用短信表达自己，由于我们发送的内容多而且群发的对象也多，因此我们会收到更多的回答，数量之多会令我们筋疲力尽。莎士比亚也许会说，我们“在消耗着那些滋养了我们的东西”。

我把这些草草写下的文字给了一位朋友，这些描述似乎十分正确，但同时又显得漏洞百出。作为一位知识渊博的诗歌教授，她说：“我们不可能都像林肯或者莎士比亚那样写作，但是即使最资质平庸的人也有一种惊人的工具：声音，它用来传递人类的情感。为什么我们要把它从我们的生活中剥夺走呢？”

答案开始变得清楚。在短信、留言和电子邮件中，我们隐藏的内容不比我们表达的内容少。我们可以把自己更好的一面展示给别人，也可以更快、更容易地处理好一件事。聆听只会使我们节奏放慢。一条语音记录可以加速播放，但是它必须实时播放，或者转化成其他文本形式，或者干脆避免，都会更好。科学家在努力研究让机器人识别人类声音，但是我们却乐于避免使用自己的声音。

电子邮件、短信、留言和 Twitter 已经取代了传统的书信和语音交流。当塔拉懊悔自己没有给朋友艾丽斯打电话的时候——艾丽斯本来可以听到塔拉的难过和伤心，这就是一个习惯于听到声音而为失去它感到难受的例子。下面则是一个试图在传统框架内重新平衡事物的故事。我提到过特里，艾丽斯的法律合伙人。他遇到了完全不同的情境，使他无法平衡处理。

> 我的弟弟得知他的妻子怀孕了，他把这些写到了博客上。他没有第一时间给我打电话。当我读到博客题目的时候我给他打了电话。我非常愤怒。他完全不理解我为什么这样小题大做。他每天都写博客记录他的生活，这是他的习惯。所以当他们夫妻俩从医生那儿回来的时候，他立刻就把这件事写入了博客。事实上，他说这也是他和妻子庆祝这件喜事的方式之一，那就是拍

下一张他举起香槟而她举起橘汁的照片传到博客上。用照片和其他方式，在虚拟世界和真实世界中庆祝。当我抱怨的时候，他们的回答让我感觉自己像个小女孩一样。你是不是认为我太过古板了？

特里的故事和塔拉完全不一样。特里的弟弟没有打电话并不是为了节省时间。他不是故意回避，不是忘记，也不是更乐于与其他亲人分享。博客是他私人生活的一部分，也是他们夫妻庆祝生命中重要事件的方式。还有一个和当今网络亲密感完全不同的例子：我的一个朋友做了干细胞移植手术，当她邀请我进入她的家庭博客的时候，我感觉很荣幸。我把它设为我的电脑桌面上的信息提醒。每天，而且经常是一天数次，她的家庭博客会出现医学报告、诗歌、思考和照片的更新。博客里的消息包括病人自己、她的丈夫、她的孩子，还有捐赠给她干细胞的兄弟。既有积极的进展，也有消极的挫折。在博客中，我可以对她和家人的生活感同身受。既有痛苦，也有治疗结束后的喜悦。束缚消失了，她讲述了难以面对面分享的故事。我认真读完了每一篇博文，并且给她发送邮件。而正是她的博客使我发生了变化。我感激她的每一条消息，却奇怪地羞于打一个电话。这是在干涉她的生活吗？我想起了特里，像他一样，我也试着在这个网络成为了亲密小圈子的世界中找到自己的位置。

网络带来了新的空间。在这个新兴空间的一端，我采访到在同一张床上给对方发短信或者电子邮件的夫妻。有些人说他们想在系统内留下请求或感受的记录。还有家庭博客，在这里可以宣布婚礼，宣布病情的变化，或者和爷爷奶奶分享照片。在这里，人们可以做回自己。而在这个新兴空间的另一端，在网络游戏和虚拟社区内，人们寻找自我、迷失自我，或者发现新的自我。就像我们看到的一样，在这里一切都不是清晰明确的。奥德丽说过，Facebook 的自我简介是“我的虚拟化身”。当你模仿甲壳虫乐队中的林戈·斯塔尔（Ringo Starr）时，你的“虚拟化身”就成了你的“第二个自我”。在这种模仿文化中，我们变成了“半机器人”，而且很难回到现实中。

# 11

## 削弱与背叛
## 亦真亦幻的《第二人生》

通过“演练”和“实践”，《第二人生》也可以与现实的人生相差无几。如果游戏里的角色跟现实中的人完全不同，也不能称之为“背叛”。虚拟人生也许能让人们在现实生活中更有自信、更勇敢地去改变自我。有些在现实生活中失意的人，可以从游戏中获得满足。

20世纪90年代中期，计算机科学家兼技术空想家雷蒙德·库兹韦尔创建了一个虚拟化身，取名为“蕾蒙娜”，并将其运用到一个虚拟的世界中。当时，大部分角色扮演网络游戏还仅仅只有文字角色化身，并附有很长的文字，描述角色的经历、关系，还有穿着。库兹韦尔十分渴望一个新时代的到来，因为他不想把自己描述成“格瑞斯·斯利克”( Grace Slick ),而是想成为真正的格瑞斯·斯利克。于是库兹韦尔创建了一个虚拟的世界，并在其中制作了一个美丽、性感的虚拟化身，它可以在他选择的虚幻背景前唱歌，这就是“蕾蒙娜”。而事实是，库兹韦尔首先运用一个高科技装备捕捉到自身的每一个动作，然后将其转化为“蕾蒙娜”的动作，不仅如此,他还将自己的声音转换成“蕾蒙娜”的女性的声音。看着库兹韦尔表演“蕾蒙娜”的场景让人着迷，而且库兹韦尔自身也为之着迷。这给了他一个机会去体会灵魂附体有多么不易，体验控制自己的一举一动有多么困难——通过抬头的方式、手势的形状，来塑造另一性别的化身。现如今，那些曾经具有革命性体验的某些方面已经司空见惯，其中的一些已被人们转化成了游戏。

有一款这样的游戏叫作“甲壳虫乐队：摇滚乐团”( The Beatles: Rock Band ),于2009年9月正式发行，并被《纽约时报》称为“革命性的娱乐体验”。就像摇滚乐团的表现形式一样，游戏者手持游戏控制器，其形状类似于乐器和麦克风，能够将玩家制造出来的声音转变成虚拟人物所发出的声音。此游戏的目的是模仿甲壳虫乐队的表演和演唱。据说这个游戏为那些没有天赋或没有吉他的人打开了音乐之门，目的之一也是希望孩子们在玩这些游戏的时候能最终喜欢上真正的乐器。

就像库兹韦尔拥有的化身“蕾蒙娜”,你也可以根据自身能力创造一个虚拟形象,使其在你脑海中反复出现。这个游戏不仅让你能像摇滚明星一样表演，而且还会让你体验到万众瞩目、梦幻交织的感觉。

在网络世界中，当你身处多玩家角色扮演网络游戏的时候，你不仅技艺精湛、光芒四射，更重要的是，这种行为使你处在一个新的群体当中，有虚幻的好朋友和一种归属感。人在虚幻的世界里会感到比在现实中更加自在，因为他们觉得在虚拟的世界里可以秀出一个更加优秀、更加真实的自己。随着这一切的发生，谁还愿意身处现实之中呢?

## 《第二人生》，貌似另一个人生

当我加入《第二人生》时，它要求我为自己的化身取一个名字。我经常假想能拥有一个雪莉以外的名字,却从未有较好的机会。难道是 20 世纪 60 年代早期的“四季歌”将它困在了初中的世界吗？但当我最终有这个机会拥有其他一些称呼时，我却困惑了。讨厌一个名字容易，但是要取一个我想要的名字却更难。幸运的是，这个系统为我提供了多种选择。选完的那一刹那,我如释重负,化身的名字叫“瑞秋”。一些有关这个新名字的信息出现了，都有些什么呢？那么简单的一个问题，就将屏幕上的生活变成了个人身份的工作坊。

在网络虚拟世界或角色扮演游戏中,你被要求去创造、编辑、运行一个新的自我。然而，当你在进行这些操作时，正如我们所看到的社交机器人的案例中，还是会有一些意外的情况发生。当我们通过虚拟化身进行在线的生活时，我们会表达出内心真实的希望、力量和脆弱面。这就好比是一种天然的罗夏测验。我们有机会看到我们在渴望什么、怀念什么。不仅如此，我们还可以打开心结，解决没有安全感的问题。人们可以将虚拟化身作为真实生活的“练习”。正如我所说，我们屏幕上的生活或许只是一个游戏，但它是一个严肃的游戏。

当然,在人们创造虚拟身份的时候,他们并不会想到这可能对自己“身心”有益。你是在不知不觉中进行自我反思和试验。你先是创建一个化身来玩游戏或加入一个在线社区，你可能会认为这是一件简单的事情，但随后却发现事实并非如此。例如，你甚至连虚拟化身的名字是什么都拿不定主意。

26 岁的乔尔对身份和网络形象的问题进行了深入地思考。对他而言，《第二人生》的确成为了他的第二人生。乔尔本人看起来比实际年龄要小。他非常苗条，穿着随意，黑色的眼睫毛，还有一头凌乱的头发。仅在几年前，他年轻的外表还一直困扰着他。他感觉别人都不把他当回事。现在的他已经订婚，即将走进婚姻的殿堂，并且有了一份自己喜欢的工作，他可以平静地接受自己的外表了。虽然他还是希望自己能显得更成熟、稳重一些，但是最后他也承认："我的外貌或许对我是有帮助的，被低估了年龄具有它独到的作用。"乔尔从小就希望成为一名艺术家，但是出于现实的考虑，他最终成为了计算机科学家。如今他是一名程序员，很有天赋而且广受欢迎。

乔尔在一家精英生物技术公司管理着一个软件设计团队。他的工作极具挑战性，当他在编程方面寻找创新性突破口时，他发现了《第二人生》。这也是我们早些时候提到的皮特和美丽的杰德产生虚幻爱恋的地方。乔尔对《第二人生》中的浪漫故事并不感兴趣，他想要一个空间来探索他作为艺术家和领导者的潜能。而现实生活中，他在这两个方面的才能都没有被认可，但这些素质却与他未来的发展密切相关。在网络世界的保护伞下，乔尔才真正将这些才能发挥了出来。

人类学家维克多·特纳（Victor Turner）写道：在我们普通生活以外的空间里，可能一定程度上为现实同虚幻世界共有或介于二者之间，来探索另一种生活是最自由的。特纳将它们称作 liminal，源自于拉丁语"阈值"。从字面上来说是指事物的边缘。托马斯·曼（Thomas Mann）在《魔山》（*The Magic Mountain*）中假想世界是一个超越时间和空间的地方，而这也是乔尔想要的《第二人生》，是现实和虚幻交界的地方。就在很多人都建立了一个理想、性感、时髦、迷人的化身的时候，乔尔却另辟蹊径。他建立的化身是他如何看待自己的虚幻版，毫不隐瞒任何缺点。他将其塑造为一头小象，取名为莱西，它扑扇着两只松软的耳朵，虽然甜美却也有脚踏实地的真实感。在《第二人生》里，莱西既有迷人的一面，又作为一个艺术家和编程人员获得了大家的尊重。也就是说，乔尔通过在键盘上编程制造虚拟建筑物，而他的虚拟化身成为受益者。乔尔不仅仅是一个艺术家，他还以莱西的身份管理着一些事物。他管理着虚拟世界的建筑工程和画廊的设置布局。莱西就是乔尔想成为的那一类管理者，虽然严谨，但却永远保持平静，遇事不惊。尽管只是一头象，莱西却通过将艺术家和管理者的才能结合起来，为其进行人性的探索提供了多种可能。

在《第二人生》中，乔尔本可以塑造一个高大威猛而且有权威性的化身。他可以赋予其军事才能，或者赋予其爱因斯坦的天赋。但是，他所设计的化身却同他在真实世界中一样面临诸多挑战。这个化身，就像他背后的一个人，经常不得不证明他的才能和自律能力。尽管他可以在行为举止方面比较庄重，可毕竟莱西更像是一个醉汉而不是穿着灰色法兰绒西装的绅士。所以，像乔尔一样，小象莱西经常同一些团队合作，其中的成员起初都认为它缺乏严谨性，但随后却为它的忘我精神和熟练技术所折服。

从角色扮演网络游戏的早期开始，就有一些人将虚拟的世界看作他们真实生活的必要组成部分，因为网上的一些经历帮助他们获得了成长。一个年轻人曾告诉我他是如何从网络中走出，并把其视作回归朋友圈和家庭的一个有效实践。一位年轻的女士在一次车祸中失去了一条腿并安装了假肢，这场事故之后，她已准备好恢复她正常的性生活，却仍然感觉尴尬和紧张。于是她创作了一个在线化身，这个化身也带着假肢和拥有虚拟的人际关系。在线时，她尝试着谈论她的假肢，当她与其虚拟的恋人亲热的时候就把假肢拿下来。通过这个虚拟人体的体验，她变得更加适应自己的身体了。另一个现身说法的玩家将自己描述为一个“胆小男”。在线时，他通过扮演女人（凯瑟琳·赫本的类型）的方式提升了自信，随着时间的推移，他也将这种自信带回到现实生活中。这也是一种乔尔想达到的交叉效应。在虚拟世界中，能培养现实生活中用得上的技能。

对网络生活进行思考的过程有助于区分心理学家所说的“演练”和“实践”。“演练”时，你首先将现实生活中所遇到的冲突提取出来，然后将其在虚拟的世界里一遍又一遍地进行表现。此事重复量很大，却只有微不足道的进步。而在“实践”时，你运用网络上的一些素材来应对现实生活中的矛盾并寻找新的解决方案。这就是乔尔操作莱西的方式。如何将看似荒诞的事情同严肃的事情结合起来呢？他已经为学习该问题腾出了空间。

从高中开始，乔尔就赚钱来建立网站。他通过聪明的设计缩短了工作期限并为客户节省了开支，每当此时他总是乐在其中。在他称为“黑客”的文化中，他将这类设计运用于年轻人的体验。乔尔感觉技术大师的团体中有一部分人是在一种很严格的道德约束下工作的。而“黑客”则可以用计算机互相捉弄彼此，但是他们只捉弄“黑客”中人，从不捉弄不能防御他们的局外人（一个典型的“黑客”可以让一台电脑看似崩溃了，但熟知“黑客”技术的人则通过按键盘中一个特定的键就可以使其恢复）。如果一个年轻的“黑客”不懂这些游戏法则，资历高的“黑客”就会介入将问题搞定。乔尔为“黑客”道德的沦丧感到痛心。“在当今虚拟的世界里，”他说，“有更多的恶作剧。”那些得不到团体认可的高智商人群，可能做出真正的破坏。在《第二人生》，通过莱西，乔尔已经成为了“老派黑客”标准的执行者。他的小象就在那里为人们维持秩序。如何使财产安全得到保障，使人们的工作成果不会被破坏？一个不修边幅的超级英雄莱西，扑扇着耳朵，带着忧郁的眼神，完成了这些工作。

乔尔在《第二人生》上线之初就加入了团队，他是 beta 测试人员，也就是说，他所做的是《第二人生》公开发行之前的工作。他的任务是移除程序病毒，使运行环境尽可能良好。乔尔对《第二人生》的第一印象不是很好。“我不喜欢它，感觉很傻。游戏进程是可以预测的，而且仅对技术人员有利。”他退出了一段时间，但随后为了寻找创新空间又回来了。他曾听说，有一组建设者运用《第二人生》编程语言构建了非凡卓越的虚拟建筑和艺术设施。在《第二人生》里，这些人具有重要的地位，他们已经使《第二人生》成为艺术家的重要目的地。一段时间以后，乔尔也在《第二人生》建立了一个比现实生活中更加受欢迎的艺术家团体。乔尔将自己的精力投入到这份团体工作中。他说：“如果我决定做这件事情，我就要把这件事情做好。”

## 屏幕上的生活

在《第二人生》里，莱西是名高手，他对每一个项目都精益求精，而且又非常友善。这就意味着，乔尔能通过莱西这个角色结识到很多朋友，他能和现实中不太可能遇到的艺术家、知识分子、作者、商人打交道。莱西玩的游戏角色经常受邀参加各种派对，可以吃、喝、跳舞、聊天。他每参加一个正式聚会，都会做一份精美的聚会电子剪贴簿，发送给主办者。

在乔尔和我见面的前一个星期，莱西作为花童参加了一场两个游戏角色的《第二人生》婚礼。乔尔很开心，他为婚礼设计了一套大象燕尾服。因为婚礼请帖上的着装要求是“正式而不乏创意”，乔尔就又做了一套五彩斑斓的燕尾服。他给我看了他送给新娘新郎的礼物——婚礼的截图相册。莱西的慷慨、沉稳吸引了众人的眼球。在现实生活中，乔尔是个非常知足的人，这一特点在游戏中也能看得出来。也许正是这种冷静的态度吸引了游戏中一名忧郁的法国女人诺埃尔。她最近一直跟莱西说自杀的事情，当然，是在现实生活中的自杀。乔尔和我在电脑前坐了一天，花了好几个小时，才终于“劝服她”。

乔尔很高兴听到诺埃尔说莱西对她说的话很有用，因为他也很关心她，有时候他把自己当作她的父亲，有时候又是兄长。但由于他们所有的关系都是建立在《第二人生》里面的，所以诺埃尔的真实身份还不是很清楚。但是，最近乔尔的脑海里一直都在想这件事，她到底是谁？她是不是跟游戏里的角色一样抑郁？或者她跟游戏里的角色完全不同？乔尔说如果诺埃尔其实不是法国人也没关系，因为这样也算不上背叛。但是如果他花了那么多时间去劝一个想要自杀的女人，最后这一切“仅是一场游戏”的话，那就特别别扭。抛开莱西和诺埃尔，乔尔觉得他是从一个普通人的角度出发给诺埃尔的玩家提了些自己的建议。

在游戏里，乔尔通常通过“表象价值”来与人交往，即他把游戏角色的表现在虚拟世界中联系起来。他也想别人这样对他，他希望留给人们一个天马行空的大象形象，既是好朋友，又是技艺精湛的设计者。乔尔一直跟诺埃尔说角色的玩家有可能会死。虽然他认为诺埃尔的玩家并不一定就像游戏里面那样，就像他自己的真名也不叫莱西一样，但却对她充满了期望。当然，他认为在说服她的几个小时里面，他是以真实的自己进行对话的，他也相信他们的关系是认真的、值得的，但前提是她不是在假装很抑郁，又或者她不是个男的。

乔尔知道他跟诺埃尔的虚拟关系很美妙，但也承认他们之间的底线还不明确。没有条约规定角色必须跟现实玩家一致。有的人会创建三四个跟自己性别或者年龄不同的角色来体验不同的自己。乔尔也知道，但他却走向了另一个方向，因为最近，乔尔现实生活中用的名片上都印有他《第二人生》里面的角色名。

我们能猜到乔尔为什么不喜欢手机，因为每当他接打电话的时候，都会觉得焦虑不安。他说电话太扰人了，他更喜欢短信或者即时信息。《第二人生》的玩家可以在现实生活中用短信或者语音交谈，但因为玩家们不一定同时在线，所以他们收发信息的时间也不同步。我看过乔尔在游戏里能收到成百上千条信息，屏幕上满满的都是。就算这些信息是几个小时前发的，对他来说也像是“刚刚才发”的，他的意识里，这些都是同步的，他能自由地穿梭在这些信息之中。他能快速地在弹出的对话框和复杂的交易中切换，优雅从容地应对这些信息。他只要看一条信息开头的一两句就能马上回复。这样，他觉得既不受打扰，又能与别人保持联系，乐得自在。

当乔尔“停放”他的角色时，他就可以与外界既相互联系，又可以不受影响，在《第二人生》中自由飞翔，不被察觉，乔尔在游戏里也不再是莱西了，他成为一只无形的“眼”。乔尔开玩笑地说，他在《第二人生》里面隐形飞翔的时候就像“摆脱角色的人生”。他善意地提醒道，只有一部分高手能像他这样飞。而且他飞的时候没有人能看到他，或者知道他正在看他们。乔尔知道这个问题，但觉得没有什么，他很享受这种特权，因为他知道自己没有滥用这种技能。他认为自己是名善良的管理员，就像一名超级英雄一样在山上俯瞰整座城市。而且，这不是现实世界，只是一个游戏而已，在这里任何人都能自由地学习技能，隐形飞翔只是其中之一。他为此付了费，因此拥有了这个权利，但在另一个环境里这个技能却被算作间谍行为。

玛丽亚是一名 33 岁的财务分析师，在《第二人生》中她也能像一只无形的“眼”一样飞翔。但她最喜欢这个虚拟世界之处在于这里的人生是如此的丰富。“《第二人生》的乐趣就在于俯瞰的快乐。”她说道。时间过得飞快，关系也会急剧升温，感情便会越来越深：“从见面到恋爱到结婚再到激烈地分手……都发生得非常快……所以《第二人生》中的人都说现实生活太无聊了，《第二人生》太刺激了。”玛丽亚解释道：“这个世界让人们非常看重强烈的情感宣泄。爱情、婚姻、离婚——在这个世界里，一个小时的时间能发生太多刺激的事情了……你总是能参与到一些大事里面。”你收到的都是“我想要自杀（在虚拟世界里），我想要结婚，我恋爱了，我想要放纵一次”这样的信息。乔尔和玛丽亚都说等他们离开这个游戏之后，需要一些时间来“减减压”。对于玛丽亚来说，《第二人生》不像是真正的人生，而是真正人生的加速版。然而，玛丽亚也说到一件最让人疲惫的事情，即“在人群之中不停地交际”，其他《第二人生》的玩家却觉得这是很常见的事情。对他们来说，这个在线世界的乐趣就是：这是一个“交到新朋友”的地方。

《第二人生》总能带给 37 岁的诺拉新鲜感：“我永远都不知道在‘这个世界’里我将会遇到谁。”她把这种感觉和在家带着两个还在学走路的小孩的感觉进行了对比。“在家里，我都能知道我将要见谁。如果我在家带孩子，就不会见别的人。如果我带他们去公园，我就会遇到很多保姆。如果我带他们去 Formaggio（一家很出名的美食店）或者 Hi-Rise（一家著名的咖啡面包店），我就会遇到一群阔妈妈。”诺拉非常厌倦她的现实生活，但很喜欢《第二人生》里面的经历。她说她的网络关系里，“他们总是很有目的性，总是和真正的兴趣有关”。但这些建立在共同“兴趣”基础上的联系就意味着一旦诺拉对这些事情不感兴趣了，便不会再跟他们有太多的交集。她承认她在《第二人生》里面的朋友交替得非常频繁：“我离开别人……又重新交朋友，然后继续向前走……我知道这会让别人议论纷纷，但这里总是能见到新的人。”亚历克莎是一名 31 岁的建筑学学生，也有类似的经历。她是这样评价《第二人生》的：“我总能和其他人聊天，遇到新的人。我不觉得应该对谁专一。”

一个《第二人生》的玩家说，虚拟的年轻男女可以在里面发生性关系，遇到一段浪漫的爱情，这在现实生活中也并不常有。这些经历也许能在现实生活中让人更有自信，但是有时候如果现实生活中也能发生的话就更加完美了。有些《第二人生》的居民说他们在经历中发现了性、艺术、教育和认同感。我们都听到这个熟悉的说法：虚拟的人生让人从“无法改变”到“变得更好”。在这里，人们可以随心所欲，你能遇见不同的人，但又不用担心现实中关系的破裂。一旦你觉得无聊或者关系出问题了，你可以像诺拉说的一样，“向前走”，或者你可以“删除”你的角色，重新开始。

钟爱虚拟世界真的可以消除你现实生活中的沮丧感吗？如果你最近没有找到好工作，在虚拟世界里，你可以将自己塑造成一位成功人士。你可以逃离压抑的公寓，在虚拟的大楼里与人狂欢。但是，也许对于有些人来说，虚拟世界能减轻其对现实的不满；对于另一部分人来说，只是为了暂时逃避抑郁的情绪。伦尼是一位 32 岁的经济学家，他说道：“在读研究生的时候，我花了 4 年的时间玩《魔兽世界》。我非常喜欢冒险、神秘事物和探险。我喜欢与不同的人一起合作。我曾经找过纽约的一位舞者、亚利桑那州的一位16岁数学天才和伦敦的一位银行家一起玩游戏，他们的想法很有趣，我们的合作很愉快。这是我生命中遇到的最好的事情了。”虽然现在伦尼已结婚生子，但是只要有时间，他仍然会玩《魔兽世界》。他说：“这比任何假期都要好。”是什么使得这款游戏在研究生中如此受欢迎呢？原因就是它提供了一种快速、稳定的途径去邂逅新的朋友，得到刺激和挑战。“一次假期不一定会令你有如此感受，但是《魔兽世界》却肯定能。”伦尼说道。

## 亚当

43岁的亚当酷爱模拟游戏，他对游戏的痴迷达到了“即使全世界都消失，他也仍会若无其事地继续玩游戏”的程度。他最喜欢玩《雷神之锤》(*Quake*)和《文明》(*Civilization*)。他组团玩《雷神之锤》，和在线机器人玩《文明》(在线机器人是一种代替另一个玩家的人工智能角色)。相对于现实生活中的角色来说，亚当更喜欢他在游戏中的角色，因为在现实生活中他是个残疾人，而在游戏世界里他是一位勇士和世界统治者，是明星。

亚当单身，一直向往成为歌手和作曲家。除此之外，他还梦想成为一名编剧。为了糊口，他为一家保险公司提供技术支持，并且还要在周末照顾一位老人，而他对这两份“真实工作”毫无兴趣，几乎也毫不在意。他说由于游戏世界的压力，“工作正在渐行渐远”，并且他旷工时间已达到15小时了。亚当睡眠时间很少，但他从未想过要少玩会儿游戏。游戏相当于他的自尊，只有在游戏世界中，他才是最放松、最快乐的。他如此描述《雷神之锤》中的一刻：“你穿越阴影时会看到大地上的雪花，你穿过了阴郁的大地，走向了光明，眼前便是耀眼的阳光。”

在《雷神之锤》的一段叙述中，有史以来最伟大的勇士们为一项名为Vadrigar的竞赛战斗，以供娱乐。这项游戏属于第一人称射击游戏。玩家即枪。亚当称其“充斥着男性荷尔蒙，此游戏中的一张小地图上有各种各样的武器，你可以任意使用其中的武器炸死别人”。亚当说他在线玩《雷神之锤》时，他既可以玩一对一决赛，也可以加入团队赛。如果他一个人玩，他的敌人则是机器人。

现在他一个人玩。但是他以前喜欢团队作战。他说这些“战友”是他人生中“最重要的人”。此外，他还和一个名叫埃琳的女人一起玩在线拼字游戏，并且后来成了密友。但现在两人再无任何联系，因为埃琳改玩别的游戏了。

亚当十分怀念以前玩游戏的时光。他记得刚开始是在办公室组队玩游戏："我们五六个人连上服务器，领导开长会时我们就在小隔间里打游戏。只要服务器不爆炸，我们就可以互相狂轰滥炸，真是一段辉煌的时光。正是那种感觉使我痴迷。"后来大家在同事家中打游戏，并且准备了食物和饮料，那种相处方式十分轻松。向来内敛的亚当说游戏让他有话可谈，"聊的不必是十分私人的东西，可以只聊游戏"。

> 如果有人家中的网络能带得起游戏，那么大家就会带电脑去他家，接上线，点上比萨、洋葱酱、一大堆垃圾食品和可乐。实际上还有一种叫作"巴乐斯"的饮料，是专门为这种活动设计的。你听说过吗？我记得是 Balz。但是重点是这种饮料含咖啡因，一种类似"红牛"的东西。打游戏时，我们就聚在那个朋友家的地下室里，一连四五个小时的狂轰滥炸……互相大吼……也会玩着玩着或者玩完了出去转转，以及天南海北地闲聊，十分有趣。

后来打游戏便从朋友家转战到了旅馆的会议室，同时每个人都要交 50 美金。这种"聚会"有食物、昏暗的灯光和马拉松式的《雷神之锤》，每次会玩 9～10 个小时。亚当说没人想离开："你会继续打游戏，你知道的：'接着再玩一次。再打一局！你明白的，狂轰滥炸！'"

但是他已经很长时间没有在同事家或旅馆打游戏了。现在多数时候亚当自己玩《雷神之锤》，和电脑组队，"战友"是机器人。亚当说机器人"打得很棒"，他很快就忘了它们是机器人了。尽管他说"跟人一起打游戏时，感觉更像是比赛，与机器人玩则感觉还不错"。不同的机器人有不同的性格。机器人会滔滔不绝地说一些程序预设的话，他们的话会激起一些真正玩家的闲聊，而这些玩家通常是一些玩世不恭并且聪明机智的家伙。实际上，亚当发现"与玩家聊的内容，机器人也能聊"。他说机器人也是不错的聊天对象，因为《雷神之锤》上聊天的模式都是可预见的。聊的内容主要有"地图……可以躲藏的地点、能拿到炸药的地点，以及可以获得某种无敌形式的地点"。机器人都可以回答这些问题。

亚当回忆起成为《雷神之锤》霸主的时刻，对他来说，成为游戏世界的霸主是他愉悦的来源之一。亚当说："随着时间的推移，你会知道什么东西在哪儿……你会游刃有余。”在一个叫作“浴室”的场景中，亚当像蟑螂一样来回跑。他承认“听起来不太可能”，但是他的确深陷其中，不能自拔：“其中有些窍门，你知道的，有些小斜坡，你可以四处滑，你可以跳起来，你正在向下滑到水池中，你沿着水池向下滑，最后竟滑到了壁橱里，你跑上一个斜坡然后又找到另一个地方……之后你到了另一个地方，插上这双翅膀就可以在屋里随意地飞来飞去了，只是狂轰滥炸。”

亚当和他办公室的同事玩《雷神之锤》时，他最喜欢的就是“抢旗子”的虚拟版。几个小组抢占敌人的基地，拔掉敌人的旗帜，同时也要保卫自己的旗帜。“抢旗子”包含了所有亚当最喜爱的东西：比赛、飞翔和他迷失在游戏中的角色—— 一个灵活自如、技艺精湛的人，他陷入了游戏中的角色。

> 你想揍你的伙计们。你想确定你比他们都出色。你夺取了一面旗帜，此外你还可以带走一系列的喷射器，你还可以飞到另一端抢了旗子然后飞回来。你正飞翔的时候，突然听到（巨大的爆炸声，拍手声），然后“砰”……红队赢了（先是一个戏剧性的声音，然后是“叮叮叮……”代表音乐）。这声音就像“该死的！”（声音十分大）在极度紧张后你才明白整件事是怎么一回事。（一阵大笑）你后悔问我这个了吧？（一阵大笑）

亚当以前和办公室同事玩《雷神之锤》，现在打个人模式，正是这款游戏让亚当在游戏中感觉更好。他说与自己的科技工作相比，他在“抢旗子”游戏中的表现更出色，并且他认为工作就是死记硬背，自己做这份工作就是屈尊了。除了统治权，游戏还给他提供了担任自认为高贵角色的机会。亚当想成为慷慨大方的人，但是权力是善行的先决条件。而在现实中，亚当两者都没有，但在游戏中他拥有一切。实际上在游戏《文明》中，他的角色所要做的正是建造世界。

> 这些游戏十分耗费时间，所以你几乎可以一连玩数日。曾经我玩过一次，我一开始玩就如痴如醉了，第二天我待在家继续玩……我感觉是玩到第二天中午或者是早上9点，实际上我玩了整整一个晚上。最终我赢了。赢了就会升级，会得到超先进科技。科技的第一波潮流会使你成为一位勇士，下一次大升级你会得到矛或盾之类的东西，然后你会得到像羊皮盾之类的东西……一艘船、一艘现代船，或者核武器……实际上，你可以建造一艘太空飞船飞离这个星球……那样你就成为赢家了……

为了在《文明》中获胜，亚当不得不处理探索、征战、经济状况和外交等多种事务。他需要利用游戏中内置的文化和科技研究生产出一个字母表、建造金字塔并且发现火药。他有权选择政府的性质，当他将国家从专制转向君主制时，他自我感觉良好。“当你将游戏改为君主制后（你想加速城市中某种东西的产量），你不会失去市民，你会失去金子。这样你会感到自己很仁慈。”

但是亚当施予仁慈的对象并不是人，只是人工智能罢了。亚当没有忘记机器人是系统，但是在游戏中，他将它们既当作系统、又当作人。他表现出了与我们以前所见到的、人们获得社交机器人时一样的观点。亚当十分享受自己子民（人工智能机器人）的感激。实际上他同样好好照顾它们，并且让它们感觉良好。反过来，他还会感激这些机器人。就这样，他对那些机器人的依赖日益增长，而机器人并非他真正的子民。他亲密地称它们为“亲爱的们”。

亚当大谈“一些小家伙投奔他”时的感觉是多么良好，当然这些小家伙是机器人，他们来自于战场上，十分乐意投靠他。与现实生活不同，游戏中不同的部落都有自己独有的音轨。亚当说：“一群部落的人一起行走时，会产生很小的声音效果（咕噜咕噜的声音），还有回声。真的很棒。”

字典中“仁慈”的意思是“同情和善行”。亚当的故事将我们带向了对无生命物体的“同情和善行”的领域。以下是对“电子鸡”雏形第一条规则的附和：我们养育我们所爱的，我们爱我们所养育的。亚当有需要照顾的生命，并且拥有可以这样做的资源，它们“感激”亚当为它们做的一切，这唤起了亚当内心最美好的一面。所以亚当想继续玩《文明》，这样就可以一直保持这种良好的感觉了。亚当认为他在《文明》中所获得的满足感是通过其他方式得不到的。

实验调查显示：我们对虚拟世界的看法和在其中的行为，会对我们在现实生活中的行为产生影响。我发现这属于我在“角色扮演游戏”临床研究中的一个案例。以在网络世界的行为为实验对象——例如，一个羞涩内敛的人为自己站出来说话，有时可以帮助别人拓宽真实世界的无限可能性。在这一主题上，我已经说过，如果虚拟经历变成了治疗关系中的催化剂，则此经历成为治疗的可能性非常大。在亚当的案例中，并没有证据表明网络中的成就会让他对现实中的自己感觉好一点。亚当说他正让其他事情“渐行渐远”——他在拼字游戏中喜欢上的女孩埃琳，他的工作，他对歌唱、创作歌曲、写剧本的梦想都在日渐远离他。以上所提没有一项比他最喜欢的模拟游戏重要，模拟游戏是让他感到“特别”的地方，那是他感到熟悉、舒适、有统治权并感觉良好的地方。

游戏中的成功使亚当对现实中的自己失望。他说游戏使他内心平静，在游戏中自己可以“创造出新的东西”。但是这项创造他人已经做过。正如在“甲壳虫乐队”玩吉他，这不是创作而是获得创作的感觉，并且很符合亚当的目标。他感到自己现在“精力远不如从前了”。游戏让他感到自己可以过更好的生活，因为自己既可以无所畏惧也可以玩世不恭，因为游戏展现的是“一种已经设定的模式，所以不需要自己亲自去创造，打游戏的过程就是创造的过程，但是这种模式已经给你准备好了所有基本工作，你只拥有一小块领域——幻想，幻想是一种梦想成真的模式，你可以肆意发挥”。此外，亚当在游戏中找到了令自己兴奋并且属于自己的东西。

亚当认为自己在《文明》中的创造力恰如其分。这不是要自己创造出新东西，但是感觉很新鲜……这种感觉很舒服，这种重复的事情就像“我正在建造一座城市——太棒了！我建成了一座城市”。这些成就感是随着时间的推移获得的，并且这种成就感是现实生活中绝对没有的。

这是虚拟的诱人之处：没有压力的创造带来的愉悦、没有风险的探索带来的兴奋，正是这些导致亚当躲避在游戏世界里一直玩下去。他不玩游戏的感觉就像一堆杂乱的词：地球引力、体重、流失、浴室、食物和电视。没有游戏，随后便是一连串讨厌的问题：“我下一步要干什么？我到底应该做什么？打完游戏后我会感到沉重的压力，因为我不得不写简历了。”

尽管亚当害怕自己很快会失业但他并没有一直坚持写歌或剧本，还没写完简历，也还没交税。这些事情让他难以应对，而游戏则让人安心多了，并且能保证回报。现实生活太繁琐了，并且总是让人失望和沮丧。

亚当从游戏中获得满足，但是离开了游戏他便不再有丝毫良好的感觉，或者至少不是那个自己向往和崇拜的人了。在游戏世界外，他很快就要失业了；在游戏世界外，他不能为目标而采取行动了，即使是像见会计师这样的小事都做不到。他自认为最亲密的朋友埃琳也改玩别的游戏了。亚当的心思转向了曾经一起和他玩《雷神之锤》的人身上。他们的对话大多是关于游戏攻略的，但是亚当说："那没关系。正是电子激情把人们以一种奇怪的方式联系起来。"亚当很沮丧，因为他的现实生活正在坍塌，所以他只好再次投向那种激情。

## 诱惑

我们被机器人所诱惑、所召唤。这些机器人就像人一样跟我们讲话。一方面，我们用拟人的方式对待无生命的事物；另一方面，我们也越来越以物化的方式对待人。

在一个叫作"聊天轮盘"的程序里，你坐在电脑屏幕前面，屏幕上会随机呈现出同样在使用该程序的陌生人的影像和声音。你们可以实时见面、聊天或打字。这个游戏是由俄罗斯的一个高中生开发的，在 2009 年 11 月开始运行。在第 2 年的 2 月份，它就拥有了 1 500 万的用户，同时在线人数平均为 35 000 人。有些人正在厨房里煮饭，想要一些陪伴；有些人正在寻求保护；有些人仅仅是好奇都是什么人在线。仅仅几个月，"聊天轮盘"就已经在互联网上贡献出了一个新词汇"下一个"。这就是你可以通过单击电脑屏幕上的"下一个"按钮，从一个网络联系变为另一个的一种实时操作。平均来说，"聊天轮盘"的用户每几秒钟就单击一次"下一个"按钮。

我第一次体验"聊天轮盘"是在 2010 年 3 月，在麻省理工学院我的课堂上。一个学生建议把它作为一个备选的论文题目，在我们连接网络的教室里，仅仅花了几秒钟就建立了我的第一个连接，我单击了"下一个"按钮，并且把人群做了分组。现在我的电脑屏幕上全是笑着的年轻女孩。我的第 4 次连接是一群西班牙男人，他们在一个昏暗的房间里，似乎正在烛光中享用晚餐，边笑边挥着手。受到了鼓舞，我说"你好"，但却被他们友好的回应弄得很苦恼，他们说"你好，老女人"。我的学生，出于保护，给予了我道德上的支持，并且把窗口拉进去了。当然，我感觉，作为一个辈分相当的人来说，要忙碌地和这些西班牙人进行活跃的对话，我真的是一个老妇人。没有人想要单击"下一个"，但我需要回到我的课堂上，所以就让这些西班牙人消失了。

“聊天轮盘”把事情带到了一个极端：脸和身体变成了目标。但是世俗的网络生活有它自己的问题：由文字和情绪组成的Facebook，而不是表达情感。当我们在游戏世界里和人工智能聊天时，我们要说电脑能够解析的语言。在网络中，很难说出哪条信息是程序事先设定的，因为我们已经使自己听起来更像它们。在这种极端中——并且你能看见这种极端，当我们自己听起来像程序时，我们就不会因为他们提出作为“对话者”而觉得震惊了。正如科幻小说里所说：“我们不能分辨克隆人和真人，因为真实的人类已经开始模仿克隆人的行为方式。”

当我正在写这本书时，很多喜欢电脑游戏的人问我：“我有什么问题？在线或单机玩英语拼字游戏或国际象棋有什么错吗？电脑游戏中新奇而有美感的世界有什么问题吗？”它们没有任何问题。但是把电脑游戏当作娱乐是一码事，把它们当作生活是另一码事。就像我说的，跟机器人在一起，我们是孤独的，并且想象着我们是在一起的。在网络上，包括游戏世界里，虽然我们在一起，但是由于减少了对别人的期待而变得更加孤独。在这两种情况下，我们的设备都使我们心烦意乱。它们在一些盲区带给我们安全感。有些人把它称之为“地带”。

心理学家米哈里·希斯赞特米哈伊（Mihaly Csíkszentmihalyi）通过他称为“心流”的程序检测了“地带”这个观点，其中的主要情形是使一个人完全地沉浸在一个充满焦点的互动活动当中。在这个流畅的心理状态中，你有明确的期望和能够达到的目标。你把注意力集中在一个有限的领域里，所以焦虑消失了，你感觉很愉快。然而“心流”捉住了18岁的鲁迪，他这样描述电脑游戏的乐趣：“如果你被卷入了，你就会很喜欢这个游戏。这就是我为什么喜欢玩单机，而不是网游，因为你可以被卷入一个角色。你会被引入一个很棒的、完全不同的世界。那也是它为什么不同于一部电影。当你看电影时，你要看发生的所有剧情，但是当你玩一个游戏时，你可以把剧情搁在一边，并且你可以成为你玩的角色，就像是在你眼前一样。”

在这些流畅的心理状态中，你可以没有自我意识地采取行动。非常刺激，我们在寻找受到压抑的世界。你可以在拉斯维加斯的赌博机上或者是在一个斜坡的滑雪橇上得到这种体验。但是现在，你可以在《文明》或《魔兽世界》的游戏里得到这种体验，可以通过玩“甲壳虫乐队”得到这种体验，也可以在《第二人生》中得到这种体验。事实证明，你也可以从写文章、发邮件或者是玩一晚上的Facebook中得到这种体验。这些都是强迫通过压抑的世界，创造出一个除了需要之外别无其他的纯净空间。这些心流经常带给我们这样的体验：我们在早晨坐下来发一些邮件，却为了一天的工作而清理办公桌，找到我们自己，然后5个小时之后，很惊讶地发现一天已经过去了一半，但是我们却什么也没干。

克拉拉，一个37岁的会计，在午餐休息的时候看着她的手机说："我要处理我的邮件。"她说，"那让人很紧张，也很放松，因为当我那样做的时候，所有的东西都摆在那儿。"一个在拉斯维加斯研究投掷硬币的赌博机器的人类学家娜塔莎·舒尔（Natasha Schüll）认为，美国人面临太多的选择，但是他们不做真正的选择。他们有选择的幻想——仅仅足够给出一种超负荷的感觉，但是还不能够确立一种有目标的生活。为了逃避，赌徒逃到机器地带，他们的目的不是赢，而只是找到去那儿的感觉。赌博上瘾的人仅仅是想待在其中，在把一切事物都排斥在外的模式当中找到舒服的感觉。为了确定她的观点，舒尔引用了我在心理学工作上的视频游戏。刚开始几天，视频游戏的玩家很少会为了赢而去花很多钱，但却很乐意花较多的钱去更换到另一个不同的地方，在这些地方事情总是有点不同。赌徒和视频游戏玩家展示了一个有矛盾的结论：如果你被打倒，那么你就要在游戏当中消失；但是如果你的空间被占据了，你也没有任何地方去做一些事情。

当网络生活变成你的游戏，就有了新的复杂因素。如果感到孤单，你可以频繁地连线，但这也会使你从周围的人群中被隔离出来。所以你回到网络上单击"下一个"你喜欢的连接。又一次，莎士比亚的成语在脑海中浮现出来："滋养过我的也把我消解。"

一位经济学教授说："我试着去写作，我的文章是应该能被接受的。但是我每两分钟查看一下邮件。然而，最坏的情形是：我改变了设置，收到邮件时会发出'咻'的一声，这样我就不用去查看邮件了，所以现在我就像巴甫洛夫的狗一样，我坐下来，等着那'咻'的一声。我应该忽略它，但我没有。"一个艺术评论家对一本书的最后期限采取了一个激烈的措施："我到一个小屋去，但是我把手机落在了汽车的行李箱里，我的想法是也许我每天都应该检查一次。我坚持走到屋外打开行李箱并寻找我的手机。我就像是一个上了瘾的人，像那些工作的人拥挤在屋外一个有烟灰缸并且能够抽烟的地方。我继续向行李箱走去。"很难估计人们什么时候在工作，但是搜索、冲浪、邮件、照片和 Facebook，占用了他们双倍的时间。

能够对“咻”的一声和铃声作出反应的、这些影响我们神经系统的化学物质，似乎是由“寻找”引起的，这是一种来自人类心灵深处的动机。连通性变成了渴望。当我们接收到一个文件或邮件时，我们的神经系统通过释放多巴胺来回应。我们被连通性本身所刺激。我们试着去得到它，尽管它使我们筋疲力尽。新的一代人已经开始怀疑这些事情了。我想到一个 16 岁的女孩跟我说过：“科技挺糟糕的，因为人们变得不像它所带来的那样强壮。”

她的评论让我想起了罗宾，一个 26 岁的年轻女孩，她抱怨她的生活已经被邮件所吞噬。当我第一次见到她时，她身患她自己描述的“神经皮疹”，她说她将要在加拿大西部进行“戒除邮件毒瘾”的治疗。当我三个月后再见到她时，她已经不再治疗了。她找到了一个把她的“皮疹”诊断为“湿疹”的医生。她解释说那是重压带给她的，当然邮件也有一定的作用。但是只要她吃一片药和一块奶酪，她就可以待在网络上。这比不接触网络来治疗“湿疹”容易得多。

对于许多人来说，这种比喻“上瘾”的感觉，就像是唯一可能的方法来描述正在进行的事情。对于这些，我以后会谈到许多。亚当最近的激情就是玩《文明》，他说：“我从未服用过鸦片，但是我觉得它是这种东西的电子版本。我觉得电视也是这样，这就是鸦片，或者是麻醉剂，并且你会发现你自己也很乐于这样做。”

起初亚当把《文明》描述为增强：“有外交上的取胜、征服和胜利。”但是他很快转换了一种冲动的语气。他在游戏中的成就——从公共机构全体的选举权到创建文化奇迹，似乎是这样，这就像设计好了的毒药一样使他上瘾。游戏上的成功反馈给他这样一个信息，就是“把游戏做得更难而让人停止去玩它”。他说道：

> “你所要做的仅仅是继续吃更多的爆米花和炸薯条。但是什么能够一直维持它的味道呢？我必须弄明白这些事情……一座城市被建设，另一座被掠夺……或者是你想要完全的选举权。但是，一旦你得到完全的选举权，就像是（发出隆隆的响声）‘完全的选举权是在华盛顿建立起来的’，并且它们将此展示为青铜色的肖像……你得到这些你通常不会看到的肖像带给你的酬劳。这是一件令人鼓舞的事，也是一件反复出现的事。”

在亚当的故事里，我们看到舒尔所描述的那种治疗的舒适感觉，就是在一个可预见的地带中得到冒险的感受。模拟给技术革新带来热情。一旦我们感受到人类，因为我们和机器人都是好朋友，也就不会觉得对一个网络上的陌生人倾诉奇怪了，甚至是说许多隐私的东西。在告白网站中，我们对互相的期望减少了，但是我们却在网络交流中得到温暖。就像“模拟”能够使你在现实当中不能完成的事情成为可能一样——成为吉他艺术家，或者是像善良的王子一样生活；网络让你可以不用做在现实中要做的事情，比如道歉或者赔罪。

WHY WE EXPECT MORE FROM TECHNOLOGY AND LESS FROM EACH OTHER

ALONE TOGETHER

# 12

## 真情告白

### 网上告白只是用“分享”避开“孤独”

有些人会选择去“告白网站”排解孤独。人们宁愿在网上对着陌生人忏悔和释放情感，也不愿意直接面对你所伤害的人给他一个真正的道歉。实际上，网上告白没有想象的那么好，人们只是为了感觉良好而用“分享”避开“孤独”。

我通常每 6 个月去看一些在线告白网站。我会花一整个下午看这样一些话："我唯一还没有自杀的原因就是我的母亲要自杀……我和一个男孩相爱了，我却从来没有见过他，但是每天我们都在网上聊天，讨论我们结婚以后打算做什么，或者结婚以后住在哪里……"

在绝大多数在线告白网站，人们都以匿名注册，然后发布一个告白。告白很多时候是事关个人隐私的秘密。一些告白网站只具有单向的发布功能，而在另外一些告白网站，网友则可以针对告白内容进行评论、互动。网友可能很友好或者忽略你，但也有可能言辞非常激烈。人们可以将自己的告白写在明信片上，邮寄给 PostSecret（邮寄秘密）网站。网站再以图片的方式扫描上传。一个女人在她的告白上画了一个极瘦的模特形象，然后写道："为了看起来像那个模特，我将不得不截掉我的双脚……我将会立刻截掉。"一年后我回到 PostSecret 网站，那里的内容令我异常困惑："和你离婚、把你甩掉是一个错误。""我需要独立于他，可当我们分手后，我却极度依赖于他卖给我的毒品而无法自拔。"

在 PostSecret 网站，作者之间、作者和回复者之间也会通过邮件进行交流。比如有一个这样的信息，"我想知道白人是否了解他们自己有多么的幸运，因为他们的皮肤生来就是白色的"，它引起了类似的讨论："我想知道异性恋是否知道他们自己有多么的幸运，因为他们生来不是同性恋"，"我想知道白人 / 非白人、异性恋 / 同性恋是否知道他们自己有多么的幸运，因为他们不是孤独症患者"。有一张明信片写道，“我明天要做一个颈部手术，我希望我死掉”，这句话引发了网友的回复：“我希望你打消那样的念头，希望你的手术成功，给你另外一个理由活下去。我会为你祈祷。”

PostSecret 网站是这个复杂时代的一面镜子。它让我们明白了这样一个重要的问题：我们所抱怨的人际关系，也是连接我们和真实生活的纽带。我们的情感宣泄运用了一种极端的手段。人们会善意地对待陌生人。寂寞和孤单是如此难以忍受，以至于和在网络虚拟世界认识的网友结婚，似乎竟然成为了我们最好的希望。在电子技术革新的前沿，我们使用最新的网络技术却形成了复古的人际关系。我们爱上了 21 世纪的“笔友”。通常对我们来说，他们具有吸引力是因为我们不知道他们是谁，所以他们可能是完美的。

在 PostSecret 的世界里，人们可以相互试探，可以不必深思熟虑，可以畅所欲言。南希是一个 22 岁的女孩，她几乎每个月都会给 PostSecret 发明信片。她说：“我没有足够的自律能力去每天写日记。我不认为自己是什么重要人物，需要每天写日记。但是我可以发送明信片。”对于一张明信片而言，即使是只言片语也足以进行表达。因此对于南希来说，明信片可以让她获得自我的价值感。

在我浏览告白网站的时候，我深深地感到互联网是一个简化和夸大经历的地方。毕竟，市场激励机制在起作用。夸大会增加可读性，而所有告白都是匿名的，因此没有人会知道内容的真实程度。但如果在这里告白的人们并不真诚，那么这些告白就是虚构的小说。或许在线告白是一种新的小说类型。人们在网上创建一个虚拟的化身，化身不是他们本人，却表达了他们真实的情感。在线告白网站的作用也同样如此。在这里说的内容也许不是真实的，但也足以让作者卸下心理负担，让读者感觉自己是这个虚拟社区的一部分。

PostSecret 举办年度野炊，在那里人们可以彼此见面并且写真实的明信片然后发到网站。在举办第一个野炊时，一个年轻人说网站给了他安慰。他本意是想说网站“能让人假定自己可以被别人所接纳”。但他口误说，这个网站“能让人假装自己可以被别人所接纳”。但无论如何，他都说出了事实真相。他的口误帮我抓住了网站的本质。“接纳”是可遇不可求的事情，但是这些网站提供了新的幻想——有人在倾听。

有些人匆忙完成他们的明信片，但是也有些人将制作明信片作为喘息的机会。制作明信片需要暂停手上的工作，而这个暂停正是 PostSecret 网站最伟大的优点。32 岁的路易莎是两个孩子的母亲，她说："你知道自己内心的想法，但是在这里你可以看到内心想法中最重要的是什么。"在其他网站，发帖似乎更多是一种冲动。但是所有这些告白网站都有一个共通之处：告白曾经只会发生在友谊、家庭或教堂中，现在却发生在网络的虚拟空间中，不再受到传统关系和地理界限的束缚。它会被任何一个在线的人所看到。而当告白发生在真实世界时，是通过谈话或协商的过程完成的。

对一个朋友告白内心真实的想法，可能会带来对方的误解或者反对。反对尽管很难令人接受，但却可以延续彼此的联系。它意味着有人在乎你，并因此愿意告诉你他的想法。如果一个面对面的告白遇到了批评，我们有一些基本的方法可以评价这些批评的价值。而在网络中向陌生人告白时，这些互动却全部不存在。一个人坦言心声，然后就要准备接受匿名网友炮火式的密集评论，而其中不乏恶毒的言语，这些都会对告白者造成很大的心理负担。

## 告白，情感的释放与忏悔

当我和人们谈论在线告白时，听到很多与谈及机器人伴侣关系时相同的评论："它是无害的。""人们感到孤独，这些网站给他们一个消解这种孤独的地方。""它可以让你直抒胸臆。"表面上看，在网站向网友进行告白，和对着一台可能根本不知道什么是告白的机器说话，有明显的区别。但是两者引发的结果却在本质上有着共同之处。在网站上告白和与一个机器人交谈都可以被当作"心理治疗"，两者都强调将内心的积郁"释放"出来。两者都基于这样的观点：将负能量释放出来可以减轻它的毒副作用；而这样的情感释放不需要与真人交互即可完成。在两种情况中，告白看上去都越来越像对话，情感宣泄看上去越来越像分享。

这其中存在着一个危险：我们会将这种简化了的情感预期视为新的标准。在网上和一个陌生人聊天，有可能让在线机器人程序看起来像好的伙伴，反之亦然。我们对于人的要求越来越少，而对技术的要求却越来越多。

年纪大的人——比如超过35岁的人，将在线告白看作他们想要却没有的东西（比如可信的牧师或朋友）的替补。年轻人更有可能按照网络原本的方式理解在线告白。它是新的，很有趣。一些浏览告白网站的人仅仅是为了看看有什么。有些人说他们在看到别人也有同样的麻烦时获得了安慰。有些人说他们只是为了找乐子，当然也会说出他们的告白，而不会用嘲讽的目光去看待在线告白这种个人的表达形式。大多数网站会跟踪来访者的信息，而在线告白网站强调说他们不会那样做。16岁的达伦说：“如果你只想一吐胸臆，告白网站可以为你提供完全的匿名性。”

达伦的家在越南。他的家人是天主教徒且有很严格的宗教家规。他的父亲每天晚上检查他的作业，如果看到他成绩下滑，他的父亲会亲自监督他延长课业时间。他的父母用他们所谓的“理性规则”替他做出重大决定。达伦说父母会帮他选择大学志愿，方法是“评估不同学校对我未来的职业生涯影响的性价比”。达伦只能言听计从而无法表达自己的意见。“如果‘理性规则’选择的结果不是工程专业，我会很吃惊。”达伦默认了这一切。他从不对他的家庭文化表达不满，但他已经在家庭之外找到了一个地方，在这里“我可以说出自己的感受”。

达伦的几位越南朋友也用在线告白网站。达伦也是在这里了解了他们。达伦解释说，当他和朋友们在线告白时，他们都用了化名。他说：“我们在这里写下秘密，我们只是想将它展示给陌生人而不是给朋友看。你想表达你的情绪，你把它写下来，把它写在网站上，你只是想给不知道你是谁的陌生人看，而不是你的朋友。”达伦也认为机器人知己听起来像个好主意。在他看来，机器人缺乏真人情感根本不是问题。事实上，他认为这种缺乏情感有可能是“好事”。不像他的家人，机器人不会戴着有色眼镜去评价他。达伦认为，和一个计算机程序交谈时，“我可以说出自己的真实感受”。

在达伦的交流圈内，他没有空间进行“非理性的选择”。他说分享这样的感受很让人羞耻，即便是和朋友分享也同样如此。正因如此，未来的机器人和如今的互联网才有巨大的用处。我一直没能搞清楚达伦所说的“非理性选择”是什么。一个住在马萨诸塞州西部的32岁的护士谢里尔，愿意说出她在在线告白网站的分享。她坦言自己和同事发生过“不恰当”的关系，自己用自己给父母预留的退休金去度了两次假。她说针对这两件事情，告白网站都给了她很大的安慰：“最重要的事情是，你在告白和倾诉之后，你也看到别人的告白。你知道并不是只有你这样，你并不孤独。很多人都做过你做的事情。”

谢里尔的在线告白并没有让她对所伤害的人道歉和修补关系。她把她的告白放到网上只是为了让自己感觉更好，并不是亡羊补牢。她认为大多数人都以这样的方法使用告白网站。她说很多告白以这样开头：“我永远也不能告诉我的丈夫，但是……我永远不能告诉我的妈妈，但是……”我问她在线告白网站是否使她觉得很容易，不用觉得歉疚。她立刻回答：“哦，我绝对认为是这样，我就是通过这种方法来保持平和然后继续向前。”我吃了一惊，因为我没有想到她会如此确定和不假思索地说出答案。但是谢里尔已经给出了这个想法。她提到“十二步法则”，一个戒瘾的方法。她解释第八步和第九步：“第八步说，列一个我们所伤害的人的清单，然后愿意去向他们赔罪。第九步说，直接向这些人赔礼道歉。”谢里尔说，如果亡羊补牢会伤害到这些人或者其他人，那么第九步法则可以让你豁免。谢里尔决定豁免自己。她愿意告白但是不会去道歉。

告白和道歉的区别经常是网络交流和社交网站中讨论的问题。例如在Facebook上面就有很多道歉信息。但是我经常听说这些道歉是无效的。他们更像是告白，因为一个真正的道歉必须直接面对你所伤害的人。33岁的财务分析师玛丽亚说，《第二人生》玩家的投入程度令人崩溃，远非那些试图通过发封邮件“修补人际问题”的人们所能比。她认为道歉必须面对面。“但是，如今的人们已经再也不会那么做了。当人们在电脑上告白，他们认为他们已经完成了道歉的任务，该轮到别人回应了。但是我认为如果你曾经伤害过我，为什么该由我告诉你没关系？”还记得16岁的奥德丽曾经对于在线道歉的嘲笑：“那是很廉价的，很简单，你所需要做的所有事情就是打上‘对不起’这3个字。”这句话也很形象地描述了18岁的拉里是如何处理类似问题的：“我再也不向人们道歉了，我只需要把我的歉意放在我的Facebook状态栏中。人们就会立刻知道我的意思。”悉妮，23岁，一个法律专业一年级的学生进一步解释说：“在你的状态栏说‘对不起’，那不是道歉。你是在对Facebook说‘对不起’。”

道歉所包含的基本要素为修补关系打下了重要的心理基础——不仅对于被伤害者，也包括伤害者本身。首先你必须知道你冒犯了别人，你承认自己的行为可能给对方造成伤害，你必须问你自己如何做才能弥补。

科技模糊了告白和道歉的界线，很容易让我们忘记道歉的真正含义，不只是因为在线空间提供给他们一个面对其他人的“廉价道歉”的选择，同时也因为我们会认为道歉本身已与他人无关。在这样的情况下，我们忘记了我们的行为可以影响到他人。

在虚拟世界的冲突中弄得满身淤青的年轻人，才能更清楚地看到过去最经典的道歉所追求的东西。两个西尔弗学院的大二女生说，现在充斥着太多的网络道歉。一个女生说：“写一个道歉真的很没有人情味，你不能听到他们的声音。他们或许是用讥讽的语气说的，但是你却不知道。”另一个女生说：“相比发短信，亲口说出‘对不起’这 3 个字太难。如果你是那个收到道歉的人，你知道对于一个人来说，让他当面说出‘对不起’是很困难的。但是正是如此，才让我们可以原谅一个人，他们亲自说出来，说明他们内心还是有勇气想道歉的。”本质上这两个年轻的女孩都在说明原谅来自于怜悯和同情。你知道有人会因为伤害了你而很不开心。你确信你是和他们在一起的。当我们把大部分的生活都放在网上的时候，这种复杂的感受变得更加难以捉摸。我们必须习惯得到更少。

## 网上告白没有想象的那么好

哈丽雅特，32 岁。当她感到沮丧时，就在在线告白网站上发帖，每个月大概两三次。她喜欢网站，在这里，她的读者留下评论。她说：“这让我感觉处在联系中。”另外，她还说：“这好像把信放到一个玻璃瓶中，然后把玻璃瓶放入大海。”开始，她声称对她帖子的“批评性的评论”不会干扰她。但在几分钟后，当我们谈论细节时，哈丽雅特承认，有些让她诧异，感到很痛心。在她告白她十几岁时被叔叔诱奸后，更糟糕的经历来临了。“我的婶婶从没有发现。她最近去世了。叔叔也去世了。现在，和那件事有关系的人，都已经不在了。所以，我上网，仅仅是为了诉说。人们真是苛刻，评论伤害了我。我想会有人喜欢这样告白，也会有人不喜欢，然而我确实受到了许多指责。”哈丽雅特在开始的时候说，“谁关心陌生人想些什么呢？”她在结尾时描述了人性的弱点：如果你和一个陌生人分享一些私人的事情，你希望得到他人的认同。匿名不能阻挡我们情感的投入。在谈论在线告白时，人们说如果他们的感情得到释放，他们就很高兴，但他们仍然期望一个完美的讲述。他们把故事告诉给关注他们的人。一些在线告白传达给了同情者，但理想的描述仅仅是理想。

当 38 岁的罗伯塔发表她的在线告白时，她说自己好像陷入了游离状态。现实是如此痛苦（例如：谩骂的现实），人们仿佛脱离了他们的身体，在高处看着自己。脱离自己是一种不去体会那些难以忍受的事情的方式。所以，罗伯塔发布她的告白，但有时候却不能记住细节是怎样的。然后，她离开网站，返回去阅读那些评论。他们并不总是支持，游离的状态再度回来。她说：

> 当我大概 14 岁的时候，我开始和我母亲的男朋友恋爱。自我 10 岁时，他就与我们住在一起……当我在网上告白时，我发现自己竟不知道写些什么……那天后，我返回查看，有些积极的评论，但也有些人说我完全背叛了我的母亲……我应该告诉她。其他人说我不应该告诉她，但我是一个坏女人。我没有晕倒或者怎么样。但我……发现自己在厨房里，我不记得自己是怎么走到那里的。

我们创造的技术让我们以新的方式变得脆弱。在这种情况下，我们让那些没有见过面的读者分担我们的重担，这些读者可能因为他们自己的目的而利用我们。那些是和我们站在一起的回应者吗？或者他们是我们的法官吗？每个告白在下一个前“定等级”？随着一些异议，当我们自己受到伤害时，我们期望得到鼓励。这就是为什么人们有时经常比预期早地告诉那些几乎不认识的其他人，有关他们的“伤心故事”。他们希望得到亲密的回应。在线设置增加了申请人数，某人可以向他们申请一个有同情心的回应。但这也可能让人们面对陌生人的残酷。通过从人们发出的声音中分离出语言，能够鼓励一个粗俗的回应。即使从电邮开始流行之初，人们就在抱怨网络“论战”。人们说可恶的事情，甚至当他们不匿名的时候。这些天，在社交网站上，我们看到争论在逐渐增多。除了没有实体去调控外，争论的逐渐增多没有其他明显原因。

当奥德丽在她的学校描述一场网络论战的时候，我们看到动作是多么的激昂：“某人说出一个不妥之词，某人叫其他人的一个名字。大量的人站在一边……他们持续一周的论战，一天交战 20 或者 30 次。”在她的观点中，直到周末论战结束，事情也没有得到解决。“没有人能说得清，这是一场关于什么的论战。”但是朋友之间不再交谈。没有了面对面交流，有些人开始在互联网上变得极端。奥德丽知道，在网上成为一个暴徒是很容易的。

我们知道，十几岁的少年是在线告白网站的频繁登录者。18 岁的布兰迪对比了在线告白网站和 Facebook 及 MySpace。通过她的视角，这些网站的相同点变得清晰。它们让人们和网站以及网站上的其他人形成联系。“在线，”布兰迪说，“我宣泄了秘密……我把自己不高兴的事情放到网站上。”

随着感情表达方式的发展，网络世界变得充满感情就不足为奇了。在告白网站上，不支持特别告白的人们开始对彼此“尖叫”。他们用与陌生人的战争，取代了他们在堕胎、虐待儿童、安乐死这些事情上的强烈感情投入。他们把“不高兴的事放到网上”，这是因为他们经常由于讨厌自身而对其他人感到更生气。

乔纳斯，42 岁，承认被一系列的告白网站“诱惑”，一些是真实的，更多的则不是。他暂停他的工作，“陷入”它们其中的一个或者另一个。离婚后，他的儿子选择和母亲生活，于是乔纳斯总被他和儿子将变得生疏的思想占据。乔纳斯认为没有需要指责的事情，他和他的儿子没有争执过。“我只是见他的次数越来越少。”但随着这些想法在他脑海里散布开来，他告诉我，他被一个名叫莱斯莉的女人特别的网上告白激怒了。莱斯莉担忧她 19 岁的儿子。在她儿子高中三年级的时候，莱斯莉和儿子发生了争吵，关系没有得到修复。她儿子毕业后不久参军，被送往了伊拉克。莱斯莉担心是她推走了儿子。乔纳斯说：“我抨击莱斯莉是一位坏母亲……我说，如果她儿子死了，她有不可推卸的责任。”

很明显，乔纳斯用抨击莱斯莉来代替探究他对儿子的感情。当然，这种事情经常发生在朋友之间，也经常发生在家庭中。但在互联网上，它是具有特性的。这里没有可改变的障碍，没有什么来阻止发怒。在线告白者和他们的告白，如布兰迪提出“宣泄”一样，解除了那些不希望亲自与某人交流的用户的疑虑——独自表达是有帮助的。当然，它只是有时候是。我认为 PostSecret 上的作者可能感觉良好，特别是当他们制作明信片说出“离开你是个错误”和“庆祝你虐待我的最后一年”时。告白网站经常被当作一种疗法，而实际上它们不是。因为这种疗法超出了自我表达的范围，疗法会寻求一种新的方式去解决旧的矛盾。对乔纳斯和莱斯莉来说，疗法起作用了，因为它帮助我们意识到，当我们对他人投入感情时，我们也理解了自己的感情。

把你“喜欢去恨”一些事物当作病症是有益的，因为它能提供安慰，即使是带你远离处理一个潜在问题的时候。对于我，在线告白像一个病症—— 一份能够把一个人从真正需要的东西转移出来的好的感觉。一位高中毕业班学生告诉我，她每周至少登录在线告白网站两次。最近，她发了告白：她和她闺蜜的男朋友睡觉。当我问她，在她写下告白后，她做了什么。她说，她独自一个人待在房间里，抽烟。她想她已经卸去了重担，只想一个人待着。或许告白使她变得空虚。

像与机器人的交流，在线告白有吸引力是因为某些沉默的人想诉说隐秘的情感。但是如果我们通过这些网站把它们“释放出来”来解除我们的忧虑，我们就不必精确地明白这些情感的背后是什么。我们没有运用我们的感情资源来建立对我们可能有帮助的持久关系。我们不能因为这种状况而责备技术。人们对彼此失望。技术仅仅能使我们创造一个无关紧要的神话。

## 告白网站不是真正的“社区”

在何种框架下，向网上的陌生人告白是有意义的？我们没有和认识我们的人诉说，恰恰相反，我们把它暴露给像乔纳斯那样的人。他们利用我们的麻烦把他们从关注自己中解放出来。没有什么事能改善我们的实际状况。我们可能不会积极主动去做些什么，因为我们感觉已经做了什么。我知道这些事情是事实。但是，在网上告白的人们也告诉我，他们感到获得了解放，也不再孤独。这也是事实。因此，如果网站是一种病症，那么我们需要这种病症，我们需要做些其他的什么呢？我们需要召集者和牧师间的信任，我们需要能够和他们的孩子交流的父母，我们需要社区。

莫莉，58 岁，一个独自生活的图书管理员，感觉自己不在任何社区中生活。她没有孩子。她说，她所住的街区“不是一个人们互相了解彼此的好地方……我甚至不能认出 Shaw’s（一个地方的连锁超市）里的人”。她说当她还是孩子的时候，和父亲去杂货店。那时，她感觉自己是家庭的一份子，一个社区中的家庭。每个去 Shaw’s 的人都提醒她，她缺少什么。她把喜欢的告白网站想象成社区。她说这对她有帮助，至少在某一点上有帮助。莫莉发布她母亲与酗酒作斗争的故事。她是一个天主教徒，但是无论作为孩子还是成年人，告诉牧师她的故事会让她感觉不舒服。“没有事情需要告白。它看起来只像抱怨。”说起她“真实的生活”，她说：“在我身边从未看到过善良的人。在网络上，我发现了好人。"她提到"社区"这个词。

唯一让人高兴的是，莫莉找到了寄托。但她关于"社区"的观点被技术所歪曲。尽管她声称在告白网站上遇到了"好人"，但当她收到她不喜欢的回复时，她离开网站，远离批判。社区是一个让人有足够的安全感去接受好人或者坏人的地方。在社区，其他人帮助我们度过困难时期，所以我们愿意听他们说，即使我们并不喜欢它。莫莉经历的不是社区。

浏览告白网站的人建议是时候"扩大社区的含义"了，使其包含这些虚拟的空间，但这剥夺了语言本身的含义。如果我们开始称呼和其他人在一起的网络空间为"社区"，这极容易让我们忘记这个单词曾经的意义。从它的来源来说，它的字面意思是"彼此互相给予"。在脑海中把它作为网络空间的标准是好的。我想公平地说，在线告白网站低于这一标准。

可能"社区"没有一个宽泛的定义，而只有一个狭窄的定义。我们对因为成员具有相同兴趣而组织在一起的团体有一个称呼，叫作俱乐部。但主要的，我们不向我们俱乐部的成员告白我们的秘密。但我们却走向证明 MySpace、Facebook，或者《第二人生》不是一个社区的极端。我自己也用过这个词，并且提出理由，证明现实与社会学家雷·奥登伯格（Ray Oldenberg）所称的"伟大的好地方"相一致。这里有咖啡店、公园和理发店，这些都曾经是熟人和邻居聚集的地方。人们组成了生活的风景。我想我说得太快。我曾经用"社区"这个词来描述微弱联系的世界。

社区由身体的亲近、分享关注、真正的结果和相同的责任组成。它的成员以最实用的方式帮助彼此。在曼哈顿东部的贫民区，我的曾祖父母属于一个充满敌对的街区联盟。我听着那个时期的故事长大。这有嫉妒，担心一家比另一家好；这有怀疑，害怕一家被另一家偷窃。然而，当缺钱时，当有病时，当某人死亡时，这些家庭关心彼此，帮助彼此。如果一个家庭被驱赶，那家人就与一个邻居搭伙。他们一起终老。在类似的生活水平下，我们互相亏欠什么？乔尔在《第二人生》中劝告诺埃尔是他的问题。我们对在游戏中遇到的人有什么现实的责任？我是我的化身的守护者吗？

## 告白之后我们该怎么办

在全神贯注地阅读网上告白一上午后，我突然对自身的责任担忧起来。网站清晰地表明它们不收集发帖人的 IP 地址。如果它们收集，它们有责任告知那些为非法行为告白的人们（当人们为杀害某人告白时，网站管理员不去纠缠这些问题，而选择解释这些帖子都来自于军队会员）。但是我的感觉和责任呢？如果这不是一个游戏，当一个女人谈论她的情人掐住她，直到她为她的生命担心时，你怎能不担心？如果这不是一个游戏，当一位母亲几乎不受控制地希望摇晃她的孩子时，你怎能不担心？我在告白网站的那段时间让我忐忑不安，不能集中精力。人们处在可怕的困境中，我就在那里见证这一切。

然而，我的担心可能放错了位置。一些人告诉我，他们在网上发布的信息只与现实具有简单的关系。一位 20 几岁的年轻人说网络是我们的新文化。它是我们这个时代的描述：不要求告知每个人的真相。一位 24 岁的毕业生告诉我，她登录告白网站说“什么都可以走进我的心灵”以引起关注。一位 50 岁的大学教授解释，当他以一种匿名的方式在网络中做什么的时候，他采用“每个人”的网名。对于他，匿名意味着普遍性。他在网络上说的话不需要遵循他实际的经验：如果世界是暴力的，他能自由地以他自己的声音把暴力当作写作题材。所以，当我阅读网上的告白时，我感觉很冷。我正在关掉一个在 9 岁时被强奸的女人的声音，或者我已经不相信告白网站能把我和真实的人们，以及他们的真实故事联系起来。

从训练过的精神分析角度来看，我首先不去问什么是真实的，而是事情意味着什么。这并不意味着事实不重要，而是说幻想和希望传递了它们自身的重要信息。但这个观点依赖于亲自聆听。它依赖于了解一个人的生活史，他或者她与家庭、友情、性欲以及死亡的斗争。在网络上，我有了猜测某人正在说的是不是事实的奇怪想法。

一个好的疗法帮助你在开始重复老旧的和毫无帮助的模式时，产生一种嘲讽的感觉，在你说的某些话中，“你又在重复，让我们停止吧，你能够做些不同的”。做些不同的事情的第一步往往是发展不去做的能力，发展待着不动和反省的能力。网络上的告白让你保持前进。你已经做了你该做的，你已经说出了你的故事，你为你的反应做好了准备。我们不需要在线告白网站保持我们忙碌的能力，这种能力以量化我们的问题来替代关注这些问题。但是，在它所有的馈赠中，网络提供给我们一种不用思考的新方式。

我承认，告白网站让人们因为发泄了感情，以及知道在他们的苦恼中他们不是孤独的而感觉良好。但是他们留给我的感觉是：我没有能力去提供帮助。我感觉自己和这些人以及他们的故事有关系，但是我意识到，保持阅读让我必须适应眼前的状况。某些善意的告白（不幸的，有些是野蛮的）读起来，开始像以一种众所周知的模式格式化地书写。当这种情况发生时，我关掉网页，然后感觉非常失望。我想起《第二人生》中的乔尔和他对诺埃尔自杀的怀疑。我正在看一出表演吗？或者，更可能地，我正在看多少表演？我变得粗俗了，还是变得现实了？

WHY WE EXPECT MORE FROM TECHNOLOGY AND LESS FROM EACH OTHER

ALONE TOGETHER

# 13

## 焦虑

## 科技提供便利，也带来焦虑

“手机在身”让孩子们拥有了安全感，但孩子们生怕漏掉任何一条重要信息。网上友情容易获得，但这种亲密关系也存在着随时失去的风险。在网上，人们既无法抗拒“偷窥”的诱惑，又担心被他人“偷窥”。网络在给人们带来便利的同时，也会给他们带来焦虑。

16岁的马西娅是西尔弗学院的一名二年级学生，她遇到了点麻烦。她说："如今的网络生活实在让人难以忍受。"她不喜欢互联网展现出她不好的一面，当然至于那些好的方面就另当别论了。在互联网上，她也不吝啬一些刻薄的言语。她说："你没必要对着某个人去说，你看不到他们的反应或其他任何表情，就像你对着电脑屏幕自言自语，你并不知道你是如何伤害到他们的。在这里你可以畅所欲言，因为你待在家里，他们不能把你怎么样。"坐在马西娅身旁的同学德瑞嘲弄地回应道："如果他们知道你住哪，那你就惨了。"马西娅却不甘被轻视。她也多次意识到了自己的残忍。"你并不知道你所说的话在他人身上会产生什么样的影响。"马西娅突然结束了这场对话。

我和一群西尔弗学院大二学生讨论网络生活的礼节问题，马西娅和德瑞就是其中两位。其中一位叫齐克的同学说道，他在 MySpace 上就制作了虚假的身份。他把杂志上的一些照片扫描到电脑中，为这些虚构人物编写个人档案。然后，利用这些身份展开了有关他自己的、非常具有批判性的对话，这样他就可以看到哪些人会参与进来。齐克说："这样一来，你就可以发现是否有人讨厌你。"这种做法在西尔弗学院已不是什么新鲜事了，而且这也常常造成严重焦虑。齐克的故事不禁让我想起了约翰。约翰也是 16 岁，同为西尔弗学院的学生，他把他的短信转到数字化的、流畅的 Cyranos[①] 中。当约翰跟他的同学谈起这件事时，顿时让大家焦躁不安。他们担心的是，在我们收发短信的时候，我们对对方知之甚少。如今听了齐克的故事，卡罗尔接着说道："你无法知道你在跟谁聊天，我们可以看到'小孩'开始了一个关于你的朋友的对话，但你得小心，这个'小孩'可能就是你'朋友'。在 MySpace 上，你可能给自己添不少的麻烦。"

其他人也纷纷加入到这个"麻烦"的话题中来。其中一位对 Facebook 非常痴迷，常常舍不得下线，她说道："Facebook 已经占据了我的生活，我发现自己常常浏览一些随机的照片，浏览一些随机的事件。最后，我发现这一切只是在浪费时间。"第二位发言者说道，因为她怕在网络上错过什么，所以平时从不离开她的手机。同样，她还说："我的手机有相机，有计时，我可以和朋友待在一起。没了手机会让人感到压力与紧张。"第三位总结了她所听到的："科技不是个好东西，因为人们经不住它的诱惑。"

焦虑成了这种新型沟通模式的一部分。然而，当我们谈起移动通信改革的时候，我们习惯对以前的事物进行"尊敬的"贬低，而把新鲜事物理想化。就拿在线阅读来说，因为它可能导入链接和其他一些超文本，所以常常有着一个英雄般必胜的传言，而书本却被蔑称为"孤立的"。这个传言正如下所述："传统阅读是线性单一的，是排他的；在线阅读是民主的，因为它的每个文本都有链接的页面，创意丰富。"然而，这还仅仅只是一方面而已，科技想要告诉我们的一方面。这里还有另外一方面。当读者审视内心时，书本往往与空想，与个人联系相连。而在线阅读，至少对于那些我做过调查的高中生和大学生而言，能够给他们带来更多，只是有时会受一些参考作品或者一些相关评论的干扰。更多情况下，在线阅读过程中，人们常常会情不自禁地去浏览其他各种消息，网购、Facebook、MySpace 和一些视频网站，而最终导致阅读中断。后面说的这一方面较复杂，也比较贴近生活。但它并不属于前面所提到的那个必胜的传言，之前说的"必胜"的传言里，每一种新技术的特性都伴随着机遇，而绝非弱点，绝非焦虑。

① Cyranos，国外网站的一种自动生成书信服务。通过它，可以帮助那些笨嘴拙舌的情侣们说出他们的情话。Cyranos 赋予了情侣们书写浓情蜜意情书的能力，他们只需要填写一些表格，会按 OK 键就可以了。Cyranos 还可以生成其他类型的书信。

此外，当网络计算机促进人类多任务化这一事实变得清晰时，还存在一种类似的理想化。教育工作者立刻开始赞颂那种能够同时处理多项任务的优点，感觉那就是未来所需。而现在我们明白了，同一时间处理多项任务，这一做法对我们想要完成的各种事情都会产生负面影响。但是，考虑到多任务化的经济性能够补偿其负面影响，我们还是会持续多任务化。但对于网络阅读这种网络多任务化，的确是不错的选择，这也并不会引发什么英雄般的传言。

我们应该热爱科技，因此，我们应该去准确地描述它；我们也应该爱自己，因此，我们应该正视科技对我们的真正影响。以上这两句经过修整的话，就像是一个“真正的科技”。而连接文化的这样一个“真正的科技”意味着机遇与实现，同时也意味着问题，意味着束缚自我的一种错位。科技有利于我们平衡生活压力，但自身也会导致焦虑，这两方面紧密相连。

比如，移动连接有助于青少年处理分离的困难。当你离开家时手中有一部手机，你就不像以前那样的孤立，而且你能够一步步地克服分离的困难。但是现在你可能发现自己整天与父母保持短信联系。你的朋友也到处可见。你是在享受那种从不被孤立的感觉。感觉有点孤立在以前被认为是青少年时期的组成部分，它使我们的内心变得更加强大。现在，由于网络的存在，我们可以绕过这一个阶段。青少年喜欢把手机带在身旁。只要有手机在，你就不会孤独。

有时候，青少年利用网络与现实生活中认识的人保持联系。但对于那些网络上的朋友呢？对于你来说他们是谁？你可能从未见过他们，但当走出学校的时候，你心里还在想待会儿跟他们聊天的话题。在 Facebook 上你被“潜行追踪”，但你又不能离开它，因为你感觉在那里有你的生活。同时，你自己也成了一个“潜行追踪”者。Facebook 感觉就像一个“家”，但你也知道，它仿佛把你置身在一个装有打开着的监控摄像头的公共广场。你试图努力让自己被这个网络的小圈子所接受。但这个网络的小圈子，却有着它残酷的“才智”，使得你必须注意你在网络上说的话。那些青少年时期在网络上留下帖子的人，一辈子都会看到帖子一直在那，就像你在 Facebook 上加的那些朋友一样，永远都不会消失。焦虑随之移植、繁衍。

## 为安全而手机不离身

我们认识一个 16 岁的女孩，她叫朱莉娅，是布兰斯科姆高中的高二学生。对于她来说，发短信是认识、甚至是发现情感的一条途径。朱莉娅是家里的独生女，她的母亲有心脏病。母亲手术成功之后，朱莉娅就和母亲及继父生活在一起。后来父母婚姻破裂，朱莉娅和母亲开始了她们自己的生活。朱莉娅的母亲恢复了健康，还进了大学学习，现在经营着一家小型职业介绍所。

当朱莉娅还小的时候，她每周见一次父亲。但她的父亲想多看看她，常常责怪朱莉娅来看他的次数不多。这一点让朱莉娅感觉受困于父亲与母亲之间。“所以，”朱莉娅说道，“我已经不给他打电话了。”当然，出现这种情况也毫不意外，当朱莉娅不再给父亲打电话时，她却非常希望父亲能够打给她。“要是我打电话给他，他肯定会责备我怎么跟他联系这么少。”朱莉娅说道。也就这样，他们的关系在那种不良情绪中变淡。“就好像我们彼此之间很久没有说过话，我们说得越少，我们也就见得越少，直到有一天，全然没有了联系。”过去的 4 年里，朱莉娅就没有见过她父亲，也没跟他说过话。

在一个可能出现转机的时候，我见到了朱莉娅。寒假期间，她想参加一个由学校赞助的、在危地马拉的一所孤儿院工作的活动。但要参加这项活动，朱莉娅需要她的父母在一份批准文件上签名。朱莉娅感到很紧张，她觉得父亲不会在这份表格上签名（“我都好久没跟他联系了”）但最终，朱莉娅的父亲签了名，还寄来一张便条，上面有他的邮箱地址。当我见到朱莉娅时，她很激动，也非常领情。“因此，他寄给了我一封信，里面有他给我的护照的签名，并向我道歉，说现在想和我保持联系。所以，我会开始和他多说说话，我会以电子邮件的方式开始这次交流。”但朱莉娅还没有做好和他当面说话的准备。对她来说，这一切来得太快，来得太突然。也许对于朱莉娅的父亲来说亦是如此。毕竟，他发过来的不是他的手机号码。电子邮件正好不用说话。“电子邮件太好了，我们得逐步增进联系，如果我们在电脑上交流了一段时间，到时我就可以给他打电话，或者甚至可以跑去看他。”当朱莉娅说着这些时，她频频点头，感觉很好。

朱莉娅知道与父亲交流还有另外一种方式：父母知道她的 MySpace 账号。但是，朱莉娅说她根本不想用这种途径来与父亲联系。一方面，朱莉娅对于父亲有 MySpace 账号感到不舒服，"这不像是一个成年人应该拥有的东西"；另一方面，如果作为她父亲 MySpace 的好友，她父亲会通过更多的渠道了解她的个人生活，同样朱莉娅也会了解到父亲过多的信息。她不敢肯定能抵制住诱惑而不去"潜行追踪"父亲——瞒着父亲，利用社交网站去关注他的来来去去。如果你在"潜行追踪"某人，你便会跟着链接，从你"潜行追踪"对象的帖子浏览到他们朋友的帖子。你查看聚会和家庭事件上的一些照片，在这些聚会当中，你"潜行追踪"的人可能就是其中的一位客人。朱莉娅担心她会去调查父亲是否与另一个女人交往。

尽管如此，朱莉娅还是情不自禁地在 MySpace 上搜索着父亲的大家庭——他的父母、兄弟姐妹、表兄弟姐妹、叔叔及阿姨等。她说她不会跟其中的任何一人联系，至少在她和父亲邮件交流之前不会。她不知道是否 MySpace 能够缝合幼年时代被撕裂的那份感情。对于所有的这些，她又该如何向母亲说明呢？

朱莉娅一边玩着自己的新手机，一边描述道，打电话给她父亲让她承受不了。她选择了一款有翻盖式键盘的手机，这样发信息更加快捷。"是我要求这样的"，她说道。朱莉娅每天要给她的朋友发很多短信，只要不在教室，她几乎发个不停。但朱莉娅得注意了。她解释道，如果她用 Verizon（威瑞森）发送短信，那么短信是免费的，因为在这里她有账号。通过其他载体发送短信是要收费的。"我希望我所有的朋友都用 Verizon"，朱莉娅说道，脸上露出渴望的表情。她在 Cingular（美国头号无线运营商，和威瑞森为同类服务）上有最好的朋友，"我们彼此不发送短信，解决的办法是我们在学校交流"。但朱莉娅明确，表示这并不是令人愉快的结果。

我询问朱莉娅打电话的事情。她一点都不喜欢打电话，"在电话上说话我总感觉怪怪的，我的朋友们打电话过来就说'什么事'，然后我就会说'没事'，接着我就会说'好了，我得挂电话了，再见'。我觉得在电话上讲话很尴尬，而发短信感觉要好得多。"朱莉娅一直把手机带在身旁。如果在她上课时来了一条短信，她会跑到洗手间查看。这样的短信整天来个不停，至少每 5 分钟手机震动一次。知道有短信，使得朱莉娅坐立不安，她开始担心起来，然后就必须查看短信。朱莉娅告诉我，当她去洗手间查看短信的时候，总会遇到一些跟她打招呼的人，她说："我因此感到害怕，这一点让我感觉自己很傻。”

经过朱莉娅同意，一位老师在旁边聆听了我和她关于手机的谈话。那位老师理智地问道：“你为什么不把手机关掉呢？”“发短信过来的可能是我妈，也有可能是突发事件。”朱莉娅马上回答道。老师温和地继续问道：“但是你妈不能打给学校吗？”对于这个问题，朱莉娅也没有迟疑：“你说得没错，但万一是我其他的朋友，他们在学校遇到了什么突发事件，那该怎么办？”

朱莉娅诉说着各种各样的突发事件，也就是因为这想象中的事故，迫使她对手机上的任何短信都要作出回应。她讲了和“她的朋友”（稍后朱莉娅承认她的这个“朋友”就是她自己）之间发生的一个假定的情况。假想朱莉娅遇到了麻烦，她知道她什么也没做，她需要与某某诉说，她需要告诉我这一切。我知道这个假设听上去傻乎乎的，但要是她和朋友或是男朋友之间出现了什么问题，她会给我发短信或者是打电话给我。这种情况还是存在的。如果你感到无法诉说，或者是无法倾诉，那么这种艰难的感觉就会导致“突发事件”。

对于朱莉娅最好的朋友希瑟的父亲，乔，事情就可能发生在他的身上。乔经历了好几次心脏病发作。“他们告诉他如果心脏病再次发作，他有可能死去，所以，我感觉有点像在等待口袋中的手机响起。希瑟或者是她母亲都有可能给我打电话，因为我离他们家很近，她父亲就像我父亲，我也很爱他……所以，像这种事情就是突发事件。”

朱莉娅给我看了她手机上突发事件的联系人名单，其中就有希瑟，希瑟的母亲，以及希瑟所有的兄弟姐妹。她说在突发事件的联系人名单上，曾经还有希瑟的叔叔和阿姨。“但我换了个新手机，所以就没他们的号码了。”她写了一个备忘，想在她的新手机上记下他们的号码。这些人，包括她母亲在内，成了朱莉娅的安全网，她的手机象征着他们的存在，感觉他们就在身边。

朱莉娅的生活充满了变迁与分离，所以她经常害怕失去联系，感觉随时都会崩溃。亲人、朋友可能在任何时刻离开她，或者是从她身边被带走。所以她的手机还赋予了一个神奇的思维：只要她能保持联系，她爱的人就不会消失。

朱莉娅的手机象征着与世界上任何一个角落的连接，对她的安全感起了不少作用。她说:“如果学校发生了突发事件,我可以拨打911,或者如果发生了什么事情,发生了火灾,一些坏人闯进了学校,我总是可以给我妈打电话,告诉她我好还是不好,这样的感觉很好。”当朱莉娅说起对于断开联系的焦虑时,她开始谈起2001年世贸中心恐怖分子袭击事件。在我采访青少年有关手机的问题时,我常常听到他们谈起“9·11”事件。从“连接”这一棱镜中折射出,“9·11”事件那一天是作为无法联系的一天,深深印在人们的心里。在许多老师、学校行政人员这一代人的成长过程中,他们常常因害怕原子弹袭击而躲到桌子底下。所以在听到双子塔倒塌的消息后,他们把孩子们隔离在他们的保护之下。学生们被叫出教室,来到冷战时期典型的躲藏处——地下室。“9·11”事件那天,朱莉娅好几个小时都待在临时的隔离区。她和她的同学都无法联系父母,她说:“我当时读四年级,那时我还没有手机,我需要打电话给我妈。”

对于朱莉娅来说更为可怕的是,当时她班上一个小女孩的阿姨就在世贸中心上班。还有一个小男孩,当天有一位亲戚要乘坐飞机,但他不知道是飞向哪。直到下午通信恢复的时候,朱莉娅和她的同学才得知:他们所担心的人都很安全。

> 当时真是提心吊胆的,因为老师们也不知道发生了什么,所有老师把我们带到了一个房间,他们并不知道该跟我们说些什么,只是告诉我们有一些坏人在轰炸,飞机撞上大楼。我们问了些问题,但他们不知如何回答。我们问坏人是不是被逮着了,我们的老师说:“是的,他们现在已经在牢里了。”但他们坠毁了飞机,不可能已经在牢里。我们的老师确确实实不知道发生了什么事情。

“9·11”事件带来的创伤是连接文化的一个组成部分。在世贸中心袭击事件发生后,美国人民采取了前所未有的高度戒备,不仅是对他们自身,也对他们的通信。对于朱莉娅这一代人,“9·11”事件标志着在他们的童年当中,得到了一次与所有安慰与关怀都隔绝的经历。在这种阴影之下,手机成了身体上、心理上安全保障的象征。之前父母们认为给小孩配手机是毫无意义的,在这次世贸中心袭击事件之后,他们为此事找到了理由——保持联系。从“9·11”事件的经历当中,朱莉娅感受到有个手机在身边是多么美好。

全国各所学校都不主张使用手机,其实这也只是老师们不主张罢了。他们也感到比较困难，因为学生会收到形形色色的信息。当家长给孩子手机，这其中传递的信息暗含着这样一层意思：我爱你，这样你会安全，我给你手机是因为我在乎你。但是，学校却想把手机收走。一些学校要求手机调成静音或者放在包里。还有些学校规定手机只能放在更衣室。在朱莉娅的学校里，老师们试图说服学生没必要时刻把手机带在身上。她嘲笑般地引用老师们的话："他们说，'哦，每间教室都有电话'。"但她清楚她并不占有教室的那个电话。"还是用自己的手机更有安全感，我们不可能这么多人同时使用那一部电话。"要想感到安全，你得不失去联系。这一点是确确实实的。"如果我与某人发生争执，我会给朋友打电话，我会告诉我的朋友，老师是否会找我麻烦。我会告诉他们，我这有没有矛盾或争执，我会告诉他们我很害怕。如果我受到威胁，我会告诉我的朋友们，或者如果一个人手里拿着一把刀跑进来，我会给朋友们发短信。"对于种种想象的可能性，手机成了一种慰藉。布兰斯科姆高中的校门口设有金属探测器，大厅里有穿着制服的保安在巡逻。这里曾出现过怒火，学生在这里打架。我和朱莉娅说着说着，她想起了发生在弗吉尼亚理工大学和哥伦拜恩中学的事件："目前我在读一本关于一所学校的书，讲述的是两个小孩带着枪来到一个舞厅，挟持在场的每一个人，随即两个人当场自杀，很像哥伦拜恩中学……最近我们聚集在一起讨论了关于哥伦拜恩事件……像在那种情况下，我需要用我的手机。"

我们读到很多关于"直升机父母"的文章，那一代人，对于父母的错误（太早给予他们太多的独立）不想重蹈覆辙，所以他们现在总是在孩子的生活上空盘旋。但如今我们的孩子也长大了。他们不惜一切代价避开与亲人、朋友失去联系的这种情形。有些人跟朱莉娅一样，父母离婚；有些人，家庭破裂两三次；有些人，他们的父母为了养家在外地甚至国外工作；有些人，父母行程紧急，很少有机会见到他们；有些人，父母在驻外的军队里……这些青少年在恐怖主义的文化下生活。他们都经历了"9·11"事件，在他们的成长过程中，常常要在学校，或是机场接受金属物的检查。在他们心里，安全通道这个词已经渐行渐远。而手机成了一个护身符，成了安全保障的象征。

朱莉娅每次都打电话告诉母亲自己所在的地方。放学后，上了火车，回到家了，或者是到了朋友的家里，她都会打电话报平安。如果是要出门，她都会打电话。"在电话里我会说什么时候到以及什么时候回，”朱莉娅说道，“如果没有手机在身边，真是难以想象，我真是无法想象没有手机，我该怎么办，我感觉它就是我生活的一部分，我和我的朋友们都觉得如果没有手机，感觉就像一无所有，毫无防备。”对于一无所有，毫无防备的自己，就仿佛置身于危险处境。失去联系，便如此脆弱。联系能够减少焦虑，但正如我之前所说的，它自身也能带来问题。

## 上网的得与失

莉萨是克兰斯顿学校的高二学生，今年 17 岁，她感到迷惑：“每天放学后回到家我就开始上网，感觉还不错。在这个网络世界里，我花两小时聊天。但我还是没有朋友，我永远都不会认识那些跟我聊天的人，他们是聊天室里的人，可能是 12 岁的小孩。”她每天为聊天室里的人“付出”，使她不得不问问自己在网络上花这么多的时间究竟是为了什么。另一位 16 岁的克兰斯顿学校的高二学生汉娜，也遇到了这样的问题。她清楚地知道在线联系不利于她处理在男朋友这方面的焦虑。当她的许多朋友都有男朋友的时候，她还没和谁约会过。在克兰斯顿学校，有男朋友意味着性亲密的压力。在这方面她还没有准备好，但她的确有一种被遗忘的感觉。

5 年前，当汉娜还只有 11 岁的时候，她就在网上结识了一位名叫伊恩的朋友。她在互联网上实时聊天时，加入了一个关于 20 世纪 60 年代摇滚乐队话题的聊天室，那是她为之痴迷的摇滚乐队。伊恩当时也在这个聊天室，当时他说他 14 岁。在这个群里面，经过几年的相互认识，汉娜说她和伊恩知道如何创建私人聊天室，她说：“感觉就像变魔术一样，忽然之间我们自己来到这个聊天室。”经过一段时间，他们有了相互聊天的习惯，并每天一起玩拼字游戏，常常一玩起来就是几个小时。伊恩说他住在利物浦，快要上大学了。汉娜还有一年半的时间才上大学，她想着上大学就马上能够见到他。尽管他们只是通过敲打出的信息来交流，但是汉娜说道：“当和世界各地的人，或者是年长的人交朋友对我来说变得不再陌生的时候，伊恩是最懂我的人。”汉娜不想和网络上遇到的人通过音频或者视频来交流。一切就像现在这样，汉娜可以把伊恩想象成她心目中的样子，同样，他也能把她想象成心目中的样子。这种我们能够成为别人心目中的理想形象的想法是一种极具力量的幻想。与其他事情相比，它就像是在许诺，一个让对方永远都没有理由离你而去的许诺。作为渴望的对象（因为对方可以把你想象成他心目中完美的化身），安全感是网络生活中最开心的事之一。

汉娜在上线时试着各种调情取乐，这种举动在她的现实生活中却很少见。与伊恩相处的这样一种安全感，不禁让她想品尝有男朋友的感觉，品尝纯纯的、初恋的感觉。但她还是觉得这份友谊有点“让人害怕”，她说：“在这个世界上我最爱的人，不可能在任何一个特定的日子简单地出现。”后来伊恩就再没出现过了，它可能只是一个随意捏造的名字，现在已成为那些热情对话的过去。

汉娜依然怀念着伊恩：“即使我觉得我了解伊恩，但这与我对生活中的人的那种了解是不同的。”有时候让人感到是亲近的友情，有时候却让人感到这关系不可靠。就像有人认为，对于牛顿三大定律，他们对其中一个是不喜欢的。从这一角度出发，她说道：“我感觉这有点悲剧，但要想建立真实的关系，有时候你必须用心去感受，去经历他人亲身的付出，如看着他们的脸庞，或是听他们讲话。”汉娜变得安静起来，但她再次开口，她的声音低沉了许多。不止这些。她在聊天室花费了不少的时间。聊天室里的人并不热情。“我不想跟卑鄙刻薄的人做朋友。”她说他的网友取笑、打击、辱骂新来者，有时候他们甚至对自己的朋友也这样。汉娜不希望自己成为这样一种情况的牺牲品。但是，这种想法并不令人欣慰。因为为了成为那个群体中的一员，她必须和其他成员举止一样。她说：“在聊天室里，有时候我开着残忍的玩笑，这一点我在现实生活中可做不到……这不禁让我思想起伏：‘我应该继续和这些人做朋友吗？’我开始回想起他们是多么的邪恶。这有点像学校里的一个小帮派，如果他们不想某人加入其中，他们当然会对那人进行恶意地拒绝和嘲讽。”我说这些话可能会有点不友善：“可既然这样，你为何还要和这些人做朋友呢？”

汉娜并不觉得她学校里的那些“更加和蔼的”朋友与她的网友有多大不同。比如说马西娅，她把那些人的残忍归咎于网络，因为网络常常使人表现出其邪恶的一面，使愤怒加剧，而且一发不可收拾。现在，对于那些她认为举止充满恶意的人，还有那些她为了在网络上取宠而效仿的人，汉娜每周花大概 20 个小时去赢得他们的认可。她说：“网络上的友谊，比现实生活中友谊的要求更高。”到了最后，即使所有的条件都得到了满足，她也并不知道她真正拥有的是什么。

汉娜觉得网络友谊让她能够更好地控制社交生活。她以前认为，当她忙的时候，只要她想，她就可以上线，而不是偷偷溜走，这感觉很不错。但事实却不是这么回事。如果她没在聊天室上线，她的网友就会生气，在其他方面，也比较难以与这些人保持友好关系。在网上交谈，他们都是油嘴滑舌的，而且表现得很苛刻。即使你想幽默，这其中也是有压力的。她说："当我在学校随意走走的时候，我会在想待会儿该和他们聊些什么。"除此之外，汉娜还加入了 Facebook，这样只是增加了她的思绪，在聊天之前需要想得更多。大多数克兰斯顿学校的学生都认为，如果是在现实生活中最了解你的人，比如你的同学或校友，他们肯定不会介意你的 Facebook 是否上线。而那些介意的往往是你远方的熟人或是那些想进入你的生活圈的人。他们可能是更加受欢迎的、来自其他高中的学生，或者已经是大学生。对于这些人，大家都有一个共识：我们知道，他们在关注着我们的一切。

汉娜对于她吸引过来的所有新目光都非常敏感，也沉溺其中，正如她说的那样，她会尽一切可能，努力摆起谱儿来。她说："在 Facebook 上，事情已经失控，你不必时刻在线，但你也不能一直不在线，因为这样一来，你的个人资料就会落伍。只要你上线一次，它会让你做足工作，这样你也就不会为不常上线而感到尴尬。"在这方面，引人注目的是，Facebook 起着决定性的作用。

其他的克兰斯顿学校的学生也感到同样的压力，一个高三的男生说："要想在 Facebook 上得到什么，首先得要有付出。"他继续说道："人们不会跟你聊天，他们也不会看到你在与谁聊天，我觉得正是因为这样，小孩常常每天花好几个小时在 Facebook 上，试图改变这种尴尬的局面。"一个有吸引力的网络自我，就像一个强壮的、健美的体形，它也需要"锻炼"。一个高中一年级的女孩说道："如果我的 Facebook 留言板上的留言和分享都还是上周的，我就会很着急，因为这样让你看起来像个呆子，这一点很重要，大家都知道人们就是从这个方面来对你进行判断的。"一个高三男生煞费苦心地解释应该如何去维持你的 Facebook。你必须保存你的能量，他说："在 Facebook 上发信息纯粹是浪费时间。"因为这些信息就像是电子邮件，只是在通信者之间传递。这些信息对你的形象没一点帮助，重要的是你得每天花点时间在其他人的留言板上留言，这样别人就会在你的留言板上作出回应。如果你认真点多做些这方面的工作，你便会更加受欢迎；如果你不这样做的话，他沉沉地说道："这就可能有麻烦了。"另一个高三男生详述了他参与的一个名为"饲养野兽"的网页所带来的焦虑：

> 有时候我上线时，Facebook留言板上最后的留言也是上周的事情了，我想："这可不好，每个人都会看到而且会说，'你看，这个小子一个朋友都没有'。"为此我感到很紧张，我想："我得在其他人的留言板上留言，这样别人就会在你的留言板上做出回应，这样看起来好像我又有朋友了。"这是我对Facebook的整体心态。

汉娜也是屈从于这种心态，她在Facebook上的时间越来越难以控制。她解释着一件事情是怎么影响到另一件事情的。"你上线时，有人问你问题，你便会觉得他们想得到答案，从而你感觉良好，所以你不停地打着字交流着，感觉这几个小时都有点受宠若惊的感觉。但他们究竟是谁？"现在，汉娜对于这个问题感到越来越焦虑，甚至她和伊恩的关系也变得模糊起来。她想知道这究竟是怎样一种关系，所以她开始调查起伊恩来。她变得更加孤立，因为她"全天候地应对着一个人"，她注意到一天有很多小时都在和伊恩聊天。当我见到汉娜时，她已经有段时间没有上聊天室了。但她想念伊恩，她想不久后她会回到聊天室。

## 保护隐私与偷看

朱莉娅害怕在MySpace上加她父亲为好友，因为她怕抵挡不住诱惑而"潜行追踪"父亲的各种信息。这样的"潜行追踪"是一种罪恶的快感，是焦虑的源头。但18岁的哈德利高三学生克里斯，解释了"潜行追踪"最终是如何成为他的家常便饭的。每个手机都有摄像功能，他的朋友们不断给他拍照。他们把照片上传到Facebook上并做了标注，这常常包括把每张照片上每个人的名字都贴上去。克里斯的网页上有许多标注好了的照片，他说："聚会上拍的照片，更衣室里拍的照片，当我和朋友一起闲逛的时候也会拍照片。"在Facebook上，关于任何一个特定的人，我们都可以查到他的所有照片。这常常也是"潜行追踪"的开始之地。克里斯长得帅气，是名杰出的运动员。他知道许多女孩子查看他的照片。"这样的'潜行追踪'有点让人受宠若惊，但同时也让人感到害怕。其中的一些照片也让我害怕，幸好所有人都在网上有各式各样的照片。"他也不好首先发起指责。而他自己，也"潜行追踪”那些他感兴趣的女孩。“我发现我自己选择喜欢的女孩，一路追随着她标注好的照片。你可以看到她在和谁交往，她是否受欢迎，她是否有男朋友，我开始随意地看着，随后，不经意之间，两个小时就过去了，而我却还在‘潜行追踪’。”

克里斯对自己并不苛刻。更衣室照片的公开展示很糟糕，但有些照片还是受欢迎。同样，如果有人浏览你的照片，你就可以和他们取得联系。即使你是一个人，你也会知道有人想追寻你。青少年好像觉得事情应该不是这样子，但他们却顺从了另一种生活：名人方式的生活。所以你得习惯这种理念，比如在高中时代常常会发生的事情——喝醉酒或者是置身情色混乱当中，有人可能会用手机上的相机把你给拍下来。一旦你的照片在别人的手机里，随即照片就会传到网上去，随后的扩散便无法控制。

所以，“潜行追踪”是一种不违法的侵越。一名 17 岁的菲尔莫尔高二学生这样描述它：“最坏的而又肮脏的。但它是正常的，因为在 Facebook 上浏览大量的跟帖并不违反规则。说它是肮脏的，是因为它就像在偷听一段你没有参与的对话。事后我总觉得身上肮脏，得马上洗个淋浴。”才刚刚开始大学生活的唐，今年 18 岁，她说她对班上那些有趣的同学非常感兴趣。“我整晚都在看他们的跟帖。我浏览他们参加的聚会，我查看他们的女朋友。”她还说道，“我在 Facebook 上花的时间让我感觉自己很不正常。”所以“潜行追踪”可能没有违反规则，但它给了年轻人一种侵犯他人隐私的途径，这样会使他们感觉自己就像间谍或狗仔队。

当青少年把这种“潜行追踪”变成生活的一部分时，他们也不介意别人对于自己隐私的侵犯。朱莉娅说：“在布兰斯科姆，如果在我的 MySpace 上，有你提供啤酒的聚会上的照片，那你就有麻烦了。”她和她的朋友都认为，学校教官和警察在查看学生的 MySpace 账号。朱莉娅的反应是警告自己，注意朋友。“就像我经常跟他们说的：‘别把照片上传到网上去，不然你会遇到麻烦的。’”一名布兰斯科姆高三学生说，他有一个正常的博客和一个“隐秘”的博客，在他的“隐秘”的博客上，他有一个伪造的名字。但随后在我们的谈话当中，他不禁担心起来，不知道他的“隐秘”博客会不会因为他电脑的 IP 地址而被查出来。在我们谈话之前，他从没想过这个问题。他说，想起这事就让他感到绝望。

在罗斯福高中，一名16岁名叫安杰拉的女生，她的MySpace被人“黑”了。她解释说：“‘被黑’是他人登录你的网页，然后把所有的东西都做了更改。是的，我就遇到过一次这样的事情。我不知道是谁干的，但事情就这样发生了。（声音此时变得低沉）他们改了整个版面，整个版面看起来我就像是个同性恋。我必须删除所有东西，很多人问我：‘哦，你现在是同性恋吗？’我得向每个人解释：‘不是的，我的网页被黑了。’我花了很长一段时间去向他们解释。他们听了都说：‘哦，太糟糕了。’”

如果有人改了你的实体邮件，他们就是犯罪。但当人“黑”你的Facebook账号时，那你就得做点解释工作了。当安杰拉第一次说出她的故事时，很明显她被那事件吓着了。她努力恢复一切，把已产生的破坏最小化。她说：“这种事情不是每天都有发生。”这也是为那些别无办法的人辩护。她不会放弃MySpace的账号，生气也是无济于事的。“我当时要抓狂了，一切我都得从头开始做。但我不在乎他们的所作所为。这真的不是每天都有发生……这真的不是每天都有发生。”

在西尔弗学院的一次有关网络生活的讨论中，我听到了一个类似“撤退”的情况。当我问起这些高一的学生：“你们当中有没有人担心过网络隐私问题？”他们都大声回应：“当然，是的，肯定担心。”卡拉和彭妮都匆匆地讲述她们的故事。她们如此紧张，几乎是同时说出。随着她们平静下来，卡拉继续说：“有一次我和我妈去商店，我把手机忘在家里了，然后彭妮给我发了信息，手机不在我身边，但当时我的弟弟离我手机很近，他听到了手机在‘滋滋’作响，然后我弟弟就想用我的身份来回复那条信息。当时彭妮在信息当中提到了些事情，我弟弟回复得很没礼貌。随后我只得打电话给彭妮向她解释，回信息的是我弟弟而不是我。”首先，这两个女孩好像是要告诉每一个人，这是一个非常令人苦恼的故事。但是当这一群人听着，脸上看不出任何表情。因为他们都听说过“女孩撤退”这一类似的故事。彭妮说卡拉的弟弟模仿技能并不高超，她都有可能识别出来。此时的卡拉在愤怒当中，退让地说道：“是的，我想也是。”

媒体想把如今的年轻人刻画成不再在乎隐私的一代。我发现了其他的一些事情，一些同样令人忧虑的事情。高中生和大学生们根本就不懂什么规矩。他们被监视了吗？是谁在监视？你是不是得做点什么才会引起监视？还是这已经日常化了？监视合法吗？他们根本不知道谷歌和谷歌邮箱的服务条款。他们也不清楚自己有权受到哪些保障。他们不清楚什么样的拒绝是合理的，是可能的。如果有人假装成你从而取得你的电话号码，这种行为是不是违法，或者只是恶作剧？他们的长者——给予他们这种科技的一代人，也不知道如何去回答这些问题。

所以尽管朱莉娅担心校方和警方在调查着学生的网络资料，她还是很快承认，其实她也不敢确认是不是真有此事。但她又说不管此事是真是假，她都无能为力。一个 17 岁女生，在高中学校辅导老师（考虑到在大学录取过程之前，一些可能泄密的照片都应该清除）的命令下，清除了她在 Facebook 上的账号，她清醒地认识到任何人，只要有足够的时间和金钱，都可以不经过她的同意进入她的 MySpace 网页。“人们不断讨论大学生是如何看待此事，雇主也在谈起此事。我想他们只是让人们登录然后假装都是朋友，我真不明白这是怎么做到的。”

模糊其实也有好的一面。对于一些事情，如果你不知道，你就不会生气。朱莉娅说：“MySpace 和 Facebook 就是我的生命。”如果她得知一些事情的消极方面，比如说她知道 Facebook 可以泄露她的个人信息，那么她便会想想到底应不应该继续待在这个网站里。但是，朱莉娅也承认说，不管她发现了什么，哪怕是她最担心的高中管理员和警方的监视是真的，她也不会有任何举动，因为她无法想象没有 Facebook 的生活。

朱莉娅最终给人留下了一个没有安全感、被动的形象。她想隐藏细节，她宁愿多留意自己的所作所为，也不愿过多去了解是哪些人在监视。“我把这些抛诸脑后。”她跟我说，就自己而言，她感觉安全。即使她被监视了也没有什么大不了的，因为她那里没有多少东西可看。一个 17 岁的女生耸耸肩，对 Facebook 的隐私保护不屑理睬：“谁会在意我和我平凡的生活？”另一个 16 岁的男生说，想要有一个私人对话，他知道他得找一个投币电话——那种用硬币的老式电话。这些就像符咒，令人很是不安。

一些青少年觉得他们的隐私问题实际上没有看起来那么糟糕。在将来，参加公职竞选的每一个人，即将得到司法任命或者是即将就任公司重要职位的每一个人，他们将在网上有一个关于过去轻率行为的记录，而且大家都可以进入查看。照此看来，不安静的数字记忆不会制造惩罚，而会营造一个更宽容的社会。其他人提出了一种代际观点——Facebook是年轻人的。这种观点困惑了投资方、拥有者、管理员、发明家、代言人，以及股东。对公司运作，以及如何管理的任何理解都是那么幼稚无知。但这并不是个惊人的反应。如果你的生活也被放置于Facebook、MySpace，或者是谷歌上，你肯定希望是正派的人在管理这些公司。正派的人被定义为那些告诉你，你感受到的就是你最突出的特点的人。对于年轻人，最突出的特点就是青春。

实际上从最开始，Facebook和用户就信息控制的适度问题处在一个“拔河”阶段。可以预见，这种模式就是Facebook宣布其所有占有权，并把它作为商业用途。接踵而至的是抵抗和Facebook撤销。随之而来的又是另一浪潮，这通常来得比较微妙。一个16岁女生的点评很典型：“Facebook对于其制度改个没完，你可以试着修改他们的制度，但是通常情况下，他们会把这些制度放在一些难懂的条文当中。”她自己从不阅读那些条文，她想，最终Facebook还是会得到它想要的。“你可以试着让Facebook做些改变，可能几年之后他们会采取行动，可能永远不会，事实就是这样。”谷歌在这个舞台上的进退有着同样的模式。只要Facebook和谷歌仍然为人们所需，例如索求信息，年轻人知道他们会提供。他们也对此束手无策，别无他法。

一些互联网企业家解释说这里面没有什么文章可做。早在1999年，太阳微系统公司的合伙创始人斯科特·麦克尼利（Scott McNealy）说过：“不管怎样，你没有隐私可言，想开点吧。”10年后，谷歌的首席执行官埃里克·施密特（Eric Schmidt）也加了一个新的解释：“要想人不知，除非已莫为。”最近他做了一个关于网络记录的预测——不久的将来，所有年轻人都将被赋予权利去更改自己的名字，以及清除他们网络上的过去。

## 对隐私泄露的焦虑

20世纪90年代初期，我开始调查研究那些在网络上进行身份实验的人。他们制作头像与网站。在那些日子里，网页和一些虚拟场所消失是很正常的，因为那些经营这些网站和虚拟场所的狂热者对这个网站失去兴趣，或者失去访问服务器的权限，或是创造了新的东西。当这样的事情出现时，人们往往转向别的网站。转向其他网站意味着你对头像以及一些虚拟社区的付出都付诸东流。互联网显得如此短暂。

Facebook 上的网友有着不同的上网期望，他们希望 Facebook 这家公司以及其后继公司永远都存在。这种期望可能导致“行动”。当然，人们在遭到不幸事件后迟早会悔恨。18 岁的格洛丽亚凝视着自己在 Facebook 上发的各种帖子，说道：“就像互联网会敲诈勒索我似的。”她一直以来都很小心。她没想到在公众面前做的事情，在 Facebook 上永远都不会消失，会一直保留在那。每天她出去参加舞会、聚会，或是去咖啡厅，朋友都拍照片并上传到网络。她不想因为某种行为不端而导致她不能登录 Facebook。

18 岁的大一新生赫斯特开始担心她上传到网络上的所有东西，那些东西一旦传了上去，要想再删除就晚了。她说：“这的确是网络生活不好的一个方面，在打字机上，你可以把打印的东西拿出来撕掉，但要是网络在线的，就无法这样轻轻松松地‘撕掉’。大家都可以复制、粘贴，大家都可以用邮件传送给彼此，大家都可以打印出来，当你在网络上写东西时你得特别小心，因为大部分的东西，一旦你把它放到网上，它便一直在那了，很多人……他们或许可以看到，或许看不到，但无论怎样，它毕竟还是在那。”这就是一个“剪切、粘贴”的世界里的生活。更糟糕的是，就是一个“剪切、编辑、粘贴”的世界里的生活。一名哈德利学校高三的学生对于网络对话可能发生的事情做了如下综述：“大家可以保存它，你并不知道他们在保存，或者他们可能复制、粘贴，然后发送给其他人，你觉得是个人的，但事实上却不是你想象得那样。他们所要做的就是向里面添加一个他们想添加的。他们可能发给一个朋友，让一个人显得比实际要糟糕得多。你所说的任何事情都不会保持原样。”

一名罗斯福高中女生担心地说道：“我的学术评估测试指导老师告诉我，不要在电子邮件里说任何傻话，因为它总会被人们知道。这对我来说有点吓人，因为我每天都给我多伦多的朋友发邮件，当然在邮件当中我提到了其他的朋友，有时候也对他们稍做一些不想让他们知道的评论。所以我希望没人会发现。”一个罗斯福的高一学生已经意识到互联网是一个永久记录，所以他决定把他最个人的想法都写在纸上：“我把我的秘密都写在日记本里，而不是在电脑里，也不在我的网页上。”

我们见过布拉德，18 岁，对待互联网十分谨慎。他知道他的网络生活不是个人的。在大部分时间里，他努力不去想这件事。但最近，他遇到了麻烦。最令他烦恼的是他的朋友对聊天记录的利用。他解释说：“任何时候你打出点东西，甚至在你还没完成或者没有同意任何事情的时候，聊天记录就已经把你的东西保存到了文件夹。”他之前并不知道还有这回事，直到有一次，他的朋友突然中断了和他的对话。那时候，他们都是高二学生，她提起了高一时他说过的一些话，整个高中她都在使用聊天记录。布拉德说道：“知道她的时间就是花在那种聊天上面，我感到很震惊。”现在，他受着两个感觉的煎熬，一种是对于自己被不知不觉地记录下来的失落感，一种是对于自己的震惊很生气。他说：“毕竟，我知道即时信息对话是怎样进行的，我想我是听过这回事的，但后来自己又忘记了。我知道对于一些人，他们会把聊天记录打开，这是一个好的机会。”

布拉德责备自己发送信息时太随意。一想起高一那年他的那些漫无边际的讲话，可能会出现在某些人的Facebook上、博客中或是其他任何地方，他就无法原谅自己。他不是很清楚哪些不好的事情可能会发生，但他的焦虑却是真的。他们的消息记录真是糟糕，他说过的话可能在任何一个地方出现。

布拉德说他不再觉得网络生活是一个放松或是做回自己的地方。“因为这里一切都被记录，这完全就是另一码事了，你得时时刻刻提醒自己做事要小心。”如果在聊天当中发脾气了或是被误解了，他说：“我可能会说，‘不好意思，抱歉’或是‘让我重复一遍’。或者我可以讲个笑话一笑而过。”在线时，即使没人记录你，Facebook也在记录着。“我听过太多这样的故事：一些人在他人Facebook的留言板上留言或是跟帖，第二天，他们为此而感到难过，因为他们认为这么做是愚蠢的。只是一时冲动的，他们就像冲昏了头一样。”但它就在那里，代表着最差的你。

布拉德承认说：“当然，如果你亲口说一些愚蠢的话，或是亲自做一些愚蠢的事，之后你还会想起此事。”但在面对面的交流当中，他便有余地解释那些一般性错误。在网上，可能总是有人在收集你犯错的“视觉证据……保存好的书面证据”。布拉德也不再埋怨科技带来的种种可能性或是那些未经你许可而做记录的人。他说他是一个“现实主义者”。意思是那些生活在数字世界的人应该知道发脾气是不容许的，或在线说些你不想因此引来麻烦的话。除此之外，布拉德说：“没有必要使用在线交流方式来表达你发自内心的情感……你没有必要在网上快言快语，因为你完全可以等上几分钟，不在键盘上敲打任何东西，慢慢冷静下来。”在这里，我们可以看到自我管制对达到一个完美的自我是有作用的。

当布拉德谈论那些破坏交流的“视觉证据……保存的书面证据”的时候，他听起来像是受过他人追踪似的。我向他询问那些保存他信件的人，他说这并没让他感到烦恼。在信中，他解释说，他在写之前会先想好，有时候为了写好一封信他会重复好几次。但是对于他来说，尽管在这方面有经验，互联网对话感觉还是像试探性的。你要养成边写边思考的习惯。尽管一切都是“组合而成的”,他勉强感受到了“一种进入自由区的体验”。16 岁的奥德丽描述了一个类似的“断开”。她觉得在线生活是一个试验的瞬间。但她知道电子消息是永存的，学校和未来的雇主有办法进入她的 Facebook。她所感觉到的和她所知道的并不同步。

布拉德和奥德丽都经历过电子通信的矛盾论。你盯着办公桌上或是手中的屏幕。在电子信息的束缚里，我们想象着我们在写给我们所希望的那些人，我们写给那些人中间的一部分，这让我们感到安全。你觉得身在一个私人而又短暂的地方。但你的通信都是公开的、永存的。对数字通信和它的现实情况两种感觉之间的脱节，向人们解释了为什么大家仍然在发送破坏性的电子邮件、短信和消息，这些都证明了他们对法律的侵犯，对配偶的欺骗。人们试图强迫自己，使得他们的行为与他们所知道的、而不是他们所感觉到的相一致。当人们试图忘记“互联网没有隐私”这一事实的时候，媒体却与之串通一气。

还记得 17 岁的伊莱恩，她认为互联网让害羞的人更容易交到朋友，因为躲在屏幕之后，他们就没有那么多的压抑。伊莱恩对于这种“自由”空间的感知是相互冲突的。比如，她知道她在任何一个像 Facebook 的网站上所做的一切都会始终存在，并被 Facebook 占有。但一旦在线，伊莱恩就没了信心，她会记得她说的每一句话都将传给后代。互联网可能是永远的，但要牢记这一点还需要一个过程。她认为如果说“在互联网上发生的事情会一直停留在互联网”有点不切实际。她表示那样说也“太难了，健忘有时候也是人之常情”。有些人说他们可以将他们的现实生活和网络生活很好地区分开来，对这样的人她持怀疑态度：“对于在互联网上的一切，每个人都可以复制、粘贴或保存……如果你和某人面对面聊天，而这没有被录音，那么你可以改变你的意见和想法，但是在网上就是另一回事了。在互联网上，你说的一切都被录音。你不能说，‘我的想法已经不同了’。你也许可以的，但同时，你之前说过的已经在那里了。”

把互联网视为实验和自我表现的平台是有道理的。然而，伊莱恩认为她能自由地去做一些“将被永远记住的”事情。但还是俗话说得好：“自由”与“永恒”在一起是行不通的。伊莱恩说：“我觉得我的童年被互联网夺走了。我不应该去考虑这些事情。”当唐上大学的时候，她试图擦除她的 Facebook 页面。她说：“我想要一个全新的开始。”但她能删除的东西并不多。她的朋友们的页面上有她的照片和她留下的信息。所有这些都将一直在那儿。她说：“这就像有人即将发现一个可怕的秘密，一个我自己并不清楚在哪儿遗漏的秘密。”

在这里，就像布拉德那无法原谅的自我批评（“我应该知道……你没有借口……”），你将看到工作中的自我监察的一个新的管理体制。还是刚刚学步的小孩，他们学习如何在线打字，随之他们发现它是永存的。我们知道第一代人经历青春期的事情，知道他们第一次失足，知道所有尴尬的姿势，这一切都被“冻结”在计算机的内存里。有些人可以忘了这一切，有些人却做不到，有些人不会忘记，而有些人，我觉得也不应该忘记这些。

经历了一代人的时间，人们才开始渐渐明白：在互联网上，“删除”和“擦除”只是隐喻。文件、照片、邮件和搜索历史只从你的视线里“删除”和“擦除”。互联网却从来没有忘记。其记忆能力强大得让人难以相信，因为人的第一直觉是它令人难以置信。一些青少年否认正在发生的事情，有些人觉得它“不公平”，他们宁愿像乌龟一样，一辈子背着自己重重的壳。哈德利高二学生科尔宾评论这个观点——在互联网上什么都不会消失。他说：“我在 Facebook 上写的所有东西，都将永远存在。对于你做了些什么，你不可以逃避。”

资料在那，当然人也会在那。你加某人为好友，并当成 10 岁小孩看待，如果不想做朋友，则需要采取积极行动。原则上，每个人都想跟他的发小保持联系，但是 Facebook 使得“一个过去结识的人”这个概念比较接近“不合时宜的人”。科尔宾有一种方式来表达自己的不安。他说：“作为第一次，人们跟你保持朋友关系。这样你就更难放开你的生活和向前迈进。”16 岁的桑杰不知道当他长大之后，会不会在他朋友的留言板上留下什么。他总结了他的担忧：“第一次人们可以与他们生活中的所有人保持联系，人们会遗忘高中同学，重拾一个新的身份。”

这是一种永恒不息的焦虑。10 年前，我认为我们网络生活的流动性、灵活性和多重性鼓励着某种自我，罗伯特·杰伊·利夫顿将此称作“千变万化”。现在我仍然认为这是一个有用的比喻。但千变万化的自我受到持久的人和各种资料的考验。一个不确定未来的幻觉支撑着这种千变万化的感觉。出现在他人的电脑或者手机上面的这种经历是如此的隐私，隐私到我们很容易忘记我们的真实处境。每一次的联系，我们都留下电子痕迹。

同样，我也认为互联网为青少年提供了凭借身份去尝试的空间，相对而言，对于这种尝试他们不需要为其后果负责。就像埃里克·埃里克森所认可的——他们必须这样。但持久的人和各种资料同样也破坏了这一可能性。我曾跟一些青少年聊过，他们一个月收发短信高达 6 000 ~ 8 000 条，一天花几个小时在 Facebook 上，同时还交错着即时信息和谷歌搜索，所有活动都留下了痕迹。“暂停”这一想法很难与本身就能产生电子阴影的生活达成一致。

彼得·潘看不到他的影子，他是永远都长不大的小男孩。我们大多数人都喜欢他。随着时间的推移（我得说这里有许多焦虑），电子阴影下的生活也开始显得自然，这种阴影好像会消失——直到一个危急时刻降临：诉讼、丑闻、调查。那时候，我们真是到了“有患无备”的境地了，转过身来才明白，现在我们一直都在作茧自缚。但大多数时候，我们表现得好像阴影根本不存在，而不是简单的看不见。事实上，大多数跟我一样担心这种持久在线的资料的青少年，他们都试图把它抛诸脑后。对于“冻结”空间的需求是如此强烈，如果他们一定要忘掉这些的话，他们愿意去虚构小说中寻找，这是一种可以理解但不稳定的决定。你打个电话、发条短信、在 Facebook 上留言都会留下痕迹，这种想法，在某种程度上都是可以理解的，也正因为此，人们表现得好像一切都没有发生。

成年人也生活在小说里。一些人表现得好像电子邮件是私人的一样，尽管他们知道不是这回事。还有一些人说，他们在网络上从来没有进行过重大的业务或是私人的谈话，他们坚持对于任何重要的事情，他们只通过安全的固网电信交流。然而，就在我们交谈的时候，他们也常常承认，很多次他们并没有按照自己的规则办事。很多时候，经常出现因为电子邮件中的轻率行为而导致羞愧脸红的低头认错。

有人说这个问题算不上是什么问题。他们指出，从历史观点上说，隐私是一个全新的理念。这的确没错。尽管在历史上是全新的，但隐私已经很好地"服务"了现代"亲密"和"民主"理论，没有隐私，亲密的界线便会变得模糊。当然，要是所有信息都被收集，那么每一个人都将成为情报员。

## 政治上的隐私

互联网为政治做的好事已经司空见惯了，它为我们的信息提供了新的来源。比如，我们可以通过由手机摄像头拍摄的照片和视频，来了解世界各地的政治事件。网上可以进行组织与筹款活动。霍华德·迪恩在2004年的民主党初选中，网络已经被用来聚集人群。贝拉克·奥巴马竞选阵营把迪恩时代的"偶遇"理念，转变成一种把支持者从虚拟中"拖"到彼此的家中或是"拖"到大街上的工具。当谈及隐私问题时，如果涉及互联网的是非，我们不会轻视其中任何一个积极的方面。除了被动性和解析度，政治言论还有个寒蝉效应。①

当他们谈论互联网时，年轻人做了一个令人不安的区分，这个区分介于将会受到原谅的尴尬行为和可能会让你陷入麻烦的政治行为之间。对于高中和大学生，彼此之间的"潜行跟踪"和其他的任何事情属于第一类行为。将此类动作编码为尴尬的，他们觉得你可以为你的尴尬行为道歉然后继续生活。毕竟名人文化都意味着"入侵"和"改造"（这些年轻人以"欺负"他们的同辈而得到慰藉，这也是上述模式的一部分——他们的那些将被原谅的尴尬行为）。但对于你的政治行为，比如签署请愿书或示威活动，你就必须得为自己的行为负责。一位18岁受访者这样说道："互联网有时肯定会让你想抗议或是其他什么，不过那时会有数不清的摄像机对着你。你都不知道应该在哪儿发表言论。"

隐私问题有其政治主张。对许多人来说，"总之，我们无时不被监视，所以谁还需要隐私？"这种想法已是司空见惯了。但这种心态是要付出代价的。威比奖是一个发掘最好和最具影响力的网站的评比奖项。在它的一次颁奖典礼上，有关庆典

① 寒蝉效应，是一个法律用语，在讨论言论自由或集会自由时，指人民害怕因为言论遭到国家的刑罚，或是必须面对高额的赔偿，从而不敢发表言论，如同蝉在寒冷天气中噤声一般。寒蝉效应的发生，将导致公共事务乏人关心，被视为过度限制言论或集会自由的不良后果。

仪式的新闻铺天盖地，仿佛是政府的窃听丑闻。当非法窃听的问题被提出时，那些“在互联网上有极具影响力的人物”的普遍反应是不把这个问题当作问题。有很多人在讨论“所有信息都是好资料”、“信息想要免费”和“如果你没有什么可隐瞒的，就没有什么可害怕的”这些话题。在颁奖前的一个鸡尾酒会上，一个网络大师向我生动讲述了窃听的争议问题。令我惊奇的是，他引用了米歇尔·福柯（Michel Foucault）的“圆形监狱”理论（用来隐喻那些数字监控和数据挖掘等）来解释为什么他不担心互联网上的隐私问题。

在福柯看来，现代国家的任务是创建一个自我监控的公民体系，以此来降低对实际监控的需要。自律的公民遵守规则。福柯写道：杰里米·边沁（Jeremy Bentham）之所以要设计一个“圆形监狱”是因为它捕捉到了一个公民究竟是怎样被塑造的。“圆形监狱”仿佛是一个车轮般的结构，监视人就在其正中心位置，不论监视人实际上有没有在场，人们总有一种被监视的感觉。如果这个结构是一所监狱，犯人知道警卫人员可能随时看到他们的所作所为。最后，这种架构使得他们形成了一种自我监察。

这个“圆形监狱”就是一个隐喻，形象地描述了在现代国家，每一个公民是如何成为他自己的警察。暴力已经不需要了，因为国家创造了顺从的公民。国家时刻在监控、监视，每个人都在自我监察。以此类推，在威比奖典礼上，我的聊天伙伴说，互联网会一直监控，所以即使偶尔有人真的在监控也没有关系。只要你没有做错什么，你就是安全的。福柯对规训社会的批判态度，在技术专家的手中，为美国政府利用互联网来监视其公民提供了理由和依据。鸡尾酒会上，我们身边到处都是点头赞同。我们已经看到这种思维方式的一种变体，这在技术社区里十分常见，且在高中生和大学生的群体中越来越受欢迎。

如果你放弃你在 MySpace 或是 Facebook 上的隐私，比如从你的音乐喜好到你的身体疾病等方面的隐私，那么与其他人相比，你受到那些知道你跟谁打电话，或是知道你频繁登录什么网站的、匿名政府机构的麻烦要少得多。有些人甚至对一定程度的公开曝光感到高兴、满足，感觉像是一种认可而不是违规。被人注视意味着他们并不是微不足道的或孤独的。互联网使得一代人在线交谈，对于他们之间的所有对话，任何关于网络隐私的讨论都会导致“辞呈”与“疾病”。青少年的隐私将会被侵犯是必然的事，当我跟他们谈起此事时，我沉浸在 20 世纪 50 年代布鲁克林的那段与众不同的成长经历中。

当时还处在麦卡锡时代，我的祖父母被吓坏了。他们有着东欧的背景，他们看到在听证会上麦卡锡并不是被判定为抵制爱国主义，而是被判定为人权攻击。约瑟夫·麦卡锡（Joseph McCarthy）曾让政府监视其公民。政府查看你的邮件，从来就没有什么好事发生。

在美国，情况不同了。当我还是个小孩时，我和祖父母一直住在一座公寓大楼。每天早上，我的祖母带我到楼下的邮箱。看着那闪闪发光的黄铜大门，她读着门上写的名字说："人们并不害怕写上他们的名字，他们不怕所有人看到。"我的祖母会这样跟我说，好像它从来没有发生过一样。"在美国，没有人能看你的邮件。因为这是一个弥天大罪。这也是这个国家美好的地方。"最早的时候，我邮箱里的公民教育课程把隐私和公民自由联系到一起。我想到对于那些懂得他们的电子邮件和信息都是共享、不受保护的情况下而生活的孩子们，今天的一切是多么不一样。我又想到那位在威比奖颁奖典礼上"谦虚引用"了福柯的话的互联网专家，他们认为互联网完成了"圆形监狱"的梦想，并总结了自己关于网络的政治立场——这样做只是为了更好。

但有时一个公民不应该简单只做顺民。"你必须留有说'不'的空间，真正的说'不'。还需留有技术空间（一个神圣不可侵犯的邮箱）和心理空间。这两者相互交织。我们创造技术，反过来，技术塑造、影响着我们。祖母让我成为一个布鲁克林公寓大厅的美国公民，一个公民自由的支持者，一个个人权利的捍卫者。我 18 岁的女儿仍然认为 Loopt（一种使用苹果手机的全球定位系统功能，来显示她的朋友在何处的应用程序）听起来让人"毛骨悚然"，但她还是表示如果她所有的朋友都用 Loopt，她觉得很难把它从手机中删除："他们会觉得我有事在隐瞒，对此我也无可奈何。"

在民主社会里，也许我们最开始就应该假设我们每个人都有一些事情需要隐藏，一个私人行动和思考的小区间，不管我们对技术有多么狂热，这个区间必须受到保护。一个 16 岁男孩一直在我脑间萦绕，他跟我说当他需要打私人电话时，他使用塞硬币的付费电话，他抱怨在波士顿找一个付费电话是多么困难。还有一个女孩也在我脑间萦绕，她是如此概括她对失去网络隐私的反应的，她问道："谁会在乎我和我平凡的生活？"

我学着做一个布鲁克林邮箱旁的公民。对我来说，对于技术、隐私和文明社会展开公开讨论并不是烂漫的怀旧，更不是要阻碍技术进步。它就像民主的一部分，有属于它的一片圣地。

WHY WE EXPECT MORE FROM TECHNOLOGY
AND LESS FROM EACH OTHER

ALONE
TOGETHER

# 14

## 年轻人的怀旧情结
## 网络世界不是“瓦尔登湖 2.0”

独一无二的关注真好！年轻人越来越喜欢写信、打电话或面对面聊天，他们喜欢展现一个真实的自我。网络上的“表演”很累人，他们已经厌倦了，他们渴望靠近真实的感觉。年轻人越来越怀念那些正逐渐消逝的美好事物，在他们心里，手机和网络世界不是可以“逃离”的另一个“瓦尔登湖”。

克利夫是一位就读于西尔弗学院大二的学生，他曾谈论过是不是有可能“穿越”到所谓的“短信前”时代。他说自己过于沉迷于来来回回地发送短信，他必须停止把时间浪费在这种肤浅的“只为得到回复”的沟通上。于是我问他，在他看来，什么样的情况下不及时回复短信也不会有太多心理压力？克利夫说有两种情况：“一是你有一个考试，二是你的手机没信号了。”显然他没有考虑如下情况——比如你正在做别的事、思考别的事，或者跟别的什么人在一起。

我们经常会见到年轻人走在学校的走廊里，与他们在网络上认识的、也许从来没有见过面的“朋友”互发信息。我们也曾见过那些年轻人，当他们在线保持联系时会显得十分活泼，而当他们离开屏幕后会陷入迷茫和孤独。他们中的一些人，甚至有一半以上清醒的时间都是在虚拟空间度过的。但是这些孩子仍然会兴致勃勃地谈论信件、面对面的约会，以及付费电话等隐私问题。在自我约束下，他们试图构造出一个不同的未来，与那个建立在他们并不了解的过去的未来完全不同。在那里，他们拥有自己的时间，可以与自然、他人和自己的家庭相处。

短信是如此有诱惑力。因为它产生了一个附带自己要求的承诺。这个承诺是：你发送短信的那个人会在几秒钟内收到你的短信，而不管他或她是否“空闲”，他都能够看到你的短信。其附带的要求是：当你收到一条短信时，你就要去关注它（也许你正在上课，这意味着你要低头偷偷地瞟一眼静音的手机）并且在第一时间内给予回复。克利夫说在他的朋友圈中，这意味着“10 分钟内必须回复”。

我来告诉你在学校中这种情况是怎么一回事。如果我们的手机收到短信，你就会感到你必须得回复。因为发短信的人非常清楚地知道，你已经收到他们的短信。但是如果是即时信息，你还可以借口说自己不在电脑边或者网络连接断开等。如果是短信，你将没有任何理由说你没有收到。几乎没有人在看了手机上的短信后若无其事地走开，几乎没有。这种事真的极少发生——短信是一种压力。我并不总是想要交流，是谁说我们必须时刻准备着与人交流呢？

确实如此，谁规定的？听听年轻人说他们失去了什么，这可以告诉我们，他们需要的是什么。他们需要的是关注。

## 独一无二的关注真好

青少年们知道，当他们通过即时信息彼此交流时，他们是在与电脑屏幕上的其他窗口竞争注意力。他们清楚，他们得到的关注少得可怜，因为他们自己对于收到的消息也没有付出多少关注。一个布兰斯科姆高中二年级的女孩将即时信息比作“恒速巡航”或者“自动导航”，意思是你的注意力其实在别的地方。另一位布兰斯科姆高中的高三学生说：“即使我给予我正在聊天的对象全部的注意力，他们也不会全神贯注地关注我。”他每次打电话之前，首先要做的就是猜测接电话的人的时间是不是“专门为我”。这也是电话的一个优点。而当你发短信或者即时信息时，你对和你交流的对象的处境一无所知。他或者她可能同时还在打电话、做家庭作业、看电视，或者正与其他人网络聊天。

在这里，渴望的或者梦寐以求的愉悦是被人全身心关注，而这是那么的稀缺可贵。这一代青少年的父母常常一边打电话、发短信，一边陪他们走进游乐场；亦或一只手推着秋千，另一只手发着短信。当父母与别人通话时，会不时地瞥一眼在铁架子上玩游戏的孩子。青少年这样描述与父母们在一起的童年：父母在送孩子去学校的途中或者在一家人看迪士尼动画片的时候都离不开移动设备。一个大学新生开玩笑说，她父亲一边为她读《哈利·波特》，一边不断地被他的手机打断。手机和笔记本电脑还会影响到家庭的度假。周末全家去郊区度假会因为旅馆里没有互联网服务而被终止。18 岁的朗描述当这种情况发生时，他的父亲会“抱怨一整天”，会把家庭成员召集起来并且打道回府，回到那个能够连接网络的世界。

从很小的时候开始，这些年经人就已经把分享关注和技术联系在一起。手机在成为孩子们生活中的必需品之前，是孩子们的竞争对手，并且常常胜过孩子们。这种情况到了青少年时期也没有太多改变。17 岁的尼克说："当我们吃饭的时候，父母在发短信，这些我已经习惯了。我父亲认为这比他不得不待在办公室要好得多。我说'好吧，也许这顿饭可以吃得短一些'，但是我母亲希望大家聚在一起吃饭的时间可以长一些。为了延长聚餐的时间她做了很多菜，并且不得不允许在吃饭期间使用手机。"事情貌似陷入了僵局。

孩子们总是希望争得父母的关注，而这一代孩子体验到了新的变化。以前的孩子不得不应付父母外出工作、会友或者其他不在的时间。今天的孩子与父母在身体距离上很近，可笑的是，父母的精神却在其他地方。汉娜说她的妈妈去学校接她的时候，都不愿意从手机屏幕上抬起头来和她打个招呼。一个"不辞辛劳去学校接送女儿"的母亲和这个"不愿从屏幕上抬头"的母亲之间，形成了鲜明的、令人难过的反差。朗说他更喜欢他父亲只有台式电脑的时候，这意味着父亲会在一个比较固定的位置工作。现在，他的父亲和他一起坐在沙发上看足球比赛，但是眼睛也盯着他的手机。正是因为父亲在身体上离他如此得近，所以父亲在不时看屏幕的举动让他特别难以忍受。

米格尔，哈德利的一位高年级学生说，他父亲在看电视比赛时不停滚动手机上的消息的举动让他特别"有压力"，但他补充道："没到那种可以把你杀死的地步，更接近一种让你很烦的感觉。"米格尔说当他和爸爸一起在车里的时候，要求他的爸爸放下手机很难，因为他自己也在发短信。"儿子正在发短信，那么他为什么不能呢？"但是父母们看到他们的孩子在玩移动设备，从而认为他们自己也可以时，作为成人，他们严重地低估了这种不对称。同时在忙很多事的孩子毕竟还是孩子。他们希望并且需要成人的关注。他们乐意承认，当父母要求他们放下手机，并坐下来谈一会的时候他们会觉得安心。对于成人来说，当他们要求孩子也这样做的时候，毫无疑问，他们也必须放下手机。有时候是孩子们（经常是在母亲的帮助下）坚持吃饭时间是说话、交谈的时间——而非低头玩各自的智能手机的时间。但是分享关注的习惯很难改掉。

一名高三学生回想起有一次他的爸爸坐在他身边的沙发上阅读。"他只是为了消遣而阅读，也不在意被打扰。"但是当他的医生父亲的注意力从书籍转到手机上时，情况就不是那么清晰了。"你永远都不会知道他是在玩游戏还是在阅读一个病人的病例。他一直沉浸在手机中。"把他爸爸的注意力从手机中拉出来不是一件容易的事。当他爸爸回过神后,需要时间去重新集中注意力。"你可能问了他一个问题，然后他会说：'哦,马上。'然后他会停止写他的邮件,退出某个系统或是其他的什么，然后他会说：'哦，对不起，你刚才说什么？'"

听到 8 岁到十几岁的孩子们充满挫败感地描述，他们试图从同时处理多个事情的父母那里得到关注是司空见惯的事。现在，同样是这些孩子之间对于是否得到了彼此的关注也充满了不安全感。晚上，当他们坐在电脑屏幕前，接收或者发出的每一条消息都与购物、上传照片、更新 Facebook、观看视频、玩游戏、做家庭作业等分享着"注意力"。一个高三学生在他的电脑上这样描述那些晚间的"对话"："当我发送即时信息时，我可能正在同时和其他 3 个人聊天，听着音乐，并且浏览着一个网站。"白天是手机短信沟通的黄金时间段，这些交流发生在青少年们从一件事转换到另一件事的过程中。青少年在发短信的同时也在谈论着他们看不到的东西：对方是什么姿势？他们的声音如何？脸上是什么表情？就像一个 18 岁的少年所说的"那些你的眼睛和耳朵告诉你的事情"。

当我第一次接触短信时，我认为这种太过于电报化的方式更适合记录一些事情。你可以用短信来确认一次约会，选择一家饭店，或者汇报一下你已经安全到家。但是我错了。短信已经进化为一个空间，在这里你可以告白、分手以及相爱。这里有值得肯定和庆祝的地方：短信为友谊提供了一个崭新的、生机勃勃的空间，在这里甚至可以发出一个虚拟的吻。但它同时也是有代价的。把所有好的或者不好的东西一股脑塞进短信是不合适的。短信这种介质适合快速传达简单的陈述，而对于开始一段蕴含复杂情感的对话则不是那么合适。当短信被粗暴回复、打进来的电话、还有其他文字信息打断的时候（更不用说周围还有其他的人），它所承诺的亲密性就会遭到破坏。一个 18 岁男孩说，"有人笑"和"有人用文字记录他们的笑"是有区别的。他还说："我的朋友们习惯给予手机全部的注意力，他们忘了应该给予关注的是他们身边的人。"

我们之前说过 26 岁的罗宾，她目前就职于一家竞争十分激烈的大型广告公司。

她将她的工作要求描述为“支离破碎”。她的手机从不离身，她不会把手机放在钱包里，而总是把它握在手里。吃饭的时候，她将手机放在身边的桌子上并不时地翻动。在一次商务午餐的时候，她把手机放在桌面上并解释说，她的工作需要她“随时待命”。午餐过程中，她承认其实事情远不仅如此。她的工作确实需要她始终都能保持联系，但是事实是，不管她是否在等待一个与工作有关的消息，如果看不到她的手机她就会变得焦虑。“如果我不能保持联系，我就会觉得头晕眼花。好像有什么事情弄错了，有可怕的事情将要发生了。”通信设备的使用出现了偏差，她说：“如果我拿着手机，我会觉得至少所有事情都在掌控之中。”但有些事确实是失控了。当被问及什么情况下会感到有压力时，她说如果没有带手机就会感到“压力”，但她同时承认，即使手机在身边，她也同样如此。

罗宾说到一开始她需要用手机来处理商务邮件，但是现在她每天花好几个小时在 Facebook 上，对于这一点她并没有用“生意”做借口。但罗宾不再确定这是否与“快乐”有关。她抱怨越来越为 Facebook 烦恼。我让她举一个例子说明这些烦恼的时候，罗宾讲了一个关于她朋友乔安妮的故事。

罗宾和乔安妮是在洛杉矶读大学时的同学。毕业后，罗宾去了芝加哥开始她第一份印刷行业的工作；乔安妮留在西海岸进修人类学的研究生。5 年以后，乔安妮为了学术研究来到了泰国的一个村庄，在这里的一年她有条件发电子邮件。她给罗宾写的邮件都很长，每封都有五六页长，每两周一封，每封信都充满“优雅、详细、诗意”。罗宾亲切地称这些信是讲述乔安妮在泰国生活体验的“个人日记”。罗宾将这些她所珍爱的信件打印出来，不时拿出来阅读。现在乔安妮返回泰国开始一个新的项目，但是这次她在她 Facebook 的主页上做了两周一次的日志更新。两个女人之间并没有失去联系，乔安妮只是选择了一个更“有效”的方式向她所有的朋友发布她的故事。罗宾仍会偶尔收到电子邮件，但本质上说，曾经的私人信件变成了网络博客。

罗宾为自己对乔安妮在 Facebook 上发布日志的反应感到羞耻：“我对其他所有读者都感到妒忌。他们与她的友谊和我不同。”罗宾理解乔安妮“公布”她的日记的决定：“这样她就能接触到更多的人。有些人对于她的事业会有所助益。”但罗宾仍会感到被抛弃了。面向所有朋友的信息发布没有使她感到和朋友更加亲近。

本质上说，这是一个关于个人损失的故事。故事讲完以后，罗宾又附加了一条她认为是“非个人的、普遍的观点”的附言。她认为当乔安妮给她写信的时候，那是一种“从一个真实的人到另外一个真实的人”的关系。那些信是写给她的，具备她的独特性。这些信的背后是她们两人之间长期的友谊。而那些发布在Facebook上的日志是通用的。有那么一刻，罗宾，作为一个专业写手，给出了应有的判断：“写给所有人的日志也就等于没有写给任何人，这样不好。”罗宾期待着能收到一些专门给她的东西。

## 写信、打电话或面对面聊天，展现真实的自我

在菲尔莫尔大学大四学生的一次关于网络生活的讨论中，布伦丹说他很孤独。他试图幽默地把典型的一天描述为“迷失东京”（lost in translation）。“我每天的生活就是：我发送给你一条短信，你在15分钟或一个小时或者几个小时之后回复我。然后我再尽快地回复给你。”他的幽默有些苦涩，短信这件事让他倍感压力，并没有使他“感觉亲近”，相反他确信短信让他失去了很多东西。布伦丹想与朋友见面，或者当他和朋友通话的时候，朋友没有在急匆匆走路或者在做其他事情。在这里，人们怀念注意力、承诺和专注的美德。布伦丹的同学杜鲁门却认为布伦丹要求的太多了。他说：“布伦丹时不时地打电话给我，和他聊天确实很有趣而且我也乐在其中。但是有时候我真的无法想象……好吧，对我来说专门为了聊天而给朋友打电话是非常尴尬的。”杜鲁门想要迁就他的这位朋友，但是他开玩笑说“很快就不再煲电话粥了”。杜鲁门的话可以这么理解：他说他喜欢打电话，但是实际上他并不是真的喜欢。他说电话聊天是很有趣的，但是带来了太大的压力。对于杜鲁门来说，除了关于“约定时间、地点和计划”以外的通话，都需要假设对方有时间与你电话聊天。他从来不能够确定是不是这样，所以他很担心这样的电话会突然打扰到别人。这让你在电话线的那一头同样很受伤。

当年轻人对情感缺乏安全感的时候，他们找到了测试爱的方法——用个人度量来安慰自己。最近，我听说年轻人通过交流的方式来测试关心的程度。即时信息通常出现在诸多电脑窗口中，而一个很长的电话或者一封信则是很难得的事情，它说明双方投入了全部的注意力。布拉德是哈德利学校的高年级学生，他说：“能够收

到一封手写的信是非常特别的。因为它意味着这只是为你一个人写的……你会感觉到是一种馈赠和赞美，特别是在人们已经习惯了同时处理多个任务的今天，这意味着某人为了你，情愿停下手上的其他所有事情，抽出5~10分钟，全神贯注地为你做些什么。花费了这么多时间专门为了一个人，这让人受宠若惊。”

菲尔莫尔学院的高年级学生赫布深有同感。赫布和他的女朋友决定用手写的信来联系。“因为是她亲手写的信，她投入了她的时间，你知道这些字是从她的笔尖流淌出来的。而电子邮件是非个人化的，短信也是。任何人即使有她的电子邮件地址，也不会发送邮件给她。手写的信件可以触摸得到，这点真的非常重要……电子邮件可能会被删除，但是书信却可能会被保存在抽屉里。它是真实的、有形的。在线聊天时，你不能触摸屏幕。但是你可以用手触摸和感受信件。”他的同学路易斯赞同他的说法。路易斯说：“关于寄送信件，你可以用手去写，你可以装饰一封信，让它看起来更加漂亮和有个性。你手写的笔迹可以展示出你在哪里。尽管我没有生活在那样的时代，但是我很怀念那个时候。”他心里有些提防，害怕自己对于手写信件的偏爱，会让人觉得自己很古怪。他继续说道：“以前你可以用这样的方式去感受，因为这是文化的一部分，但是现在，你感觉不得不重拾在你的成长过程中缺失的某种东西。”

布拉德说数字化的生活让人们失去了察言观色的能力，同时也让人们失去了他所谓的“消极地做自己”的能力。我对他使用“消极地做自己”这个词很好奇，后来才逐渐明白，布拉德是用以指代“真实、不装”的自我状态，指的是处在闲聊之中的状态。他的同学米格尔喜欢把发短信比作“一个可以隐藏自己的地方”。但是想要和别人在一起感觉亲密，你需要一个自发性的媒介：

> 电话交流是如此个人化，是因为在打电话的过程中，你没有时间去坐下来考虑你将要说些什么。你所要说的话都是你真正要表达的东西。如果某人发送给你一条短信，你还有一两分钟时间来考虑你将在回复里写些什么。如果你是在一个现实的谈话中，如果你一两分钟还没有说出一句话，过了几分钟你才回答，那将是非常尴尬的。这就是我喜欢打电话的原因。我更喜欢某人是诚实的，如果你在打电话，你就完全把自己暴露出来，但同时这也比其他方式更好。

菲尔莫尔学院的格兰特说，当他习惯使用短信沟通的时候，“会感觉非常孤单，这样一整天都在发短信”。他已经放弃了发短信这种方式，包括和女朋友之间。他一般用“ok”代表“okay”来回复女朋友的长短信。然后等到方便时，他会打电话或者面对面地和女朋友进一步沟通。他说：“当你收到别人发给你的短信或者即时信息时，你并不知道他们是‘怎么’去说的。对方或许是在开玩笑，或许是认真的，而你却无法确定。”

这些年轻人渴望时间、接触、关注，以及直接的沟通。他们想要生活中少一些伪装，他们怀念面对面打交道，而且每次只专注做一件事的世界。这听起来充满了讽刺的意味，因为他们这一代人最大的、也曾经是最引以为豪的特征就是“一心多用”。

埃里克·埃里克森写道，当他们寻找身份的时候，需要一个安静的地方，一个可以直面自己内心的地方。精神病医师安东尼·斯托尔（Anthony Storr）关于独处的理论和埃里克的描述非常相似。斯托尔说，人类的“创造过程”机制奇特，“到目前为止，新的想法产生频率比较高的状态是冥想状态，介于走路和睡眠之间。在冥想的心理状态下，思绪和画面可以自发地组合演变……创造者可以完全放松身心，让大脑内自行产生化学作用”。但是在数字化时代，安静和独处却很难获得。

我们为网络的喧嚣所困。16 岁的女孩罗安妮每天都在纸质日记本上写日记。她说之所以选择纸质日记，是因为自己上网时无法抵挡互联网对自己注意力的诱惑。

> 我不能通过网络写日记的原因是，在任何时候我都有可能想去看电视剧《绝望主妇》、《绯闻女孩》或者《欢乐合唱团》（*Glee*），哪怕只能看几分钟。如果你想拥有一个不被打扰的交流和沟通的环境，你最好亲自找那个人面对面地谈。如果没办法直接见面那就打电话。但是如果你是坐在电脑前在网上和别人交谈，那就有很多东西可以打断你的谈话，因为互联网上有如此多的比谈话更有趣的东西在吸引着你。

现实世界不总是安静的。无论是在学校、在家里，还是在约会的时候，表演和自我表达同样无处不在。但是当年轻人描述他们在虚拟世界中建构和重构自己的形象时，他们接受了新的社交环境的真实性，但同时又坚持认为网络生活是一种新的“疯狂”。那里有太多的网站、游戏和虚拟世界。你必须记住你在不同的地方如何自我表达的细微差别。当然同时还必须随时准备回复短信。“你无能为力。”筋疲力尽的布拉德说。

## 网络上的“表演”很累人

布拉德半开玩笑地说，他担心分不清在他“编造”的网络生活中，“他”和现实生活中的“他”，哪个才是真正的他。每当他在网上发布关于自己的信息时，身份的不确定性让他觉得焦虑不安。他在网络上的发言影响到了现实中的人如何对待他，这成了他的一种负担。因为人们已经把他和他在 Facebook 上发布的个人信息联系在了一起。于是布拉德试图在那里表现得更加接近于“他自己”，但这并不容易。他说即便他试图在 Facebook 上表现得“诚实”，也不能抗拒利用网站为自己尽量“打造好形象”的诱惑。他说在 Facebook 上：“我是为了效果才写的，我会坐在那里问自己：‘如果我那样说，会不会听起来好像我太一本正经了？但是如果我在 Facebook 上面说了这些，它会不会让人觉得我什么也不关心？’”他努力让自己在 Facebook 上面显得“更加自然”……从积极的方面来说“这就是我，这就是我喜欢的，这就是我不喜欢的”。但是他又感觉 Facebook“误读和曲解”了他的努力，因为自我流露应当是给“另外一个关心的人”。对于布拉德来说，当它变成一种自我简介的广播时，它就失去了意义。

网络在身份建构的过程中可以发挥独特的作用。尽管正如我们所见，当所有的身份角色都在网络上被存档了的时候，这样的过程的确变得不易。但是布拉德承认，在 Facebook 上他只知道如何向一群人表演。我们已经见到过他为选择哪支乐队足够酷而纠结。他也反复考虑自己的电影清单里应该包括哪些影片，那些可能会让他被打上“无聊”或者“性别歧视”的标签。有时候承认喜欢读《哈利·波特》系列的书，会被别人解读为童年有阴影的人。但更可能的结果是这会让他觉得不那么性感。布拉德指出，在现实生活中，即使你喜欢一些不那么酷的东西，人们还是有可能认为你本身很酷。但在 Facebook 的个人简介中，却没有任何错误的余地。你必须面对一系列的正确或错误的选择。他说，在网络的虚拟世界里，一切“都是预先考虑的、有预谋的”。布拉德用一个老式的词语来表达自己的不满：网络生活压抑着“真实性”。他想要和人们直接相处。当他读到某个人在 Facebook 上写的东西时，他觉得自己是别人要酷的观众。

布拉德非常认同亨利·戴维·梭罗（Henry David Thoreau）的观点。在 1854 年出版的《瓦尔登湖》（*Walden*）里，梭罗提到我们彼此以随机的方式联系太多，如果我们“一而再、再而三”地犯错，我们将不能够彼此尊重。他说我们生活得太“拥挤”，而不能够明白彼此的价值，因为在我们之间没有足够的空间。梭罗写道：“社交往往廉价。”他认为我们在与别人建立社交关系前，先去学会和体验到一些东西将会更好。我们已经知道梭罗为了自己的观点所做出的行动。他拉开了自己与他人、社会的距离。他发现了和自然、简易物品之间的交流。他见到老朋友，结交新朋友。所有的这些维系着、支撑着他，但是他并没有活得“拥挤”。最后，布拉德决定离开那些虚拟的生活，回归到他自己的“瓦尔登湖”。当他想见某位朋友的时候，他打电话给朋友预约，然后登门拜访。他发现生活开始变得越来越自然。“人类在学会打字前，首先学会的是讲话和眼神的接触，所以我认为这是更加基础和基本的交流形式。”抛弃了数字连接后，他说自己“牺牲了三种无用的交流”，只为了“一个真正的、美好的社交互动”。他承认：“弃用 IM 后，每天社交互动的数量大幅减少。”但是这根本不算什么损失：“你是愿意有 30 个看起来还好的朋友，还是想要 5 个真正亲密、要好的朋友？”

我遇到过许多像布拉德这样的年轻人，他们自愿戒掉媒介。有些人放弃了短信，有些人放弃了 IM。由于 Facebook 是社交生活的中心，他们能够想到的、最果断的一步就是离开 Facebook。还有一些人已经厌倦了“表演”的压力。有些人说，他们发现自己是残忍的——网络生活抑制着他们健康的起居。另外一些人说，他们和自己“真正”的朋友失去了联系，每天却花费很多时间和那些“好像是朋友”的人保持联系。另外还有一些人是因为反感 Facebook 的用户服务条款，条款规定 Facebook 拥有用户人生故事的版权。有些人相信是这个网站鼓励他们用一些肤浅的方式去评价自己和别人。他们是通过 Facebook 上的图片认识的，他们数字化地美化他们的照片，使他们看起来更加有吸引力。即便花了那么多的时间写简介和编辑照片，Facebook 主页仍然是被一种挑剔的冷漠气息所覆盖。路易斯说：“它就像是一个化了大浓妆的女孩，试着更加努力地化妆，还要假装自己并不在乎。但是没有人会相信这种话：‘哦，我刚刚在我的主页上放了我的秘密……我很酷，我还有其他更多要做的事情。’你看这就是他们每天在 Facebook 上所做的事情。他们在骗谁呢？”他换了个口气说：“如果你能够通过聊天来了解一个人，那该多好。”综合以上的这些原因，从虚拟世界里跳出来似乎是一种解脱。

寻找自我，了解别人，减少虚拟的生活；远离那些虚荣的表现而向更为真实的感觉靠近，两个世纪前，正因为同样的理由，把梭罗带到了瓦尔登湖边。

## 瓦尔登湖 2.0

在瓦尔登湖经过两年的沉思后，梭罗写道：“我步入丛林，因为我希望生活得有意义。我希望活得深刻，吸取生命中所有的精华，把非生命的一切都击溃。以免当我生命终结时，发现自己从没有活过。我不想过一种不能称之为生活的生活，活得太甜蜜，我也不想试着顺从，除非那真的有必要。”梭罗的追寻激发我们向科技生活发问：我们的生活从容不迫吗？我们对于那些不能称之为生活的生活拒绝了吗？我们拒绝顺从了吗？

有人相信新的关系文化为我们提供了一个数字的瓦尔登湖。一个 13 岁的女孩把她的手机描述为一个“避难所”。她说：“我的手机是我唯一独立的空间，只为我一个人准备的空间。”《连线》杂志创始主编凯文·凯利说，他发现在网络上可以恢复精力。他在网络的树荫下，身心得到休憩：“有时候我进入网络的原因只是为了主动地迷失自己，温柔地向网络的未知世界投降，暂时忘却自己确信的周遭生活。尽管人们设计互联网有着明确的目的性，网络却依然是狂野的，它的边界是未知的，它的神秘数不胜数。荆棘缠绕般的各种想法、链接、图片创造了一片茂密的丛林。网络好像是有生命的。”

但是并非每个人都如凯利一样在网络中获得休憩。布拉德谈论网络生活时，说它抛弃了我们的友情。汉娜想要搞清楚当自己和一群相互挖苦的网友相处时该怎么表现，以及和一位自己最好的朋友相处时又该如何。你的网络朋友不是你生命中的一部分，这个观点是很难让人接受的，但你依然可以使他们从你的生活中消失。网络友谊带来的焦虑让他们学会了更加珍惜真实生活中的友情。持续的网络生活让人们更加珍惜生活里的个人空间。14 岁的帕蒂不再随身携带手机，她说：“别人通过电话找不到你，这样的感觉真好。”

这一点空间可以让孩子们的童年持续得更久一点。童年生活的一大特权是：世界是由成年人作为中介认识的。16 岁的希拉丽已经很久不带手机了。她不想总是接电话或者打电话给别人，所以她把手机放在了家里。“我不想让自己总是可以被找到……也不想随时知道所有的事情。”正因为如此，青少年也还是孩子——持续联系的一个代价是成年人失去了面对世界时的缓冲能力。就在几个月前，希拉丽在参加庆祝《哈利·波特》系列新书的发布时，她的爸爸癫痫病发作。她直到参加完聚会，回到家后才知道这个事情。她对此很感激。因为没有手机，所以这个坏消息是通过可以给她安慰和支持的成年人慢慢告诉她的。她不想一个人拿着手机，孤单地听到这样的坏消息。

希拉丽非常喜欢电影，但生活方式却是“阿米什人”（Amish）式的，除去一些特殊的例外（比如电影等）。但是倘若互联网消失，我不会在乎。她问道：“如果互联网消失了，人们将会做些什么呢？”她自己对于这个问题的回答是：“还有钢琴，还有画画，还有这么多东西人们可以创造。”希拉丽说要保持和那么多的网站同步的确太难了。要随时保持关注和更新 Facebook 要花费多少时间呢？令人厌倦的“表演”几乎没有给创造力和反思腾出一点空间。“真的很分散注意力。”而且也没有给梭罗所言的“深刻生活”留下空间。

撰写自己在社交网站上的自我简介、用即时聊天工具聊天，没有比这种“艰苦”的劳动更为“深刻”的了。人们在线的大多数时间都是在潜水漫游、跟随链接、伸出随机的“触须”。一个人在朋友的网络相册里晃来晃去，然后又到其他朋友的相册里面，在一个几乎不认识的人发布的信息下面留下评论。梭罗抱怨人们总是太过于急着和别人分享观点。而在虚拟世界中，Facebook 总是鼓励我们随时分享“我们大脑里面存在的东西”，无论这些思想是多么的无知，或者多么浅薄，然后它会帮助我们传播给最广的听众。每天，我们被其他人“随机”的想法所轰炸。我们已经对这种“宣泻”司空见惯。所以尽管网络身份以及个人简介都是经过了深思熟虑的设计，但是人们最终感觉唯一深思熟虑的东西只是自己投身网络的决定。做完这个决定之后，人们开始在网络的洪流中随波逐流了。

对于那些一直保持在线的人来说，尽管有很多问题（比如像表演一样的生活，比如失去了面对面察言观色的能力），但随时有人陪伴也带来了许多欢乐。而对于那些没有连网的人来说，即使是在自己家乡的大街上，他们也会有一种怪异的孤独感。卡拉50多岁，生活在缅因州的波特兰市，她感觉自己的生活非常空寂无聊："有时候我沿着街走，我发现自己是唯一一个不戴耳机的人，感觉就好像我是在寻找另外一个也没戴耳机的人一样。"对于在街头相遇、点头致意的日子的怀旧感，无论是老年人还是年轻人都有过。她接着补充道："没有人在他们身体所在的地方，他们都在和一个几公里以外的人讲话。我很怀念他们。但是他们却在逐渐消逝。"怀旧情结确保了某些东西会一直在我们面前：因为那是我们所怀念的。

网络究竟是深刻的地方、致力于生活的地方，还是无须顺从地生活的地方，相信这个问题不会有一个简单的答案。但这些的确可以成为我们展开讨论的起点。这样的讨论将会让我们扪心自问：我们是否愿意以这样的价值标准衡量自己的生活。如果答案是肯定的，如果我们身边的技术文化并不能给予支持，那么我们该如何重建那样的文化，以尊重我们所珍爱的神圣空间？例如我们是否可以重建一个网络，重新权衡我们对于隐私的关注，承认隐私和信息一样，是我们民主生活的中心？

在1980年，当我研究一群刚刚沉浸在虚拟空间的科学家、工程师以及设计师时，"神圣空间"这个词语成为了我关注的重要概念。他们中的每一个人都保持着自己的专业生活，纯洁而不受污染。他们之所以这样做，是因为他们想要和虚拟保持距离。在那个空间里，他们能最大化地感觉到他们最完整的自己。对于一个建筑师来说，那就是用手绘图纸。这是设计赋予建筑的意义。建筑师必须是工程师，也必须是艺术家。这就是手所描绘出的个性化的建筑。这也是总以团队作战的建筑师，同时也体验着自己作为作者的原因。对于电脑辅助设计最热情的支持者也为手绘辩护，保护手绘的能力。当他们的学生开始失去这种技能的时候，这些教授会把他们送到绘画室。这并不是反对电脑而是确保设计师的存在有他们自己的价值和意义。一个神圣的空间不是为了躲藏自己，而是一个我们认识自己和责任的地方。

当梭罗考虑"我们住在哪里和我们为何而生活"这些问题的时候，他把我们生活的位置和价值紧密地联系在一起。我们生活的地方不仅改变了我们的生活方式，而且还塑造了我们本身。最近科技的发展让我们开始越来越多地生活在屏幕里面。也许梭罗会问，什么样的价值将会伴随着这种新的生活环境的改变？沉浸在虚拟之中，我们住在哪里，我们为何而活？

WHY WE EXPECT MORE FROM TECHNOLOGY
AND LESS FROM EACH OTHER

ALONE
TOGETHER

# 结 语
# 不可或缺的对话

我们对科技的期待越来越多，对彼此的期待却越来越少。我们正处于一个完美风暴的静止中心，浑然不觉已成了科技的奴仆。我们不会放弃互联网，也不可能一下子“戒掉”手机。我们自己才是决定怎样利用科技的那个人，记住这一点，我们就一定能够拥有美好的未来。

在我刚进入麻省理工学院工作的那段时间，我曾经有一个想法：以后我工作的一部分将是思考如何使科技保持忙碌的方法。1978 年的秋天，时任计算机科学实验室主管的迈克尔·德托佐斯（Michael Dertouzos），在麻省理工学院的恩迪科特（Endicott）大楼举办了一个为期两天、主题为“个人电脑的未来”的研讨会。在那个时候对“个人电脑”更为流行的称呼是“家用电脑”。迈克尔非常清晰地提出，普通人很快将拥有他们自己的电脑。当时的第一代电脑即将上市，人们可以在市场上购买，而不必自己去建造。但问题是：人们用电脑来做什么呢？电脑的确拥有很大的技术潜质，但这样的潜质需要在实际应用中付诸实践。研讨会汇聚了当时世界上最杰出的计算机科学家，例如信息处理、人工智能等领域的先驱罗伯特·范诺（Robert Fano），J.C.R. 利克里德（J.C.R. Licklider），马文·明斯基和西蒙·派珀特（Seymour Papert）。他们在研讨会中进行头脑风暴，来讨论这个问题。我的会议记录显示，当时讨论出的可行的想法包括：帮助人们报税、教儿童编程等。在当时，没有人会想到除了学者之外，还真的会有人想在电脑上写些什么。一些人建议开发日程表功能，其他人认为这是一个愚蠢的想法。当然还可以开发游戏功能。

现在我们知道，一旦电脑把我们连接起来，一旦我们融入了网络，问题就不再是我们如何使电脑保持忙碌，而正好相反，是电脑让我们的生活变得无比忙碌。就好像我们已经变成了电脑的“杀手级”应用程序了。我的一个朋友恼怒地说过：“不是我们在处理邮件，而是邮件在处理我们。”我们总是谈论在电子邮件上“花时间”，但是我们自己同时也在被“花费”和透支。尼尔斯·玻尔（Niels Bohr）认为一种深刻真理的反面，很可能是另一种同样深刻的真理。当我们思考网络生活的时候，应该谨记这句话。

我们在网络上很容易找“同伴”,但是我们却被“自我表演”的压力搞得疲惫不堪。我们虽然享受着不间断的联系，却极少给予彼此全部的注意力。我们可以随时获得关注，却为不断出现的新缩略语所累。我们很喜欢网络“懂”我们，但是这只有在个人隐私问题上做了妥协才会有可能。网络生活留下了大量的“电子面包屑”，一些公司可以为了商业或政治目的而进行开发。我们在网络上会有很多新的邂逅，但是这种关系都是短暂的，如果有新的或者更好的邂逅出现，那些以前的都将被尘封。事实上，新的邂逅并不一定是更好的，因为我们仅仅是喜新厌旧。我们随时连线，对新鲜事保持积极地回应。我们可以在家里办公，但是工作也同时渗入到私人生活中，直到我们几乎不能分辨出它们之间的界限。我们能够瞬间连接彼此，但是我们有时却不得不藏起我们的电话，强迫自己去享受片刻的安宁。

科技带来的高生活节奏让我们疲惫不堪，我们考虑通过更新、更高效的技术把我们从中解救出来。但是新的技术设备却带来更大的信息量和传播速率。在这种速率递增的需求的背景下，其中一件让我们感到满意的事情就是用技术来连接远方的人们，或者更为精确地说，是连接很多来自远方的人。但是即使是很多远方的人也满足不了虚荣。我们总在向别人吹牛 Facebook 上有多少好友，然而美国人却说他们的朋友比以前少了很多。当被问及我们会跟谁吐露内心的秘密，在遇到紧急情况时会向谁求助这些问题时，越来越多的人表示他们唯一的对象就是他们的家人。

通过互联网所形成的连接并没有把我们联系得更紧密，这些连接却让我们沉迷其中无法自拔。我们会在晚餐的时候忙于发短信。当我们慢跑散步的时候，当我们开车的时候，当我们在公园陪孩子荡秋千的时候，我们都在发信息。我们不想打扰别人，因此我们不停地打扰别人，只是非“实时”罢了。当我们忘记把手机放在什么地方的时候，我们开始变得焦虑不安——简直不能没有这样东西。我们也曾听到年轻人坚持说，即使他们的手机不在身上，他们也能感觉到手机静音时的震动。“我能感觉到有人打电话给我，”一个 16 岁的年轻人说，“不知道什么原因，我就是知道。”不仅年轻人有这种感觉，一位 52 岁的父亲说：“我的手机必须时刻在身上，它是我的护身符。”

当这些情感聚集在一起时，可能就形成了“后家庭主义时代的家庭”。家庭成员很孤独地待在一起，每个人都在自己的房间里，每个人都在用电脑或者手机等移动设备上网。我们因为忙碌而使用网络，但是却和技术一起花费了更多的时间，而与现实生活中的人们之间花费的时间越来越少。我们坚信网络连接是接近彼此的方法，即使它也是同样有效地躲避和隐藏彼此的方法。在这个限度内，如果必须要减少与现实中人们相处的时间，我们会满足于这种无生命的东西。

玻尔的格言在同样纠结复杂的社交机器人领域也是真理。机器人专家坚持认为，机器人的情感是由和人类一样的元素组成的（因为人类思维最终是由物质组成的），但是机器人的情感还是起源于科学家的程序设计。

机器人科学家认为，由于老龄化的问题，我们的社会没有足够的年轻人可以来照顾老年人。因此，有一个社交机器人做伴“总比什么也没有好”。我们知道当社交机器人似乎对我们表现出兴趣时，当它们的功能能够满足我们脆弱的人性需要时，我们也会对它们很友善。

但是我们不必对所有这样的东西表示认同。当想到社交机器人将会分散我们年迈孤单的父母的注意力时，作为成年人的我们同样会被吸引，但是我们的孩子会问道：“难道我们没有足够的人来做这项工作吗？”我们应该重视他们的疑虑和担心。解决这些问题不容易，但是我们已经走到了十字路口：是时候就这个问题展开讨论了。

在写这本书的过程中，我和前同事理查德讨论过此书的主题。理查德曾经遭受过严重的车祸，留下了终身残疾。如今，他在家中需要用轮椅才能行动，而且需要几乎全职的护理才能生活。理查德对于机器人的发展可以向他这样的残疾人提供帮助和陪伴很感兴趣，但是他的反应却非常复杂。他刚开始说：“你给我介绍一个和我类似情况、正在寻找机器人的人，我会给你介绍一个想要找真人护理却无法找到的病人。”但是随后在谈到人类的残忍时，他认为机器人陪护可能是最好的选择。他说：“在一些康复中心，有些陪护和护士伤害到你是因为他们的技术不过关，而有些人伤害你是因为他们是故意的。这两种情况我都经历过。其中一个护士扯我的头发，另一个人用导管拽我。如果是机器人，它们永远不会这么干。”然后他补充道：“但是你知道吗，我发现那个拽我导管的人背后有隐情。”

对于理查德来说，和一个人在一起，即使是和一个脾气不好的、或者有虐待倾向的人在一起，都会让他感觉充满生机。即使他的活动能力被无情地剥夺了，但他存活在世界上的方法还是有某种尊严。对于他来讲，尊严需要一种真实的感觉，一种与人类有联系的感觉，这能支撑他活下去。尽管他并不想让自己处于危险之中，他还是宁愿选择一个“虐待狂”护士而不是一个机器人。

对于那些以过于简化的纯粹技术标准来衡量人机互动的人来说，理查德的故事具有警示意义。我们，创造和赋予了机器人生命，并且开始谈论机器人的情感，甚至它们的“真实性”。如果我们关注的是机器人能够唤起我们自己内心的情感，那么这么做是可以的。但是我们常常忽略的问题是：“机器人的感受是什么？”我们知道机器人不能感受：他们不能感知到人的感情变化，或者人类关系的流动性。事实上，机器人什么也感受不到。而我们关心这个吗？或者它们表现出有感觉的样子，对于我们来说足够了吗？为什么我们情愿和那些既不能理解、又不能关心我们的机器人交谈？这个问题早在我第一次接触 ELIZA 项目的时候就提出过。什么使 ELIZA 成为一个有价值的谈话者？有什么大不了的隐私使得我们必须和一台机器人谈论？

很多年以后，尽管还是有些不情愿，但我开始理解 ELIZA 受欢迎不仅是因为人们愿意和机器交谈，它也说明人们变得不愿意和彼此交流。机器人保姆提供了一种新的可能，那就是我们可以逃离彼此，也可以很好地生活下去。当我们期待着电脑法官、电脑顾问、电脑老师或者电脑牧师时，我们事实上是对那些根本不关心我们、带着偏见对待、甚至虐待我们的人表达了失望。正是对于这些人的失望让机器人的“关心”看上去足够真实。我们心甘情愿地忽略机器人缺乏理解力的弱点，对这一点置若罔闻，转而去努力地让它看上去似乎更加善解人意。所有的这一切是为了创造一个假象—— 一个可以替代人类存在的东西。这就是更深层次的 ELIZA 效应。对于 ELIZA 的信任不仅说明了我们认为 ELIZA 程序可以理解我们，更说明了我们对彼此缺乏信任。

凯文·凯利问道：“科技想得到什么？”并坚称无论它要的是什么，科技都将会得到。如果接受了他的观点，假如科技想要探索的是我们对彼此的失望和情感的脆弱呢？倘若这就是科技想要的东西时，它会成为一种病症。

## 交织的病症与梦想

人们彼此之间小心翼翼、相互提防，而机器人则带给我们掌控感，它是受欢迎的替补伙伴。

我们允许自己被不必要的爱来安慰，因为从来没有机器人可以懂得回报我们的爱。我们在网络世界里同样小心翼翼，对社交关系的控制欲让我们无法自拔。事情发展得很快。一位律师说："我不想去开一个客户会议，我将用发邮件来代替。"再后来，在同一个办公室工作的同事不再想和彼此见面，甚至不想打电话，他们会说："短信更加有效率，或者我在 Facebook 上发了些东西。"

我们生活在繁荣的社交媒介文化里，我们梦想着社交机器人。尽管彼此连接，我们却依旧孤独，只能送给自己科技情人。如果网络生活太过严苛，那么机器人则总和我们在一起。想拥有机器人伴侣既是病症，也是梦想。

就像其他心理学病症一样，它"解决"问题但却未阐明问题。我们将会获得机器人的陪伴，却不必承担类似于人与人之间亲密关系所带来的风险。机器人暴露了我们希望能够控制社交关系的愿望，这正是我们的梦想。

这种病症常常携带着大量的信息，以至于让人难以承受。为了承受这种恐惧，病症会把这些信息伪装起来，人们就不必每天都面对这些恐惧。所以，感觉持续的饥饿要比明白你的妈妈没有养育你更加"简单"。被超市排的长队弄得满心怒火，比处理你的配偶没有给予你所需要的关注更"容易"。当科技变成了一种病症，它就切断了表面现象和挣扎背后的真正原因之间的关联。

在治疗当中，病症会因为没有相关性而消失。病人更想找到病症背后所掩盖的原因——那些在压抑下表达出来的平凡的想法和经验。我们把注意力从科技转移到自身。正如亨利·戴维·梭罗要问的问题："我们生活在哪里和我们为什么而活？"凯利认为技术狂人是我们的一种自然状态：我们喜爱我们的东西，并且由它们引导。我将会重构凯利的深刻见解：我们喜爱我们的东西，但是着迷和沉溺其中要付出代价。

传统的精神分析教给我们所有的创造都有成本，这个警示也可用于精神分析本身。对于精神分析家罗伯特·卡珀（Robert Caper）来说："精神分析事业的失职并不是我们试图把事情做得更好，而是我们不允许自己看到它的代价和限制。”为了证明他的观点，卡珀重温了俄狄浦斯（Oedipus）的神话故事。作为一个传统的、广为人知的故事，人们通常会认为俄狄浦斯因为追求知识而被惩罚——尤其是关于他出身的知识。卡珀说俄狄浦斯被惩罚另有原因——他拒绝承认知识的局限性。类似的问题也出现在我们对科技的态度上。我们失职并非因为我们试图建设一个新的东西，而是因为我们不允许自己去考虑新科技瓦解了什么。我们并不是因为发明和创造而陷入麻烦，而是因为我们认为它可以解决一切问题。

成功的分析着眼于长远的考虑，因而常常唱反调。它主张一边前进、一边修正。只有在经历磨炼的环境中且带着自我反思的精神才能向前发展和进步。承认局限性，然后停下来修正，再折回原路——这些是精神分析理论的核心。对于科技的研究也应采用相同的路径，它把我们从科技乐观主义或者悲观主义的观点中解放出来。设想一下，这样的路径将会怎样修正凯利关于科技狂热的观点。凯利提到了亨利·亚当斯（Henry Adams）。在 1900 年，当亨利第一次看到 12 米长的发电机时，他欣喜若狂。亨利把它看作“无限的象征，可以投射出道德力量，这种感觉类似早期的基督教徒看到十字架时的感觉”。凯利认为亨利对于发电机的感受也预言了凯利对于网络的感受。正如我们所看到的一样，凯利想要和网络融为一体，“温柔的屈服”。凯利继续道：

> 我发现自己对网络充满了感激。它是一位坚定的施恩者，永远都在那里。我用不安分的手指爱抚它，它挑起了我的欲望，就像一个爱人一样……我想一直沉浸在它深不可测的广度之中。停留在那里，醉心于它梦幻般的怀抱里。向网络投降就像去土著丛林徒步旅行。不合逻辑的梦慰藉着你。在这个梦里，你在不同的页面和想法中穿梭跳跃。网络的白日梦已经深深地触动了我，让我感动并且搅动着我的心。如果你能够真心地爱上一只迷路的小猫，那么为什么不能爱上网络呢？

凯利认为，网络的连接性可以平复我们心灵最深处对孤独、失去和死亡的恐惧。这是一种令人欣喜的东西。但是连接也破坏了与原本维系我们的东西之间的联系，比如面对面的人际交流的价值。精神分析强调人类生命的悲剧和喜剧的作用，让我们关注人类交流的独特性。凯利被网络承诺的无限知识和博大广度所迷惑。但是俄狄浦斯的故事提醒我们，那种狂喜是有代价的，它总是意味着你忽视了后果。

俄狄浦斯的故事也说明了“得到你想要的东西”和“得到你认为自己想要的东西”之间的区别。科技给了越来越多我们认为自己想要的东西。如今我们可以很容易地找到社交机器人和数字化的朋友。有人或许认为我们需要什么，它总在我们的所及范围内，我们永远也不会感到孤独。还有人假定我们想要的是大量的弱联系，支撑在线熟人关系的、非正式的网络关系。但是倘若我们真正思考我们认为自己想要东西的后果，我们才会了解我们真正想要的是什么。我们也许想要一些安静和独处的时光。正如梭罗提出的那样，我们也许想要生活少一些“拥挤”，等待更多不常发生的、但是很有意义的面对面邂逅。因为我们把很多时间花费在打字上面——用所有的手指或者只用拇指，我们会怀念人的声音。我们也许觉得和一个机器人下象棋也不算太坏，但是机器人却无法代替任何关于家庭或者朋友之间的谈话。一个机器人或许有需求，但是倘若要理解人的欲望，则需要语言和有血有肉的身体。因此，要进行这样的谈话，我们必须有一个真正的朋友，首先重要的是，他可以明白生命的真正含义，理解父母和家庭的含义，理解成年人之间爱的含义，理解对于子女的渴望，并且可以理解生老病死是不可避免的事情。而且不管凯利认为网络是如何的“空旷”，我们都不会任由虚拟世界把我们从真实的自然中带走。

我们让很多东西从我们的身边溜走。甚至到现在，我们仍然对网络朋友和机器人具有感情依赖。设计师声称机器人已经做好了爱上我们的准备。勇敢的凯文·凯利也大胆承认了别人不敢说出口的话，他已经爱上网络了。网络正变得越来越撩人，越来越理想化。在走向群体性孤独的路上，我们失去了什么？就像我前面说过的那样，每一种新的科技都在挑战着我们，一代又一代，我们不停地自问它是否服务于我们人类的诉求。这些问题促使我们去重新思考技术的本质。

在一个关于设计的研讨会上，建筑大师路易斯·康（Louis Kahn）曾经问道：“一块砖想要什么？”本着这一精神，如果我们问：“仿真模拟程序想要什么？”我们知道它们想要什么。它想要且需要的是“沉浸”。沉浸在虚拟世界中时，人们很难想起身后的真实世界。因此，对于仿真模拟来说，不仅仅需要沉浸，更创造了一个喜欢沉浸在仿真模拟中的自我。仿真模拟提供了比真实生活简单得多的社会关系。和机器人一起生活，意味着许多方面变得简化，甚至背离了生活的原意，但我们已经开始习惯于此。

做好准备，并不意味着我们就一定要采取下一步行动。社交机器人将科学技术带入了亲密关系和影响孩子们发展的最关键的时期。没有人可以决定科学技术的禁区是什么，但是人们需要一位裁判。事情开始的时候很单纯：神经系统科学家想要研究感情依赖，但是却虎头蛇尾。他们声称机器人知道如何产生感情依赖，是因为它有这种算法。今天的机器人专家的梦想就是将爱的行为进行反转。而至于爱我们的是机器人还是我们的同类，这个问题我们是否已经漠不关心？

在菲利普·迪克（Philip K. Dick）经典的科幻小说《电子羊的机器人梦》（*Do Androids Dream of Electric Sheep*）中（很多人通过改编的电影《银翼杀手》[*Blade Runner*]知道它），和机器人相爱与被爱似乎是一件好事。在荧幕英雄戴克生活的世界中，人和机器人的容貌和讲话方式都很相似。戴克是一个专业的机器人猎人。他爱上了瑞秋，一个带有人类记忆程序的、并且知道自己会“死去”的机器人。我曾经讨论过，对于生命的循环的认识是我们人类的特质。这个精彩的故事向我们提出了一个问题：这些虚拟的东西是否同样可以满足我们的需求。

在电影的末尾留下了一个悬念：戴克自己是否也是一个机器人，但是他并没有意识到自己的身份？这个悬念我们无法解开。但我们为戴克和瑞秋的逃亡而欢呼。也许当这个电影发行的几十年后，我们的科技依旧未能达到电影中机器人的先进状态。但是对于我来说，《银翼杀手》给我们当前的世界传达的信息是：在我们还没有发明出能通过任何版本图灵测试的设备前，这些测试似乎就已经失去了效用。我们将不再关心机器人是否聪明，而关心它们是否“爱”我们。

诚然，机器人专家想要告诉我们的观点是：具有情感的机器人会照顾我们。技术正在向这个方向发展，这个观点如今已经被看作传统观点。我们已经进入了一个新的发展阶段，在那里传统观点不足以胜任技术的发展，并且可能造成致命的影响。我们可以接受这样的观点：有情感的表演对我们来说，已经足够有人情味了。

## 足够的情感

机器人专家声称：机器人可以拥有自己的情感。机器人是由物质材料构成的，这是所有思想和功能的基础。例如罗德尼·布鲁克斯提出，通过“设定电脑代码里面的某个数字”，机器人可以被赋予一种类似悲伤的情感。对于布鲁克斯来说，这种悲伤的情感类似人类的感觉，因为“人类悲伤的程度不也基本上是通过一个数字来表达的吗？就像是在我们的大脑里面不同种类的神经化学循环的总数？为什么要说机器人的这些数字不如人类的真实呢？”

作为一名临床医生，我所受过的训练和培训使我倾向于反对把机器人的情绪与“数字”联系起来，因为有一些东西是人类独有的。比如：人类的身体和生命。生活会在我们的身体里设定“数字”。从童年依赖到更加独立，我们的情感遵循着一条发展路径。我们品味着这样一条情感轨迹——从早期的依赖到后来的虚幻、希望和恐惧。布鲁克斯说能给机器人某种“悲伤”的情绪。过不了几个月，我将会送我的女儿去读大学。我的内心同时充满了悲伤和喜悦。机器人如何能“体会”这样的情感呢？甚至为什么它的数字“想”去体会呢？

辛西娅·布雷齐尔曾经是布鲁克斯的学生，她选择了另一个方向。她提出，如果你把机器人当作一种全新的物种类别，机器人的情感是合理的。猫有猫的情感，狗有狗的情感，两者不能混淆，而都与人类的情感截然不同。我们对此毫无异议。假如布雷齐尔把所有这些都视为“真诚的”和“可信的”，那么机器人将会有机器人的情感，同样在它们自己的种类里也似乎是“真诚的”和“可信的”。对于布雷齐尔来说，一旦你承认机器人的情感是一个独立的类别，就没必要再拿机器人和人来作比较了。我们应该尊重机器人的情感，尊重它与人类的“区别”，正如我们尊重其他物种的多样性一样。但是，她的这种观点恰恰是在把“真实”和“自成一格”混为一谈。机器人的情感表现或许存在于它自身这一类别之中，这意味着讨论这种情感的真实性是毫无意义的。机器人并不拥有值得我们尊重的“情感”。我们制造了机器人，让它们去做一些事，这些事让我们觉得它们有自己的情感，而我们对它们的种种回应是用来设计它们的模板。

无论是从材料构成还是物种分类的角度来讨论机器人情感这个问题，我们最终都会陷入一种困境。我们原本的问题是：机器人是否有自己的情感。但是到了最后，这个问题却归结于不同人会如何定义情感这一概念。我们应该问这样一个问题：我们希望和机器人形成哪种关系？ 我们为什么要让机器人表现它们自己的情感呢？我在麻省理工学院刚开始工作时，曾经和约瑟夫·魏岑鲍姆一起讨论电脑程序是否可能是一个有价值的沟通伙伴。30 年后，我发现我和戴维·利维在争论这个问题。他提出我的女儿或许将会和一个机器人结婚。

仿真模拟经常被运用于现实生活的技能训练——比如模拟训练成为更好的飞行员、水手、赛车手等。但是当涉及人类关系时，仿真模拟却使我们陷入了麻烦。通过网络虚拟空间，仿真模拟带领我们进入它创造的世界。当我们从网络虚拟生活里走出来的时候，感觉好像突然遇到了一束强光。汉克是一位 30 多岁的法律教授，他通常每天至少在线 12 个小时。当他从电脑游戏里走出来的时候（包括从电子邮件里面走出来），他感觉失去了方向，好像迷失了自己。汉克说："离开这些泡沫，我很难抽出多余的时间和我的家人在一起，这一切是在潜移默化中发生的，我和我的家人在一起的时间变短了。"在和家人共进晚餐后，汉克又愉快地回到了他冷酷的网络生活。

汉克在网上所处的环境（这种环境是可控的，总是与新的东西有连接），与生活在现实生活里，和真实的人打交道相比，可以说是截然不同的。想一想他那句"空闲时间"意味着什么。现实生活中的人做事遵循一致性原则，所以当我们的关系进展顺利时，改变是逐步的，作用是缓慢的。但是在虚拟的网络生活里，所有关系的节奏加快了很多。一个人会很快从迷恋到幻灭，然后又回来，并在这个过程中来回穿梭。一个人如果在现实生活中感到有些无聊，很容易就能和一些新朋友联系上。一个人匆忙地阅读一长串邮件，并学会如何抓住"亮点"。夸张的标题往往能吸引注意力。在网络游戏里面，人物的动作总是被精简到一个从惊恐到安全、然后如此反复的模式。一个令人恐惧的邂逅自动完成，处理完了一个之后你可以重新组队，然后又用一个新的人物。我们的肾上腺素不停地向上冲，在这里没有所谓的"空闲时间"。

有时候人们试图在生活中模仿他人。他们试图提高现实生活的戏剧性，或者控制他们周围的人和事。可以很客观地说，这些努力通常结果都不理想。失败了之后，很多人试着回到他们擅长的方式——也就是在屏幕中过他们想要的生活。如果要在这里补充点什么的话，我想说这不是一种技术，而是一种思维习惯——习惯于认为科技可以让我们想扮演谁就扮演谁。

在网络中，我们会对正在谈论或关心的事情失去信心。如果我们很困惑，我们可能会通过更多的网上连接来寻找慰藉。我们可能会对自己的同伴越来越苛刻。一个 50 岁的管理咨询师说："如果不带上手机，我就不去旅行。"如果她忘了带想带的东西，她就无法平静下来。

通过对网络生活的研究，我认为，亲密行为是人和人之间的行为，听到他们的声音，看到他们的脸和试着读懂他们的内心。这些研究也让我想到，从某种角度来说，独处是刷新自己的状态，恢复精力。而孤独是失败的独处。去体验独处，你必须有自我振作、自我鼓励的能力，要不然你只能明白如何变得孤独。在数字时代抚养一个女儿，我经常会考虑这些。

安东尼·斯托尔在他的个人独处史中写道，学会在独处时感受到平静是很重要的事情。但是很多人发现，由于生活在网络环境中，人们即使在湖边休憩或在徒步旅行中，也难以找到独处的状态。安静让他们变得烦躁不安。但同时我也看到一些开始回归的迹象：一些年轻人已经厌倦了社交媒介。同时人们开始重拾对瑜伽、东方宗教、冥想和慢生活的兴趣。

这些新的趋势会使一个家庭重新回到我曾经描绘的 20 世纪 80 年代那样浪漫的状态。在那个年代，人们提出，人性将他们与机器区别开来（仿真模拟的感觉或许是一种感觉，但是虚拟的爱却绝对不是爱）。

如今，伴随着图像技术和神经化学的发展，人们似乎也愿意赋予机器以自然本性。他们所反对的是人们对于网络生活的反应。面对持续的在线连接，我们欣然接受。面对放弃隐私的可能，目前我们还没有反抗。而现在我们又要面对一个"新物种"的挑战——社交机器人。它们的情感是为了让我们和它们在一起时感到舒服而设计的。面对它们，我们又将如何抉择？

20 世纪 80 年代的浪漫主义风潮中，人们把计算机视作思维模型，今天我们纠结的问题是：在计算机面前，我们已经变成了谁？在 20 世纪 80 年代，你可以改变你看待自己的方式，这就足够了。而如今的问题是你该如何生活？

今天的"回归"首要表现在进行无网络生活的实验。但是网络已经成为我们获得教育、获取新闻、找工作等不可或缺的必然途径。它已经成为我们生活的一部分。

因此，我们只能退而求其次，要求自己重塑在屏幕上的生活。寻找新的平衡不仅仅是“放慢节奏”，而是“我们该如何为自我反思腾出空间？”

## 左右为难

在讨论“有同情心的机器”这个问题的时候，机器人专家经常通过提出一些左右为难的情景以证明他们的观点。所以他们会问：“你是想让你的父母和祖父母被机器人照料，还是愿意他们被完全忽视？”或者换个方式问：“你是想让老年人在孤独和无聊中度日，还是让他们和一个机器人伴侣在一起？”长久以来，在这样左右为难的情形下做出的选择，有可能变得不再令人为难。因为我们开始接受这种提问的框架——在这里，你只能在机器人照顾和孤独之间二选一。这样的问题会使那些对机器人伴侣的观点感到不舒服的人，认为老年人的生活是乏味的、孤立的和消极的。

有大量的资料描述了如何打破这样的思维困境。有人提出，从抽象思维转到具体思维会有所帮助。这就是在格兰特女士任教的五年级班里的孩子们所做的。在“支持或反对”机器人保姆的讨论中，他们避开了提问带来的两难困境，而通过提问开辟一个新话题：我们没有人来做这份工作了吗？当孩子们开始一个新话题的讨论时，我们成年人则清楚这个话题的讨论方向。找来更多的新人照顾老年人怎么样呢？要做些什么才能让他们出现在需要他们的地方？我们如何合理分配资金以使效用更大？我们有很多失业的人、退休的人和退伍的军人——只要我们付给他们钱，很多人都会去从事这份工作。首先可以做的事情是提高老年护理工作的收入，让它高于最低工资标准，从而让从业者有利可图。“选择机器人或孤独终老”的两难选择忽略了大背景下的社会与政治选择，而这原本应该是问题的核心。

我曾经在麻省理工学院参加过一个关于机器人在治疗过程中应扮演的角色的研讨会，在这个会议上，我的一些想法也被改变。我的课堂上讨论过关于机器人为体弱者或者瘫痪在床的病人洗澡的问题。目前市场上的机器人被设计为双层的：一个滑动板放在病人下面，另一个放在上面。病人的头被支撑着按摩。学生们对于这种技术的反应就像是之前提到的两难窘境：应不应该给老年人用机器人？一些学生认为，机器人取代护士的角色是必然的（他们的理由是成本、效率和想做这份工作的人员不足）；另外的一些人则反对说，老年人应该得到真人照顾，其他的东西都是有损人格的。这个争论达到了两个绝对的极端：不可避免和无法忍受。

在这个止步不前的争论中，出现了一位女士的声音。她年近30，母亲在不久前刚刚去世。她对这样的讨论并不满意：为什么把我们的讨论限定在没有机器人还是接纳一个机器人按摩器两者中呢？为什么我们不能把机器人想象成人体的延伸，帮助人们有爱地照顾彼此？为什么不建造一个液压为动力的机器手臂，安装在那些手臂有残疾的人身上，帮助他们增强手臂的力量？之前的问题呈现出两个她无法接受的画面：一个自动的机器人，或者一个被遗弃、忽视、没有人管的病人。她希望可以讨论将科技运用在假肢技术上的话题。如果她的手臂更强壮，或许当妈妈有病的时候，她能够抬得动她。她也许当时很需要这样的帮助。这样，妈妈就可以在生命的最后一周在家度过。因此讨论框架的改变可以让科技进入生活，同时让母亲得到女儿的照料。

打破框架，发现新东西。在这样的原则下，哲学家奎迈·安东尼·阿皮亚（Kwame Anthony Appiah）站出来挑战两难的思维困境：

> 选项，是对情形的描述。我们可以称之为“打包问题”（the package problem）。在现实世界中，事情的情况不总是跟选项捆绑在一起。在现实世界中，框架化的行为——描述情形并做决定，原本就是一项道德任务。因此，分辨什么是、什么不是我们的选项，原本就是我们伦理发展的一部分。在现实生活中，最大的挑战并非找到参与游戏的最佳策略，而是想清楚你参与的是什么游戏。

对于阿皮亚来说，道德理性并非通过回答两难问题来实现，而是通过质疑问题提出的方式，不断地提醒我们自己：是我们决定了如何对问题进行框架化。

## 被禁止的实验

当五年级的孩子为他们的祖父母考虑机器人伴侣，并提问“难道我们没有人来做这项工作了吗”的时候，我们知道他们在问什么：“难道照顾他们不是我们父母的职责吗？”再一步提问：“如果有一天我们也变得‘不方便’的时候，会有人照顾我们吗？"当我们考虑机器人在我们未来生活中的作用时，我们要考虑对彼此的责任。

为什么我们想要机器人照顾我们？我能理解在战争、太空探索和医疗过程中，机器人与人的合作关系的各种优点。我理解机器人在一些危险环境中可以发挥巨大作用。但是为什么我们如此热衷于让机器人"照顾"？对我来说它似乎是一种禁忌，一项"被禁止的实验"。

并不是每个人都以这样的方式来看这个问题。一些人认为保姆机器人应该是一种常识。60岁的波特刚刚失去了久病的爱妻。他认为如果机器人可以"帮忙做一些杂活，就可以为护士腾出更多的时间做一些人性化和情感化的照顾"。但是情感的关系常常附着在时间上。花时间照顾小孩，为他们做许多基本的事情，是建立和孩子之间情感的基础。在这样的基础上，孩子们会变得很自信，因为他们被无条件地爱着。我们也证明了自己有关心和爱其他人的能力。那些生病的人和老年人也理所应当获得同样的基本信任。当我们能给予别人关爱，我们才成为更加完整的人。

为机器人保姆辩护的一个重要观点是：对于有些特殊的人群来说，保姆是不是机器人都没有太大的区别，例如老年痴呆症患者。问题是我们并不清楚这样的病人是如何感知人的声音、面容和抚摸的。因此，用机器人取代人类照顾他们，也许并非"没有区别"。需要再次说明的是，将爱的付出用机器人代替，改变了爱的付出者本身。一旦我们失去了关心别人的"负担"，我们也就等于放弃了作为人类对彼此的责任。女儿希望有液压手臂帮她抬起卧床不起的母亲，是因为她想要和母亲更加亲近。对于女儿来说，最后的照顾是她和母亲最珍贵的共同经历之一。如果我们剥夺了这样的机会，那么我们有可能会变得粗鄙和退化。并且既然有照顾老人的机器人、机器护士，那么照顾孩子是不是也可以用机器人呢？

为什么我们想给孩子一个机器人伙伴呢？正如我之前所说，孩子和社交机器人的关系，与孩子和玩偶的关系非常不同。孩子们不会模仿玩偶的表情，而是会将人的表情投射到玩偶身上。而对于机器人保姆来说，因为外观和人很接近，则有可能成为孩子们模仿的对象。这里存在着一个严重的问题，人类的语调、表情有无限种组合，这是在与他人的交流中学习来的。看到我们有兴趣的事物，我们"两眼发光"；遇到焦虑的事情，我们的表情会"阴郁"下来。当别人也有同样的表情变化时，我们能够看得懂。当和孤独症或阿斯伯格综合征的患者打交道时，我们会很不舒服，因为他们没有这样的表情变化。孩子将机器人作为模仿对象会造成怎样的结果还不得而知，也许结果是灾难性的。孩子的成长过程一定要伴随着人的触摸、说话。人类应该由人类抚养大。

当我提出这种观点的时候，很多人反击说，即便如此，机器人还是可以为小孩做一些“简单的”事情。例如给他们喂饭或者给他们换尿布。但是当孩子被机器人喂豆角吃的时候，他们不会将吃饭和人的陪伴、说话和放松联系在一起。吃饭的过程将会和情感培养无关。如果孩子的尿布由机器人来换，孩子将不会感觉到他们的身体被其他人很有爱地照顾。我们为什么要承担这样的风险呢？

一些人或许会说，我们已经完成了一个被禁止的实验。把我们自己当作一个失控的研究对象，并且发现了许多让人沮丧的结果。我们之间的联系程度前所未有，并且在这个过程中我们遍体鳞伤。2010 年，有学者进行了一份历时 30 多年、来自超过 14 000 名大学生的数据调研，结果显示，自 2000 年以后，年轻人对其他人的关注和兴趣开始锐减。如今的大学生已经很少有人会去换位思考别人的感受。研究者认为，学生缺乏同情心与网络游戏和 Facebook 的出现有关。网络关系也可能是很深刻的感受，但是你只需要和别人在游戏世界或者社交媒介呈现出来的那部分打交道。年轻人不愿意更多地了解对方，久而久之，他们也失去了了解的愿望。于是有人说，孩子们全神贯注于社交媒介上的“朋友”和“粉丝”，进而失去了对真正友谊的兴趣。

这些发现印证了那些精神治疗分析师，如精神病专家、心理学家和社会工作者的观点，他们告诉我，越来越多的病人心不在焉，甚至忘记了人与人之间最基本的礼貌，抱着很强的目的性，沉迷在他们的媒介世界中，这些人对身边的现实世界漠不关心。换言之，这是一种原始的条件反射。他们的心不在焉并非是一种冒犯，只是他们自己看不到这一点。

## 初级阶段

当然，我们也试图去讨论所有有关上瘾的东西。当亚当和别人一起打完网络游戏之后，会有一种被机器程序（包括用他们的语言）强迫的感觉。这种上瘾的比喻恰好印证了一种常见的体验：你在网上花费的时间越多，就越想在网上打发更多的时间。但是无论这种比喻有多么贴切，我们都非常渴望为网络生活投入大量的时间。这种上瘾会破坏我们最智慧的思想，因为它在暗示，只要有问题出现，那么解决方案只有一种。为了和这种上瘾作斗争，你必须抛弃这些令人上瘾的物质。但是，我们是不会放弃使用互联网的。我们也不会“突然完全戒掉”手机，或者禁止孩子们使用手机。我们不会停止听音乐或是回到以电视为中心的家庭生活方式。

我相信，我们会找到一种全新的方式来沟通和连接彼此。但是，如果只考虑我们是有害物质（比如互联网技术）的受害者，并不是一个解决问题的好的开始。这种上瘾，是因为我们知道，我们不会让自己感到绝望。我们不得不找到一种方法使自己与这种让人上瘾的科技和平相处，并且让它按照我们的意愿来发挥作用。这确实是非常困难的，但却很有效果。出于对技术的简单热爱，或是出于反对技术进步的冲动，都是无济于事的。

我所说的“realtechnik”的意思是建议我们向后退一步，以便当我们听到那些宣扬“科技必胜”和那些声称“科技将毁灭世界”的言论时，能够重新作出判断。“realtechnik”是对科技的线性演进过程的一种怀疑。它鼓励人文主义，鼓励以一种最大限度的开放心态来面对问题和重新思考我们的决定。它帮助我们意识到，我们已经为科技付出了哪些代价，还有哪些东西尚未受到科技损害。我曾经说过，这种对生活和科技关系的正视非常接近精神分析学家的伦理观。这样说或许很老套，但是时代已经使我们意识到，这样的训诫是有必要的。

网络伴随着我们的成长，因此，我们假定网络也在成长。我们倾向于把它看成一种很成熟的技术。但是事实是，我们还处于科技发展的早期，还有许多不足之处有待我们花时间去修正。总之，年轻人有必要知道，当科技进入我们的网络生活时，我们还处于发展的初级阶段。我对此保持谨慎的乐观态度。因为我们已经看到，年轻人试着在网络空间里收回个人隐私，也不再热切地渴望关注彼此。他们要求的东西就像打一个电话那么简单，正如一个 18 岁的年轻人说的：“面对面地坐下来，给予彼此全部的关注。”今天的年轻人有一种特别的弱点：尽管总是彼此连接在一起，他们却感觉像被剥夺了注意力。有些人把孩子放到秋千上，然后就去打电话。还有些父母在饭桌上处理电子邮件。一些年轻人说，父母一边和他们说话一边发电子邮件时，就像是一个全身心投入的机器人，而且这些父母总是埋头忙碌并没有注意到这一点。一个 17 岁的男孩说："一个机器人可能会记住我说的每一句话，虽然它们可能并不完全理解这些话的意思，但是记住是理解的第一步。我的爸爸和我说话的时候手里拿着手机和别人打电话。他完全不知道我在说些什么。所以我不确定他是否能理解我，或许他会理解。"

网络文化尚处于初级阶段。它刚一诞生，我们就把自己丢进去冒险。这就是人类。但是如今，我们和网络之间存在的问题让人困惑，无法忽略。最极端的情况是，我们有可能深陷网络连接不能自拔而忽略了彼此的存在。我们没有必要抛弃科技，或是贬低它的价值。我们需要的是把科技放回到它应处的位置。与网络一起成长的这一代人，是解决这一问题的最佳人选，但是这些年轻人也需要适当的帮助。所以，当他们为自己的隐私权而奋斗的时候，我们必须与他们合作。我们知道，信息很容易被出于政治目的滥用，我们有历史教训。在回望历史这一点上，我们也许和我们的孩子分享得还不够。当我们自己被科技迷惑，转过头把他们丢在一边，然后沉迷于电子邮件之中时，我们没有教会孩子——对现实事物的同情心和注意力有多么重要。

《群体性孤独》这本书描述了一对矛盾：我们对科技的期盼越来越多，却对彼此的期盼越来越少。我们处于一个完美风暴的静止中心。我们被科技打败了，被吸引到一个低风险并且唾手可得的联系上：Facebook 上的朋友，虚拟化身，在线聊天等。如果"方便"和"可控"仍然是我们生活的首选，那么我们可能还被社交机器人诱惑而沉迷其中。就像是一个赌徒在老虎机的卡槽边上，那些令人兴奋的程序向我们许诺，让我们沉迷于游戏里而不能自拔。在机器人时代，我们必须注意到这一点，我们不再抱怨，而是期望甚至渴望简化和减少联系。

在这本书中，我提到的大多是我们的弱点而不是我们的需求。谈"需求"，意味着我们必须拥有什么东西，而谈"弱点"给我们留下了很多选择的空间。因为我们在减少弱点方面总是有潜力可挖的，这样有助于我们进步，也说明我们并没有被卡在那里。为了能和时代一同前进，作为一代人，我们必须面对我们所处的复杂环境。我们已经发明了鼓舞人心的、更加优化的技术，然而我们也放任这些技术来削弱我们。从爱与被爱的前景来看，机器已经改变了爱的定义。我们知道，年轻人被科技所吸引，这与他们的成长经历和教育有关。那些懂得生命之爱的人一定能为科技赋予更多的爱。

当我们处于最佳状态时，思考有关科技的话题能使我们回到这一问题：到底什么才是重要的。最近，我去参加一位老朋友的悼念仪式。奶白色的储存卡里的程序列出了下午的谈话者，它还能列出谁将演奏什么音乐，而且能展示我的这位朋友年轻时风华正茂的照片。我周围的很多人正在使用这一卡片作为防护来掩盖他们在使用手机发短信的事实。一个正在发短信的悼念者是位60多岁的女士，在悼念仪式结束后她走过来跟我聊了几句。实际上，她说："我不能坚持坐那么久而不带我的手机。"这个仪式确实长了点。这位女士已经被科技驯化，要是在几年前她会发现这几乎是不可能的。之后我和一些关系不错的朋友谈论发短信这件事。一些人耸耸肩，一个人说："你到底要说什么？"

一个耸肩是有助于缓和僵局的。但这还不是我们所处的阶段，我们距离山穷水尽的僵局还为时尚早。然而，我相信我们已经到达了一个反思的转折点，我们可以看到我们为科技进步付出的代价，并开始采取一些行动。我们将会从一些非常简单的措施开始，重拾一些我们过去认为是美德的行为。比如和同事在大厅里谈话，无论是在吃饭、锻炼身体还是在车里、公司里时都不使用手机。这可能还牵扯到一些更复杂的事：比如只取一个名字，一代又一代的人将支持这种对保护隐私的努力。还有同情心，这依赖于我们的努力，比如在葬礼、讲座或者戏剧表演时，把电子设备调成静音。我们现在知道，当我们用手机来搜索信息或是处理多个任务时，我们的大脑是随时随地重新构造的。一旦我们试图专心起来的时候，就得和自己作斗争。然而，无论这有多么困难，都是时候让我们再次审视"孤独、审慎、活在当下"的价值了。我们已经同意安排一个以我们人类为调查对象的实验。实际上，我们已经同意了一系列试验：为儿童和老人服务的机器人，贬低和否认隐私的科技，吸引人们前来居住的高仿真环境。

我们值得拥有更美好的未来，只要我们记得提醒自己，我们才是能够决定怎样利用科技的人。我们应该拥有更美好的未来。

ALONE TOGETHER

后记

# 家书的意义

2009年9月，我从都柏林回波士顿。我带着女儿丽贝卡去了爱尔兰，帮她料理好她在都柏林大学的公寓。刚从都柏林回来一天，我就已经忍不住要跟她联系了，这些联系都很温馨。有些短信是这样的：她忘了拿一件最爱的红色外套；她想要她那件绿色的羽绒夹克和那条她想用来当床罩的粉色围巾，问我能不能都邮寄给她。我把她说的东西打成包裹，然后给她发了条信息："正在去邮局的路上。"我已经下载了Skype，并准备好面对它"无情"的注视。才第一天，我就已经开始想念她了。我坐在地下室里，身边被一堆发霉的盒子包围着，看着我大学第一年，同时也是我第一次离家居住时，跟我母亲往来的信件。那时打电话的费用太昂贵。于是，她每个星期给我写两封信，我则一星期一封。我记得我们的信总是很长，很情绪化，充满抵触和冲突。我们那时分居两地，寻找接触新事物的方法。40年后的今天，我拿着这些信件，感觉就像将她的心握在手中一样。

时间一天天过去，我和女儿照常通过Skype和短信保持着联系。因为我是长辈，所以在我们轻松愉悦的交谈信息中，我好像需要保持魅力和简洁，这让我觉得很拘束。

有一次，发短信的时候，我突然想到了我曾经历过且对于女儿迟早要到来的时刻。40 年后，当她找到接触新事物的方法时，她会知道多少关于她母亲的心境呢？

现在，我拿着母亲的信件，已经很难读出其中的愉悦与留恋。她在将要逝去的时候写了这些信件并且不希望我知道她的情况。她的信都是有规律的，带着沉甸甸的、不可能写完的未来信件的重量。那时候我还是一星期给她写一封信，把我想要她了解的我的生活告诉她。谨慎起见，我省略了一些重要的环节。但是，我仍然分享了很多。她是我的楷模，我想让她理解我。我的信也总是力图为这种交谈创造空间。

女儿的短信和 Skype 留言却没有给这种交谈保留空间，是因为我们之间的关系活泼，还是因为我们所使用的工具？通过我女儿的高年级朋友介绍——我女儿上的是全日制女子学校，我认识了一群儿女刚离家上大学或者第一年离家居住的妈妈们。我跟她们交流自己的经历以及科学技术在现代所扮演的角色。

这些“妈妈的故事”有特定的相似之处。她们总是以赞许科学技术的价值开场：妈妈们坚持认为她们都频繁地联系自己的女儿，一个人说：“比自己希望的频繁程度更频繁。”妈妈们把短信和 Skype 都一一列举。一些妈妈，只有一些妈妈，说她们偶尔会收到邮件。自从 Skype 既有声音、又有图像之后，妈妈们说她们现在可以知道自己的女儿看起来是否安好了。每个人都很警惕，担心禽流感。一些妈妈则讨厌她们的女儿能看见她们。这些母亲都是 40 几岁快 50 岁了，她们不是很高兴被人近距离观察。“我早就停止为 Skype 通话而化妆了，”一位妈妈说，“那样简直是滑稽。”另一位妈妈则坚持认为，为了 Skype 通话而化妆是很重要的：“我想要让她看到我最好的一面。我不希望她为我担心。”

在妈妈们的叙说中也都有着渴望。其中一位妈妈说：“我基本上已经习惯了‘复习这周的消息’，除非这个消息就是当天的。但是即使一直更新，我也感觉不到她到底发生了什么，她真正的想法是什么。”另一位说：“短信让撒谎变得简单了。你永远不知道她们真正的所在地。你永远不知道她们是不是真的回家了。她们可以在任何地方给你发短信，或者用她们的 iPhone 跟你通话。用固定电话的话，你还能知道她们真的就在她们应该在的地方。”还有一位妈妈跟我一样，认为 Skype 是不可理喻的肤浅。不像我，她把原因归于她自己网络连接的技术局限。“就像我们对着彼此大喊只是为了能够被听到。信号切断，我就只能对着电脑大喊大叫了。”对于这位妈妈，当她和她的女儿互发短信时就更肤浅了。她说：“我知道很多人认为它（发短信）及时，可它就不是一个可以让你长篇大论的方式。”对于这位妈妈，我承认，关于 Skype 确实有些感觉是短暂的，我有时候也会在跟我的女儿通话时使用屏幕截图。在通话的时候你们可以看到彼此，但是不能进行任何的眼神交流。我也不喜欢这些截图，因为这些截图上我女儿的表情就是一个独处的人的表情。当然，我面前的数字化的信息转瞬即逝，在我放松的时候，想象我的女儿在 40 年后对于我们之间的谈话居然无迹可寻时，不免让我觉得有些讽刺。因为数字化的信息这种东西，如果你没有费心去把它变成永恒的话，那么它就是转瞬即逝的。

## 记录生活

范内瓦·布什（Vannevar Bush），第二次世界大战期间科学研究与发展办公室的负责人，曾担心一旦战争结束之后将会发生什么，科学家们能为文明社会贡献什么。他没有担心过生物学家，因为他们总能解决实用的医药学方面的问题，但是物理学家则需要新的方向。在里程碑式的《亚特兰大月刊》（*Atlantic Monthly*）中的一篇文章《如我们所想》（*As We May Think*）中，布什建议：物理学家们应该发明一个“扩展存储器”。这会是“一个个人存储他所有的书籍、录像以及通信记录的设备，也会是一个机械化的、能够拥有高速度和高灵活性的设备”。它将会是，布什写道，一个“人类记忆的瞬间补漏工具”。布什曾梦想着科学家们能够戴着可以自动录制“值得录制”的事物的眼镜。他也曾梦想着注释所有被捕获的事物。在他关于个体如何在这所有的数据中获得一条路径的描述中，布什的叙述揭示了网络搜索的必要性。

在 20 世纪 70 年代后期，计算机科学家史蒂夫·曼（Steve Mann）开始以一种不同的情绪记录他的生活，这种方式被认为是发了疯。在一个充满了监控摄像的世界——在街道上、在商场、在银行，曼想要用相机来对抗世界。为了实现他的计划，曼找到了一种把电脑、键盘、屏幕和无线电传送仪戴在身上的方法。他拍摄他的生活并发布到网上。

曼的作品一部分是行为艺术，一部分是工程学研究，一部分是政治观点陈述。现在，他昔日的颠覆性举动——记录生活并把它发布到网上，已经人尽皆知。现在，每个拥有智能机（相机或摄像设备）的人都近乎于拥有一个便携式档案保管员。而且确实，很多人说当他们不使用手机记录生活时，他们会觉得玩忽职守，甚至会觉得罪恶。

在 20 世纪 90 年代中期，计算机先锋戈登·贝尔（Gordon Bell）开始了一个引领他创造完整生命档案的项目。他的第一步是扫描书籍、卡片、信件、备忘录、明信片、照片，甚至他的咖啡和 T 恤上的标志。然后，他开始制作家庭电影，拍摄讲座，以及录音。当然，贝尔还把他在电脑上写过或读过的每样东西，从个人邮件到学术报告都存了档。为了组织和检索这些数据，贝尔开始和他在微软的同事吉姆·格默尔（Jim Gemmell）一起着手，就这样，MyLifeBits 项目产生了。当这个系统开始运行的时候，贝尔所戴着的录音装置和相机被设置成新的模式，这些设备在感应到贝尔（通过周围光线的变化来感应）是与不同人在不同场景时就会拍摄新的照片。MyLifeBits 会记录贝尔的电话，他听过的歌曲，他在收音机、电视上听过和看过的节目。当贝尔使用电脑时，它记录他浏览过的网页、他打开过的文件、他发送过和收到过的信息。它甚至会在任何时候监视他屏幕上的窗口是哪个，以及有多少次鼠标单击和键盘敲击。

生命记录有它的实际用途。比如说，现在贝尔的医生就能够获得他的详细且实时的生命记录。如果贝尔不运动或者吃高脂肪食品，系统就会感知。但是贝尔真正关心的是后代。对于他来说，MyLifeBits 是人们“把他们的生活故事告诉后代”的方式。他的程序有望成为收集生活素材的终极工具。但是在这样一个全程监控的生活中追忆年华会是怎样的滋味？如果科学技术帮我们记住了，我们自己记得的会不会少了些呢？我们以后将要从远处感受我们自己的生活吗？贝尔谈论摆脱记忆，把它们都放进电脑中是如何的令人满足。说到摄影时，苏珊·桑塔格（Susan Sontag）在它的影响下写道："旅行变成了积累照片的一种策略。"在数字文化中，生活难道成为了安置监控的策略吗？年轻人改变自己的生活只为了制造一份令人印象深刻的Facebook简历。当我们知道生活中一切都被记录的时候，我们会开始过我们所希望被记录下来的生活吗？

贝尔认为，生活记录是对人类渴望永恒的回应，是古老的想要蒙骗死神的幻想。但是建立这种监控的经历却可能颠覆这种想法。生活的乐趣之一就是记忆，记忆那些好的与不好的。监控难道就能让我们相信记忆这项工作已经完成了吗？

当我在2008年的夏天去旧金山跟贝尔和格默尔交谈时，MyLifeBits程序正式版已经每况愈下，贝尔只戴了少许的设备参与采访。他打开磁带录音机，给我拍了照。他已经厌烦了他的那些硬件设施。但是两名科学家使我确信——我也确实认为他们说得对，当记录你生活的科学技术不再如此麻烦的时候，完整清晰的生活记录会更得人心。未来我们将不再需要改动相机的位置也不用调节声音。你将能够轻便地佩戴录音摄像设备，如同小小的钻石珠宝，或者更甚之，可以移植入体内。

在与戈登·贝尔相处的一天中，我甚为感动。我们一起看他的那些在复杂的模式当中的照片，这些模式使得我们能够通过日期、主题以及照片中的人物来检索。我们也一起看横跨了他职业生涯的电子邮件监控。但这次拜访让人讽刺的是，我们花了大部分时间谈论物品：我们都喜欢漂亮的笔记本，贝尔向我展示了他一本画满简洁计算机线路的日本制造的笔记本。我们一同谈论他收藏的物品，那些原本属于他父亲的东西。一次，贝尔拿出他50多年前写的麻省理工学院的学位论文。那是通过手动打字完成的。那上面有他设计的线路的"蓝图"——从字面上来理解的话，简图确实是刻在蓝色的纸上。我们都带着一丝敬畏去触摸它，虽然现在电脑可以简单地生成这样的简图。然而贝尔怀着崇敬之心触摸这些铅字，如同我对待母亲的信件一般。我们都没有准备好放弃这一切。

贝尔仍然是生活记录的热衷者，但也承认它也许会有一些预料不到的后果。其中一样就是，他怀疑他的项目会改变记忆的种类。贝尔描述了他对生活细节的好奇心的丧失，因为他可以在生活记录中很轻易就找到。而且他关注监控可以让那些细节的回忆变得简单。例如，贝尔对个人监控程序中的随机快照这种功能很着迷。很久以前的生日照片，家庭出游的照片都可以触动一发不可收的怀旧情节。但在我的拜访过程中，贝尔尝试使用搜索引擎找到没有在屏幕上出现的一张特定照片。他使用一种方法，然后另一种，再另一种。但是都没有用，于是他失去了兴趣。有人就有了新的想法：当你依靠电脑来帮你记忆过去时，你关注的是储存在电脑中的过去。你慢慢偏爱那些容易被找到的过去的回忆：我的照片，我的生活。

同时它还有其他的一些影响。贝尔说他再也无法忍受书本了。他拿到一本书，看着它，然后说："我很快就会把它丢掉，因为它们不在我的电脑记忆中。对于我来说，它们已经消逝了。"另一位贝尔的拜访者记者克莱夫·汤普森（Clive Thompson）思考了贝尔实验的这个方面。汤普森说："如果它不在你的数据库里，它就不存在。这是贝尔实验所引发的可怕的哲学论点。"

这个论点也许并不算哲学论点。但从某种程度上来说，我们已经在实际生活中体验到了。就拿华盛顿来说，在 2009 年的就职典礼那天，人们高举着手臂，手机在阳光下闪烁。人们在给自己，给陌生人，给朋友，给将要直播庆典的超大等离子屏幕拍照。这本是有形存在的庆典，但拥挤的人群却拼命想要靠近那些虚无缥缈的东西。手机里有那天的照片似乎很重要，把这些照片发送出去似乎也很重要。一张在庆典现场的照片，或短信，或信件，或电子邮件，或 Twitter—— 一切都只为证明你在现场。过去都认为拍一张照片就意味着参与——想想那些想要拍一张属于自己的《蒙娜丽莎》（*Mona Lisa*）的照片，并想拍一张和那张画合影的游客吧！但是现在，照片已经不能满足他们了，发送才意味着存在。在庆典台上，被邀请的嘉宾高举着手机和相机拍摄。那些出现在别人照片中的名人们都在自拍。我们都被逼使用记忆与确认的科学技术的服务了。正如我在 2010 年 1 月所写的一样，《纽约客》的一个新话题展现的是一男一女在某滑雪坡顶端的情景：他用数码相机在拍照，而她用手机。

## 收集与追忆

当我得知 MyLifeBits 软件是如何使用人脸识别技术来自动标记图像时，我想起了与母亲在一起的童年时光，那时她会在家庭照片的背后写一些有趣的话语，荒诞的诗歌或者多愁善感的题词。她喜欢把这些照片一起放在一个大大的抽屉里，这从某种意义上来说，从抽屉里拿出一张照片就像找到一个惊喜。在满是照片的抽屉周围的时光是追忆的时光，有欢笑也有遗憾。而贝尔和格默尔却把标示照片当成烦人的技术问题，一项电脑必须具备的功能。

他们把这个问题总结成人们“不想成为自己数字监控的管理员——我们希望电脑去做这个管理员”。潜移默化中，人们对待自己生活的态度改变了。我的母亲，满心欢喜地标示自己那一抽屉的照片，丝毫不觉得自己是个管理员。

贝尔说把记忆“卸载”进电脑给人一种“整洁的感觉”。是记忆一干二净了？还是混乱的、不可靠的交际往来干净了？我们真的需要以这样的方式去“清洁”吗？马塞尔·普鲁斯特（Marcel Proust）储存并重组他的记忆——那些很清晰的、那些他觉得稍纵即逝的，以创造“过去的回忆”。但是没有人想到，他在那软木条房间中工作时会摆脱掉记忆。西格蒙德·弗洛伊德认为，我们通过我们忘记的和我们记得的去了解事物的内在意义。忘记都是有内在动机的，它提供关于我们是谁的线索。普鲁斯特努力想要记起的比他很容易就能想起的更重要。他发现自己身处从阴影中拉出的痛苦回忆中不能自拔。虚假的记忆将是最具毁灭性的。

微软的计算机科学家埃里克·霍维兹（Eric Horvitz）主管一个项目——生活浏览器，通过提供模型和模式以使 MyLifeBits 更容易被用户掌握。把它安装到你的电脑上，它会观察你所关注的东西——你打开的文件，你回复的邮件，你的网页搜索等。它以你做的事情来展示你的特征。你可以调节：例如，你可以手动地给那些最重要的、你不常做的事情贴上标签。你可以设置那些不常打的电话是给最重要的人的。但是生活浏览器会一直通过观察你的真实行为来认定你的优先顺序。为了演示霍维兹输入的程序，有了“去美国独立日”活动。生活浏览器记录下阅兵和野餐的照片。霍维兹是这样评价这个项目的："它通过观察你的选择，慢慢了解你的心理，了解你是怎样组织你的记忆。它学着像你一样，并帮你做更好的自己。"

我想起母亲的照片抽屉，她有意地使它保持混乱。她的生活浏览器一定会反映她是混乱与矛盾的，每一次她选择一张照片，她都会说一个不一样的故事。有一些是真的，有一些则只是真实的愿望。理解这些愿望让我与照片抽屉相处的时光弥足珍贵。相反，格默尔想象生活浏览器等人工智能产品会如何使他卸下亲身讲述的担子："我的梦想就是开始一段旅程，带着照片回家，然后告诉我的电脑，'把它发表在博客上'，这样我的母亲就能看到。我什么都不用做，故事就在一张张照片中。"

唐，21 岁，一个西海岸大学土木工程系的学生，想要记录生活。他用自己的 iPhone 拍照并每晚把照片发到网上，经常一天就发上百张。他说他的朋友想知道他做的每件事情，所以"我把我的生活展示在 Facebook 上。我不喜欢做选择（指他的照片）。我的朋友可以自己选择。我只是喜欢把它们都发上去"。唐的行为并没有经过深思熟虑，除了他一开始的动机：拍尽可能多的关于你生活的照片并发到网上。唐很自信："我生活中的照片可以展现我生活的方方面面。"

唐还没有听说过生活浏览器，但他有自信早晚会得到能客观看待他生活的人工智能程序。他支持通过运算法则有条理地记录生活的主意。不完美的 Facebook 记录只是第一步。朗达，26 岁，同样是使用 Facebook 来记录她的生活。她对记录生活更是孜孜不倦。"拍照，上传，"她说，"就像是一种需求。"朗达想要在电脑上保存这些是因为她渴望记忆（"我能明确知道自己做过什么了"）与忘记（"如果我想要记得什么，它都在那。如果我把它保存在电脑里了，我就再也不用去想它了"）。这就是戈登·贝尔所说的"整洁生活"，但有一点区别。在贝尔的乌托邦式的蓝图中，保存之后接踵而来的是筛选与品味。对于朗达而言，保存就已经是一切的结尾了。在唐和朗达展现的世界中，是由科学技术决定我们对生活故事的记忆。监控软件"摸透"我们的"最爱"，从而决定哪些是需要记忆的重要的东西。我们被束缚在我们的偏爱中，遗失了所谓仅为次要的美好。

扩展存储器和 MyLifeBits 都是由所谓“科学技术已经发展到了应该付诸实际运用的程度”这样的想法而催生的。技术的应用有一个潜在规则，那就是不能浪费它的潜力。凯文·凯利利用语言重新构造了一种理解，让这项技术有了更大的发展空间：随着技术的发展，它展现它“想要”展现的。为了与技术和谐相处，我们必须尽最大努力适应这些欲望。以这种逻辑，似乎现在技术想要做的一件事就是推敲我们的记忆。

## 一封家书

我从 2009 年仲夏开始创作这个章节。好几个星期之后，我的工作被犹太赎罪日打断。在犹太赎罪日，有一种为死者哀悼的特殊方式，这就是 Yiskor（译为“记得”）。不同的犹太教堂有不同的习俗。在我们这边，祭司在哀悼之前会先布道。今年，他的话语很快引起了我的兴趣。根据他说的，坏的事情过去似乎很复杂而现在却变得很明晰。祭司强调了和死者交流的重要性。他的前提是我们自愿，并需要与死者交流。这是一件很重要的事情，不是感情宣泄的哭泣。祭司建议我们可以对他们说 4 句话：对不起。谢谢你。没关系。我爱你。这就是无论时光飞逝，无论距离远近都让我们具有人性的话语。

当我的女儿和我在 Skype 上（都柏林 / 波士顿）第一次谈话时，我正在回顾我关于戈登·贝尔和 MyLifeBits 项目的素材。我告诉丽贝卡我正在写一个关于能够记录我们生活中一切的可能性的文章。我问她是否愿意把她在都柏林的一切都记录下来：电子邮件、短信、即时信息、Facebook 聊天记录、通话、谈话、搜索、见过的人的照片、旅行的照片。她考虑了一会。一阵沉默之后，她说：“呃，那太累赘，而且很诡异。”当人们什么东西都不愿意舍弃时，事物的容量就意味着每个人、每次谈话、每次聚会占据的地位。她更喜欢的是人类能够过滤、能够排除东西，把事件转移到意义的临时储存库中—— 一个剪贴簿、一个日记本什么的。也许，在她 18 岁的时候，她才会意识到，监控会阻碍她过自己的生活。为了最大程度过充实的生活，也许我们最起码需要幻想我们是没有被监控的。有一点是确定的，在一个被监控的生活中，我们就开始为这份记录而活，为我们想要被看到的那一面而活。

当我和女儿丽贝卡谈论在她出国一年中什么对她而言是重要的时，我告诉她，因为她不在，促使我寻找当年上学时和母亲之间的信件。她现在已经定期给我发短信，我们现在也在 Skype 上讨论她应该穿什么鞋子去她都柏林大学的“回到未来”主题舞会，于是我问她是否愿意给我写信。她真切地犹豫、困惑了一阵说：“我不知道我该写什么主题。”我意识到，我们之间通过无数次的交流之后，似乎一切的话题都已经用过了。然而，我还是说：“你可以写你在爱尔兰的感受，你是怎样看待它的。反正对我而言，有不同意义的事情就可以。”穿越时间，穿越距离，通过 Skype，丽贝卡在她的公寓盯着我，重复说道：“也许当我能找到一个话题的时候吧。”

当我跟女儿谈论我与母亲之间互通信函的乐趣时，她很明智地说：“那就给我寄封信来吧。”然后我就给她寄了。

ALONE TOGETHER

译者后记

# 数字时代的瓦尔登湖

2010年秋天，我来到了坐落于查尔斯河畔的麻省理工学院，开始了在这里的研究和走读生活。

在波士顿的第一个周末，我就有些迫不及待地来到位于波士顿近郊康科德镇的瓦尔登湖。秋色中的瓦尔登湖，油画般浓墨重彩的树影倒映在碧蓝的湖面上。清晨的湖边，寂静得清澈，有节奏地传来晨跑者踏在满地金黄落叶上的声音。虽然是陌生人，但在狭窄的湖边小道上迎面相遇时，还是会点头微笑、礼让致意。

150年前，一位叫梭罗的28岁年轻人决定隔绝自己与全世界的关系，来到了这片湖边隐居，像一个原始人那样过简单的生活。他想试试一个人的基本生活需要能够简单到什么程度。他向朋友阿尔柯特借了一柄斧头，自己砍材，在湖畔手工搭建了一座小木屋，并在周围种上了豆、萝卜、玉米和马铃薯。那间小屋里几乎什么都没有：没有邮差、没有大众传媒、没有Wi-Fi，很难想象他是如何在那里独处了两年零两个月的时间。

就在初去瓦尔登湖的那个秋天，远在万里之外的中国正经历着微博元年带来的巨变：第一代iPad刚上市不久；

宜黄拆迁事件引发全民围观和愤慨；无数人用手机和相机记录下发生在上海的一起高层住宅火灾事件，并第一时间上传微博，人们几乎是眼睁睁地看着这栋楼烧成灰烬，却无能为力，痛苦触手可及。而在地球另一端的西亚和北非，一场以“社交媒体革命”之名进行的社会变迁大幕即将拉开。在美国，被“妖魔化”地认为患有社交障碍（Social Awkward）的麻省理工学院天才们居然建立了一个叫作“I saw you”（我见过你）的校内网站，专门服务于见到靓妹却没有勇气搭讪的书呆子，他们回到卧室后发帖表白，然后等待奇迹的发生；也是在那一年的 4 月，美国国会图书馆与推特公司达成一项协议，收录从 2006 年以来所有的 Twitter 信息，人们开始想象未来的历史学家、社会学家、政治学家如何从这天文量级的数据库中进行考古挖掘。

就这样，我带着自己的相机、iPad 和微博上所有的朋友一起，开始了在这里的游学生活。

华盛顿的 9 月依然湿热，朋友预定酒店疏漏，险些睡公园，好在找到一家简陋的背包旅馆。旅店的墙上贴满了周边旅游的提示，但纸张早已破旧发黄。没有人愿意抬头看上面的文字，而是低头用手机中的各种应用软件来安排晚上去哪个酒吧、明天去哪个景点。店主是一个腿有残疾的退伍老兵，一边爱搭不理地收钱，一边看电视中的 NBA 转播，啐着脏话。一个刚刚丢了 iPhone 手机的姑娘在失魂落魄地满地寻找。另外一群来自中国的高中生紧张地四处打量，最后走进房间，重重地按下门锁。

夜半时分，我被向老家打电话报平安的印度兄弟吵醒，索性和旅店老板聊天。才知道他居然是经历过第二次世界大战的一位老兵。旅店老板摇着头说：“战争结束以后，我就在这里开了这家店，以前一个电话就能搞定的预定，现在必须要上网才放心；以前入住的年轻人问的第一件事情是‘附近最好的酒吧在哪儿’，而如今他们所有人问的第一个问题都是‘Wi-Fi 密码是什么’。以前每逢夜晚，这间起居室里来自天南海北的年轻人在一起喝酒、抽烟、扯淡；你再看看如今，晚上一片死寂，所有人都抱着自己的电脑上 Facebook、Twitter，根本不互相说话。我不了解你们，我很庆幸没有活在你们这个年代。”

在 1854 年出版的《瓦尔登湖》里，梭罗认为我们彼此以随机的方式联系太多，社交连接让我们的生活太过拥挤。梭罗写道："社交往往廉价。"他拉开了自己与他人和社会的距离。他发现了与自然和简易物品之间的交流。而如今，我们一边沉迷于社交时代拥挤的时代广场，同时却又徜徉在彼此的瓦尔登湖畔；我们享受着无时无刻地与别人相连接、迫不及待地分享关于自己生活所有的琐碎细节，却又时时刻刻修饰自己在网络中的表象，精心地计算着彼此的社交距离。我们在一起喧闹，却又在一起寂寞。关于数字时代和社交媒体有无数的书籍，但很少像《群体性孤独》一样，直指并追问每一个人的内心。

在这本书的翻译过程中，得到了很多朋友们的帮助，在这里致以感谢。感谢麻省理工学院的王瑾教授，她的"公益 2.0"项目让我们看到数字时代每个人小小的善意如何凝结成为推动社会进步的巨大力量；感谢湛庐文化的魏艳艳、吴悦琳和简学等诸位老师的细心工作。没有他们的付出就不会有这本书的出版。

周逵

2014 年春 于通惠河畔

# 未来，属于终身学习者

我这辈子遇到的聪明人（来自各行各业的聪明人）没有不每天阅读的——没有，一个都没有。巴菲特读书之多，我读书之多，可能会让你感到吃惊。孩子们都笑话我。他们觉得我是一本长了两条腿的书。

——查理·芒格

互联网改变了信息连接的方式；指数型技术在迅速颠覆着现有的商业世界；人工智能已经开始抢占人类的工作岗位……

未来，到底需要什么样的人才？

改变命运唯一的策略是你要变成终身学习者。未来世界将不再需要单一的技能型人才，而是需要具备完善的知识结构、极强逻辑思考力和高感知力的复合型人才。优秀的人往往通过阅读建立足够强大的抽象思维能力，获得异于众人的思考和整合能力。未来，将属于终身学习者！而阅读必定和终身学习形影不离。

很多人读书，追求的是干货，寻求的是立刻行之有效的解决方案。其实这是一种留在舒适区的阅读方法。在这个充满不确定性的年代，答案不会简单地出现在书里，因为生活根本就没有标准确切的答案，你也不能期望过去的经验能解决未来的问题。

而真正的阅读，应该在书中与智者同行思考，借他们的视角看到世界的多元性，提出比答案更重要的好问题，在不确定的时代中领先起跑。

## 湛庐阅读 App：与最聪明的人共同进化

有人常常把成本支出的焦点放在书价上，把读完一本书当作阅读的终结。其实不然。

---

时间是读者付出的最大阅读成本

怎么读是读者面临的最大阅读障碍

“读书破万卷”不仅仅在“万”，更重要的是在“破”！

---

现在，我们构建了全新的“湛庐阅读”App。它将成为你“破万卷”的新居所。在这里：

- 不用考虑读什么，你可以便捷找到纸书、电子书、有声书和各种声音产品；
- 你可以学会怎么读，你将发现集泛读、通读、精读于一体的阅读解决方案；
- 你会与作者、译者、专家、推荐人和阅读教练相遇，他们是优质思想的发源地；
- 你会与优秀的读者和终身学习者为伍，他们对阅读和学习有着持久的热情和源源不绝的内驱力。

下载湛庐阅读 App，

坚持亲自阅读，

有声书、电子书、阅读服务，

一站获得。

# 湛庐阅读App

## 思想者的声音图书馆

### 倡导亲自阅读

不逐高效，提倡大家亲自阅读，通过独立思考领悟一本书的妙趣，把思想变为己有。

### 阅读体验一站满足

不只是提供纸质书、电子书、有声书，更为读者打造了满足泛读、通读、精读需求的全方位阅读服务产品——讲书、课程、精读班等。

### 以阅读之名汇聪明人之力

第一类是作者，他们是思想的发源地；第二类是译者、专家、推荐人和教练，他们是思想的代言人和诠释者；第三类是读者和学习者，他们对阅读和学习有着持久的热情和源源不绝的内驱力。

CHEERS

# 以一本书为核心

## 遇见书里书外，更大的世界

**有声书**

随时随地，有温度、
有感情地听本书

**纸质书**

湛庐纸书一站购买
还有读者专享福利

**精 读**

2~4周，带你读完、
读懂、读透一本好书

**电子书**

最新最全的湛庐电子书
随时随地亲自阅读

**讲 书**

30分钟
大咖给你讲本书
让你挑书不费劲

**延伸阅读**

编辑精心制作的内容拓展
测试、视频、注释、参考文献
只为优化你的体验

**课 程**

权威专家带你快速浏览
一个领域的知识概貌

**专 题**

主题式阅读书单
让你与更多好书相遇

**图书在版编目（CIP）数据**

群体性孤独：为什么我们对科技期待更多，对彼此却不能更亲密？/（美）特克尔著；周逵，刘菁荆译．—杭州：浙江人民出版社，2014.3（2025.4 重印）

ISBN 978-7-213-05984-1

Ⅰ.①群… Ⅱ.①特… ②周… ③刘… Ⅲ.①网络经济－影响－生活方式－研究 Ⅳ.①C913.3

中国版本图书馆 CIP 数据核字（2014）第 029837 号



**上架指导：社会心理学 / 计算机与互联网**



**群体性孤独：为什么我们对科技期待更多，对彼此却不能更亲密？**

**作　　者：**［美］雪莉·特克尔　著
**译　　者：**周逵　刘菁荆　译
**出版发行：**浙江人民出版社（杭州市环城北路177号　邮编　310006）
市场部电话：（0571）85061682　85176516
**集团网址：**浙江出版联合集团　http://www.zjcb.com
**责任编辑：**朱丽芳
**责任校对：**张彦能
**印　　刷：**定州启航印刷有限公司
**开　　本：**720 mm × 965 mm　1/16　　**印　　张：**22.75
**字　　数：**37.2 万　　**插　　页：**3
**版　　次：**2014 年 3 月第 1 版　　**印　　次：**2025 年 4 月第 14 次印刷
**书　　号：**ISBN 978-7-213-05984-1
**定　　价：**66.90 元

如发现印装质量问题，影响阅读，请与市场部联系调换。